Anastassja Zwetajewa . Kindheit mit Marina

ANASTASSJA ZWETAJEWA

Kindheit mit Marina

Aus dem Russischen
von Alexander Kaempfe

LIMES VERLAG

Das russische Original hat den Titel Воспоминания

und erschien 1971 bei советский писатель
in Moskau.

Alle Rechte vorbehalten
© für die deutsche Ausgabe: Limes Verlag
Niedermayer und Schlüter GmbH,
Wiesbaden und München, 1977
Gesamtherstellung: May & Co, Darmstadt
Umschlagentwurf: Christel Aumann
Printed in Germany
ISBN 3-8090-2119-9

Inhalt

Meine Schwester Marina Zwetajewa

ERSTER TEIL

Rußland

1. KAPITEL

Das Foto. Aus Mutters Tagebuch. Marinas erster
Auftritt in der Musikschule. Frühe Erinnerungen.
Moskauer Stimmen. Der Leierkastenmann

In meinem Gedächtnis lebt das verschollene Foto der vierjähri-
gen Marina, der zweijährigen Assja.

Das großstirnige, runde Gesicht der Älteren, Marinas grüne Augen, aufleuchtend vor der grauen Tönung des Bildes, der erwachsene Blick aus kindlichem Gesicht, schon etwas anmaßend,
wenn auch gleichsam verwirrt durch angeborene Kurzsichtigkeit.

Sie blickt etwas seitwärts, auf das kleine geschliffene Herz an
dem dünnen Kettchen. Das Herz gehört nicht ihr, sondern dem
kleinen Mädchen daneben.

Das Objektiv hielt diesen Augenblick fest: Marina strebt zum
fremden Amethyst oder Chrysolith wie der Falter zur Kerze.
Und daneben das andere Gesicht. Noch kindlichere Lippen, deren Weichheit die feste, willensstarke Kontur jener anderen Lippen betont. Der leicht gewellte Flaum der Haare. Die Ähnlichkeit der Gesichtszüge.

Erste Erinnerung an Marina: Sie fehlt. Voraus geht das Gefühl
ihrer Anwesenheit ringsum. Es begann in jener Finsternis, wo
die Erinnerungen entstehen.

Mir an Alter gleich, mich verdoppelnd, gegenwärtig wie Atem:
Unser Zuzweit, erfüllt von Marinas Erstgeburt, von ihrem Ei-
genwillen, ihrer Kraft und Priorität, ihrer Verachtung für mein
Jüngersein, meine Ungeschicklichkeit, erfüllt von Eifersucht auf
unsere Mutter. Unsere Dreiheit, getragen von Mutters Stolz auf
ihren an Geist, Leib und Sinn kräftigen Erstling, von mitleiden-
der Anteilnahme an der kränkelnden Jüngeren. In diesem heißen
Strom floß unsere Kindheit dahin.

Marina wurde am 26. September des Jahres 1892 in Moskau geboren. Ich am 14. September 1894 ebendort.

Als ich noch nicht auf der Welt war, standen im Kinderzimmer zwei Bettchen. Das eine gehörte dem rundbraugen, braunäugigen Andrjuscha, das andere seiner Halbschwester, der blonden Mussja-Marina mit den stachelbeerfarbenen Augen und dem runden Gesicht. Viele Jahre später lasen wir in Mutters Tagebuch: „Meine vierjährige Marussja kreist um mich und fügt die Worte zu Reimen. Vielleicht wird aus ihr noch ein Dichter?"

Marinas Patentante Nadeshda Alexandrowna Ssytenko, eine schöne, hellblonde, blauäugige Frau, die nicht weit weg von uns in der Mamonowskij-Gasse (heute: Ssadowskich-Gasse) wohnte, lud ihr Patenkind zu sich ein. Im Haus flogen Vögel frei herum, auf den Fußböden lagen Tierfelle, es gab einen Wintergarten. Mutter sprach zu Mussja-Marina: „Rühr nichts an, wirf die kleinen Dinge nicht vom Tisch." Bald darauf schleppte die vierjährige Mussja stumm und vor Anstrengung keuchend einen schweren Sessel durchs Zimmer. Als sich alle darüber verwunderten, sagte sie, Mutter hätte ihr das Berühren der kleinen Dinge verboten.

„Komm wieder, Mussjenka", sagte die Patentante beim Abschied, „hier gibt es dein Lieblingskonfekt, und in den großen Zimmern kann man schön laufen." – „Große Zimmer haben wir auch", erwiderte Mussja seufzend, „aber das Konfekt hält Mama verschlossen."

Marina wuchs, wie eine junge Eiche wächst.

Andrjuscha (unser Halbbruder, zwei Jahre älter als Mussja) war größer als sie; trotzdem wurde sie mit ihm fertig, sie war stark. (Im Eifer des Geraufes hat jeder von uns seinen Kunstgriff. Andrjuschka kneift, Mussja beißt, ich kratze.)

Mussja renommierte mit Fertigkeiten, die für Andrjuscha und mich unerreichbar waren. Sie konnte ihre Zunge zu einem Röhrchen zusammenrollen, mit den Ohren wackeln, die Zehen fächerförmig spreizen und nach Wunsch bewegen. Wir strengten uns an, aber umsonst. So schauten wir Mussja beeindruckt und neidisch zu.

Im Kinderzimmer. Es ist Abend. Man zieht uns drei an, wir sollen irgendwohin. Mussjas blonde Haare sind offen, irgendeine Hand bindet sie mit einem Band zusammen. Ihre hellen, grünen Augen mit dem etwas überheblichen Blick glänzen: Gleich wird sie mich hänseln oder sich etwas ausdenken. Aber jetzt ist keine

Zeit dafür. Wie Gäule sich der Fliegen erwehren, so erwehren sich unsere beiden Köpfe der großen, schulterbreiten, spitzenbesetzten, gestärkten Kragen, in die man uns einzwängen will. Andrjuscha ist bereits fertig. Er trägt einen braunen Anzug mit einem weichen Gürtel, der von einer Schnalle aus Porzellan zusammengehalten wird; darauf ist der Kopf einer Marquise gemalt. Er sieht sehr schmuck aus. Ich bewundere seine großen, braunen Augen, die gerundeten Brauen. Aber Mussja, deren Gesicht ich nicht als von mir getrennt empfinden kann wie Andrjuschas Gesicht, ist mir vertrauter und notwendiger. Das bin ich selbst, das sind *wir*.

Ein anderer Abend: In der Musikschule von Frau Sograf-Plakssina in der Mersljakowskij-Gasse. Es findet ein Schülerkonzert statt, Mussja ist dort Schülerin. Sie ist sieben. Schon als sie fünf oder sechs war, gab ihr unsere Mutter Klavierunterricht. Mussja hatte eine große Hand, ihre Begabung bereitete Mutter, der leidenschaftlichen Musikerin und vorzüglichen Pianistin, große Freude. Unsere Kindheit war voller Musik. In unserem Zwischenstock schliefen wir zu Mutters Spiel ein. Das Spiel kam von unten aus dem Saal. Es war brillant und passioniert. Als wir größer wurden, erkannten wir in der ganzen Klassik und Romantik Mutters Spiel wieder: in Beethoven, Mozart, Schumann, Chopin, Grieg. Zu ihren Klängen waren wir eingeschlummert. Jetzt ist Mussjas erster Auftritt! Als ich sie auf der Bühne erblickte, mit dem offenen, blonden, schulterlangen Haar, das von einer Schleife über der Stirn gebündelt wird, in dem grünschwarz-weiß karierten Kleid, mit dem ruhigen, etwas träg würdevollen Gehabe einer Erwachsenen, die den Saal nicht weiter beachtet und nur auf die Tasten schaut – als ich ihr Spiel hörte und das ihr gespendete Lob: Da tat sich mein Herz der älteren Spielgefährtin, der Raufkumpanin mit großer Zärtlichkeit auf. Mein Gefühl an jenem Abend kann ich nicht anders als mit dem Wort »Verliebtheit« bezeichnen.

Ich sah niemanden außer ihr. Ich konnte die Augen von ihr nicht abwenden. Ich begriff nicht, wieso ich sie bislang nicht so gesehen, warum ich mich nicht für sie begeistert hatte. Die Erwachsenen sagten später, sie hätte nur das Klavier und sich gespürt und sogar gewohnheitsgemäß zu zählen begonnen: ». . . eins und zwei und . . .«

Da gab ihr Mutter oder Frau Sograf ein Zeichen, und sie stellte das Zählen ein.

Wieder daheim, in der Nacht, sah ich weiter: das breite, hochstirnige, vertraute Gesicht, die stachelbeergrünen, sieghaften, etwas spöttischen Augen.

Ich wußte nicht, wie ich meine Zärtlichkeit ausdrücken, wie ich sie vor der Grobheit des kindlichen Alltags, den Streitereien, dem Morgen bewahren sollte. Das Morgen brach an. Jener Abend war wie eine Hochblüte der Freude im Herzen.

Mit Mussja und der Kinderfrau sitze ich in ihrem Kinderzimmer am Tisch unter der Hängelampe mit dem großen, abgeflachten, unten weißen Kreis. Wir blättern in einem Buch, dessen Pappseiten dreifach unterteilt sind. Wir setzen ein seltsames Wesen zusammen, das zum Beispiel den Kopf einer Gans, den Rumpf eines Briefträgers mit Tasche und die Beine eines Mädchens mit Schuhen hat – oder den Kopf eines kleinen Jungen, den Rumpf eines Vogels, die Pfoten einer Katze. Es gab zahllose Kombinationen, die Sache war verteufelt interessant, das geschickte und genaue Aneinanderfügen der Figuren rief Entzücken hervor.

Zu einem anderen Spiel dienten weiche, biegsame, eingeschnittene Blätter aus Messing. Man mußte das Messing auf Papier legen und es mit einem Bleistift umschreiben. Schon war auf dem Papier ein Bild entstanden. Vielleicht am schönsten waren die bunten chinesischen oder japanischen Stückchen Holz oder Stroh. Sie waren federleicht. Man warf sie in eine Untertasse mit Wasser, dort blühten sie zu kleinen Chinesen, Blumen, Sonnenschirmen oder Fächern auf. Unsere ältere Schwester Ljora steckte sie uns zu wie Leckereien. Sie liebte alles Schöne und Ungewöhnliche.

Dann gab es noch das Spiel mit dem Magneten. Er war verzaubert. Andrjuscha schleppte ihn heran. Und es gab einen Namen, jemand hatte ihn erwähnt: „Der Mathematiker Magnitzkij."

Ich könnte noch einmal ein ganzes Leben leben und würde trotzdem den Geschmack, den Duft, die Vertrautheit der in eine Untertasse mit warmer Milch gekrümelten Semmel nicht vergessen. Und jedesmal im Leben führte die Verbindung von Milch und Weißbrot die Gedanken in jene Tage, in die Stunde des kindlichen Einschlafens zurück.

Aus meiner frühen Kindheit erinnere ich mich noch an die

Abende im Saal zusammen mit Auguste Iwanowna, einer hochgewachsenen Deutschen mit einem Haarbüschel auf dem Kopf,
an unser Singen und Laufen im Takt des Liedes:

Fuchs, du hast die Gans gestohlen,
Gib sie wieder her!
Sonst wird dich der Jäger holen
Mit dem Schießgewehr.

Und dann noch Auguste Iwanownas Lieblingslied:

Ach du lieber Augustin,
Augustin, Augustin!

Eine dumme, gleichsam augenzwinkernde, lustige Melodie.
Wie soll man die wandernden Händler, Handwerker, Musikanten aus Herz und Gedächtnis streichen? Sie färbten das Leben
ein. In die liebenswerte Monotonie des kindlichen Alltags drang
plötzlich ihr Ruf; ihre Stimme verzauberte die Stunde. Jeder Ruf
hatte seine Melodie. ,,Ein-ge-mach-te Äääpfel . . .'' Und wenn
die Äpfel, nach peinlich sorgfältiger Reinigung, zu uns auf den
Tisch kamen, wie herrlich schmeckten sie dann! Wie rochen sie
nach Wein!
Dann gab es den Ruf: ,,Knochen! Lumpen!'' Und obwohl er uns
ganz und gar nicht galt, empfingen wir auch ihn wie einen alten
Freund und liefen ans Fenster. Der Mann trat ein, warf mit weiter, herrischer Geste die Hoftür zu: hager, breitschultrig, im
grauen Kittel, ein Tatare. Seine Mütze hielt sich wie durch Wun-
derkraft auf dem Haarwirbel, denn er ging mit aufwärts gereck-
tem Kinn, und sein schütterer Bart, jedesmal unverändert,
wippte im Takt seines Schritts. Die Dienstmädchen und Kinderfrauen sagten, alle Tataren seien Fürsten. Wir begriffen nicht,
was das ist, und starrten sie noch unentwegter an. (Die Erklärung des Wortes ,,Fürst'' half uns nicht weiter.)
Noch lieber war uns der Messerschleifer. Er ging zum Hintereingang, nahm sein schweres Schleifgerät von der Schulter und
begann, von Tauben umringt, die ihm übergebenen Messer zu
schleifen. Sie glitzerten wie Vogelflügel. Er berührte sie mit dem
Finger und schäkerte mit dem Dienstmädchen (das, in einen

Schal gehüllt, dastand und vor Herbstkühle oder Frost zitterte).
Wir liefen hinaus und brachten ihm unsere Federmesser. Wir sahen, wie sich das Rad drehte. Der Tag erstarb, wie verwunschen.
Der Abschied fiel uns nicht leicht!
Jedoch von allen Stimmen, die in unseren Tag einbrachen, erwarteten wir keine so sehr wie die Stimme des Leierkastenmanns. Wir stürzten die Treppe hinab, ohne auf Fräulein oder Mademoiselle zu hören. Seinetwegen hätten wir ewige Strafen auf uns genommen. Wir fuhren mit unseren Armen hastig in die hingehaltenen Mantelärmel, wir warteten atemlos, daß man uns den Mantel zuknöpfte, wir stampften auf der Stelle wie Gäule.
Und wenn uns dann die Hintertür mit ihrem üblichen klagenden Ton in den Hof hinausließ, stürzten wir mit unserem ganzen Wesen in die melodisch scheppernde Flut der Leierkastenmusik, die über uns hinwegspülte wie das Meer über den Ufersand. Wir vergaßen völlig, was vor einer Minute gewesen war, wir hatten keinen anderen Wunsch, nur diesen: dem linkischen, einbeinigen Zauberkasten mit der sich drehenden Hand zu lauschen und zu lauschen – und dann mit ihm zum Hof hinauszuziehen. Welchen Klängen lauschten wir? Dem Lied von der Schwalbe? Natürlich. Vielleicht dem Walzer *Donauwellen*? Die Musik klang sicher nicht besonders rein, aber Kinderohr und Melomanie verziehen dem Leierkasten um der Melodie willen seine Verstimmtheit. Der Besuch des Leierkastenmanns, mit oder ohne Papagei, war ein Feiertag. Wo hauchten, bei der Geburt von Grammophon und Radio, diese Kästen wohl ihr Märchenleben aus, die mit einem Stück Musik durch die ganze Welt gezogen waren?

2. KAPITEL

Der Burenkrieg. Die Dreyfus-Affaire.
Mutters Erzählungen. Puschkin

An die frühen Erinnerungen heften sich die Widerklänge des Lebens irgendwo auf dem Erdball, die an unser Kinderohr drangen. Der Krieg der Engländer gegen die Buren, die Empörung der Erwachsenen, ihre Gespräche über die Grausamkeit der Engländer, über den Heldenmut des kleinen Burenvolkes. In jenen Tagen wurde das ganze Papier im Haus mit unseren Darstellungen der kriegführenden Parteien bemalt (am besten malte unser Bruder, er war der Älteste). Wir malten baumlange Engländer mit Pfeifen zwischen den Zähnen und kleine Buren in breitkrempigen Hüten. Die Buren taten uns unsagbar leid. Konterfeis der Königin Viktoria gingen von Hand zu Hand. Die Königin war klein, dick, hatte eine große Nase und eine Krone auf dem Kopf.

Die Dreyfus-Affaire! Wie viele Gespräche, welche Aufregung! Man protestierte gegen die ungerechte Behandlung dieses unschuldig Verfolgten. Wir Kinder haßten die Unterdrücker und warteten auf den Sieg der Gerechtigkeit.

Eine Sensation ganz anderer Art war das Gerücht über den Wahnsinnigen, der mit einer langen gebogenen Nadel Passanten auf der Straße die Bäuche aufschlitzte. Jack the Ripper! Wer erinnerte sich nicht an diesen furchtbaren Namen! Wir flüsterten ihn im Kinderzimmer, fielen damit unserer Mutter auf die Nerven.

Die Dreyfus-Affaire, der Burenkrieg. Wie krampfte sich das Herz zusammen! Und wie weitete und füllte es sich beim Anblick des Bernhardinerkopfs und bei Mutters Bericht, wie am Sankt-Gotthard-Paß – wo später, welch ein Wunder, eine Eisenbahnlinie gebaut wurde (Mutter war mit Großvater diese Strecke gereist) – Hunde aus einem Kloster nach verirrten Wanderern suchen. Die riesengroßen, langhaarigen, gutmütigen Bernhardiner spüren die Erfrierenden auf, graben sie aus dem Schnee, und wenn der Wanderer zu sich kommt, halten sie ihm ein Fäßchen mit Rum vors Gesicht, das an ihrem Halsband hängt. Ist der Mann aber bewußtlos, dann springen die Bernhardiner davon und holen Leute herbei, und die Leute eilen zu Hilfe: mit Seilen, Tragbahren und Laternen. Mutters Erzählungen. Worüber? Worüber nicht!

Über den alten König Lear, den die Töchter, denen er Krone und Reich geschenkt hatte, aus dem Hause jagten, über seine Nacht auf dem Feld im Gewitter . . . Über den jungen König Ludwig von Bayern, der den Mond, die Gewässer und die Natur liebte, der mitten im Wald lebte, auf Schloß Berg, der die Nacht bei Wagnerscher Musik verbrachte, während er tagsüber schlief. Er ertrank im See (stürzte er sich hinein?). Mutter war mit Großvater über diesen See gefahren, im Boot. Sie streifte einen Ring vom Finger, hielt die Hand in den See, öffnete die Hand – und der Ring versank, golden glitzernd, langsam im See . . . Das verstanden wir. Irgendwann brach ihre Erinnerungsstunde an: Wie sie davon erfahren hatte, damals, aus einem Buch oder durch ihren Lehrer. Von Sokrates. Von seiner Philosophie. Von seinem Ausspruch: ,,Ich weiß, daß ich nichts weiß.'' Das Gericht. Der Schierlingsbecher. Der mannhafte, bittere Tod. Oder davon, wie Ludwig dem Sechzehnten gemeldet wurde, auf den Straßen von Paris habe sich die Menge gesammelt, sie zieht nach Versailles, sie ruft: ,,Nieder mit dem König!'', die Truppen laufen zum Volk über . . . Die folgenden Worte prägten sich uns ein, voller Schrecken und Jubel:

> ,,Mais, mais . . . c'est une révolte, cala!'', sprach der König von Frankreich.
> ,,Non, Sire'', erwiderte jemand aus seinem Gefolge, langsam und feierlich, ,,c'est la Rêvo-lu-ti-on!''

Voll leidenschaftlicher Liebe zu ihrem Vater erzählte unsere Mutter von ihren gemeinsamen Reisen ins Ausland, von einer Reise am legendenumwobenen Rhein entlang, der zwischen bergigen Ufern dahinfließt, von alten Burgen auf steilen Felsen, von jenem Ort, wo die Loreley sang. Von ihr wußten wir bereits durch Heines berühmtes Lied. Der grüne, schäumende Rhein wurde uns vertraut. Mussja las schon Mutters Kinderbücher: drei Bände *Muße des Kindes* mit rührenden, ans Herz greifenden Erzählungen, *Das beseelte Wort*, vier Bände mit Erzählungen von Tschistjakow: *Winter, Frühling, Sommer, Herbst*. Wie durch Nebel hindurch erinnere ich mich an den Titel *Frühling in Reval*. Es gab die Erzählung vom Jäger Stepan: von dessen Zorn auf seinen treuen Freund, den Hund Drushok, der einen Schinken gestohlen und im Wald verscharrt hatte. Mit Hilfe des Glaubens, daß ein auf den Kopf des Schläfers gelegtes Tuch, das man hinterher auf den eigenen Kopf legt, jenes anderen Traum wiederholt, sah Stepan den Traum des Drushok und beschloß, sich von ihm zu trennen, weil er ihn verraten hatte. Jedoch in dem Augenblick, als er seinen langjährigen Freund, den Hund, an einen anderen Jäger verkauft hat und neben dem abfahrenden Dampfer steht und Drushok begreift und zu jaulen beginnt und versucht, von der Kette weg ins Wasser zu springen, da begreift Stepan seinerseits, daß nicht Drushok der Verräter ist, sondern er selbst. Er ist jetzt bereit, für Drushok alles hinzugeben, aber der Dampfer fährt ab, und Mussja schluckt ihre Tränen hinunter, und ich heule, während Mutter zu Ende liest. Die nicht mehr zu heilende Trennung von Mensch und Hund sollte uns durch unser ganzes Leben begleiten.

Oft kam Mutter zu uns ins Kinderzimmer – wie liebten wir ihr Kommen! – und las uns Erzählungen von Tschechow, Tschirikow, Teleschow oder aus den Büchern der *Donskaja Retsch* vor. Wie fürchteten wir, daß Mutter Migräne haben und nicht kommen könnte! Und am nächsten Tag übten wir Verrat wie Drushok. Zusammen mit Andrjuscha schlichen wir uns an den Geschirrschrank in der Diele (Mutter hatte die Schlüssel stecken lassen) und stibitzten zwar keinen Schinken, aber Kuchen. Und dann gab es Tränen: die der Mutter und unsere . . .

Die Krankheiten. Das war ein besonderes Leben. Es glich überhaupt nicht dem gewöhnlichen Alltag: so als wären alle irgendwohin weggefahren. Nein, du selbst fuhrst weg, in ein vom vorigen Mal her vertrautes Reich. Die Lampe ist abgedunkelt. Es riecht und schmeckt nach Arznei. Du hast Fieber, dein Kopf schmerzt. Du wirfst dich im Bett hin und her. Du hörst Stimmen. Alles versinkt. Du wachst auf, kannst nicht aufstehen. Die

Mama, ein Löffel Arznei, du wendest den Mund ab. Tränen, das Kinn ist naß. Und wieder versinkt alles, und wieder bist du in der leeren Scheune, und der Faden zittert und strafft sich, und du bist allein, und jenes Entsetzen, das du schon kennst, hält dich fest, und du kannst nicht heraus. Du weißt, daß es gleich, jetzt gleich noch entsetzlicher sein wird. Es gibt keine Rettung! Du hast weder Arme noch Beine, du bist ganz Auge und Kopfschmerz. Der Schmerz füllt die Scheune. Der Faden hebt sich und zittert, ich kann mich von ihm nicht losreißen. Wie konnten sie mich nur mit dem Faden allein lassen? Er kommt näher. Berührt mich. Ich bekomme keine Luft. Die Stimme des Arztes (Kinderarzt Jarchow) irgendwo über meinem Kopf. In Mutters Hand das Fieberthermometer. Gleich berührt Mutter den Faden, ich schreie, mit fremder Stimme . . . Sie sehen und begreifen nicht! Der Kreis der Lampe wird heller. Bin ich aufgewacht oder schlafe ich ein? ,,Einundvierzig, eins" (Mamas Stimme). Das Thermometer schwimmt in meiner Achselhöhle. Alles verschwindet.

Einer der wunderbarsten Eindrücke meiner Kindheit war der Fotograf. Ob es in Moskau war, im Hof, unter den gelben Akazien, oder in Tarussa, auf dem Platz vor dem Haus, zwischen Pappeln – jedenfalls war der Besitzer des Fotogeräts geheimnisvoll, fast wie aus dem Märchen von E.T.A. Hoffmann. Er verschwand plötzlich unter einem schwarzen Tuch, wurde sofort kleiner. In gebeugter Haltung begann er, sich auf uns zuzubewegen. Er trug das hohe, dreibeinige Stativ, auf dem eine unbegreifliche Vorrichtung schwankte. Sie war mit etwas Herabhängendem, Schwarzem bedeckt, und das Ganze ähnelte einem lebendigen Wundertier. Dieses Wesen ging durch unsere Kinderjahre. Warum es glänzende, kleine Bilder mit der Darstellung von Menschen – von *uns*! – produzierte: Das war und blieb unerfindlich.

Andere kleine Mädchen gehen mit ihrer alten, gemütlichen Kinderfrau an der Hand, die eine helle Schürze, einen dunklen Faltenrock, eine weite Jacke und ein dunkles, geblümtes Kopftuch trägt, die Straße entlang. Ich bedaure, daß ich keine mehr habe, meine Kinderfrau gehört bereits der Vergangenheit an.

An Mutters Hand betrete ich das Passions-Kloster. Es liegt am Anfang des Passions-Boulevards. Breite, graue Steinfliesen.

Kühle. Stille. Hohe Räume. Eine lange Galerie führt an einer verschlossenen Kirche entlang. Wir gehen zu einer Nonne, die für uns arbeitet. Sie näht Wäsche. Gierig atme ich die unbekannte Klosterwelt ein, die so anders ist als mein Leben. Der Umriß einer Glocke. Der Widerhall der Schritte auf den Fliesen. Das gelbe Gesicht der Nonne. Ihre Zelle . . . Dieser Tag blieb in meinem Gedächtnis.

Gegenüber dem Kloster, auf der anderen Seite des Platzes, brennen in der beginnenden Dämmerung die hellgelben Laternen am Puschkindenkmal. Auf allen vier Seiten sind Stufen. Die Pfähle sind unten breit und verjüngen sich nach oben. Sie verzweigen sich in drei Arme, jeder Arm hebt eine Laterne in die Finsternis hinaus. Die Laterne ist wie ein geschliffener Pokal, unten schmäler, oben breiter, ein Pokal mit einem eckigen Deckel. Der Pokal ist mit dem Wein des Lichtes gefüllt. In der Mitte, die drei anderen überragend, reckt sich ein vierter Pokal: ein aufwärtsgerichteter Lüster. So auf allen vier Seiten. Puschkin steht da, in Gedanken versunken. Seine Hand hält er unter der Kleidung, unter ihren schweren Falten verborgen. Sein Gesicht und Haar sind von früher Kindheit an vertraut. Nein, nicht so: Es gibt ihn und gab ihn immer: wie den Wald, die Weiden, den Fluß, den Himmel. Gleich einem Netz aus silbrigen Sternenfunken fällt auf ihn der Schnee vom dunkelblauen Himmel. Wann wurde der Himmel dunkelblau? Eben noch war er hell! Dichter wird das Dunkel in den Falten der Kleidung, der krause Kopf beginnt zu ergrauen, alles wirbelt im langsamen Kreisen des Schnees, die in die blaue Finsternis hochragenden, goldenen Pokale werden lichter. Die Stufen sind schon ganz weiß . . . Mama hat es eilig, sie zieht mich an der Hand, meine kleinen Beine verheddern sich: Nicht nur aus Müdigkeit, sondern weil ich noch einen Blick auf die wohlbekannten girlandenartigen Ketten werfen möchte, die um das Denkmal herumführen. Ich erfahre, was ein ,,Duell'' ist und daß Puschkin bei einem Duell getötet wurde. Und mir ist, als hätte es diese Verse schon immer gegeben, wie den Wald und den Himmel:

Ich habe mir ein Denkmal aufgerichtet . . .

3. KAPITEL

Das Moskau meiner Kindheit

Große Fastenzeit. Mutter und ich gehen von Fischladen zu Fischladen. Wir sind auf der Jägerzeile. In einem großen Zuber schwimmen die Fische. Silbern bereift glitzern die winzigen Stinte. Es sind viele Menschen unterwegs, die Menschen sind fröhlich. Der Schnee glänzt wie auf dem Bild mit dem Weihnachtsmann. Es riecht nach süßen Wecken und Gerstenfladen. Auf Schlitten stehen Teigkübel und Flaschen mit Kwaß und anderen Getränken.

Der Alexander-Garten. Er ist anders als die anderen Moskauer Anlagen. Ihn betrat man wie einen Teich. Seine Schattigkeit, seine Kühle und Tiefe. Er hatte etwas Berauschendes. Dort gab es besondere Kinder mit besonderen Gummibällen. Es gab grottenförmige Baumkronen. Und dann gab es die hohe, gezackte Mauer, und dahinter den Kreml; den Kreml mit der Zaren-Glocke, der Zaren-Kanone, dem Zaren persönlich.

In den Alexander-Garten führte man uns selten spazieren. Häufiger auf den Twerskoj-Boulevard, den Passions-Boulevard, zum Patriarchen-Teich. Die lagen näher. Die Sehnsucht nach dem Alexander-Garten blieb mir fürs Leben.

Die Geschäfte im alten Moskau ... Wir gingen gern ins „schlichteste" Geschäft: Ssewastjanow. Es lag in unserer Nähe. Das war ein kleiner Laden. Hier duftete es nach gewürztem Brot und süßen Backwaren. Von hier bekamen wir jede Woche einmal einen Spankorb mit Kuchen und Konfekt geschickt: Moosbeeren in Zucker (Papas Lieblingsspeise – für uns Kinder), Obstpaste, Konfitüre. Hier schrieb man für uns an.

Ssewastjanow lag an der Twerskaja. An der gleichen Straße, Richtung Jägerzeile, lag Filippow: ein großes Brotgeschäft mit Konditorei. An Marmortischen ließen wir uns mit Mutter nie-

der, um heiße Pasteten mit Kohl zu essen. Filippows Schwarzbrot war in ganz Moskau und darüber hinaus berühmt.
Siou, Einem, Abrikossow: Schokolade, Torten, Konfekt und
Karamellen, Wellen von Gerüchen an Eingängen und Laternen.
Sious Laternen waren mattrosafarbene Kugeln. Vor irgendeinem
anderen Geschäft hingen blaue Monde. Schlitten kamen ange-
braust, irgendwer riß die Schlittendecke zurück. Pakete wurden
hinausgetragen, der Schlitten jagte davon. Am Nikitskij-Tor lag
Bartels. Ihn liebten wir heiß, dort war es so schön eng. Runde Tische. Wir tranken Tee, Kaffee, manchmal Schokolade. Mutter
führte uns oft dorthin: Andrjuscha, Mussja und mich.
Doch hoch über allen thronte, auf märchenhafter Höhe, Jelisse-
jew. Säle wie in einem Schloß, nach oben verdämmernd. Die gedämpften Schritte (Sägemehl) vermittelten die Empfindung,
über einen Teppich zu gehen. Die Lüster verströmten ihr Licht
wie im Theater. Darin schmolzen die Farben und Düfte der viel-
fältigsten Früchte aus aller Herren Ländern. Gekrönt wurden sie
von Bananen aus Tausendundeiner Nacht. Und von der Ananas,
die bescheiden war wie Nachtigallengefieder, mit dunkel behaar-
tem Fell, mit Büscheln dicker Blätter obendrauf. Sie hatte die Eigenschaften einer paradiesischen Frucht: unvergleichlich in Geschmack und Aroma, saftig, trotzdem zäh, daß das Fruchtfleisch
schier zwischen den Zähnen knirschte, von einer fast überirdi-
schen Goldfärbung: wie der Gesang der Nachtigall. Beim Heim-
tragen des bescheidenen Einkaufs wurden wir uns des Erworbenen nicht gleich bewußt. Stärker empfanden wir zunächst den
Verlust der aufs Auge wirkenden Schönheit.
Unser liebstes Spielzeug waren zwei Kater, die die Kinderfrau
für fünfundzwanzig Kopeken auf dem Markt erstanden hatte:
groß, aus grobgefärbtem Kattun gemacht, sitzend, mit Stroh gefüllt. Dann liebten wir noch die Weihnachts- und Neujahrspost-
karten (eine Hütte im Wald mit rotbraunem Fenster, ein kahler
Baum und gleißender Schnee oder Glocken in der Luft nebst einem versilberten Band, die Tiere des Waldes um den Weihnachtsmann versammelt, auf Schnee aus Bertholetsalz oder Bor-
salz). Sie hingen über den Betten, schmückten den Tag und die
Stunde des Einschlafens. Damals gab es durchscheinende Ansichtskarten, die mondgrün strahlten: Schlösser, Nachtstücke,
Landschaften, das Bolschoj-Theater. Auch das waren leiden-

schaftlich geliebte Freunde. Bei unseren Bescherungen hatte der Weihnachtsmann übrigens nichts zu suchen. Vielleicht deshalb, weil unsere Großväter Mein und Ilowajskij unverwechselbar waren und dem Weihnachtsmannimage der üblichen Opas überhaupt nicht entsprachen. An den Darstellungen des Weihnachtsmanns schätzten wir nur den dick aufgetragenen Schnee. Für den Waldschrat, im Schatten seiner Wälder, empfanden wir Zärtlichkeit. Der Wassermann, der über die Wasser herrschte und die Menschen hineinlockte, war geheimnisvoll wie der Erlkönig. Sogar der Hausgeist, offenbar ein naher Verwandter des Weihnachtsmanns, war zwar etwas komisch und nicht ganz geheuer, aber dennoch ein vertrautes Wesen wie der Wald, das Wasser, das Haus.

Ich erinnere mich eines Abends im Frühling oder Herbst, als wir von der ersten elektrischen Trambahn hörten. Sie sollte in Moskau die Pferdebahn ablösen. Es wurde viel erzählt, gestaunt und geredet. Ich gehe mit irgendwem die Palaschewskij-Gasse entlang. Zu Ehren von irgendwas ist die Straße mit bunten Lämpchen illuminiert. War das der Abschied von Ljoras Bonne Miß Speier? Irgend etwas an diesem blauen, windigen Abend mit den flackerndn Lämpchen, mit dem Vorsatz, die erste Trambahn bestaunen zu gehen, war ein Stück von ihr. Ich sehe den kleinen, grauen Kopf mit dem Häubchen und das freundliche Gesicht, ich höre ihre nichtrussische Ausdrucksweise, spüre meine Gerührtheit durch die Angst hindurch, daß man mich vielleicht nicht zur Trambahn mitnehmen wird (ich bin ja noch so klein!). Und dann tat mir noch die liebe, liebe Pferdebahn so leid, die so schön laut war, mit den Buben, die den Trubnaja-Platz hinaufritten (sie wurden vorgespannt, damit die Bahn den steilen Berg hinauf kann), diese vertraute Welt, von Kindheit an unser. Irgend jemand hatte gesagt: ,,Die Trambahn wird die Pferdebahn verdrängen.''

Eine zweite Neuheit, die Moskau mit Licht und Glanz füllte, war das vielstöckige Kaufhaus Mure und Merylise auf dem Theaterplatz. Wie viele Erzählungen, Verzückungen, Streitereien, wie viele Spaziergänge und Fahrten zum Bauplatz gab es! Schon lange vor der Eröffnung besichtigten die Moskauer das Gebäude, das sich immer höher in den Himmel erhob, bis es endlich von spitzen Türmchen gekrönt wurde und im Glanz der vielen

Fenster erstrahlte. Sie gingen hin, um zu sehen, wie lange man noch warten müsse, bis die Fensterscheiben zu Lichtaquarien würden, in deren leuchtendem Wasser zauberische Dinge schwimmen würden. Aber das alles war nichts, verglichen mit dem, was wir empfanden, als wir zum erstenmal das Gebäude betraten. Die vielen Stockwerke! Das Glitzern! Die traumhafte Vielzahl der Dinge! Der großartige Schwung der Treppen! Das Gleißen des Kristalls und Geschirrs! Die Bilder! Die ausgestopften Bären! Der Schmuck! Das Spielzeug!
Wir stehen vor jenen Dingen, über die in Moskau seit langem diskutiert wird. Man hört Märchenhaftes. Wir stehen vor dem Lift. Ein Zimmerchen, hell wie eine Laterne, gleitet leicht und luftig hinauf und hinab, befördert Damen, Herren und Kinder, versinkt furchtlos in die Etagenfluchten, taucht wie ein Zauber aus dem Abgrund auf. Stehen und schauen, stehen und schauen! Endlos! Als irgend jemandes Hand meine Hand fest ergreift und wir uns auf das zubewegen, was sich „Lift" nennt, verläßt mich der Mut, ich rüste mich zu meinem „i-i-i-i". Doch Mussjas Haltung und Gesicht ernüchtern mich. Sie fürchtet sich, ich sehe das genau, sie ist so blaß, als ob sie sich übergeben müßte, doch dabei lächelt sie ein wenig aus den Mundwinkeln und schreitet auf den Lift zu. Die Füße treten wie in ein Boot, das sich federnd auf den Wellen hält. Vom Glitzern umfangen, als wären wir in einem Spiegel, gleiten wir langsam hinauf, während die Decken (Decke und Fußboden sind eins) an uns vorbeischwimmen . . . Wir hatten uns sattgesehen durch die Etagen, durch alle Abteilungen. Unsere Augen nahmen die Dinge nicht mehr auf. Da führte man uns wieder zum Lift. Jetzt ging es hinab. Der Fußboden brach unter unserem Fuß ab, in furchtbarem Gleiten, wie im Traum flog er davon. Meinen Leib ergriff Schwäche, in die Beine fuhr mir die Angst. Unter Mussjas beschämtem, verachtendem Blick heulte ich los, in Kaufhaus-Lautstärke: „i-i-i-i-i!"

4. KAPITEL

Unser Vater und sein Kind. Das Museum.
Unsere Mutter. Zwei Frauenbildnisse.
Großvater und Tjo

Unser Vater, Professor an der Universität Moskau, las dort und
an der Frauen-Universität Kunstgeschichte. Lange Jahre war er
Direktor des Rumjanzew-Museums. Er begründete das Moskauer Museum der Schönen (heute: der Bildenden) Künste an
der Wolchonka.

Er entstammte einer Familie, die sich durch Liebe zur Arbeit,
durch hohe ethische Maximen und durch ungewöhnliche Men-
schenfreundlichkeit auszeichnete. Sein Vater, unser Großvater,
war Dorfpope in Talizy, Gouvernement Wladimir: ein strenger,
gütiger, fürsorglicher Mann. Das ganze Kirchspiel verehrte ihn.
Sein ältester Sohn Pjotr wählte den Beruf des Vaters, Fjodor, der
zweite, war Gymnasialinspektor, der dritte war unser Vater, der
jüngste, Dmitrij, war Professor für Russische Geschichte. Die
Brüder wuchsen ohne Mutter auf, in Armut. Als Junge gingen
sie barfuß und zogen ihr Paar Stiefel nur an, wenn sie in die Stadt
mußten. Bereits mit neunundzwanzig war Vater Professor. Er
begann seine wissenschaftliche Laufbahn mit einer lateinischen
Dissertation über das altitalische Volk der Osken. Er wanderte kreuz und quer durch Italien, untersuchte kniend die Erde
rings um die alten Denkmäler und Grabstätten, notierte, ver-
glich, entzifferte und deutete die alten Inschriften. Das machte
ihn in ganz Europa bekannt. Die russische Akademie gab ihm
den Preis „Für eine gelehrte Arbeit zum Nutzen und Ruhm des
Vaterlandes". Die Universität Bologna verlieh ihm bei ihrem
achthundertjährigen Bestehen die Doktorwürde. Die Beschäfti-
gung mit der klassischen Philologie, den Kunstdenkmälern und
Museen Europas erweckte in meinem Vater das Interesse für die
Geschichte der Künste. 1888 berief man ihn auf den Lehrstuhl
für die Schönen Künste an der Universität Moskau. Das war der

Übergang von der reinen Philologie zur praktischen Tätigkeit als Begründer eines Museums von Abgüssen europäischer Meisterwerke. Das Museum war als Studienhilfe für jene Studenten gedacht, die nicht über die Mittel verfügten, ins Ausland zu reisen, um die alten Skulpturen und Architekturdenkmäler im Original kennenzulernen. Auch hier, wie schon bei der philologischen Forschung, kannte seine Liebe zur Arbeit keine Grenzen. Seine beispiellose Energie bei diesem uneigennützigen Werk versetzte alle, die ihn kannten, in Erstaunen.

Das Projekt des Museums wurde kühl aufgenommen, viele zweifelten an seiner Verwirklichung, kaum jemand hielt einen Erfolg für möglich. Einer der wenigen, die daran glaubten, war Mutters Vater A. D. Mein. Aber es war klar, daß die Universität ein so gewaltiges Vorhaben nicht zu finanzieren vermochte, und es war fraglich, ob die zaristische Regierung Hilfe leisten würde. Unser Vater wandte sich an die breite Öffentlichkeit, an die private Wohltätigkeit. In das Komitee zur Schaffung des Museums traten Vertreter der Aristokratie und Kaufmannschaft sowie die Maler Polenow, Wassnezow, Shukowskij und der Architekt Klein ein. Der größte Spender war der bekannte Industrielle Netschajew-Malzew. Vater war es gelungen, ihn für die Idee des Moskauer Museums der Schönen Künste zu begeistern. Die Briefe, die ihm Vater jahrelang fast täglich schrieb, bilden das Tagebuch des Aufbaus des neuen Museums.

Die Regierung bot nur eine einzige Hilfe. Sie stellte das Gelände des ehemaligen Lastfuhrhofes zur Verfügung, wo das alte Etappengefängnis gewesen war.

So nachgiebig und anspruchslos Vater im Leben war, so hartnäckig erwies er sich bei der Überwindung der Hindernisse, die sich der Errichtung dieses Museums in den Weg stellten. An solchen Hindernissen bestand kein Mangel. Niemals machten Überarbeitung und Müdigkeit unseren Vater gereizt. Er blieb der schlichte, gutmütige, lebensfrohe Mensch, der er war. Im häuslichen Umgang mit uns neigte er zu Scherzen und Zärtlichkeiten. Ich habe ihn als einen leicht untersetzten Mann mit graumeliertem Haar und einer schmalen, goldgeränderten Brille in Erinnerung. Ein einfaches russisches Gesicht mit ausgeprägten Zügen, ein kleiner, schütterer Bart rund um das Kinn herum. Große, gütig braune, kurzsichtige Augen, die hinter den Brillengläsern

kleiner erschienen. Seine rührende Zerstreutheit im Alltag
nährte Legenden. Uns verwunderte das nicht, Papa dachte eben
immer an sein Museum. Das begriffen wir irgendwie von alleine,
ohne daß die Erwachsenen es uns erklären mußten.
Vater war fünfundvierzig, als Marina geboren wurde, und sie-
benundvierzig, als ich zur Welt kam.
In unserer Mutter Maria Alexandrowna Zwetajewa, geborener
Mein, fand Vater einen treuen Helfer beim Aufbau des Museums. Sie beherrschte vier Fremdsprachen. Sie fuhr mit Vater
mehrmals in die Kunstzentren Europas und führte seinen gesam-
ten Briefwechsel. In die Jahre meiner frühen Erinnerungen fällt
Mutters dreißigstes Jahr. Ihr Vater hatte serbisches und deutsches Blut in den Adern, ihre Mutter war Polin. Sie war hochgewachsen und hatte dunkles Haar (in unserer frühen Kindheit
trug Mutter einen Zopf, später schnitt sie ihn ab; ich erinnere
mich an ihr gewelltes Haar über der hohen Stirn). Die Züge ihres
länglichen Gesichts waren nicht ganz so fraulich und harmonisch
wie bei Vaters erster Frau (die eine Schönheit gewesen war), aber
die hohe Stirn, der Glanz der klugen, braunen Augen, die Adlernase (länger, als es der Schönheitskanon gestattete), der Mund,
in dessen Winkeln sich eine leise Bitterkeit verbarg, die stolze
Haltung des Kopfes: das alles war von strenger Jugendlichkeit.
Die herbe Romantik ihrer Jugendjahre (Bücher, Musik, Malerei;
sie nahm Klavierunterricht bei Frau Muromzewa, der Lieblings-
schülerin Nikolaj Rubinsteins; das Malen brachte ihr der Maler
Klodt bei, dessen *Letzten Frühling* man damals in der Tretja-
kow-Galerie bewunderte) wurde mit siebzehn von einer Liebe
gekrönt, die gleich zu Beginn abbrach, wie die Liebe Lisas und
Lawretzkijs im *Adelsnest.* Mutters Held glich freilich eher Andrej Bolonskij... Schuld an der Trennung war dessen Ehefrau,
die sich weigerte, in die Scheidung von ihrem Gatten, der sie
längst verlassen hatte, einzuwilligen. Genau wie Turgenjews
Lisa mußte Mutter den Abschied vom geliebten Mann durchle-
ben. Diesem Mann war in Mutters Tagebüchern ein ganzer Band
gewidmet. Den Namen erfuhren wir nie. Im Tagebuch standen
nur die Initialen: S.E.
Mutter kannte die verstorbene Warwara Dmitrijewna, geborene
Ilowajskaja; sie war mit ihrem Vater bei Zwetajews zu Besuch
gewesen. Sie bewunderte die Frau, sie entsetzte sich über ihren

Tod im Kindbett. Darüber schrieb sie in ihrem Tagebuch. Sie kam als zweite Ehefrau ins Haus, wo noch der Tod anwesend war. Sie überschätzte ihre Kräfte im Umgang mit dem älteren Stiefkind Ljora und wurde weder mit dessen Verschlossenheit fertig noch mit ihrem eigenen Jähzorn, weshalb ihr die Stieftochter für immer ein ungutes Gedächtnis bewahrte.

Vielleicht schätzte sie auch ihre Kraft als Frau und Gattin falsch ein. Sie litt, wenn der Maler ins Haus kam, der nach Fotos, einer Locke, einem Atlasmieder sowie den Anweisungen des untröstlichen Witwers das Porträt der schönen toten Vorgängerin malte, deren Geist noch im Hause weste. Vielleicht hatte sie nicht alles in den Büchern, auf den Tagebuchblättern und beim Klavierspiel zu ertränken vermocht, vielleicht beging sie viele Fehler in dem Haus, in das sie eingetreten war? Jedoch der Ehe mit einem um eine Generation älteren Mann, der weder durch sein Äußeres bestach noch durch die Lebensart eines bereits nicht mehr jungen Gelehrten, der nichts von Musik verstand, die doch Mutters größtes Talent und höchste Leidenschaft war: dieser Ehe hatte sie aus dem Wunsch zugestimmt, durch die Arbeit an der Erziehung fremder Kinder, durch einfaches menschliches Leben die Tragik ihrer ersten Liebe zu überwinden. Materielle Erwägungen fehlten – Mutter war von Hause aus gut versorgt. Das Einverständnis ihres Vaters war gar nicht leicht zu erlangen gewesen.

Aus den Tagebüchern meiner Mutter erfuhr ich, wie unser Großvater seine Tochter in Tränen aufgelöst fand, als er sie nach der Heirat besuchte. Von Leinwand und Staffelei herab blickte mit einem entzückenden Halblächeln der Augen und des Mundes, mit einer Rose am blauen Mieder, die Verblichene in den Saal ihres Hauses. Großvater wollte den Gatten der Tochter auf die Taktlosigkeit seines Verhaltens hinweisen, doch die Tochter hielt ihn zurück. In ihrem Tagebuch warf sie sich Eifersucht vor: „Auf wen? Auf die armen Gebeine auf dem Kirchhof? . . .‟

Das Porträt wurde vollendet, im Saal aufgehängt, über die Köpfe der Menschen erhöht: auf dem unsterblichen Gipfel der Erinnerung. Unter dem Bild aber, sich aufschwingend in den in abendliche Dämmerung gehüllten Saal, tönten Beethoven und Haydn, Grieg und Mozart, Verdi und Schumann, Tschaikowskij, Schuberts Unvollendete und Chopin, immer wieder Chopin . . .

Geruch nach Zigarren, glänzende Manschetten, ein schmales, altes, gelbgraues Gesicht (erste Anzeichen des Krebses), ein uns zärtlich anblickendes Gesicht mit etwas schräg gestellten Augen. Großvater! Mutter sah ihm ähnlicher als ihrer schönen Mutter, der Polin Maria Lukinitschna Bernatzkaja. Von deren siebenundzwanzigjährigem Leben blieb im Schlafzimmer der Eltern ein Porträt zurück (ein vergrößertes Foto): ein schwermütiges Gesicht mit dunklen Augen und schweren Lidern. Und an ihren Schultern zwei auffallend unähnliche Gesichter: Sohn und Tochter (Und doch jedes seinem Vater gleichend, es sind Halbgeschwister). Ein etwa zwölfjähriger kleiner Kadett, hager, traurig, die Wangen noch kindlich geschwellt. Das ist der kleine Alexander Mein. Und daneben ein um Jahre älteres Mädchen, an der Schwelle ihrer Blüte. Üppige Haare hochmütig über die Schultern gewellt. Die Stirn hoch, breit, fein, die Nase gebogen. Und die Augen, von sich selbst erfüllt, blicken zerstreut. Sind das nicht, hier über dieser Stirn, Mussjas Haare? Blühte nicht dieser Blick zwei Generationen lang auf Mussja-Marinas Lausanner Foto, aufgenommen im Alter von elf Jahren? Und was ist mit dieser gebogenen Nase? Das Bild zeigt: Großvater, seine Halbschwester Maria und deren Mutter.

Tante und Großvater lebten damals in Moskau, in der Neopalimowskij-Gasse.

„Tante" war Großvaters einstige Wirtschafterin, Mutters ehemalige Bonne, die dieser für sie aus der Schweiz hatte kommen lassen: eine von Jugend an häßliche, altertümliche, mit zahlreichen Schrullen begabte Person. Doch als sie darauf verzichtete, dem Ruf ihres sterbenden Vaters, eines Pastors, zu folgen und heimzufahren, weil sich Mutter, damals sieben Jahre alt, weinend an ihren Hals hängte und sie nicht fortlassen wollte, da ließ Großvater sie an Mutters Seite bis zu deren Eheschließung. Und als Mutter heiratete, ließ er sich, aus Dank für ihr dem Haus hingegebenes Leben, in gebührender Weise mit ihr trauen (wofür sie zum orthodoxen Glauben übertrat).

Von ihrem Haus an der Plujstschicha, in der Neopalimowski-Gasse, erinnere ich mich bloß an eine Ecke des Hofes mit der Hundehütte, an das Parkett der vorderen Zimmer und an Großvaters Gespann: Schönling und Gürklein, zwei dunkle Gäule. Natürlich waren wir manchmal bei Tante und Großvater zu Besuch, aber bei Großvaters Tod war ich erst fünf. Deshalb fehlen mir jene Erinnerungen an dieses Haus und seine Bewohner, die Marina mit ins Grab nahm. Wenn sie zu uns kamen, dann war das immer ein Feiertag. Am schönsten war Weihnachten. Die bis an die Decke reichende hohe Tanne im schimmernden Goldlametta und – wie Trolle auf dem Berg der Zweige – die gleißende Zauberei der hellblauen, dunkelblauen und grünen Kugeln. Die Gerüche: nach heißem Wachs (der Kerzen), nach Mandarinen und nach Großvaters Zigarre. Jedoch das Glück begann mit einem Funken: Großvaters Ankunft und Klingelzeichen. Von seiner Hand entzündet, lief am weißen Docht entlang, von Zweig zu Zweig, von Kerze zu Kerze, ein kleines Feuer: bis der ganze Baum aufleuchtete wie eine taunasse Fliederdolde. Die Hagerkeit des strenggekleideten, gelbgrauen Großvaters, die Leibesfülle der geschnürten, sich von der Taille abwärts in Atlas, Stulpen und Rüschen immens ausdehnenden Tante. Sie selber nannte sich Tjo auf russisch, häufiger noch *La tante* auf französisch, in der dritten Person. Ihre Heimatstadt war Neufchâtel.

Tantes und Großvaters Geschenke waren von besonderer Art, den bescheideneren elterlichen Geschenken kaum vergleichbar. Ganz zu schweigen von den Nürnberger Puppen war „Großvaters Schrank", den Mutter nur selten öffnete, mit noch ganz anderen zauberhaften Dingen angefüllt. Dort summte eine riesengroße, aufziehbare Fliege, dort glitzerten neckische Lauben, dort gleißten Schweizer Chalets mit den spiegelblanken Scheiben ihrer zwischen grünen Läden gerahmten Fenster, perlmuttfarben schimmerte etwas, anderes tönte und spielte zwischen kleinen, vergoldeten Porzellanfiguren, wo pfauen- und regenbogenfarbene Glasperlen lebten, wo eine Flöte taubengleich gurrte, wo eine Spieldose auf ihrer verglasten Walze ihre Melodien abspulte. Diese ganze Welt lebt auch heute noch in meinem Herzen wie das Märchen vom Nußknacker. All diese von uns angehimmelten Dinge teilten Mussja und ich am Tag nach der Bescherung in Gedanken und Worten unter uns auf. Wir tauschten aus, wir kämpften gierig um den Besitz des Begehrten. Das gelang nur mit Mühe: Uns gefiel dasselbe, fast immer! Genau wie in den Büchern oder in Mutters Erzählungen litten wir auch hierin keinerlei Gemeinsamkeit. Ein Ding oder der Held eines Buches konnte nur entweder Mussja oder mir gehören. So hatten wir unsere beiden Lieblingsdichtungen aufgeteilt: Mussja nahm die *Undine*, ich bekam dafür *Rustem und Sorab*. So teilten wir alles. Nicht nach Art der Geizhälse, nein: aus Leidenschaft. Und wir zahlten unvernünftig viel drauf. Um irgendeine kleine Schelle zu bekommen, die jede von uns dringend brauchte, schenkte die eine dieses und jenes und noch mal jenes hinzu: ohne nachzuzählen! Sie begriff, wie schwer der Schwester das Nachgeben fiel. Wir waren dickköpfig, und es gab keinen Weg zurück.

Mutter liebte den Haushalt nicht, so erzählte man uns später. Und obwohl sie die Wäsche zeichnete, mit lustigen Buchstaben, nach gedruckten Vorlagen, und manchmal sogar in Kreuzstich stickte und Diners und Soupers bestellte und die Blumen begoß; obwohl sich Mutter mit der hochaufgeschossenen deutschen Bonne oder der Wirtschafterin Auguste Iwanowna öfter in die Wolle geriet, tat sie das alles doch bloß oberflächlich. Und wie streng sie auch mit uns war, und wie langatmig und heftig auch ihre Strafpredigten waren, so begehrten wir dennoch niemals gegen sie auf. Deshalb vielleicht, weil wir ihr nachgeraten waren, weil wir sie vom ersten Wort an verstanden, liebten wir sie heiß und innig. Das Wort „heiß" bezeichnet unser Verhältnis zu Mutter am genauesten, und dieses Heiße fehlte unserem Verhältnis zu Vater, obwohl er immer gut zu uns war. Der Vater war für uns fast wie ein Großvater: scherzhaft, zärtlich, aber fern. Zur Mutter hatten wir dagegen den engsten Kontakt, obwohl wir in einiger Entfernung voneinander lebten: sie unten im Parterre, wir Kinder oben im Zwischenstock.

Sie las uns immerzu vor, unten bei sich, unter Ausschluß der Gouvernante (mal einer deutschen, mal einer französischen), während wir auf dem Teppich saßen und ihr zuhörten. Nicht nur wir lauschten – auch die große, perlmuttfarbene Muschel, die wie die Morgenröte leuchtete, in der man das Meer rauschen hörte. Und es lauschten auch die blauen Kugeln, von denen drei die Basis bildeten, während die vierte auf ihnen saß. Und so blieb es auch, wie immer man sie drehen oder wenden mochte: Drei waren unten, eins war oben. Hellblaue, lichte, dunkle Kugeln, so tief hellblau, daß sie schon dunkelblau wirkten wie Mutters Saphirring. Und so schwer und kühl, als könne man sie austrinken. Und weil das ganz und gar nicht ging, als wäre das Wasser verzaubert, streichelten wir die Kugeln und leckten an ihnen, preßten wir sie mit den Händen, verschlangen wir sie mit den Augen. Die Muschel gehörte Marina, die Kugeln gehörten mir. Dann wurde getauscht, und das Glück des neuerrungenen Besitzes kannte keine Grenzen. So tauschten wir alles aus, teilten alles auf. Nur eines blieb während der ganzen Kindheit konstant: die *Udine* gehörte für immer Marina, *Rustem und Sorab* gehörte auf ewig mir.

Von den ersten Jahren an beginnen wir das Gespräch miteinander und mit Mutter mit „Weißt du noch . . .". Uns (und wahrscheinlich auch Mutter) beherrscht die Sehnsucht nach allem, was einmal war, was nur mehr in der Seele lebt, was vergangen ist . . . Die Lyrik begann mit der ersten eingezogenen und ausgeatmeten Luft, mit dem ersten Schluck, dem ersten Klang, dem ersten Duft, dem ersten Bewußtwerden, daß ich „lebe".

Als Mussja sieben wurde und ich aus meinem Kinderzimmer, das ich mit der Kinderfrau teilte, in Mussjas Zimmer übersiedelte, bezog unser Bruder Andrjuscha das kleinere Zimmer unserer oberen Kinderwelt, dessen einziges Dachfenster auf Tauben und Pappeln hinausging. Über seinem Bett lächelte in einem schwarzen ovalen Rahmen ein ihm ähnliches Gesicht in einem Kranz aus Feldblumen, mit aufgelöstem Haar, Glasperlen und bunten Bändern. Blickte er sie an, deren er sich nicht mehr erinnern konnte? Er war acht Tage alt, als sie starb. Jetzt war er neun Jahre alt. Schon redete man über die propädeutische und erste Klasse des Siebenten Gymnasiums, über Examen und Repetitoren.

Vater war zu jenem Zeitpunkt zweiundfünfzig, Mutter einunddreißig Jahre alt.

5. KAPITEL

Großvaters Tod. Andrjuschas Opa Ilowajskij. Papas Brüder

Über jene Zeiten, als es im Haus weder Mussja noch mich gab (Ljora war damals acht, neun, Andrjuscha ein, zwei Jahre alt), berichtete man uns, damals habe eine steinalte Frau bei uns im Haus ihre Tage beschlossen: die Großmutter von Vaters erster Frau, Warwara Dmitrijewna Ilowajskaja oder „Mamaka". Dieser Name flößte Furcht ein. Wir fürchteten uns vor diesen Erzählungen, vor dem Fremden und Entsetzlichen: vor dem Alter. Das Zurückschrecken vor dem Alter, das auf das Unbegreiflichste zuführt: auf den Tod, war wie ein Krampf, der unseren Hals zuschnürte und unser Herz umklammerte. Sterben? Auch wir würden sterben? Das war nicht zu glauben.

An einem Frühlingstag begleiteten Mussja und ich, sechseinhalb und viereinhalb Jahre alt, unseren kranken Großvater zum Brester Bahnhof. Er fuhr ins Ausland, um seinen Magenkrebs behandeln zu lassen. Großvater sagte, am Waggonfenster stehend: „Reicht mir das Kleinzeug herauf!" Man führte uns in den Waggon. Er hob uns der Reihe nach hoch und küßte uns. Seine gelben Wangen waren hager. Er war groß, schmalgesichtig, schwarz gekleidet. Auf seinem grauen Kopf saß eine schwarze, seidene Reisekappe von seltsamem Aussehen.

Angesichts seines nahenden Todes kaufte Großvater für Tante in Tarussa ein Haus mit Obstgarten und Linden und teilte das durch lebenslange Sparsamkeit und Arbeit erworbene Kapital zwischen ihr und Mama auf.

Später erzählte Mutter: „Assja war schwer krank, als die Nachricht kam, daß Großvater im Sterben liege. Zu ihm fahren? Und Assja? Ich blieb. So werdet auch ihr, Kinder, mich eines Tages allein sterben lassen und bei eurem kranken Kind bleiben . . ." Das Schicksal strafte sie nicht: Ich genas, Mutter fuhr zu Großvater, er starb in ihrer Gegenwart. Sterbend sprach er ihr seine größte Achtung vor ihrer sittlichen Persönlichkeit aus. In ihm verlor sie ihren ältesten Freund. Weinend begleitete sie ihn an die Pforte der unbekannten Welt. Er ließ sie traurig in dieser schwierigen Welt zurück.

Mussja war fast sieben, ich fast fünf Jahre alt.

In Mutters Salon, unter der hohen Decke, zu Mutters Füßen auf dem Teppich sitzend, lauschten wir beim Licht des grünen Lampenschirms Mutters Erzählungen über ihre Kindheit, über Großvaters Gut ,,Kleine Eschen" (bei Sschodnja), wo Mutter als junges Mädchen viel ritt, über ihre Freundin Tonja, die ins Haus kam und mit Mutter von acht bis siebzehn zusammenlebte. Tante und Großvater erzogen sie wie Schwestern, steckten sie in die gleichen Kleider, ließen sie durch Hauslehrer unterrichten. Mit siebzehn wurde Tonja mit einem Maler verheiratet, aber auch danach kam sie oft zu Mutter. Wie einst spielten sie abends vierhändig Klavier.

Aus dem Dunkel der Kindheit löst sich ein grauhaariger, strenger Greis: in Vaters Arbeitszimmer, im Saal. Das ist Andrjuschas Großvater, Vaters Schwiegervater aus erster Ehe: Historiker Dmitrij Iwanowitsch Ilowajskij. Sein gutgeschnittenes, schönes, kaltes Gesicht, das von einer üppigen, grauen Perücke sowie einem grauen, zweiteiligen Bart eingerahmt war, das den Alltag und die nichtblutsmäßigen Enkelkinder nicht an sich heranließ, wurde von keinem Lächeln erhellt, es neigte sich bloß leicht zu uns herab, wenn er, ohne das Gespräch mit Vater zu unterbrechen, jedesmal einunddieselben Worte sprach: ,,Ist das Mussja? Assja?" Er verwechselte uns. Dabei waren wir, trotz großer Ähnlichkeit, leicht auseinanderzuhalten: Mussja war groß und stämmig, ich war klein und mager.

Wir fürchteten ihn, genierten uns in seiner Gegenwart, er war uns fremd, er kam aus irgendeinem, ,,seinem" Haus, und jenes Haus war aus Stein (deshalb war Andrjuschas Großvater härter und kälter). Seine Worte ,,Vom Alten Pimen", die er, wenn er Vater bisweilen nicht antraf, diesem statt einer Visitenkarte ausrichten ließ, umgaben in unserer Vorstellung auch den Puschkinschen Pimen mit ,,Ilowajskischer" Kälte, während sie Dmitrij Iwanowitsch einen zusätzlichen Stich ins Geheimnisvolle verliehen. Erst sehr viel später erfuhren wir, daß der ,,Alte Pimen" eine Kirche in einer Gasse unweit der Twerskaja ist, neben der, in der Tiefe des Hofes, Ilowajskijs Haus stand: ein Haus mit rundbogigen Fenstern. Im Arbeitszimmer blickte aus einem großen, ovalen Rahmen Vaters verstorbener Bruder Fedja von der Wand auf uns herab. Ein volles Gesicht, dunkle, große, kluge Augen. Er sah unserem Vater ähnlich. „Ihr schaut Onkel Fedja an?", sagte Mutter. „Er war ein gütiger Mann. Ein sehr guter Mensch ist mit ihm gestorben."

Vaters ältester Bruder, Onkel Petja, sahen wir nur ein einziges Mal. Er besuchte uns und brachte Marina eine Puppe mit. Von der Jüngeren wußte er wohl noch nichts? In unserer Kammer über der Treppe (wo man uns manchmal einsperrte, zwischen die dort hängenden Kleider, wenn wir etwas ausgefressen hatten) zog man uns um, für den Besuch. Ich weiß noch, wie eine Kerze im Kerzenhalter brannte. Es kränkte mich, daß Onkel Petja nichts von meiner Existenz wußte. (Für Puppen freilich hatten wir wenig übrig, wir trugen sie mit dem Kopf nach unten, packten sie an den Beinen, wie Hühner, trugen sie so „auf den Markt".)

Unten im Parterre sahen wir einen kleinen Popen in dunkler Soutane, mit langen, weißen Haaren und einem grauen Bart. Er blickte uns mit Vaters Augen zärtlich an.

6. KAPITEL

Bruder Andrjuscha. Die Marmorgewinnung im Ural für das Museum der schönen Künste. Die Professoren. Doktor Jarcho. Die Weihnachtsbescherung

Ich schreibe wenig über Bruder Andrjuscha. Deshalb vielleicht, weil er sich an Mussjas und meinen Spielen nicht immer beteiligte. Es gab Raufereien zwischen uns dreien, es gab den gemeinsamen Ausgang der ach so wohlerzogenen Kinder, es gab Theaterbesuche (selten), Weihnachtsbescherungen und Ostertage, aber ein inniges Leben zu dritt gab es nicht. Andrjuscha war zwei, respektive vier Jahre älter als wir, bei ihm wurde es bereits mit dem Lernen ernst, und überhaupt war er anders. Das Lyrische ging ihm rundweg ab, auch das Gemütliche reizte ihn nicht. Für Hunde und Katzen hatte er wenig übrig, genauso wie für Erinnerungen und Zukunftsphantasien. Das alles war ihm völlig fremd. Zwar stibitzten wir gemeinsam Leckereien, wurden gemeinsam dafür bestraft, zwar bekamen wir gleichzeitig Geschenke und nahmen sie einander weg, aber das Gefühl, daß Andrjuscha ein *anderer* sei, irgendwie nicht ganz bei der Sache, verschlossener und spöttischer als wir: dieses Gefühl verließ mich und Mussja nie. Wir Kinder hatten keine Zärtlichkeit füreinander, sie erschien uns komisch, wir zogen einander unablässig auf.
Mutter liebte Andrjuscha und hatte ihre Freude an ihm. Sie war bemüht, mit ihm nicht strenger zu sein als mit uns. Besonders zärtlich war sie zu ihm in seinen ersten Jahren, als es uns noch nicht gab. Er war sehr schön, ganz seine Mutter, und jene Leute, die nicht wußten, daß er Mutters Stiefsohn war, und die beiden zusammen sahen (beide hatten schmale Gesichter, braune Augen, dunkle Brauen), sagten: ,,Er ähnelt der Mutter.''
An den Abenden saß Vater in seinem Arbeitszimmer, versunken in seine Arbeit. Zwei Stearinkerzen brannten unter grünen Schirmen. Vaters bereits stark angegrauter Kopf beugte sich über die Papiere, die Brillengläser glänzten. Die wohlvertraute Hand

41

(ich habe Mutters Hände, Mussja hatte Vaters Hände) schrieb schnell die Buchstaben nieder, jeden für sich. Vaters Handschrift ähnelte der „slawischen Ligatur".

In den Bergen des Urals, in London und Athen, in Berlin, Paris und Rom, in Florenz und Ravenna: Überall gingen die Arbeiten für das Museum voran.

In der Nähe von Slatoust hatte man mit der Gewinnung von Marmor begonnen. An der Wolchonka, auf dem kahlen Platz des ehemaligen Lastfuhrhofs, besichtigten wir die weißen und grauen Marmorblöcke und lasen kleine, glitzernde Stückchen auf. Sie schimmerten wie der Sternenhimmel.

Der kleine, schwarzbärtige Professor Brandt war für uns Kinder eine Märchengestalt: sei es wegen seines breit ausladenden, kohl-schwarzen Bartes (die Kohle ist der Nachbar des Feuers, in den Öfen und Lagerfeuern der Kindheit) oder vielleicht, weil er mit seinen schwarzen Augen so ungemein flammend blickte. Er gehörte für uns in eine andere Welt als Vaters sonstige Besucher. Professor Brandt war Linguist, in jenen Jahren war Esperanto seine Passion. Wenn eines der Kinder an ihm vorbeilief, packte er es und zwang uns, die wir Deutsch und Französisch konnten, zu erraten, was er auf Esperanto sagen würde. Bei unseren Antworten brach er in Jubel aus. Seine Tochter Agnjuscha, die einmal zu uns ins Kinderzimmer kam, entpuppte sich als Zauberin: Sie konnte einfach so verschwinden . . . Dieses Talent wertete in unseren Augen auch ihren Vater auf.

Ich erinnere mich an das ausgesprochen russische, gütige Gesicht von Nikolaj Iljitsch Romanow. Er hatte blaue Augen und trug einen Bart. Oft bei Vater zu Gast war sein Schüler und Freund Alexej Iwanowitsch Jakowlew. Er war groß, stämmig, freund-lich. Mit uns scherzte er immer. Er war der Sohn von Iwan Ja-kowlewitsch Jakowlew, jenes bekannten Linguisten, der die Schriftsprache der Tschuwaschen geschaffen hat.

. . . Kindheit! Der ältere Bruder, vielleicht gerade Erstkläßler, ein hagerer Junge im grauen Gymnasiastenrock, kommt schrei-end, mit brennenden Augen, zu uns ins Kinderzimmer gelaufen: „Na, ihr beiden, zeigt, was ihr könnt! *Trockenes Gras*, versteht ihr?, muß man in drei Karos schreiben, pro Karo ein Buchstabe! Na, wird's bald!"

Mein Atem stockt vor Ohnmacht und Bewunderung: Er *kann*

das! Schweigen. Sich herablassend zu uns unaufgeklärten Knirp-
sen, läßt Andrjuscha hochmütig das Wort fallen: ,,H-e-u!"
Und dann meine Freude: Es *stimmt*! Und Mussjas verächtliche,
enttäuschte Stimme: ,,Ganz schön blöd . . .‘‘
Und als im Garten der Datscha in Tarussa Andrjuscha und
Mussja, die sich über meine allzu kindliche Schaukel mokierten,
mein Stühlchen, und mich dazu, so lange um die eigene Achse
drehten, bis wir hoch über der Erde schwangen und sich der
Strick zu einem prallen Doppelzopf flocht, und als sie dann
plötzlich zurücksprangen und losließen, wurde der Wirbel des
federnden Aufwickelns von meinem verzweifelten Schrei begleitet: Luftwirbel und Rundflug erweckten in mir die Vorstellung,
daß mir gleich der Kopf von den Schultern purzeln würde . . .
Aber das dauerte nur einen Augenblick. Nachdem sie mich noch
einmal, jetzt in die andere Richtung, gewirbelt hatten, kam die
Schaukel zur Ruhe, Andrjuscha und Mussja standen da, ein wenig beschämt. Beide machten eine Bewegung auf mich zu, Andrjuscha griff etwas verspätet nach dem Strick. Aber Mussja
meisterte sofort die Lage.
,,Du Feigling", warf sie mir hin. ,,Geh nur zu Mama und beklag
dich! Wir spielen nicht mehr mit dir!"
Ich sprang von der Schaukel herunter und schämte mich bereits
meiner Furcht. An Mussjas Stelle hätte ich genauso gelacht. Wir
liebten einander zärtlich, aber in jener Tiefe, wo sich die Wahrheit verschweigt.
Und es gab die friedlichen Stunden an Mutters Seite, wenn sie
dünne deutsche Gedichtbände las oder Arzneien sortierte, nachdem sie diese auf einer winzigen Waage mit Waagschalen aus
Horn gewogen hatte. (Mutter war von der Medizin besessen, sie
arbeitete als Krankenschwester in der Iwerskij-Gesellschaft.)
Die leeren Arzneigläser, mit kleinem Ausguß, damit man daraus
tropfen konnte, die runden und ovalen Schächtelchen, deren
Deckel mit Blumenmustern verziert waren, die fein säuberlichen
und aparten Fächer der Rezepte, die schirmförmig gefalteten Pa-
pierhauben auf den kleinen Fläschchen, aus denen es geheimnisvoll und dezent duftete.
In einem Jugendgedicht von Marina kommt das Wort *kurlyk*
vor. Es ist so entstanden: An Winterabenden legten wir uns gern
neben Mama auf ihr Bett, im stillen Schlafzimmer, zu jener

43

Stunde, da die Geräusche des Tages versiegten und der Abend noch nicht angebrochen war. Wir lagen zu dritt da, Mutter und wir zwei Schwestern, unter einem Pelzmantel (in den unteren Räumen war es kalt), und redeten über alles, was uns in den Sinn kam, bis endlich der Schlaf uns übermannte. Mit uns zusammen schlief der schwarze Kater Wassja ein, und wenn ihn, in der gemeinsamen Wärme und Gemütlichkeit, irgendwer berührte, verzog er sich noch tiefer in die warme Muschel seines Körpers, wendete seine Schnauze noch steiler aufwärts und miaute, aus der Wärme seines buschigen Bauches heraus, immerzu den gleichen Laut. Diesen Laut übersetzten wir mit *kurlyk*. Von daher bekamen unsere kurzen schläfrigen Vor-Abende die Bezeichnung „*kurlyk* machen". Darin unterbrach uns Vaters Ankunft, das Sichbeleben des Abends, das Abendessen.

Die ganze Kindheit über behandelte uns Kinderarzt Jarcho. Mutter bewahrte ihm ewige Dankbarkeit, weil er auf ihren verzweifelten Ruf hin, als ich erkrankt war, nach Tarussa kam. Er fuhr sofort los, ohne sich umzuziehen, geriet ohne Regenschirm in ein Gewitter, wurde bis auf die Haut durchnäßt.

Doktor Jarcho war schwarz. Schwarz war der Bart, schwarz waren die Haare, auch die gütigen Augen waren schwarz, außerdem trug er einen schwarzen Anzug. Er hatte viele Haare und eine leicht hakenförmige Nase. Er war sanft, kam jedesmal, wenn jemand von uns krank wurde; mit ihm trat die Gemütlichkeit ins Haus ein. Selbst noch in Halbschlaf und Fieberwahn, wenn das Bewußtsein sich spaltete und fast schon aussetzte, verscheuchte sein Kommen den Alptraum wie das Erscheinen eines guten Geistes im Märchen.

Unmerklich war Weihnachten herangekommen. Das Haus war mit Gerächen erfüllt, hinter den geschlossenen Türen des Saales bereitete sich heimlich etwas vor. Aus unseren oberen Kinderzimmern horchten wir auf das, was sich unten anbahnen mochte. Wir malten uns bereits Mutters „Panorama" mit seinen zauberhaften Verwandlungen aus. Gerüche trugen das Haus wie Wellen das Schiff. Mit einem Auge sahen wir durch die angelehnte Tür die Tellerberge des Prachtservices, die man fürs Fest gewaschen hatte, die chinesischen Desserttellerchen, den Kristallglanz der Vasen, hörten die klingenden Pokale und Weingläser. Auf großer Schüssel wurden ein Roastbeef mit rosigem Herz-

stück (es war mir verhaßt) sowie schwarzer, körniger Kaviar angerichtet. Die Nasenflügel fingen das Aroma des „großväterlichen" Gebäcks auf. (Tante wird aus ihrer Herrgottsferne wohl kaum nach Moskau kommen. Letztes Jahr kam sie nicht . . .).
Mutters unwirsche Stimme, verwirrtes Hinundherlaufen. Ljora, die die Auswüchse von Mutters Haushaltsführung mißbilligt, hält sich in ihrem Zimmer auf. Wir schleichen uns dorthin: in ihre anziehende, so ganz andere Welt. Sie zeichnet. Mit Bleistift oder Kohle oder mit Ölfarbe auf Atlas. Die Rosenblätter ranken sich. Es riecht nach Parfum. Ich reinige mit Zahnpulver Ljoras Uhrkette aus „amerikanischem Gold". Ist das Messing? Wir streiten. (Andrjuscha erläutert von oben herab, er ist elf. In der Schule lernt er Latein und Griechisch.)
Ich putze hingebungsvoll. Die Kette gleißt schon wie das goldene Zehnrubelstück, das mir Mutter gestern gab, damit ich es zu Ljora trüge. Ich bringe es ihr jeden Monat und habe jedesmal Angst, es auf der Treppe zu verlieren. Wassja, unser schwarzer, wunderbarer Kater, miaut: Er wittert das Roastbeef. Im Hof bellt der Kettenhund. Wenn wir jetzt zu ihm könnten! Doch die Gouvernante duldet das nicht.
Endlich bricht Heiligabend an.
Es ist soweit. Das Wichtigste, das Liebste: zum Fürchten lieb. Langsam geht die Tür auf, direkt vor unseren Augen, wir fliegen die Treppe hinab, festlich gekleidet. Und über all dem, was sich bewegt, gleißt und duftet – erhebt sich *er*! Unten ist er grün und golden verkleidet. Sein Geruch überdeckt den Duft nach Mandarinen und Wachskerzen. Er hat samtige Tatzen, wie Kater Wassja. Gleich wird man ihn entzünden. Er wartet. Die Geschenke sind noch verdeckt. Ljora, in hellem Seidenjäckchen, korrigiert noch einmal die neuen Goldketten. Die Kugeln glänzen matt: mattblau, matthimbeerrot. Die Glasperlen, das Lametta: alles wartet . . . Den von Kerze zu Kerze führenden Docht hat immer Großvater entzündet. Er lebt nicht mehr. Vater hält das erste Streichholz an eine Kerze – und Weihnachten hebt an!

7. KAPITEL

Unsere ältere Schwester Ljora. Ljoras Gesang.
Ihre und Mussjas Bücher. Lebende Bilder

So, wie ich Mussja von frühesten Jahren an in meiner Nähe wußte, so war die ältere Ljora für mich in irgendeine Ferne entrückt.
Sie tauchte auf und verschwand. Aus meinen ersten Kinderjahren erinnere ich mich ihrer nebelhaft. Doch inmitten der Fotografien versenkte ich mich dann und wann in den üppigen,
grauen Pelz (ein Mantel mit Kapuze?), aus dem zwei große, helle
Mädchenaugen Mussja und mich anblickten. Das Mädchen hatte
etwas Ansprechendes, es gefiel mir sehr, es reizte mich, erregte
mich sanft, sein Nichtdasein bedrückte mich. „Das ist Ljora",
sagte man mir, „Ljora, als sie noch klein war." Jenes entzük-
kende Mädchen auf dem Bild erweckte in mir seit jeher die
dunkle Vermutung, es gäbe dieses Mädchen gar nicht. Oder
nein: Es habe sie einmal gegeben. Nie würden wir mit ihr spielen
oder sprechen können.
Auf den Seiten des Familienalbums versank der Anblick der
noch rundgesichtigen Ljora mit der kindlichen Unausgeformt-
heit der Züge, der Schwellung der Lippen, der zartgeformten
Nase. Sie schenkten uns eine andere Ljora, die mir ganz erwachsen vorkam: in dunklem Kleid, weißer Pelerine, weißer Schürze,
mit glatt zurückgekämmtem Haar. Sie schaute auf mich mit eben
jenen hellen Augen, aber die lächelten jetzt ein wenig, das Gesicht war viel kleiner als auf dem Kinderfoto, wo es groß war.
Ich war ungefähr fünf, als mich Mutter zu einem Festakt in Ljoras Mädcheninstitut mitnahm. Ich weiß noch, wie wir den Alten
Katharinenplatz überquerten und auf das gelbweiße Gebäude
des Katharinen-Instituts zugingen (heute ist darin das Zentrale
Haus der Sowjetarmee untergebracht). Ich erinnere mich an den
hohen Saal, an etwas Goldenes und Weißes, an lebensgroße
Porträts in goldenen Rahmen, an den Wald der Mädchen in ge-

46

nau solchen Kleidern und Pelerinen wie Ljora, an die Fragen, wer ich denn sei, an Mutters Antworten und an mich: emporgehoben und in Gesichtshöhe (lächelnde Mädchengesichter) weitergereicht. „Loras Schwester, Loras Schwesterchen . . ." Ich will die Mädchen korrigieren: Es heißt nicht Lora, sonder Ljora, aber man hört mich nicht, und es kommen so viele neue Wörter auf mich zu („Festakt", „Abschluß" . . .). Ich sauge das Unbekannte gierig in mich hinein, suche mit den Augen nach Ljora und freue mich, daß Mutter und ich jetzt gleich mit ihr heimfahren werden.

Ljora war zehn Jahre älter als Marina und zwölf Jahre älter als ich. Sie war sieben Jahre älter als ihr Vollbruder Andrjuschka. Niemals kränkte sie uns, immer trat sie für uns ein gegenüber unserer jähzornigen Mutter. Sie scherzte mit uns, zauste uns, zog uns auf (mich wegen meines Flennens und meines markerschütternden Weinens in I-i-i-i-Dur). Sie war eine Besondere, mit niemandem Vergleichbare. Von uns beiden zeichnete sie Mussja aus, weil diese immer genau wußte, was sie wollte oder nicht wollte, weil sie klug war und Charakter hatte, weil sie früh reifte. Ljora versuchte oft, Mussja gegen Mutters Strenge abzuschirmen. Mussja erwiderte das mit heftiger Liebe. Mit Mutter vertrug sie sich nicht sonderlich. Wir spürten das, ohne die Ursachen zu verstehen.

Mit Ljora zog etwas Festliches in unser Haus ein. Ihr Zimmer war eine Welt für sich. Diese Welt ging über meinen Verstand, aber sie erregte mich und zog mich an. Mussja hatte Zugang zu Ljoras Bücherschrank (der ihrer Mutter gehört hatte und sich irgendwie von unseren Sachen unterschied). Er war aus Nußholz, nicht sehr hoch und seltsam geformt: An den beiden Türflügeln waren schmale Spiegel angebracht. Auf den Regalen standen unbegreifliche Bücher (englische), darin blühten bunte Bilder von unvorstellbarer Schönheit. Das Herz loderte bei ihrem Anblick, genau wie dort die Wiesen, Teiche, Blütenwälder und Wolken. Einmal schnitten wir, auf Mussjas Betreiben, das schönste Bild mit einer Schere grob und irreparabel heraus und bereiteten Ljora genausoviel Schmerz, wie wir uns Glück davon versprochen hatten. Dann kamen Mutters zornige Strafpredigten, wir weinten und wurden bestraft. Im Herzen blieb die Empfindung der Leere, Reue und Scham zurück.

Es gab die Überführung des gestutzten Weihnachtsbaums, eine Woche nach Weihnachten, zu Silvester, aus dem Saal hinauf in Ljoras Zimmer, die Stimmen von Ljoras Gästen, Licht, Lärm, Speisengeruch, Parfumduft. Wir durften nicht ins Zimmer. Aber dafür gab es ihr liebes, plötzlich ganz nahes Gesicht, mit ihrem Lächeln, das Gesicht, ein Scherzwort, eine Süßigkeit in die Hand, den Gesang ihrer reinen, hohen Stimme: die Lieder voller Grazie, Übermut und Eleganz, in denen vielleicht ein früheres Leben unseres Hauses, vor unserer Zeit, nachklang. Und es gab Blumen, mit Öl auf Wachstuch und Kissenseide gemalt: von Ljoras Hand. Und es gab den Schmerz, mit dem die Brennschere die Schläfe ätzte, wenn Ljora uns das Haar wellte und lachend sagte: ,,Pour être belle, il faut souffrir." Und es gab die geschliffenen Glaspropfen der Parfumflaschen, die so heftig dufteten! Der Kopf ging rund beim Anblick der Regenbogenfarben und der Funken im Kristall . . .

Die Liebe zum Ungewöhnlichen wurde in uns auch durch Ljora geweckt, nur ganz anders als durch Mutter. Sie setzte bengalisch beleuchtete ,,lebende Bilder" – ,,Pantomimen" – in Szene und nahm selber daran teil. Der Saal bildete den Hintergrund als dunkler Schlund. Der Salon loderte prächtig auf: grün, himbeerrot, gelb. Die Gesichter waren totenbleich, sie brannten zauberisch. Wir alle wurden einen Augenblick lang zu Märchengestalten. Freigebig floß dieser phantastische Wein, Ljoras vertrautes Gesicht lächelte uns an. Sie schnitt Grimassen, lenkte mich vom Heulen ab (weil es ,,schon vorbei" ist), versprach, daß noch etwas käme . . . Stets trat sie für uns ein: im Lauf des Alltags. Sie ergriff unsere Partei, wenn Vater mit einer ihm sonst nicht eigenen Strenge plötzlich bemerkte, daß ich dieses und jenes nicht essen mochte, und darauf bestand, daß ich, wie alle am Tisch, gefälligst den schwarzen Kaviar essen solle. Wenn ich dann die Tränen hinunterschluckte (die den Kaviar noch salziger machten) und den Versuch machte, ihn hinunterzuschlucken (kauen ließ er sich schon gar nicht), was damit endete, daß ich den Bissen Kaviar zwischen Eßtisch und Serviette kleben wollte, wenn Mussjas spöttisches Auge mich bereits quälte, wenn Mutter ob meines Kleinmuts und Täuschungsversuchs aufbegehren wollte, wenn Vater nahe daran war, das Ganze zu durchschauen – da veränderte ein Scherz von Ljora plötzlich die ganze Situation:

wie das bengalische Feuer den Salon. Ljora konnte Gardinen-
predigten und dramatische Auftritte nicht ausstehen. Aus ihrer
fast mürrischen Abwendung von solchen Dingen sprach Grazie,
eine andere Art, das Leben zu nehmen, und obwohl wir Mutter
keineswegs verurteilten (denn wir liebten sie), fühlten wir uns
dennoch auch zu Ljora hingezogen.

Mutter war streng mit uns, sie schrie uns an und wusch uns den
Kopf, sie haßte die Lüge, sie wollte, daß wir mutig wären. Aber
hatten wir es wirklich schwer mit ihr? Nein. Wir verstanden sie
und verurteilten sie nicht. Sie wollte uns weder zurechtbiegen
noch brechen. Wir bogen uns selber und richteten uns wieder gerade.

Zuweilen sangen Mutter und Ljora im Duett. Es gefiel uns, Ljoras hoher und Mutters tiefer Stimme zu lauschen. Wir liebten die
traurigen, verwegenen Lieder wie ,,Schnell jagt die Troika . . .''
(diese Melodie, so schien es uns, existierte seit Ewigkeiten, wie
die Schäfchen am Himmel, wie der Mond, wie jene Zeilen, die
scheinbar gar nicht Puschkin, sondern die Winterluft geschrieben hatte: ,,Durch des Nebels dichte Schwaden steigt der Mond
am Himmel auf . . .''). Doch die Schwermut dieser Zeilen öffnete das Herz noch etwas anderem, und so sog es auch die trau-
rige Weise ein, die Mutter zur Gitarre sang:

Der Frühling kommt, doch nicht für mich,
und wird sich auch der Bug ergießen.
Das Lied der Freude, es wird fließen –
doch nicht für mich, doch nicht für mich . . .

8. KAPITEL

Unser Haus

Das Haus, in das unsere Mutter als zweite Ehefrau kam, in dem Marina und ich geboren wurden, hatte der Historiker Ilowajskij seiner Tochter Warwara Dmitrijewna, der Mutter von Ljora und Andrjuscha, einst als Mitgift in die Ehe gegeben. Das Haus, das gerade wir, Mussja und ich vergötterten (während es Ljora und Andrjuscha ziemlich kühl ließ), war nicht unser Haus. Wir wuchsen in einem fremden Haus auf. Ljora und Andrjuscha würden es erben. Wenn wir erwachsen wären, sollten wir es eines Tages verlassen.

Unser Haus hatte die Nummer acht in der Dreiteich-Gasse, die zwischen Twerskaja und Bronnaja lag. Es war einstöckig, aus Holz gebaut und braun gestrichen (spätestens seit 1897: so weit reicht meine Erinnerung zurück). Es hatte sieben hohe Fenster, ein Tor, über das sich eine weitausladende Silberpappel neigte, sowie eine Hoftür mit einem Ring. Man drückte auf den Ring und betrat einen ungepflasterten Hof, der im Sommer grün war. Ein Steg führte auf die rot-weiß gestreifte Eingangstür zu. Über dem Eingang befand sich der Zwischenstock.

Auf der Hofseite lagen unter dem Zwischenstock niedrige Räume: die Diele, das Eßzimmer, das frühere Mädchenzimmer und das Schlafzimmer. Der Steg bog von rechts um die Rückseite des Hauses herum und stieß auf die Stufen des Hintereingangs und den Küchenanbau. Dieser Teil des Hofes endete in einem Winkel, der mit gelben Akazien und Pappeln bewachsen war und von einem hohen Bretterzaun begrenzt wurde. Hier stand der „häuschenförmige" Brunnen mit seinem langen Schwengel. Ich erinnere mich an das Quietschen des Brunnens im Hofwinkel, immer wenn Wasser gepumpt wurde: in den ersten Kinderjahren. Dann lief seine Zeit ab, in unser Leben trat der Wasserausfahrer. Das Tor wurde geöffnet, der Hund begann zu bellen, die Räder ratterten, das Wasser plätscherte aus dem Faß, das im Winter einem vereisten Schloß glich.

Die kleine Diele am Hintereingang ist leer. Dort gibt es nur die Tür in die Kammer; in der Kammer stehen Petroleum und Fülltrichter. Zwei dicke, mit Wachstuch und Stoff beschlagene Türen führen ins Haus.

Seit jenem Tag, als ich zum letztenmal das Haus betrat, sind sechzig Jahre vergangen. Das Haus gibt es nicht mehr. Das Gedächtnis läßt mich im Stich. Mir ist, als wären in die zweite, die Innentür, Glasquadrate eingelassen gewesen. Eine der Türen (ich glaube, die äußere) stößt einen klagenden Laut aus, immer den gleichen. Er zieht sich etwas länger hin, wenn man langsam geht, und kürzer, wenn das Gähnen der Tür kurz ist. In der kleinen warmen Diele ist es finster, auf einem Tisch steht ein Petroleumkocher, auf dem Kocher eine weißemaillierte, blaugeäderte, breite Kasserolle mit kleinen Löchern für den Abzug des Dampfes. Sie ist an einer Stelle „näschenförmig" ausgebogen. Ihr entströmt der vertraute Geruch nach angebrannter Milch. Links davon führt eine Tür ins frühere Mädchenzimmer. Dort steht eine Kommode mit Fächern für Graupen, Tee, Kaffee und Zucker. Wenn man am Tisch mit dem Petroleumkocher vorbeigeht, kommt man zu einer kleinen Tür. Sie öffnet sich zu einem Gang, der ins Schlafzimmer führt. Diese Tür ist tapeziert wie die Wände. Unten schlurft sie wie die Pantoffeln eines alten Mannes. Sie sieht gar nicht wie eine Tür aus. Hier beginnt die Treppe in den Zwischenstock. Die mit brauner Ölfarbe gestrichene Tür befindet sich auf der Höhe der ersten drei Stufen, sie steht meistens offen. Ihr gegenüber befindet sich die hohe, weiße Doppeltür zum Saal. Der Saal ist ein Eckzimmer mit fünf Säulen, er ist sehr hoch, wie alle vorderen Zimmer. Wenn uns der rote, grüne, nach Gummi riechende Luftballon aus der Hand gleitet (wenn man ihn anfaßt, bleibt er am Finger kleben und gibt einen leisen, leichten, quietschenden Laut von sich), kommt das Dienstmädchen oder der Hausmeister mit der Dielenbürste, steigt auf einen Stuhl (während sich unsere Hände bittend und ängstlich falten: Hoffentlich platzt er nicht!) und holt den unter der Zimmerdecke hängenden Schatz herunter.

Es kamen Fußboden-Polierer ins Haus. Sie rückten die Sofas

und Sessel zusammen und tanzten barfuß auf ihren Bürsten über das golden glänzende Parkett. Es roch irgendwie ganz besonders.

Im Saal steht ein Klavier, zwischen den auf die Straße hinausgehenden Fenstern befinden sich zwei Spiegel. Sie sind schmal und hoch und ruhen auf tischförmigen Regalen. Entlang der Außenwände sind Philodendren in Kübeln aufgestellt. In der Ecke zwischen den Außenwänden steht ein halbrundes, grünes Ecksofa, seine Einbuchtung ist tief und gemütlich. Seine Rückenlehne besteht aus drei Halbovalen; sie federt wie der Sitz, ihre Randleiste aus Nußholz ist gebogen. Die Leiste ist girlandenförmig geschnitzt.

An der weißgoldenen Tapete hängt hoch über dem Saal ein Porträt. Eine junge Frau von sanfter und angenehmer Schönheit blickt mit einem angedeuteten Lächeln aus dem Mahagoni-Rahmen herab. Die blaue Seide des Mieders, die Rose, das sich wellende, kastanienbraune Haar, das längliche Oval des Gesichts, die großen, braunen Augen: Das ist Ljoras und Andrjuschas Mutter. Stumm schaut sie auf das Leben des von ihr verlassenen Hauses herab. Am Abend flammt seitlich und unterhalb von ihr die matte Kugel der Wandlampe auf. Dann versinkt das Porträt im Halbdunkel.

Aus dem Saal geht es ins niedrige Eßzimmer, wo der runde Eßtisch steht und außerdem ein Samowartisch mit einer gelben Messingplatte. Das Eßzimmer besitzt ein Fenster. An den Wänden hängen Reproduktionen zweier Bilder von Raffael: die Madonna mit dem Kind und Johannes der Täufer. Daneben hängt, in einem schweren, schwarzen Rahmen, Iwanows Bild *Christus erscheint dem Volk.* Später sahen wir das Original in Vaters Rumjanzewskij-Museum.

Eine andere Tür führt aus dem Saal in die Diele, die etwas Verzaubertes hat. Ihre rechte Wand ist keine richtige Wand, sondern eine dünne Trennwand mit einer Schiebetür aus rotem Metall. Dahinter ist ein kleines, schmales Zimmer. Dort stehen die Truhen von Ljoras Mutter. Wann sahen wir diese geheimnisvollen Dinge? Es waren Visionen: der sich in der Hand entfaltende Fächer mit Federn wie Wind; Spangen, Armbänder, Broschen, die glitzernten wie in Tarussa die Steine mit den Kristallen; Schuhe mit so hohen Absätzen, daß ihre Höhe der Länge der Sohle

gleichkam. Aschenputtelschuhe! Spitzen und Ballschmuck, von Aschenputtel abgestreift, als ihre Stunde schlug . . . Jetzt gehört das alles Ljora, es gehört zu ihrer Mitgift, es wird jeden Frühling zum Auslüften in den Hof gehängt. Die sich zwischen Spiegel, Garderobe und Lade befindende Eingangstür führte auf die äußere Haustür zu: über eine Stufe, über die Mussja und ich während unserer langen Zeit im Elternhaus infolge unserer Kurzsichtigkeit immer wieder stolperten. Diese letzte „kalte" Diele war geräumig, an ihren beiden Seiten standen Vorratsschränke, in denen die ungewöhnlichsten Sachen lebten, von uns beiden und Andrjuscha gleichermaßen bestaunt. Ich erinnere mich ihrer nicht genau und will sie jetzt aufs Geratewohl nennen. Vielleicht irre ich mich bei der Benennung, aber bestimmt nicht bezüglich ihres Wesens. Es waren jene Dinge, die das Haus abgelegt hatte, die es zu keiner Tageszeit mehr benötigte, die sich aber in einem unbekannten Augenblick als lebendig erwiesen. Vielleicht etwas Medizinisches in Pappkartons, eine Karbidlampe, eine zerbrochene Laterne, irgendein Rad, eine Röhre, ein Bolzen. Mir scheint, daß es dort überraschend nach Stroh und Arznei roch. Stets in großer Hast, denn schon rief und verjagte man uns, gelang es uns dann und wann, etwas davon aufzuschnappen, eine Riechprobe zu nehmen. In der Scheune stand zum Beispiel ein Schlitten: ein richtiger Pferdeschlitten. Wie sollte einem da das Herz nicht höher schlagen! Um dieses Schlittens willen (ein Schlitten ohne Pferd!) liebe ich bis heute unser längst verschwundenes Haus.
Eine weitere Tür führte aus dem Saal in den Salon (eine Zeitlang stand Papas Schreibtisch darin, deshalb wurde das nächste Zimmer damals „Mutters Salon" genannt). Im ersten Zimmer hinter dem Saal (Saal und anschließende Zimmer bildeten eine Zimmerflucht), im Salon, füllten weiße Kachelöfen die Ecken. Dieser Raum war dunkelrot getönt, den Fußboden bedeckte ein Teppich. Auf einem Tisch mit Samtdecke standen eine Lampe mit einem lustigen Glasschirm sowie eine kleine Schale für die Visitenkarten. Außerdem waren da noch zwei hohe, runde Tischchen mit fünfarmigen Leuchtern. Darin brannten Stearinkerzen. Zwischen den Fenstern: ein halbrunder Nußbaumspiegel auf Beinen, mit verschiebbaren Kerzenhaltern an beiden Seiten. Der Spiegel reflektierte den von der Decke herabhängenden, etwa

zwölfkerzigen Lüster und die regenbogenfarbenen Glanzlichter der Kristalle.

In den Ecken standen auf weißen, runden Postamenten die Büsten griechischer Götter.

An den Wänden: Bilder in Goldrahmen, vorwiegend von Mutter gemalt: das Schloß von Chillon, Landschaften mit hohen Bäumen und Meeresweite. Mussja und ich liebten besonders ein kleines Bild: blaue Mondnacht, Schnee, Spuren im Schnee, in der Ferne die vagen Umrisse eines Dorfes, und auf einem Hügel ein Wolf, im Profil gemalt, und auf dem Schnee der blaue Schatten des Wolfes.

Das dann folgende Zimmer, dessen Wände von oben bis unten fast lückenlos mit Vaters Bücherregalen sowie mit Mutters Bücherschrank verstellt waren, war ein sehr kaltes Eckzimmer. Wenn Mutter im Winter an ihrem kleinen Schreibtisch saß, steckten ihre Füße in einem pelzgefütterten Sack. Hoch oben, in einem Rahmen: ein Zeuskopf. Tiefer: ein Uhu auf einem Ast. Und die Säulenfassade von Vaters künftigem Museum. Ich kroch gern unter Vaters riesigen Schreibtisch, wühlte in seinem Papierkorb und malte auf dem dort erbeuteten Papier. An der Wand: ein geschnitztes, ovales Regal mit Porzellan aus Sèvres und Meißen. Ein niedriges, bauchiges, graugrünes, kleines Sofa und schwere, niedrige Klubsessel, mit dem gleichen Stoff bezogen. Ein Teppich bedeckt den ganzen Boden. Er ist grau, mit stilisierten, gelblichen Blättern.

Das Schlafzimmer ist quadratisch, mit niedriger Decke. Auf der rechten Seite sind zwei Fenster, durch die man die jungen Akazien und den Brunnen sieht. Das dritte Fenster öffnet sich zum Küchenanbau und zur Scheune. An den Fenstern hängen dunkelolivgrüne Vorhänge mit eingestickten Blumen und Quasten nach der Mode jener Zeit. Im Winter neigen sich die Vorhänge über die Eisblumen oder das Kristallspiel der Kälte herab. Dann ist es gemütlich im Haus.

Eine Kommode mit Spiegel. Großvaters Schrank: tief, niedrig, reich an Fächern. Darin: Lederschachteln mit Vaters Dreispitz (für den Fall, daß er repräsentieren und wegen des Museums nach Petersburg fahren muß. Und, wie ein großes Spielzeug, Vaters „chapeau-clac": ein Zylinder mit Sprungfeder. Er springt in die Höhe und ist hinterher wieder flach. Er glänzt. Dort ist auch

das Panorama mit einem Berg sperriger und handlicher Panora-
mabilder. Im Schrank riecht es unverwechselbar. Wonach? In alten Zeiten roch es wohl immer so. Ein Waschtisch, breit wie ein
kleiner Schrank, mit liegender und stehender Marmorplatte.
Man wäscht sich in einer weißen Porzellanschüssel mit blauen
Blumen und gießt das Wasser aus einem gleichfarbigen Krug
hinein. Im Krug schwimmt manchmal Eis. Unter dem Fenster
steht eine Truhe, in der linken Ecke Großmutters Kommode mit
gewundenen Säulen. Darüber: eine Ikone mit dem roten ewigen
Licht. Die mit dem Kopfende nebeneinander an die Innenwand
gerückten Betten stoßen an Großmutters quergestelltes Sofa, das
mit olivgrünem, gemustertem Stoff bezogen ist. Über den Betten: Großmutters Porträt in ihrem Todes- und Mutters Geburts-
jahr (Großmutter war, als sie starb, noch jünger als Ljoras und
Andrjuschas Mutter). Ihre dunklen Augen mit den schweren Lidern blickten uns weich und traurig an.
Neben Mutters Nachttisch ist eine kleine Tür, dahinter ein kleiner Gang: eng, finster. Er führt zur Hintertür.
Treppe: du Zauberwesen! Du lebst im Haus ein Leben, das keinem anderen Leben gleicht! . . . Das Anheimelnde der breiten
Geländer mit den polierten Querbalken, die wie zwei Kegel auf-
einanderstehen, mit einer runden Einbuchtung in der Mitte . . .
Die Seele der Treppe ist das Laufen. Man fliegt von früh bis spät
hinauf und hinab und kennt kein Ermatten. Der Leib der Treppe
steht da und gibt seine Stufen dem fremden Glück des Laufens
hin. Treppe: Weggenosse der Kindheit, seiner Freuden, seiner
Tränen. Wie viele meiner Tränen (wenn mich die älteren Kinder
beleidigt hatten und ich zu Mutter lief) hast du gesehen, wieviel
Glück, abends zu Mutter zum *Kurlyk*-Machen zu fliegen, zum
Panorama-Anschauen, zum Klavierhören oder dazu, durch die
Flucht der hohen Räume zu rennen und dann durch Schlafzimmer und Korridor, an der schleifenden Tür vorbei, zurück in den
Saal! Aber das „Oben", wo wir lebten, war eine andere Welt,
eine Welt für sich. Unten war es im Winter kalt, oben war es
warm. Sogar heiß. Niedrige Räume mit lustigen Tapeten, auf
dem Fußboden braun gemustertes Linoleum, kleine Fenster, die
auf den Himmel und auf Pappelzweige hinausgingen.
Gegenüber der Treppe: Ljoras quadratisches Zimmer. Darin
Ljoras von Mussja leidenschaftlich geliebtes Bücherschränkchen

mit den Spiegeln in den Flügeltüren. Rechter Hand: Sofa, Sessel und Tisch. Hier malt Ljora ihre Blumen.

In Andrjuschas Zimmer: ein Bett, darüber ein Bild seiner Mutter in ovalem Rahmen und ein Tisch. Am Tisch lernt er. Gegenüber einer niedrigen Brüstung oberhalb der Treppe gibt es noch eine Tür. Sie führt in ein kleines Durchgangszimmer. Dahinter kommt dann das eigentliche Kinderzimmer: lang, mit drei Fenstern. Zwei gehen auf Dächer und auf die Kuppel der Palaschewskij-Kirche hinaus, das dritte und letzte auf die Silberpappel am Tor. Gegenüber den Fenstern ragt ein blauweißer, glänzender Kachelofen tief in den Raum hinein. Seitlich davon stehen Mussjas und mein Bett, beide entlang der gleichen Wand, Mussjas Bett näher zur Tür.

Und ich erinnere mich jener Zeit im Frühling in unserem grünen Hof, wenn die gelben Blumen im Gras (stehende, buschige, weiche, kleine Besen) schon abgeblüht waren und plötzlich genauso leichte und füllige Kugeln da waren. Man brach sie und wußte nicht, was man mehr bestaunen sollte: die weiße (angeblich giftige) Milch des Stengels oder die gleichmäßige, von jedem Windhauch bedrohte Rundung der staubgrauen Flocken? Sie ähnelten irgendwie einer Seifenblase. Wir bliesen auf die flaumigen Kügelchen. Deshalb hießen sie Pusteblumen. Es roch nach Pappeln. Neben den alten Stämmen schossen junge Triebe aus dem Boden.

9. KAPITEL

Tarussa. Das Fest beim Maler Polenow.
Unser Waldnest. Das Reich von Tjo.
Das Haus Dobrotworskij

Im Sommer lebten wir in Tarussa. Wir fuhren en famille vom Kursker Bahnhof bis zur Bahnstation Iwanowskaja (Tarusskaja); von dort bis zur Fähre waren es noch siebzehn Werst Landstraße (sie ging über Stock und Stein, durch Schluchten, durch Lehm und Sand). In späteren Jahren fuhren wir bis zur Bahnstation Oka und weiter mit dem Dampfer.

Auf den Hügeln hinter der Oka tauchte Tarussa auf. Genauso früh prägte sich das Wort „Polenowo" ein, das von der im Sonnenuntergang rosarot glänzenden, kleinen Kirche des Dorfes Bjochowo nicht zu trennen war. Dort lebte Vaters Bekannter, der Maler Wassilij Dmitrijewitsch Polenow.

An unsere Reise zu ihm erinnere ich mich verschwommener, als es wohl Marina tat, die damals acht war. Ich erinnere mich der Erregung durch das unbekannte Leben des fremden Hauses, durch die Gesichter, Namen und Stimmen einer großen Familie (in Moskau lebten wir abgesondert, waren selten irgendwo zu Gast), durch die Gerüche und Dinge in den fremden, lockenden Zimmern, durch die Wiesen, die fast so zauberhaft waren wie jene rings um unser Waldnest jenseits von Tarussa, durch das Rauschen der hohen Baumkronen, den Wechsel von Sonne und Mond über den Bäumen, das Silber der Oka zwischen den Zweigen. Aus einem hölzernen Schränkchen auf dem Treppenabsatz nahm der korpulente, graumelierte, gütige Wassilij Dmitrijewitsch kleine Skizzen und verschenkte sie: Jeder von uns bekam eine (man konnte sie auf den Tisch stellen wie Bücher). Ich erinnere mich an Marischa und Olja Polenowa (die so alt waren wie Mussja und ich) und die kleine, rotlockige Schönheit Natascha. Es wird ein Fest gefeiert. Die Gäste sind aufgefordert, sich am Kleben der bunten Papierlaternen zu beteiligen, eine Illumination ist geplant. Für die beste Laterne wird ein Preis gestiftet, Wassilij Dmitrijewitsch bildet die Jury. Girlanden aus kleinen Bildern und Papierlampions hängen zwischen den Bäumen: bunte Monde und Halbmonde, Ovale und Quadrate mit leuchtenden Ornamenten und Silhouetten. Mamas Laterne erhält den ersten Preis. Während Marina nirgends genauer erwähnt, was darauf abgebildet war, sehe ich wie durch Nebel den Schattenriß einer Frau vor dem Hintergrund strahlender Berge, Wälder und Flüsse.

Zur Stunde der Illumination war ich schon schläfrig. Bunte Raketen, ein sich drehendes und verglühendes, goldenes Rad, vermischten sich mit den Zweigen der herbstlichen Birken, entzündeten deren Laub durch den schmelzenden Widerschein dieser nächtlichen Feuersbrunst. Die in die Nacht geöffneten Fenster mit den Köpfen der Gäste und ein gewaltiges Lagerfeuer. Es brannte noch hinter uns, als wir abfuhren, warf seinen Schein auf Wiesen, Baumkronen, auf die knorrigen Wurzeln der Kiefern und den verschlungenen, ausgefahrenen, dunklen Weg. Der Wagen schlingerte wie auf dem Meer, die Räder ratterten und rutschten in Schlaglöcher. Die in den Zweigen rauschende Nacht nahm uns auf. Noch hörte ich Mussjas Stimme und Mutters Antwort, aber die Worte fielen weich, wie in Wasser – ich schlief.

Tarussa. Ein kleines Städtchen auf birkenbestandenen Hügeln, auf dem linken Ufer der Oka. Gärten voller Apfelbäume und Beeren. Der Dom auf dem Platz (dort findet auch der Jahrmarkt statt), die rotweiße Auferstehungskirche auf steilem Hügel, auf halbem Weg zur Datscha, wo wir leben. Etwas unterhalb steht eine Kapelle.

Die Wege, die in alle Richtungen auseinanderstrebenden Pfade, sind sandig und steinig. Wenn wir von Tante oder von Dobrotworskijs (das sind unsere Verwandten aus Tarussa) heimkehren, beladen mit Äpfeln, Zwetschgen, Kirschen und Stachelbeeren, sammeln wir Steine, die so funkeln, als stammten sie aus Papas Museum. Aber jene sind marmorglatt und brennen, während diese mit Funken wie Sternen gesprenkelt sind. Wir zählen nach, wer mehr Steine gesammelt hat und wessen Steine an den Kanten stärker glitzern. Mutter sammelt mit. Den Weg kreuzt ein Bach mit Quellwasser: „Wie Kristall." So nennt Mutter auch die Steine. Und bei diesem Wort verspüre ich jedesmal in der Brust das kühle Stechen des Glücks.

Es ist Abend. In der Ferne ist die Oka (wir wandern hoch über dem Fluß) in bläulichen Dunst gehüllt. Der Himmel über dem Wasser ist lilablau, vom Mond gehen silberne Ströme aus. In der anderen Richtung ist der Fluß rostig golden, von goldenen Federwolken überhöht.

Auf dem fast silbernen Wasserstreifen in der Mitte zeichnet sich der Schattenriß eines Bootes ab. Von dorther dringt, durch die Ferne gedämpft (wie die abendliche Bläue dahinter), eine Stimme zu uns her: ,,Der wunderbare Mond schwimmt überm Fluß . . .‟ Jedesmal, wenn diese Melodie anhebt, beginnt es in der Nase zu zwicken, als würde ich Brause trinken. Ich weiß, daß es Marina nicht besser ergeht. Ich vermeide es, sie anzuschauen, um nicht loszuheulen.

Mai, Juni, Juli, August, ein Teil des Septembers: Wie viele Tage, wie viele Morgen in unserem Nest zwischen Pappeln, Birken, Weiden, Holunder und Faulbeersträuchern. Das Dickicht war so dicht, daß man eine Schneise hineinschlagen mußte, damit man vom Balkon aus die links auf Serpuchow und Bjochowo zu, rechts von Welegowo und Alekssin herfließende Oka sehen konnte.

Die Datscha mieteten wir Jahr für Jahr, sie gehört der Stadt Tarussa.

Ein einfaches, graues Bretterhaus unter einem rostigen Eisendach. Vom unteren Balkon führt eine kleine Treppe direkt in den Flieder hinein. Die alte Bank unter der riesigen Weide ist kaum zu sehen vor lauter Dickicht. In den hohen Flechtzaun ist eine Pforte eingelassen, die auf die Straße führt. Wenn man zur Oka hinsieht, sind links Gemüsebeete, dahinter kommen Himbeeren, Johannisbeeren und Stachelbeeren. Hinter dem Haus liegt ein Kricketplatz.

Zwei Terrassen (übereinander). Die Brüstung unserer Kinderterrasse setzt sich bis ganz nach oben in Querbalken fort, damit wir nicht hinunterfallen. Vor den Terrassen liegt ein Platz zwischen vier Pappeln. Zwischen zweien hängt meine Kinderschaukel. Die richtige Schaukel hängt zwischen vier Nußbäumen. Die Nußbäume tragen unsere vier Namen: Ljora, Andrjuscha, Mussja und Assja.

Unterhalb der Datscha kommt erst Sand, dann der Fluß, dann eine Weide. Hinter dem Haus führt die „große Straße" durch einen Jungwald ins Feld. Rechterhand, mit dem Gesicht zur Oka, ist der „alte Garten": Wiesen mit verwilderten Apfelbäumen. Wir Kinder lesen sie auf, zerschneiden sie, hängen sie an Schnüren auf, trocknen sie. Roh kann man sie nicht essen, sie sind maßlos sauer. Das Grundstück, das früher einmal „Am Sand" hieß, ist Teil eines ehemals großen Gutes. Weit hinter dem Feld liegt das Dorf Patschjowo; dorthin führt die „große Straße" (im Gegensatz zu einem Netzwerk von Pfaden durch Wald und Strauchwerk). Das Tal von Patschjowo, ein waldiges Gebiet mit einem trockenen Flußbett, ist das begehrte Ziel unserer Spaziergänge, aber für mich fast zu weit (Marina schafft alles). Dorthin gelangt man übers Feld und hügelab durch Nadelwald und das verwunschene Tal von Patschjowo, dann vorbei an der Hütte des Köhlers und an hohen lila Blumen – und über die Wiese nach Hause. Man kann aber auch mit der Wiese beginnen, dann kommen erst die Kiefern, der Köhler, die Blumen, dann kommt die zauberische Stille des Patschjowo-Tales (das Dorf liegt irgendwo oben, hinter dem Wald), dann geht es den Kiefernhügel hinauf und übers Feld nach Hause. Wir wissen: Das mit dem Erlkönig („Wer reitet so spät . . .") – das ist im Tal von Patschjowo passiert.

Das Wachstuch auf dem Tisch, die weißen Tassen mit dem blauen Rand, die Kübel mit Flieder und Jasmin, die süße Sahne, der Samowar, die Geborgenheit. Das Tuten einer Lokomotive. Bäume, Pilze, das Baden im Fluß, die Gewitter. Die Hitze. Und Bäume, Bäume . . . Eine glücklichere, reichere Kindheit als unsere Kindheit in Tarussa kann ich mir nicht vorstellen. Mutter steckte uns in Leinenkleider, ging selber in Leinen; bei Regenwetter trug sie billige Bauernschuhe mit Gummiband und „Ohren". Wir beiden Mädchen hattet etwas gegen „gute" Kleider, wir ärgerten uns, wenn wir sie anziehen mußten. Wenn es aber zu Tante (zu Tjo) ging, ließen wir uns das schon gefallen. Gewöhnlich ging die ganze Familie zu ihr, oder Mutter mit uns drei jüngeren Kindern. Spielen, lärmen, rennen, raufen: Das alles durfte man bei Tjo nicht, bei Tisch mußte man hübsch brav dasitzen. Aber Tantes Haus war so gemütlich, so festlich und schön, es war dort so ganz anders als in anderen Häusern, daß

wir sehr gern hingingen. In unserer Datscha, abgesehen vom
Flügel, war alles etwas ländlich geartet. In Tantes Haus dagegen
gab es Teppiche, Überzüge auf den weichen Möbeln, ein teures
Service, Vorhänge, einen „Wiener Schrank" und eine Uhr, die
wie ein Orchester spielte. Bei Tisch bediente ein Dienstmädchen
mit weißem Häubchen, die Teller waren angewärmt, neben jedem Besteck lag eine Schachtel Pralinen mit einer kleinen „silbernen" oder „goldenen" Zange. Die Bouillon wurde in dicken
Tassen serviert, extra für uns wurden Küken gebraten. Den Tee
trank man auf der holzgeschnitzten Veranda, auf einer schneeweißen Tischdecke. Ausgesucht schöne Äpfel warteten auf uns.
Tantes Garten war sehr gepflegt: Da gab es Blumenbeete, sauberen Sand, einen großen Obstgarten, Fliedersträucher, eine Lindenallee, Beeren vom Strauch.
Jedoch die größte Attraktion in diesem Haus, wichtiger als alles
schon Beschriebene, wichtiger als die goldverzierten, blauen
Pokale mit Pfefferminzwasser (zum Mundspülen nach dem Essen), wichtiger als der Blick auf die Oka vom Dach aus, auf das
eine Leiter führte, wichtiger sogar als der weiße Köter „Schwan"
und die drei Tigerkatzen Mitja, Mischa und Katischa sowie der
aus der Krim importierte, bunte Kater *Le Tartare*, wichtiger als
das alles war Tjo selber. Sommers und winters in weißem Kittel
aus Flanell mit Rüschen, klein, dick, mit einer Art von (winzi-
gem!) Chignon, mit einer schwarzen Haube auf dem fast schon
grauen Kopf, mit Großvaters Schildpattbrille auf der Nasenspitze. Daß sie durch diese Brille nichts sah, ging uns nicht auf.
Wahrscheinlich trug sie sie, um Großvaters Andenken zu ehren.
Alles im Haus atmete Großvater. Im tiefen, halbdunklen Schlafzimmer mit dem ewigen Licht hing sein vergrößertes Porträt mit
Mantel und Hut, mit der Zigarre in der Hand (da war er schon
krank, abgemagert und alt). Seine Bücher waren da, seine Bilder,
seine Taschenuhr, sein Phonograph, dessen Walzen weiß waren
und wie Großvaters Manschetten aussahen. Nach einem Ge-
sangsstück ertönte zischend und rollend Großvaters Stimme:
„Bravo, bravo . . ."
Tjo umarmte uns, erwürgte uns fast, fütterte uns bis zum Umfallen, überhäufte uns mit Geschenken und erzählte endlos aus der
alten Zeit. Wir tauchten ins Vergangene ein, die Trennung fiel
uns hinterher schwer, obwohl wir in unsere Freiheit hinausgin-

gen. Mussja und mich befremdete es, daß Dobrotworskijs für Tjos Schrullen und Freigiebigkeit nichts als gutmütige Ironie übrig hatten. Mütterlicherseits hatten wir außer Großvater und seiner Schwester keine Verwandtschaft (irgendwo in Polen lebten die Bernatzkijs, aber die waren für uns verschollen). Väterlicherseits jedoch kannten wir in Tarussa die Dobrotworskijs: den Semstwo-Arzt Iwan Sinowjewitsch (Onkel Wanja), einen hochgewachsenen und auf freundliche Art ein wenig spöttischen Mann, und seine korpulente, grauhaarige Frau Jelena Alexandrowna, Vaters Kusine, die uns immer zulächelte, aber mit einem Ausdruck, der uns beiden nicht ganz behagte. Sie liebte Ljora und Andrjuscha, Mutter und uns zwei liebte sie weniger.

Ljora und Andrjuscha fühlten sich bei ihnen wie zu Hause – wir nicht. Ihre Kinder waren Altersgenossen von Ljora, zehn und noch mehr Jahre älter als wir.

Ihr Haus, am oberen Ende der zum Dom hinabführenden Kalugaer Straße (der Hauptstraße von Tarussa) gelegen, ein großes, graues Haus mit Schnitzereien an den Fenstern, mit Balkonen, mit einem vorstehenden Eisendach, mit den bunten Glasscheiben des Vordereingangs, war gemütlich, angenehm, gastfreundlich. Der dichtbewachsene Garten, die Lindenallee, der Kricketplatz, die Hängematte. Wiesen voller Apfelbäume, Birnbäume, Zwetschgenbäume, Beerenbeete, ein Kirschgarten, eine Veranda, wo auf dem Tisch ewig der Samowar kochte, summende Wespen über den kleinen Schalen mit diverser Konfitüre und Honig, süße Pasteten, Käsekuchen und die besonders geliebten Butterwecken aus Roggenmehl, die die sanfte, alte Katja, Jelena Alexandrownas langjährige Gehilfin, mit süßer Sahne backte. Das Haus hatte ein Dachgeschoß, es hatte seine ganz besonderen Gerüche, seine Kachelöfen und Liegen, einen lauten Uhrenschlag, ein verstimmtes, altes Klavier, auf dem niemand spielte. Iwan Sinowjewitsch, der gute Geist des Landkreises, der bei jedem Wetter zu seinen Patienten fährt, groß, freundlich, mit stets geradeaus schauenden, blauen Augen, geht über die knarrenden Stufen in den Hof hinunter, wo sein Pferd auf ihn wartet. In der blendenden Hitze duftet es herb nach Kamille. Gänse und Enten ruhen sich im Schatten der Fliedersträucher aus. Der riesengroße, rotbraune Köter Baron, der Schrecken der Lieferanten, scheppert mit der Kette . . .

Dobrotworskijs besaßen eine große Jolle (wir hatten ein kleines Flachboot). Stets unerwartet kamen sie angerudert, um uns abzuholen. Die Jolle legte an, jemand kam den steilen, mit Birken und Büschen bewachsenen Abhang herauf. Manchmal riefen sie uns direkt vom Fluß.

Und es gab noch den Regenbogen! Er war plötzlich da. In seiner Ungerufenheit, darin, daß man ihn schon vergessen hatte, lag sein Geheimnis. Er wölbte sich über dem Moskauer Hof und fiel auf die Wipfel des Tarussaer Waldes, niemals voll gerundet. Die Neigung seines Segments deutete an, wie der ganze Regenbogen sein müsse. Der Kindheit, glaube ich, war es nie beschieden, einen vollgewölbten Regenbogen zu sehen. Und wenn seine Spitze einmal die abendlichen Wolken krönte, dann verhüllte ihn der nächste Augenblick mit dem dunstigen Gold einer Wolke, und die Vision zerschmolz in der kindlichen Seele wie die verhallende Melodie eines Liedes. Doch wenn irgend jemand sich einmal erkühnte, die Verzauberung zu dämpfen, den Regenbogen mit neugierigem Auge zu messen, sich seine Farben einzuprägen (das was letztesmal zu fassen mißlang: wie die Lilafarbe seines oberen Außenbogens in Rosa übergeht, dieses in Feuerrot, das Rot in Gelb und wie das Gelbe, mit der ihm begegnenden Bläue verschmelzend, zu strahlendem Grün wird), dann setzte das Begreifen aus, die Bläue ertrank plötzlich im primären Lila, im Lila oberhalb des Bogens, das jetzt unterhalb war. Augen und Kopf gingen ohnmächtig rund; an einen neuen Versuch, das Strahlen zu vermessen, war nicht zu denken.

Während wir uns an den Früchten des Sommers erfreuten, hatte unser Papa große Sorgen zu bestehen. In den Steinbrüchen im Ural ging nicht alles nach Wunsch, das mit großer Mühe gewonnene Gestein erwies sich oft als brüchig oder mit Sandeinlagerungen durchsetzt. Solche Steine konnte Vater nicht brauchen, sie mußten manuell weggeschafft werden, woraufhin dann die Gewinnung geeigneten Marmors fürs Museum weiterging. Das erforderte Wochen, wertvolle Sommerwochen. Die beste Zeit des Jahres verging. Aber Vater verlor nicht den Mut, denn er glaubte fest an das begonnene Werk. Auch wir bekamen diese Sorgen mit, die Eltern sprachen oft davon.

Spieldosen. Das Panorama. Erste Begegnung mit Dante. Der Zauber der Fremdsprachen

Aus dem Dunkel der ersten Erinnerungen an das Entstehen und Wachsen des Museums, an die Gespräche darüber, die Vater mit Mutter, mit Andrjuscha und mit unserem Großvater führte, treten neben dem gleißenden Weihnachtsbaum und dem das Wiegenlied ersetzenden Klavier auf der Platte der Erinnerung noch drei kindliche Schätze in Erscheinung: zwei Spieldosen und das Panorama.

Die Spieldosen. Eine davon: länglich, niedrig, gelb, mit dunkler Holzmaserung, mit einem aufklappbaren Deckel, unter dem ein zweiter Deckel aus Glas ist. Darunter die silberne Zauberwalze. Die ist, wie mit Tau, mit den Glanzlichtern der Zapfen benetzt, an welche sich von unten kleine Rädchen anhaken. Die Walze ist von einem Silberstäbchen überspannt; auf dem Stäbchen brennt seitlich ein roter Rubin. Blickt man ihn an, sieht er fast so aus wie eine der blauen Kugeln auf dem Tisch in Mutters Salon. Er glänzt genauso dunkelrosarot in der Mitte, flammt genauso dunkelrot, beinahe schwarz an den Rändern auf wie die Kugeln hellblau in der Mitte und dunkelblau bis schwarz an den Rändern. Die Spieldose riecht: schwer zu sagen, wonach. Sie riecht so intensiv nach sich selbst, daß sie noch nach etwas anderem zu riechen scheint. In der Spieldose ist neben dem Rubin ein Schmetterling, das heißt: Irgendwas wird zum Schmetterling, wenn es sich zu drehen beginnt. Dieses Etwas summt und stellt sich ein, und zwar deshalb, weil Mutter die Dose ,,aufgezogen" hat. Dieses unbegreifliche Wort bringt irgendwas zum Drehen und macht es schmetterlingshaft. Und du beginnst zu fliegen und fällst, denn die Musik klingt aus.

Das ist etwas ganz anderes als ein Klavier. Sie klingt gedämpft und so, als wäre innen drin irgendwas ein bißchen kaputt. Und alle Töne hört man wie durch gelbes Glas hindurch. Es klingt wie Mutters Erzählung von ihrer Kindheit: als wären diese Klänge längst vergangen. Das geht einem besonders dann auf, wenn die Erwachsenen die neue Spieldose aufziehen, die Andrjuscha zu Weihnachten bekommen hat. Dort ist die Musik blau, in sie schaut man wie durch blaues Glas. Sie ist lauter, sie kann den „Toreador" und den „Pas de Quatre" und allerlei neue Tänze erklingen lassen, und sie ist stolz darauf, daß sie keine Walze hat („Walzen sind von gestern"), sondern Platten. Die werden entfernt und aufgelegt; das macht überhaupt keine Schwierigkeit, während Mutters Spieldose bloß über vier Melodien verfügt. Andrjuschas Spieldose ist sozusagen was Neues. Das Kästchen ist quadratisch und höher und hat Beine. Auf dem Innendeckel ist ein Bild: Fortuna fliegt über den blauen Himmel und verstreut Blumen. Die Erwachsenen loben die neue Dose. Mussja und ich: wir lieben Mutters Spieldose. Andrjuschas Spieldose steht unter dem Baum, im Saal, überall. Mutters Dose steht im Schlafzimmer, auf Großmutters Kommode und in Mutters Salon. Sie wird selten gespielt. Aber dann ist das ein Zauberabend. Dann fällt alles ins Gedächtnis zurück, was früher einmal ohne uns war.

Das Panorama: Das ist ein großer, polierter Guckkasten, fast einen Meter lang und etwa halb so breit und hoch. Vom oberen Ende her ist ins Brett eine riesengroße Lupe (der Durchmesser beträgt gut zwölf Zentimeter) eingelassen. Die Bilder sind gedoppelt. An der Oberfläche strahlt der Tag mit seinen Himmeln, Städten und Landschaften, doch in den hinten angeklebten, dunklen Tiefen aus Zigarettenpapier und geheimen Schraffierungen unter dem runden, durchsichtigen, auf dem Grund der eingeschalteten Lampe leuchtenden Mond blüht die Nacht, brennt über altertümlichen Städten die Festbeleuchtung, stehen in ausländischen Parks Damen in Reifröcken und altmodisch gekleidete Männer mit Zylindern. Auf diesen Bildern, von denen es Körbe voll gibt, leben der ganze E.T.A. Hoffmann und einige Helden von Andersen. Jedes Bild ist auf einen leichten, schmalen, schwarzen Holzrahmen geklebt; hinten ist es beschriftet (nicht auf russisch). Nimmt man das Bild in die Hand (Mutter nimmt es aber sofort wieder weg), wirkt es wunderbar leicht, es ist schwerelos wie im Traum. Aber läßt sich überhaupt nüchtern von einem Panorama berichten, in dem fremde Länder leben, bezeichnet mit den magischen Worten *Venise, Bois de Boulogne, Constantinople?* . . . Das ist doch das gleiche Konstantinopel, wo der künftige Zwerg Nase, der Junge aus Hauffs Märchen, im Bazar die Hexe sah! Unsere Köpfe stoßen sich, einer schubst den anderen weg, um sich der Lupe zu bemächtigen, durch die man ins Panorama hineinschwimmt: so wie man über die Schwelle ins Haus tritt. Aber Mussjas Kopf ist der festere, und ihre Faust stößt mich sacht (damit Mama es nicht sieht) in die Seite. Ich fühle mich, trotz heftiger Gegenwehr, weggeschoben und schreie wie am Spieß, und in Mutters grimmiger Fürsprache (,,Schämst du dich nicht, Mussja! Du bist doch die Ältere!") und in Mussjas mir ins Ohr geflüsterter Drohung (,,Dir zeig' ich es nachher . . .") ertrinkt mein durch Mark und Bein dringendes, triumphierendes und zugleich erschrockenes ,,i-i-i-i-!" (das war der Buchstabe meines frühkindlichen Weinens, der mir Mutters Tröstungen einbrachte). Aber Mussja ist es schon egal: Venedig gehört ungeteilt ihr, dagegen kommt keine Assja der Welt an. Während mich Mutter beruhigt, hat sich Mussja nur mehr der trägen Übergriffe Andrjuschas zu erwehren. Und während er sie schubst und ihr ins Ohr zischt, läßt sie sich selig in die Nacht der venezianischen Verliese fallen (nach dem blauen Himmel und den Kanälen Venedigs entfernte Mutter das reflektierende Glitzern des Spiegels vom ,,Tag" und öffnete hinten den in den Lampenschlund führenden Deckel). Man sieht Gewölbe im Schein einer Fackel, eine dunkle Gestalt, irgendwelche Ketten . . .

Die blöde Assja steckt ihren Kopf schon wieder in die Lupe! Mit einem Seufzer und einem leichten Schubser überläßt mir Mussja ihren Platz.

Mamas Hand entführt nach oben, woran wir uns nicht sattsehen konnten. *Immer zu früh* . . . Wie der Schlußvorhang in *Dornröschen.* Jedoch das furchtbare Leuchten der Lampe durch die gigantische Lupe findet nicht genug Zeit, das Leben vollends unerträglich zu machen. Denn Mutters Riesenhand versenkt bereits ein neues Zauberbild (Mussjas? meines?) in den Apparat: *Toulon*, die Stadt Toulon! Ein Luftballon steigt in den Himmel, Männer mit schwarzen Fräcken, Damen mit leuchtend weißen Atlasstulpen blicken ihm nach. Und wieder schließt sich der Spiegel, der den Tag beleuchtete, die Tiefe des Panoramas versinkt in Finsternis, und über Toulon, über einen Fluß wölbt sich plötzlich eine Brücke, unter deren Bögen Mondlicht schimmert. Wir erinnern uns nicht an die Namen, wir wissen nicht, welche Stadt das ist. Sie gehört Mussja (meine kommt nachher): Rundbogenfenster, hohe Türen, Gruppen altmodisch gekleideter Menschen mit Koffern und Körben, der Schattenriß eines nahenden Zuges, der Tag geht zu Ende. (Wir müßten längst schlafen, Mutter beeilt sich jetzt.) Die Nacht fällt auf den Bahnhof mit den matten Kugeln der Laternen, den Signallichtern über den Gleisen, und unsere Herzen brechen beim Anblick des in die Ferne entschwindenden Zuges, wir hören seinen klagenden Laut . . .

Woher nahm unsere Mutter die Kraft, da sie doch unsere Faszination sah, uns das Panorama so selten zu zeigen? (Nur einige Male im Jahr hörten wir, und stets unerwartet, die Worte: ,,Kinder, kommt nach unten, wir spielen Panorama.")

Eine religiöse Erziehung haben wir nicht erhalten (so wie sie in vielen Kindheitserinnerungen beschrieben wird: mit den kirchlichen Überlieferungen, dem Kirchenbesuch, den Gebeten). Zwar feierten wir Weihnachten und Ostern, zwar hielten unsere Eltern genau wie andere Professorenfamilien, genau wie die Schulen die Abendmahlsfeier während der Großen Fastenzeit ein, aber richtig gefastet wurde bei uns im Hause nicht. Wir mußten auch nicht früh am Morgen zum Kirchgang aufstehen, so streng waren die Gebräuche nicht. Jedoch das sittliche Moment, die Frage nach Gut und Böse wurde uns durch Mutter eindringlich beigebracht. (Beflissener vielleicht, als das Kindern guttut? Jede Verfehlung erregte Mutters Grimm, ihre wiederholten Vorwürfe lösten in uns bisweilen Langeweile und geheimen Protest aus.)

Dafür freilich gelang es Mutter vorzüglich, uns die Gestalten jener Menschen, die nach den an uns abprallenden Regeln gelebt hatten, nahezubringen.

Der tollkühne Flug des Ikarus, der Tod des an den Felsen geschmiedeten Prometheus, der das Feuer geraubt hatte, sämtliche Helden der Mythologie und Geschichte, Antigone, Perikles, Bonaparte, Wilhelm Tell, Jeanne d'Arc, alle Heldentaten, alle Tode für eine Idee, alles was uns die Bücher schenkten, die historischen Romane und Biographien, bis hin zu Doktor Haas, der bereits im neunzehnten Jahrhundert sein Leben für die kranken Häftlinge geopfert hatte. An ihren Beispielen weckte Mutter in uns die Achtung vor dem Heroischen. Auch die Namen der englischen Schriftsteller Thomas Carlyle und John Ruskin hörte ich mit elf aus ihrem Mund, während der Krankheit in ihrem letzten Winter.

Und es gab noch ein Buch, das für immer im Herzen Wohnung nahm: Dantes *Göttliche Komödie* mit den Illustrationen von Gustave Doré. Es waren zwei hohe, rote Bände mit Goldprägung, mit dem Fegefeuer, der Hölle und dem Paradies. Unerklärlich ist es mir, daß im umgekehrten Verhältnis zum Inhalt dieser Teile, von denen im reiferen Alter das Paradies am schwächsten ins Bewußtsein trat, in der Kindheit gerade die seitengroß bebilderte Hölle mit dem Fegefeuer nicht in uns einging. Vielleicht stießen ihre Schrecken unser Herz ab, das von den lichten Gewölben des Paradieses berückt war. Die hohen, spitzkantigen Berge, die düsteren Schluchten, die Dante verließ, sein bitteres Adlerprofil, die wallenden Kleider, der erste Abendstern, der letzte Morgenstern – und Licht, Licht, Licht, immer heller, immer höher, von oben strömendes Licht, gefiederte Wolken, die sich ins Gefieder der Engelsflügel verwandeln, in eine Vielzahl von Engelsflügeln: Das alles erfüllte das Herz mit einer solchen Freude, daß sie bis heute noch darin glimmt.

Mutter zeigte uns selten diese Bücher – genauso selten wie das Panorama. Jahre später, als sie uns verlassen hatte, nahmen wir voll und ganz, als gehörten sie uns, des Dichters Worte über Dante und Beatrice in uns auf:

> Neun Jahre alt war ich und sie war acht,
> als wir zum erstenmal, bei Portinari,
> einander sahen . . .

Ich möchte, gleichsam außer der Reihe (aber welche Reihenfolge könnte es da geben?), etwas zur Sprache bringen, das von meinen ersten Jahren an von mir Besitz ergriff: die Leidenschaft zum Wort. Das edle Dasein des Wortes als eine Quelle des Leuchtens weckte in uns einen Widerklang, der schon mit sechs, sieben Jahren Qual und Lust des Beherrschtwerdens wie des Herrschens war. In irgendeinem Alter wurde die Niederschrift der ersten

Verszeile oder des ersten Prosasatzes zur ersehnten Befreiung vom überströmenden Gefühl des Wortes. Da bezwangen wir den Wortwirbel, fügten diese Edelsteine in dieses Geschmeide, jene in ein anderes. So konnten wir uns in der Empfindung ausruhen, bereits etwas getan zu haben. Jedoch die Kindheit, dieses Füllhorn, ließ uns vor der Fülle der Geschenke nicht zur Besinnung kommen, peinigte uns mit Gleichklängen wie Musik, berauschte und goß sofort neuen Wein nach. Und das inmitten der Gouvernanten, Repetitoren, Hauslehrerinnen, die das alles nicht wußten, die immer nur eines von uns wollten: Nüchternheit!

Mutter mag das geahnt haben, aber doch nicht so genau, wie das unser, vor allem Marinas nach Freiheit und Schöpfertum dürstender Geist verlangte!

Es gab die deutschen Worte *Öde, Wüste, unheimlich, sonderbar, wundervoll, Höhe, Tiefe, Glockenklang, Weihnachten,* und die französischen: *splendeur, éclat, ténèbres, naufrage, majestueux, jadis, le rêve*. Und all das, womit schon das erste Buch angefüllt war, verlieh dem „Erlernen der Sprache" (wie die Erwachsenen das nannten) einen Doppelsinn. Die Eltern sprachen französisch, deutsch, englisch, italienisch. Wir schwammen den uns darin Unterweisenden wie auf einem Schiff davon, und jedes dieser Worte war ein Talisman, genauso wie das Zauberwort *Karmilhahn* in Hauffs Märchen. Und die russischen Wörter? Brachten nicht sie im Märchen von der weisen Wassilissa, von furchtlosen Recken, von irgendwelchen weit, weit weg liegenden Reichen das Herz zum Erglühen? Unangefochten regierten sie in meinem Herzen, im Herzen der eingeschlummerten Jüngsten, in der späten Abendstunde, wenn den älteren Kindern der *Fliegende Holländer* vorgelesen wurde, ein unergründliches Wort, das ich mit in den Schlaf nahm. Vielleicht gibt diese frühe Lust an der „Sprache" die Erklärung dafür, daß ich mich an keinerlei Schwierigkeiten beim Erlernen der Sprachen entsinnen kann? Ich trat einfach in mein Haus und erkannte alles darin.

Von Marina ganz zu schweigen. Sie war viel begabter als ich und holte von ihren ersten Jahren an, wie der Volksmund sagt, „die Sterne vom Himmel herab".

11. KAPITEL

Winter. Weihnachten. Butterwochen. Frühling.
Fremde Kinder. Bittere Tränen

Wenn es nach langen Herbsttagen mit den rostbraunen Baum-
wipfeln, die mal von Sonne beschienen, dann wieder von endlo-
sen Regenströmen begossen wurden, wenn es nach langen Regentagen, da das glucksende Wasser in den Dachrinnen nicht
mehr versiegen wollte, als käme eine neue Sintflut, plötzlich auf
ganz neue und dennoch so vertraute Art kalt wurde, wenn Mutter und Auguste Iwanowna, assistiert von der Kinderfrau oder
vom Dienstmädchen Mascha die Winterpelze aus den Truhen
holten und das Haus mit dem silbrigen Geruch nach Naphthalin
erfüllten, wenn wir noch schliefen, während in den Öfen schon
die Birkenscheite knisterten, und wir trotzdem im kindlichen
Glück der Morgenfreude an der so vertrauten Zimmerkühle
aufwachten, strahlte das Kinderzimmer plötzlich unverhofft, als
hätte man die Tapeten getüncht, und irgendwer, warme
Strümpfe und Leibchen in der Hand, verkündete fröhlich, als
würde er uns beschenken:
,,Kinder, steht rasch auf! Heute ist der erste Schnee gefallen!''
Barfuß und zitternd am Fenster stehend, das unten schon mit
Schneeflocken wie mit weißem Fell bedeckt war, sahen wir von
der Höhe des Zwischenstocks auf die ganze, so geliebte Tiefe des
Hofes, wo unsere Füße erst gestern über trockene Kälte oder
durch Pfützen gestapft waren, auf die so unendlich andere, still
und taub in sich gegangene Weiße des Hofes, die (abgesehen vom
Kater Wassja) noch niemand mit Spuren gezeichnet hatte, auf
das nach so vielen Monaten Kampf mit dem plätschernden und
baumkahlen Herbst festliche und sieghafte Weiß. Und alle sagten: ,,Der Winter ist da!'' Und da erst, da erst (vorher hatte der
heiße Vorhang des Sommers es verdeckt) begann es allmählich
durchzuschimmern und auf Zehenspitzen leise zu nahen, als

würde es uns im Schlaf umfangen: das über alles in der Welt geliebte, nicht vergessene (wie hätte man es vergessen können!)
Weihnachtsfest. Und wir begannen die Monate und Wochen zu
zählen. Der durch nichts ersetzbare Baum! Wir liefen die steile
Treppe hinab, vorbei an den bernsteingelben Schlitzen der halb-
geöffneten, summenden Öfen, liefen in den Saal, den der Schnee
heller fast als die Sonne beleuchtete, wir liefen im Kreis und wiederholten das Wort, das so plötzlich aufgeblitzt war. Es knisterte, dieses Wort, und erstrahlte in seinen bunten Konsonanten.
Der Christbaum roch nach Mandarinen und nach brennendem
Wachs und nach Großvaters längst und auf ewige Zeiten erloschenen Zigarren. Er roch – und klang: nach Großvaters Klingel,
die nie wieder ertönen würde, und nach Mutters Polka, die unter
Mutters Fingern in kleinen, gelbroten Bauklötzen auf die Quadrate des Parketts hüpfte, die mit uns zusammen durch die
Flucht der Zimmer tobte.
Unten wurde zwischen Schlafzimmer, Korridor, Hintereingang, Mädchenzimmer und der Doppeltür des Saales irgendwas
getragen, irgendwas raschelte in der leisen Art von Pappkartons,
irgendwas wurde vorbeigeschleift, und es roch nach unbenenn-
baren Dingen, es knisterte das Angelieferte und nun doch Erra-
tene, und Andrjuscha, der seinen Anblick schon erhaschen
konnte, raste treppauf zu uns, der Gouvernante davon, und flüsterte mit versagendem Gewisper: ,,Sie haben ihn gebracht . . .!" Da begannen wir Kinder, die wir nie um etwas baten (hatte man uns so erzogen? Nein, wir fühlten einfach so!),
nebulös und gierig davon zu träumen, was man uns schenken
würde. Und dieses Glück war uns teurer als das Glück des Besitzens, welches, verheddert wie der Tannenzweig im Lametta, im
Wirrwarr der Dankbarkeiten, Verlegenheiten, kaum faßbaren
Enttäuschungen mit der Bescherung anbrach.
Die Ungebundenheit des vor jedermann verborgenen Wün-
schens und Vorwegnehmens war süßer.
An jenem Tag tickte die Uhr so langsam! Der Schlag der Stunden
und halben Stunden dehnte sich wie Gummi. Wie entsetzlich
lange wollte es nicht dämmern! Wir entsagten jeder Speise. Alle
Empfindungen waren wie aufgekochte Milch, übergeschäumt,
und nur das Lauschen blieb. Aber auch das ging vorbei. Und
wenn die furchtbare Müdigkeit dieses maßlosen Tages scheinbar

kein Wünschen mehr zuließ, wenn ich, als die Jüngste, fast schon einschlief, erschallte von unten, wo wir bis dahin nur im Wege gestanden waren, von wo man uns den ganzen Tag ferngehalten hatte, plötzlich ein zauberischer Ton: ein Klingelzeichen! Rasche Schritte treppauf, das ist, zum wievielten Mal schon!, das Fräulein, sie korrigiert immerzu unsere Spitzenkragen, schaut uns auf die Finger, kämmt uns das Haar (das hat sich schon verwirrt). Die Schmetterlinge der Haarschleifen sind an ihrem gebührenden Ort – es geht hinunter! Während unsere Füße trampelnd und stolpernd die Treppe hinunterfliegen, tut sich die hohe Doppeltür vor uns auf . . . Und da ist er: in seiner ganzen glitzernden Breite, in der ganzen Höhe des plötzlich aufwärts, bis zur Decke fliegenden Saales! Er, der Baum! Den man heranschleppte, von trockenen Zweigen befreite, schaukelnd auf dem Standkreuz befestigte, das danach mit himmelblauem Papier, mit goldenen Sternen und Engeln geschmückt wurde. Den man mit der gleichen Leidenschaft vor uns versteckte, mit der wir davon träumten, ihn zu sehen.

Wie dankbar bin ich den Erwachsenen, daß sie, wohl wissend, was ein Kinderherz ist, die zwei festlichen Augenblicke nicht in einen verschmolzen, sondern uns beides einzeln schenkten: zuerst das Gleißen des geschmückten, noch nicht angezündeten, bereits blendenden Baumes. Und dann seine geheimnisvolle Verwandlung in jenen mit nichts zu vergleichenden Lichterbaum, der am eigenen Glitzern verbrannte, zu dessen Lob es keine Stimme, keinen Atemzug, kein Wort mehr gab!

. . . Er brannte herunter. Das Fest ging zur Neige. Die Luft rings um den Baum war so dicht, so gesättigt, daß sie aus Schokolade oder Apfelsinen zu bestehen schien. Es waren aber auch Pistazien eingestreut und Walnüsse und . . . Christbaumperlen von einer in Flammen aufgegangenen Kette sind auf das unglaublich grüne Spielzeuggras meiner flachen Schachtel mit den bunten Kühen, Pferdchen, Schafen und ins Lottospiel der älteren Kinder gefallen. Der Goldschnitt der Bücher in den schweren, stellenweise goldgeprägten Einbänden, mit Bildern, daß sich einem das Herz verkrampfte. Die Buntstifte, die aufziehbaren Rädchen, an denen sich Andrjuscha zu schaffen machte, der Bernstein und der künstliche Türkis der Halsketten. Die Puppen! Puppen waren Mussjas und mein Kreuz, wir konnten einfach nicht mit ihnen spielen. Man schenkte sie uns aus pädagogischen Gründen, Jahr für Jahr.

Mussja hielt ein neues Buch ganz dicht an ihre kurzsichtigen Augen, las schon darin, vergaß alles um sich herum, knabberte Nüsse, während vom Tannenbaum, vom brennenden Faden eine blaue Kugel herunterfiel!

Ihre dünne Schale, die in blauem Glanz leuchtete, zersprang in einer so silbrigen Kaskade, als wäre sie niemals blau gewesen – und niemals Kugel.

Aber die Welle der Freude schlug noch höher. Welche Seligkeit, am Ersten Weihnachtstag zu erwachen! Die Treppe hinunterzulaufen, wieder zu ihm hineinzugehen, zum bereits für immer erworbenen Baum, von dem du noch lange nicht Abschied nehmen mußt. Ihn mit Morgenaugen anzuschauen, mit Augen, die alles sehen, um ihn herumzugehen, von hinten unter ihm durchzukriechen, ihn zu umarmen, an seinen Zweigen zu riechen, alles das zu sehen, was gestern im Spiel des Kerzenlichts verborgen blieb, ihn ohne Behinderung durch die anwesenden Erwachsenen anzublicken, ohne Ablenkung durch die noch nicht in Augenschein genommenen Geschenke, durch den Geschmack aller Köstlichkeiten der Welt im Mund. Das Silber und die Folie von gestern hat er in Kristall verwandelt. Erst jetzt, im morgendlichen Funkeln seiner Vielfarbigkeiten, brennt er im Zauber seiner Früchte: im Grün der dicken, gläsernen Birnen (sie bleiben heil, wenn sie herunterfallen), der rot lodernden Äpfel, der rostbraunen Mandarinen (die schämen sich ein wenig, daß sie nicht aus Glas, sondern eßbar sind). Die Pracht der leise klingenden, fast gewichtslosen Kugeln, die besonders zerbrechlich und geheimnisvoll sind!

Abends, am Ersten oder Zweiten Weihnachtstag, führte uns Mutter dann das Panorama vor, und wir schliefen ein und wußten schon gar nicht mehr, wo wir waren, nach all dem, was geschehen war . . . Das ganze Haus schlief.

Eine Woche später wanderte der Christbaumschmuck für ein ganzes Jahr in die Tiefe des breiten großväterlichen Schrankes. Der Winter ging weiter: bis zum Dreikönigstag, bis zu den Butterwochen, bis zur Großen Fastenzeit. Welle um Welle dröhnte das Geläut der Glocken. Die Tage wurden länger. Man backte Pasteten mit Pilzen.

Die Butterwochen! Aus Mehlhandlungen und Küchenfenstern duftet es nach Fladen. Auf den Märkten riecht es nach frischen Wecken – aber die hat man uns nie gekauft, das war eine fremde, verlockende Speise. (Genauso ging es uns mit dem aus gebranntem Honig und Gewürzen bereiteten Getränk *sbitenj*, das habe ich während meiner ganzen Kindheit kein einziges Mal gekostet, auch später habe ich das Rezept, selbst bei alten Leuten, nie zu erfragen vermocht, es ist mir heute noch ein Geheimnis.) Aber Fladen, *bliny*, wurden bei uns gebacken, das Dienstmädchen hüllte sich in einen Schal und eilte mit einem Berg *bliny* über den Küchensteg aus der Küche ins Haus. Auf dem Tisch ließen sie sich leicht und fettig trennen. Wir zählten nach, wer die meisten *bliny* gegessen hatte.

Dazu gab es zerlassene Butter im Krug, saure Sahne, Hering und Kaviar. Wir bekamen sogar etwas Wein zu trinken, den man mit Wasser verdünnt hatte.

Auf der Straße raste ein Schlitten nach dem anderen vorbei. Rußland jagte durch den Schnee dahin wie im Märchen. Die Hufe klapperten, die Schellen klangen, abgerissene Lieder, die hinter den um die Ecke biegenden Troikas zerschmolzen, erweckten Wehmut in Mussja und mir . . .

Das Moskau unserer Kindheit: Trambahnen als Weltwunder, friedliche, langsame Pferdebahnen, blaue, wattierte Kutschermäntel, einspännige Droschken, damals noch ohne Gummireifen. Die Behäbigkeit des Straßenverkehrs. Fußgänger zwischen Pferdeköpfen. Kleine Häuser auf stillen, gemütlichen Straßen, Geschäftsschilder, Kringel und Brotlaibe vor den Bäckereien. Dienstleute. Petroleumlaternen . . .

Osternacht! Alle verließen das Haus, nur die Kinder samt Kinderfrau und Gouvernante blieben. Die Nacht war wie eine Berghöhle, aber voller Erwartung der Stunde, da über Moskau und der Moskwa der erste Schlag der Glocke vom Glockenturm Iwan Welikij erschallt und alle Glocken von Moskau und Umgebung vibrierend einstimmen, im Chor aufjubeln. Sie werden in die rabenschwarze Nacht eine solche Zahl von Tönen hinausschicken, daß diese Töne mit ihren strahlenden Klängen alle Fangspiele der Kinder und alle Symphoniekonzerte der Erwachsenen, alle Troikaglöckchen der russischen Landstraßen und alle im Frühling aufgrünenden Wälder übertönen und aus ihrem Glockenreich ausbrechen werden. Dann werden ihnen über der Moskwa die Heerscharen des Nachbarreichs zu Hilfe eilen: das blendende Silber, Gold und Kupfer, das Feuer aller Feuervögel – aus sämtlichen russischen Märchen. Hoch hinauf in den Himmel fliegen werden sie, diese Heerscharen, in die kalten Frühlingsgewässer die feurig funkelnden Federn aller Farben von allen Malerpaletten fallen lassen.

Auf moskauisch hieß das: ,,Raketen''. Und rings um die Zaren-Kanone werden all die kleinen Kanonen sich nicht mehr zurückhalten können und mit Suworowschem und Kutusowschem Donnern ihre Kugeln aus den Rohren schießen. Dann wird nichts mehr zu begreifen, zu sehen, zu hören sein . . .

Gegen die Fenster mit den geöffneten Läden gepreßt, vor Kälte erschauernd, warteten wir (nachdem wir ohne oder mit Erlaubnis aus dem Bett gesprungen waren) auf den Augenblick, da die Finsternis über den Dächern der Palaschewskij-Gasse vom Feuerschein des Kremls überstrahlt wurde. Dann wird auch unsere kleine Nachbarkirche ins Geläut einstimmen.

Aber im Hof erschallten Stimmen und Schritte. Alles vergessend, das Verbot, den Schlaf, rannten wir den Umarmungen, den Osterkuchen und Geschenken entgegen, hinein in die frische, nach Frühling und Erde riechende Luft, die mit den Erwachsenen in den Hof geweht war!

Der vom blassen Gold der Aprilsonnenstrahlen überschwemmte Saal, der festlich gedeckte Tisch, die *pass'cha*, die Bojarenmützen (aus Biberpelz!), der *kulitsch*, die Töpfe mit Hyazinthen, die so stark durfteten, wie es sonst nur der Flieder tut, und so unwahrscheinlich gefärbt waren, als hätten wir ihr Rosa, Violett und Blau geträumt. Dabei stehen sie auf dem Tisch! Das Jahrmarktbunt der angemalten Eier und der riesige Schinken.

Wie glühten da die Stirnen (Andrjuscha nacheifernd, steckten wir sie heimlich unter den Tisch und schlugen damit die hartgekochten Eier auf), wie würzig dufteten die Schnitten des *kulitsch*, wie rasch klebten an den Fingern Reste von Rosinen und kandierten Früchten. Und wie wälzte sich auf uns, als widerlicher Berg, die Übersättigung, wenn der schmackhafteste Krümel nicht mehr in den Mund wollte! Bernsteingelb und rubinrot brennen die Weinreste in den Gläsern. Wir genießen das nichtendende Glück des ungeteilten Besitzens: neue Bücher, neue

Buntstifte, neue Federmesser, Schächtelchen, Alben, neue Eier: aus Glas, Stein, Porzellan, die vergänglicheren Schokoladeneier nicht mitgerechnet.

„Mussja ist schon in ihr Buch versunken", höre ich Mutters Stimme.

Plötzlich kam der Gedanke: Einen anderen Vater, eine andere Mutter kann es nicht geben! . . . Ich widersprach: Und die anderen Kinder? Die haben doch auch andere Eltern, trotzdem leben sie – wie ist das also? . . .

Jedoch das Bewußtsein hatte noch andere verzwickte Winkel: Wie kann man in anderen Zimmern wohnen? Von Vaters Museum, von Mutters „kleinen Eschen" nichts wissen . . . ein anderes Gesicht haben? Eine Antwort war ausgeschlossen. Die Erwachsenen konnten da nichts ausrichten, genausowenig wie gegen die Angst vor der Dunkelheit. Sie konnten uns aus dem Dunkel führen – uns davor retten konnten sie nicht.

Die Gouvernanten wechselten: Weil die Sprache wechseln sollte oder weil es irgendein Geheimnis in ihrem Betragen gab. Mademoiselle Marie wurde durch Fräulein Soundso abgelöst. Jedoch *die stille Straße* (war es die Spiridonowka? die Kleine Nikitskaja? die Granatnyj-Gasse?) war immer noch die gleiche Straße – und der Frühling war immer noch der gleiche Frühling. Und die „anderen Kinder" waren immer noch die gleichen „anderen Kinder", die wir zwar nicht kannten, die man uns aber als Vorbild vor Augen stellte. Es waren eben jene Kinder, die andere Väter und Mütter hatten. Doch einmal brachte uns das Leben mit diesen anderen Kindern in Berührung. Unsere Begleiterin ging mit uns aus irgendeinem Grund in den fremden Hof eines hohen, neuen Hauses. Wir hatten einen solchen Hof vielleicht noch nie gesehen. Die steinernen Mauern, mehrere Stockwerke hoch, ihr grauer Anstrich (unser Haus war schokoladebraun, auch die Nachbarhäuser waren bunt, gemütlich und aus Holz gebaut, wie die Mehrzahl der Häuser an jenen Straßen in jenem Moskau). Zwischen den Mauern lagen sonnenbeschienene, kleine Plätze: leer wie im Traum. Dorthin hatte es, genau wie uns, einen Mann mit Bauchladen verschlagen. Er bot Birnen und Weintrauben feil. Während unser Fräulein mit irgend jemandem redete, geschah etwas, das wie die Fortsetzung des Traumes war. Ein Junge und ein Mädchen in unserem Alter kamen angelaufen, sie waren besser gekleidet als wir. Jeder wählte etwas aus. Der Junge entschied sich für Birnen, das Mädchen für Weintrauben. Mit verhohlenem Neid, fast mit Mißbilligung sahen wir zu, wie der Händler den beiden die Tüten mit dem Obst reichte (jeweils ein Pfund), und wie sie, ohne uns zu sehen, oder so tuend, als sähen sie uns nicht, jeder mit dem Eingekauften beschäftigt, den Blick in die pralle, kühle Fülle der Tüten versenkt, sich plaudernd wieder entfernten . . . Wir blickten ihnen nach. Selbst unter uns wollten wir nichts sagen. Ich denke, wir ließen den Neid vorüberfliegen, dieser Vogel war uns fremd. Aber in uns beiden hob in jenem Augenblick, da wir in den fremden Glanz eines fremden Lebens geschaut hatten, ein Gedanke an. Vielleicht war es der erste Beginn unserer späteren Verachtung für Luxus, für das Lokken des Reichtums. ,,Wo sind denn die Kinder?'' rief die Gouvernante erschrocken.

Doch ich erinnere mich auch an ein richtiges Leid. Wir kamen heim und erfuhren, daß Mutter in unserer Abwesenheit unsere heißgeliebten Pferde, Andrjuschas Rappen, Mussjas Braunen und mein früher einmal hellgelbes, später weißes, mir bis zur Schulter reichendes Pferd Pallas ,,für arme Kinder'' weggegeben hatte. Mutter war von unserem Leid erschüttert. Die Versuche, an unser Schamgefühl zu appellieren oder uns Habgier vorzuwerfen, schlugen fehl. Wir heulten wie die Schloßhunde. Wir rannten unters Dach, wo die Pferde gestanden hatten, atmeten den Staub des leeren ,,Stalles'' ein, nahmen in deren Abwesenheit für immer Abschied von den Pferden. Wie lieb mußten jene fremden, armen Asylkinder unsere Pferde gewinnen, um unser Leid aufzuwiegen.

Und Mama hatte wieder Migräne . . .

12. KAPITEL

Frühling. Wiedersehen mit der Oka. Tjo. Der Ball
vom letzten Jahr. Die Prätorius. Der tollwütige
Hund und die Chlystinnen. Herbst

In diesem Frühling des Jahres 1901 fuhren wir besonders früh
auf unsere alte Datscha bei Tarussa hinaus. Es war April. Die
Bäume in den Wäldern und auf den Hügeln waren in grüne Gaze
gehüllt (in der Ferne) oder mit grünen Glasperlen übersät (in
der Nähe). Die Reisewagen holpern durch Wagenspuren und
Schlaglöcher, schlurfen durch abschüssigen Sand, vergeuden das
klingende, zerspringende Trillern ihrer Glöckchen. Sie künden
weit, weit vom Glück des Weges, der Erwartung der Ankunft!
„Wir fahren, wir kommen!" schepperten sie laut und näherten
sich den vertrauten Gegenden. Es verschlug uns den Atem, als
sich die weite Biegung abzeichnete, hinter der – jetzt gleich! jetzt
gleich! – die ersehnte Landschaft auftauchen würde. Die Augen
saugten sich fest. Die Stimme überschlug sich. Die Beine wollten
davonlaufen, Deichselpferd und Beipferd überholend.
Dunkel ging mir die besondere Art von Mussjas Gefühl auf. Das
Begehren, die eigene Freude vor den anderen zu verbergen, die
herrische Gier, alles allein zu treffen und zu lieben, das genaue
Wissen, daß dies alles nur ihr, ihr, ihr allein gehört, viel mehr als
den anderen, die Eifersucht auf diese anderen (besonders auf
mich, die ich ihr glich), die Liebe zu diesen Bäumen und Wiesen,
zu dieser Straße, zu diesem Frühling! Ein Schatten von Feindse-
ligkeit fiel auf ihr Besitzergreifen an Büchern, Musik, Natur, auf
jene Menschen (auf mich), die ähnlich empfanden. Der Impuls,
alle wegzustoßen, sich voll zu bemächtigen, mit keinem zu teilen, in allem die einzige und erste zu sein!
Mutter lächelt. Ihr Lächeln ist traurig und verwegen zugleich.
Ljora nickt uns freundschaftlich zu. Andrjuscha sitzt im anderen
Reisewagen, mit einem neuen Fräulein. Sie ist ältlich, hat quadratische Wangen und den seltsamen Namen Prätorius. Die Wa-

genräder wühlen sich schwerfällig durch den hellen Flußsand. Es riecht nach Feuchtigkeit. Und während wir die Wälder und Hügel schon vergessen, schon verraten und uns ganz ihr ergeben haben, während in der plötzlichen Kühle, im die Haare zerzausenden, die Hüte wegblasenden Flußwind unser Gesicht berauscht ihr entgegenschwimmt, blinkt in unsere Erwartung, unseren Atem, unser Schnuppern hinein, als schmaler, unmeßbarer Strich zwischen Erde und Luft *jählings* (o wunderbares, von Schreiberlingen verhunztes Wort!) ein Glänzen in der Ferne auf. Und mit wild besessenen Stimmen schreien wir: ,,Die Oka! Die Oka! . . .``

Da tauchten, bereits auf dem anderen, dem Kalugaer Ufer, die Umrisse von Tarussa auf: die kleinen Häuser, die Gärten und die beiden Kirchen: rechterhand und unterhalb, direkt über dem Fluß, der Dom, auf steilem Hügel, links, die Auferstehungskirche. Aber auch die sahen wir bald nicht mehr, denn wir griffen in den Streit der Erwachsenen ein, wie man fahren solle: unten (über die Hügel oberhalb der Oka, links) oder oben (nach rechts über den Domplatz, dann bergauf, mit einer Stippvisite bei Dobrotworskijs, um die Stadt herum, durch Wald und Feld, vorbei an der Nußbaumschlucht, die ,,große Straße`` entlang, von hinten, nicht vom Fluß her auf unsere Datscha zu). Den Erwachsenen fiel die Entscheidung leicht: Wir fahren dort, wo es sich mit Gepäck besser fährt. Aber uns! Wie sollten wir wählen! Welche der beiden Kostbarkeiten! Und als die Pferde, mit ihren Glöckchen unsere Ankunft ankündigend, schon längst den oberen oder den unteren Weg entlangfuhren und niemand mehr auf uns hörte, bedauerten wir immer noch lauthals, den anderen Weg nicht gefahren zu sein, denn unser Herz nahm beide Wege auf, gab keinen her.

Von jenseits des alten Gartens, aus dem Dickicht der Haine oberhalb der Wiesen drang an unser Ohr ein märchenhafter Ton. Der Kuckuck! Ich zähle. Kein Vogelruf – ein ganz anderer Klang. Ein kleiner Hammer läßt ihn fallen, ein doppeltes, leichtes Pochen: in die blaue, warme, alterslose Luft hinein.

Unter dem unteren Balken stöbernd fand ich, meinen Augen nicht trauend, den verlorenen Ball vom letzten Jahr! Der Schürhaken rollte ihn lange unter dem Haus hin und her, auf das Luftloch zu, vergebens! Er blieb dort! Und jetzt ist er hier! Mein Ball!

Er ist nicht geplatzt! Er fror dort den ganzen langen Winter, ganz allein! Ich presse ihn an mich und streichle ihn, ich rieche an ihm (und schaue mich dabei um: ob auch niemand zusieht?). „Kinder, wo seid ihr?" ruft Ljoras Stimme aus dem Fenster, „das Essen steht auf dem Tisch!" Mutters Hände gleiten, einander überholend, über die Tasten. Mutter spielt! Die Beine rennen die Balkontreppe hinauf: ganz von selber.

Der aus Moskau angereiste Papa berichtet betrübt, an Mutter gewandt, daß die Zeit verstreiche, der Marmor aber immer noch in den Bergen des Ural liege. Und kein Telegramm aus dem Museum rückt ihn von seinem urzeitlichen Fleck. Die unzureichende Vertrautheit mit den örtlichen Verhältnissen, die unzureichenden Transportmittel wirken sich als neuer Hemmschuh aus. Ich kreise um Mutter herum, höre diese nicht ganz verständlichen Worte, wage aber nicht zu fragen.

Das schon betagte, dicke und ungelenke, in jeder Faser quadratische Fräulein Prätorius kam mit uns nicht ganz mit und an unserer Seite nicht aus dem Seufzen heraus. Doch im Augenblick der Gefahr bewies sie unerwartet großen Mut. Direkt auf sie zu, als sie sich mit uns auf einer Anhöhe unter Birken niedergelassen hatte, kam werweißwoher ein tollwütiger Hund herangestürmt: mit Schaum vor dem Mund und gesenkter Rute. Aber die noch schlagkräftige Hand der Prätorius versetzte dem Tier einen wohlgezielten Hieb auf den Kopf, mit der friedlichsten Sache von der Welt: einem dicken Wörterbuch. Der Hund, vermutlich aus Verblüffung, rannte weiter. Das erhöhte das Fräulein in unseren Augen. Doch der Hund tat uns leid: Man hatte ihn geschlagen, und dazu war er auch noch tollwütig! Ich denke, von der ungewohnten, „datschenhaften" Natur und von uns Kindern erholte sich Fräulein Prätorius, trotz des langen, bergigen Weges, nur bei Tante.

Auf dem kleinen Sofa unter Großvaters Porträt – sein grauer Schemen mit dem hageren, in unserem Gedächtnis bereits auslöschenden Gesicht, die Zigarre in der Hand, entschwand in der verdämmernden Tiefe des halbdunklen Zimmers – erzählte Tjo der Prätorius und uns von vergangenen Zeiten. In solchen Stunden wurden Mussjas Augen ganz anders, sie wurden hell und ganz weit. Sie waren traurig und still, und ich kannte das Wort, mit dem man das, was in ihnen lebte und sich quälte, benannte:

das Wort *Schwermut*. Wie eine Wolke umfing es uns, gegen die Schwermut gab es kein Kraut, denn trostlos war jene Ferne, in der Tantes Kindheit versunken war, die Kindheit am blauen See von Neufchâtel, nebst ihrer Jugendfreundin Laure, und Mutters Kindheit, und Großvater – und auch Tjo würde eines Tages in diese Ferne entschwinden – und irgendwann einmal wir . . .

Wenn uns die Erwachsenen, die zu Dobrotworskijs gegangen waren, abholen kamen und es Zeit zum Heimgehen war, mußten wir uns mit Gewalt losreißen, um in den Alltag zurückzukehren. Das junge Volk von Dobrotworskijs begleitete uns: die stolze Nadja, die Älteste, die schlitzohrig gutmütige, jüngere Ljuda, der verlegen lächelnde Sanja. Unterwegs lasen wir kantige Steine auf, die wie Sterne funkelten. In unserem Mund schmolzen Karamellen. Es gab noch eine kleine Welt in Tarussa, die den Sommer grüner, die Hitze heißer machte: den Garten auf dem Auferstehungsberg, wo die ,,Kirillownas" wohnten. Deren gab es zwei: die hochgewachsene Maria und die dickere Axinja. Rings um sie herum lebten viele Frauen in Kattunkleidern und weißen Kopftüchern, und die Leute sagten: ,,Das sind Chlystinnen." Sie lebten in einem dichten Garten mit vielen Beeren und waren auf lärmende Weise gastfreundlich. Sie bewirteten uns mit Beeren, nahmen uns in die Arme, kosten uns und redeten singend und fröhlich auf uns ein. Vage hörten wir, die Chlystinnen würden auf eine besondere Weise an Gott glauben. Sie zeichneten Mussja aus: wegen ihrer Klugheit und schroffen Art. Besondere Liebe für Mussja empfand die junge, häßliche, redselige Mascha. Und rings um sie alle war Zauberei am Werk.

Jeden Morgen setzte sich Mussja ans Klavier. Sie machte große Fortschritte. Mutter war stolz auf sie. Mit der Lektüre freilich gab es Ärger. Mussja war auf die Bücher der Erwachsenen aus, die Mutter ihr verbot. Sie hatte sich früh entwickelt. Abends wurde gesungen, zum Klavier. Mutters Stimme war feierlicher, in den russischen Liedern lebte, wenn Mutter sie sang, Verwegenheit und Trauer. In Ljoras Stimme klang eine andere, graziöse Freude auf, die vor unserer Zeit unser Haus erfüllt hatte, als Ljoras Mutter noch lebte. Wenn ich Marinas Essay *Mutter und Musik* lese, kann ich nicht umhin, dem zu widersprechen, was Marina dort über Ljora schreibt. Marina liebte Ljora sehr: in der Kindheit und frühen Jugend. Später überwarf sie sich mit ihr und begann, *alles* an ihr abzulehnen. Ihr späteres Gefühl übertrug sie auf die Kindheit und entstellte dadurch die Realität der Kindheit. Marinas Eigensinn hatte manchmal solche Folgen. Sie erlaubte sich dann, das Gewesene nach ihrem Ermessen neu zu schaffen. (Auch das Bild unserer Mutter erscheint mir in Marinas Schriften vereinfacht und schematisiert.)

Auf der Oka schwammen Flöße. Abends brannten Lichter auf ihnen. Die Flößer gingen manchmal an Land. Die stillen Fischer, die auf dem Weg nach Tarussa am Ufer lebten, und auch die Bewohner von Tarussa mochten die Flößer nicht, sie fürchteten sich vor ihnen. Die Flößer tranken Schnaps und waren manchmal nicht abgeneigt, friedlichen Menschen durch einen verwegenen Auftritt Angst einzujagen. Zu den beiden alten Okadampfern *Schwälbchen* und *Katharina* gesellte sich in diesem Sommer ein neuer: *Iwan Zypulin*.

Er tutet anders, seine Räder schlugen das Wasser zu steileren Wellen. Bereits wenn er die Flußbiegung bei Alekssin und Welegowo passierte, hörten wir sein Tuten und riefen Mutter zum Baden herbei, denn die hohen Wellen, die der Dampfer schlug, wollten wir nicht versäumen. Mussja hatte rasch schwimmen gelernt, sie war nicht wasserscheu. Mutter, die vorzüglich schwamm, freute sich über ihren Mut. Der Name Marina verpflichtete. Wir wußten, daß Marina „Meerfrau" bedeutete. Genauso wußten wir auch, daß Anastassija „die Auferstandene" heißt und daß Mutter mich wegen der Turgenjewschen Assja („werdet ihr später lesen!") so genannt hatte.

Manchmal regnete es längere Zeit. Dann brach ein neues Leben an: Wir begannen das Haus zu sehen. Gestern erst war es durchlässig gewesen, in den Garten und den Hof geöffnet. Jetzt belebten sich alle seine Winkel. Gemütlich war dieser plötzliche Verlust aller Freuden der Hitze, des Laubes, der Rennerei in Freiheit. Wir bevölkerten lärmend das ganze Haus, die mit Kübeln und Vasen voller Feld- und Gartenblumen vollgestellten unteren Räume, wo die unverhofft angeheizten Öfen knisterten und rauchten. Erst jetzt bemerkten wir, daß wir uns im Eßzimmer befanden, hoch über dem Garten, wenn wir das Haus durch die Diele betraten, die ohne Stufen in den Hof überging. Dorthin führte eine steile Treppe, die wir durchs Fenster sahen (unser Haus lag an einem Hügelhang). Wir bemerkten plötzlich, wie stark das Silber auf den Serviettenringen nachgedunkelt war, wie niedrig und tief das Bauernbüfett neben der Balkontür war, wir entdeckten, daß der Flügel braun und das Sofa abgeschabt war. Daß der Fächer aus gelbem, festem Palmenblatt in der Mitte gespalten war. Wir streunten ins Schlafzimmer hinüber, das auf dichtes Fliedergebüsch und, im rechten Winkel, auf den verwilderten Kricketplatz hinausging. Plötzlich belebte sich, unter dem Glase glänzend, Mutters *Villa am Meer* von Böcklin: Felsen, die steinernen Stufen einer hineingemeißelten Treppe, die zu den Wellen führt, die Gestalt einer Frau, vom Wind gepeitschte Zweige. In die Küche gelangte man seitwärts durch die Diele. Die Küche war niedrig und halbdunkel, sie hatte kleine, dörfliche Fenster, und es war so heiß darin, als bestünde sie nur aus dem Ofen. Dort roch es nach Fladen aus Roggenmehl wie in Dobrotworskijs Küche, nach gedämpftem Rindfleisch mit braunen Kartoffeln. Die Köchin empfing uns freundlich mit Pasteten, die sie gerade aus dem Backofen gezogen hatte. Wir liefen hinauf, in unsere beiden kleinen Zimmer unter dem Dach, gegen das der Regen pochte: links in Mussjas und mein Zimmer, rechts in Andrjuschas Zimmer.

Jetzt lebte alles auf, was wir bei unserem üblichen Hinein- und Herauslaufen übersehen hatten: die verschieden gemusterten Decken auf den Klappbetten aus Leinen, die grobgezimmerten, liebenswerten Schemel mit den Schüsseln aus Ton. Der Eimer daneben klang so schön.

Jedoch bei Regen schätzten wir vor allem den oberen Balkon, wo wir in unserem gemütlichen Käfig wollüstig dem Regen lauschten, dem tobenden Wind, dem Glucksen des Wassers in den Rinnen, von wo wir auf die wilden, lichten Regenströme sahen und mit Stöcken die von den Bäumen gerissenen Blätter durch die Rinnen des frischgewaschenen, laut hallenden Daches jagten. Die vom Himmel strömende Hitze (wenn es wieder heiß war) versengte Hals, Gesicht und Stirn. Die nackten Sohlen verbrannten sich auf der glühenden Erde. Wie könnte man das Glück der Berührung von Mund und Krugrand vergessen, wenn man fast im Laufen den Krug aus dem alten, großen Faß in der halbdunklen, zu jeder Stunde sonnengeschützten Scheune gefüllt hatte? Warum blieb das Wasser im Faß kühl? Es war fast wie das Quellwasser jenes Baches, der unseren Weg in die Stadt kreuzte.

Gab es, später im Leben, jemals wieder eine solche Wonne? Und dann geschah irgendwas mit dem Sommer, alles veränderte sich: die Wolken, die Bäume. Andere Klänge und Gerüche traten auf, und wir, in unserem Leid, dachten schon, der Sommer sei vorbei, doch dann sahen wir den ganz besonders blauen Himmel, die Spinngewebe im „alten Garten", atmeten den Geruch nach Pilzen und feuchtem Stroh ein und begriffen zu unserer großen, neuen Freude, daß nicht der Sommer vergeht, sondern der Herbst anbricht.

Wir befanden uns in einem Zustand des Berauschtseins. Wir rannten zwischen den Baumstämmen und Stümpfen des Pilzwaldes dahin, wo wir einmal einen ganzen Korb Pilze gesammelt hatten. Unsere Mutter band uns Kopftücher um, Mussja ein blaues, mir ein rosarotes. Hoch zu Roß, mit den braunen Beinen baumelnd, reitet auf braunem Pferdchen ein Bauernweib zur Tenne. Über dem Geschrei der Bauern und den um die Dreschmaschine kreisenden Pferden, über den bunten Kleidern und Tüchern der beim Dreschen mithelfenden Frauen fliegt die weiche, gelbe Spreu durch die Luft. Vage ist die Erinnerung an die über dem Roggen emporfliegenden Dreschflegel jener fernen Zeit, als es noch keine Dreschmaschinen gab.

Die Felder sind abgeerntet, kahl am Wegrand blühen herbstliche Blumen auf hellem, fleischigem Stengel. Sie haben einen rosa Hut: wie letztes Jahr. Und dann gibt es noch auf grünen, knotigen Stengeln große, blaue Blumen mit flachen Blütenblättern. Jahre später erfuhren wir den Namen: Zichorie. Haufen von Stroh – wir wühlen uns hinein.

Wie es duftet, das Stroh! Die Grube im „alten Garten", die im Sommer dicht zugewachsen war, ist wie schon letztes Jahr mit grünem Wasser gefüllt. Auch die Vertiefungen in den versunkenen Baumknorren sind voller Wasser. Man hört den Klang einer Hirtenflöte. Die Kinder aus dem Wächterhäuschen graben am Hügel eine Höhle, bohren in die Erde einen Rauchfang, zünden in der Höhle ein Feuer an und backen Kartoffeln. Wir laufen dem Fräulein weg und schaffen Lebensmittel heran, die wir in der Küche entwendet haben. Verschwunden sind die sommerlichen Gerüche: nach Holunder, Pappel und Linde. Der Geruch der Himbeeren im Sonnenglast, die Gerüche beim Baden im Fluß. Es riecht jetzt nach welkem Laub, nach Pilzen – und nicht bloß in der Luft, sondern im Wind. Die Gerüche stehen und wehen nicht wie im Sommer, sie jagen dahin! Und auch wir jagen dahin, den Berg hinab, wilder noch als im Sommer, denn bald ist alles vorbei. Jeden Tag laufen wir wehmütig in den „alten Garten" und auf die „große Straße" hinaus: um nachzusehen, wie viele Blätter der Wind seit gestern von den Bäumen geweht hat. Wir sehen: Die Äste werden kahler, der Himmel nimmt zu, der Wald nimmt ab. Während sich die Augen betrübten, freuten sich die Beine und wühlten sich immer tiefer in den Laubteppich. Die Oka strömte nicht mehr als träger, hellblauer Spiegel dahin, sie war bleiern und wütend und kräuselte sich. Es regnete viel.

Im Haus sind schon die Reisevorbereitungen im Gange. Wir fahren weg. Bündel, Körbe, Fuhrleute, Reisewagen. Der Geruch nach Pferdeschweiß, der so sehr geliebte. Mussja will ihn für sich, mir schenkt sie den Geruch nach Wagenteer. Aber zum Streiten ist jetzt keine Zeit!

In dem Augenblick, als das Glöckchen zu scheppern beginnt, werden die Kinder zwischen den Erwachsenen verteilt. Der Atem stockt vor dem Glück der langen Reise, doch irgend jemand bohrt uns das Messer des Abschieds ins Herz.

„Leb wohl, Tarussa! Leb wohl, Oka!" rufen wir, in Tränen badend.

13. KAPITEL

Unser Moskauer Winter 1901–1902.
Mussjas Gymnasium. Die *goldenen Locken*.
Der neue Repetitor. Bücher. Mussjas Charakter.
Die Sperlingsberge

„Moskau, was tönt in diesem Klange . . ." Es ist Abend. Es ist dunkel. Der Bahnhof gleißt auf. Die matten Kugeln der Wandlaternen, hohe Fenster, ein riesiger Samowar, Schokoladereklamen, ballgroße Apfelsinen. Ein Rudel Gepäckträger mit weißen Schürzen und Metallnummern auf der Brust (unserer ist so sanft mit uns wie ein Verwandter). Auch die Droschkenkutscher sind freundlich, besonders jener alte (und die jungen sind verwegen). Wir überqueren den weiten Platz vor dem Kursker Bahnhof. Er glänzt im Regen. Die Pferdehufe berühren schmatzend das nasse Kopfsteinpflaster. Moskau! Die Sadowaja! Eine breite, stille Straße: große Häuser und Villen.

Wir sind zu Hause. Der sommerliche Geruch nach leeren Zimmern und Mottenpulver umfängt uns, nach Gebäck und noch etwas anderem. Mit dem Klopfen der Fensterläden, den vertrauten Stimmen, dem aufgeregten Durcheinander! Schon bringt man den Samowar. In den weißen Milchkännchen mit dem blauen Schwalbenhenkel ist süße Sahne. „Draußen regnet es wieder!" sagt jemand.

Von diesem Herbst an besuchte Mussja, neun Jahre alt, die erste Klasse des Vierten Gymnasiums an der Sadowaja, unweit des Kudrinskij-Platzes (heute: Platz des Aufstands). Das war ein massiges Gebäude mit vielen Fenstern. Es war in zwei Farben gehalten: hellgelb und dunkelgelb.

Es ist Morgen. Ich schleiche nach unten, um festzustellen, ob Mutter schon wach ist. Nein, sie schläft noch. Schräge Sonnenstrahlen, so plastisch, als würde ihnen der darin wirbelnde, feine Staub die dritte Dimension verleihen, zerschneiden den Salon. Mutter ruft! Ich renne ins Schlafzimmer, krieche auf die dunkelrote, wattierte Decke, lege mich zu Mutter. Hinterher sind wir im Eßzimmer. Wir trinken Eichelkaffee mit Milch aus Kannen mit blauen Vögeln und essen dazu feine, kringelförmige Wecken von Ssewastjanow. Anschließend unterrichtet mich Mutter. Das tut sie schon den zweiten Winter. Ich schreibe nicht schlecht, habe eine gerade Schrift. Das ist fast wie Bilder zeichnen.

Ich half Mama beim Gießen der Philodendren, kroch unter den Flügel, hinter dem die für die Erwachsenen unerreichbare Palme stand. Ich streckte die Hände mit der Wolle vor, die Mutter zu einem Knäuel wickelte. Ich zupfte die Fäden des Stramins aus den von Mutter (in slawischem Ornament) eingestickten Wäschezeichen. Eines Tages brachte Marussja (wir nannten sie immer häufiger so) aus dem Gymnasium das Buch *Goldene Locken* mit (ich glaube, von Elliot, aber ich kann mich täuschen). Ob sie es nun zu Hause im Pult vergaß oder daließ, um es später zu lesen: Jedenfalls geriet das Buch in meine Hände, und ich verschlang es. Etwas Entzückendes lebte darin: ein Mädchen mit goldenen Locken, der Turm eines Schlosses (vielleicht hieß sie Helen?). Irgendein weiter Weg, irgend jemandes Trennung, und über einem Feld voller Gebeine (eine Schlacht) der Wind und das Kreisen der Vögel. Das Herz loderte beinahe so heiß wie bei Undine, es öffnete sich immer weiter – da trat Marussja ins Zimmer. Als sie mein verzücktes und verdutztes Gesicht sah, kam sie stumm auf mich zu, nahm mir das Buch weg, stieß mich fort und versteckte das Buch im Pult. Jetzt erst ließ sie in anmaßendem Triumph die Worte fallen: „Du liest wohl fremde Bücher? Ohne Erlaubnis?" Meiner Antwort erinnere ich mich nicht. Sie ertrank im Leid des unterbrochenen Glücks. Aber es war undenkbar, zu streiten oder zu bitten.

Die Trennung von den *Goldenen Locken* war vorherbestimmt wie die Trennung der Helden im Buch. Es gab nichts zu streiten. Marussja trug das Buch fort und brachte es niemals wieder. Und ich wußte, daß die Qual ihrer Eifersucht darauf, daß sich in ihre Zweisamkeit mit dem Buch ein Dritter eingeschlichen hatte, genauso groß war wie mein Leid. Wir waren neun und sieben Jahre alt.

Andrjuscha bekam einen neuen Repetitor: Alexander Pawlowitsch G-w. Er war nicht sehr groß, trug nach hinten gekämmtes, dichtes, hellblondes Haar, Schnurrbart und Bart. Seine blauen Augen lächelten, sein zufriedenes Lachen füllte das Haus. Er trug Studentenuniform. Dieser Mensch erregte Marussjas Einbildungskraft. Sie schrieb ihm einen Brief. Er lachte und kreuzte mit Rotstift die Schreibfehler an. Die Geschichte sprach sich herum. In Mussjas bitter gekränkten Augen standen die Tränen. Hatte Mutter sie taktvoll oder schroff behandelt? Beides war möglich.

Damals war die Zeit der studentischen Unruhen und Versammlungen. Ich hörte die Worte: ,,Pedell", ,,Kosaken", ,,Nagaika", den Namen Leo Tolstoj. Man stritt heftig über die Todesstrafe. Das Künstlerische Theater blühte und erregte die Köpfe und Herzen. Verlockend klangen unbekannte Worte: *Die versunkene Glocke, Die Möwe*, das seltsame, wunderliche Wort *Rautendelein*. Mutter, Ljora, die anreisenden jungen Dobrotworskijs, die Söhne Onkel Petjas, unsere Vettern: der Medizinstudent (und spätere Psychiater) Serjosha, sein gleichfalls studierender Bruder Wolodja und deren Schwester Sascha (auch Medizinerin): Alle redeten vom Künstlerischen Theater im Tonfall der Verehrung.

In diesem Winter fuhr man uns Kinder, wie schon in früheren Jahren, ins Bolschoj-Theater. Aber jetzt warf Marussja keine Apfelsinenschalen mehr ins Parterre wie bei unserem ersten Besuch. Mit berückten, nicht mehr so kindlichen Augen starrte sie den sich langsam hebenden, purpurroten Vorhang an und wartete auf das Zeichen des Dirigenten. Langsam verlosch die ungeheuerliche Blume des Lüsters.

Abends wurde aus dem französischen Roman *Le vaste, vaste monde* vorgelesen (einer Übersetzung des englischen Romans *The Wide, Wide World*). Ich erinnere mich an keine einzige Szene, auch nicht an die Fabel, von der Mutter und Mussja beeindruckt waren, aber ich erinnere mich an das Beben der Einsamkeit (einer grenzenlosen Lebenssphäre) rings um das kleine Mädchen im Roman. Gegen Abend kam es manchmal, wie früher, zum *Kurlyk*. Wieder lagen wir mit Mutter und Kater Wassja unter einem Pelz auf ihrem Bett und schlummerten ein, bis Vaters Schritte draußen auf dem Steg ertönten, als Ankündigung des Abendessens und Teetrinkens. Wie früher kam Mutter zu uns herauf, um uns irgendein geliebtes Buch vorzulesen. Wir setzten sie auf einen mit Kissen gepolsterten, mit Decken behängten

Stuhl. Mutters liebes Gesicht lächelte, sie rückte ihren karierten Schal auf den Schultern zurecht und schlug das Buch auf . . . Selige Stunden des Lebens!

Hatte sich Marussja im Gymnasium verkühlt? Sie mußte mit einer kruppösen Lungenentzündung ins Bett. Mutter pflegte sie nach allen Regeln der Heilkunst, sie war ja Krankenschwester in der Iwerskij-Gesellschaft. Die Ratschläge des guten Doktor Jarcho wurden streng befolgt. Aber einmal bat mich die bereits genesene Marussja, ihr aus dem Büfett heimlich ein Stück kaltes Fleisch zu bringen. Mein Herz schlug, ich flog mit dem Fleisch dahin wie der Fuchs mit dem Huhn. Marussja labte sich daran, jedoch die Folgen waren betrüblich. Ihr wurde wieder schlechter. Mich schimpfte man aus. Aber Marussjas Natur besiegte Rückfall und Krankheit. Bald konnte sie aufstehen.

An den Abenden spielten wir manchmal Karten. Es gab verschiedene Spiele: den ,,Dummkopf", die ,,Hexe" (das Entsetzen davor, in den eigenen Karten die Pique Dame zu finden, machte das zweite Spiel zu einem Nervenkitzel und dadurch dem ersten überlegen). Am liebsten jedoch spielten wir ein Spiel, das sich ,,Rams" nannte. Ich weiß nicht mehr, wie es ging, aber ich erinnere mich auch heute noch an das Beben und die Freude bei diesem Spiel, und auch daran: Es war etwas Edles daran, das es über die anderen Spiele erhöhte. Ich erinnere mich an den Triumph der Trumpfkarte (sie hieß *Rams*). Vielleicht ist das Wort ,,edel" zu hoch gegriffen, vielleicht sollte ich lieber ,,feierlich" sagen? Jedenfalls bewahre ich diesem Spiel bis heute ein achtungsvolles Gedächtnis.

Weihnachten 1901 war für Marussja etwas Besonderes: Es waren ihre ersten Ferien. Und obwohl sie vorzüglich lernte, ihre Hausaufgaben rasch machte, obwohl sie Zeit genug zum Lesen, Zeichnen, Klavierspielen und Raufen fand, genau wie in ihrer Vorschulzeit, leuchtete ihr Weihnachten, so denke ich, diesmal noch heller als sonst. Sowohl das Panorama wie die von Andrjuscha geschenkten ,,chinesischen Schatten" (das Sichjagen schwarzer Silhouetten auf dem Hintergrund einer halbrunden Leinwand innerhalb einer runden Vorrichtung aus Pappe) und das bengalische Feuer von Ljoras ,,lebenden Bildern": Alles erstrahlte noch blendender, bevor es sich an den schweren Türen des Vierten Moskauer Gymnasiums brach und erlosch.

In der Musikschule machte sie immer größere Fortschritte. „Marussja wird Musikerin werden", sagte Mutter, „und Assja Malerin. Alles, was mir im Leben nicht richtig gelungen ist, das werden meine Töchter . . ." Vielleicht träumte sie, wenn sie in unserem leeren Saal Klavier spielte, wenn sie in dieses Spiel noch mehr hineinlegte als ins Malen oder Vorlesen, mehr sogar als in ihr Tagebuch (sie hatte es in ihren Mädchenjahren begonnen, die dünnen, schwarzen Bände vemehrten sich, schon ward der neunte begonnen): Vielleicht träumte Mutter von einem Saal voller Zuhörer, die ihr Spiel zu würdigen wußten? Unser Vater war taub für Musik, Mutters Vater, mit dem sie vierhändig gespielt hatte, war tot. Mutter sollte nie erfahren, daß Wort und Vers die Musik von Mussjas Weg verdrängen würden!

Ich erwähnte noch nicht, aus welchen Büchern uns Mutter jetzt vorlas. Das war Hoffmanns *Nußknacker* und sein zauberhaftes *Fremdes Kind*, das war *Ohne Familie* von Hector Malot (auf französisch). Marussja, die diese Sprache besser beherrschte als ich, schloß dieses Buch in ihr Herz und sprach mit Mutter so oft darüber, daß ich sie alle von Kindheit an im Gedächtnis behielt: Vitalis und Remis mit ihrer Wanderbühne, die Hunde Zerbino, Capi und Dolce und das Äffchen Jolie-Coeur, das sich unterwegs verkühlte und jämmerlich starb. Mit fünf oder sechs Jahren lernte ich lesen (Mussja lernte das schon mit vier: mit Hilfe der Ladenschilder), mit sechs las ich eifrig Bücher. Daß man mir das Lesen förmlich beigebracht hätte: Daran kann ich mich nicht erinnern.

In Mussjas Nachfolge las ich unser aller Lieblingsmärchen: *Die Schneekönigin* von Andersen. Marussja und die kleine Räuberin hatten etwas gemein, Marussja liebte sie mit einer anderen Liebe als die Undine, die Russalka oder die Gerda. In dieser Liebe lebte, wie mir scheint, so etwas wie Kameraderie, ein Sichwiedererkennen im anderen,, ein stummes Zunicken. Marinas Verhältnis zum Bösen und Guten hatte von Kindheit an einen Sprung. Wenn sie in Leidenschaft entbrannt war (maßlos stolz war sie sowieso), tat sie leicht und heftig Böses. Sich dem Guten zu ergeben, fiel ihr schwer. Sie spottete und wies jedwedes Gericht zurück. Aber wenn sie sich einmal zur Reue entschlossen hatte, brannte sie mit ihren kärglichen, aber bitteren Tränen ihre Schuld weg. Mein Leben lang sehe ich das Gesicht vor mir, das sie an solchen Tagen und in solchen Stunden hatte: die hellen Augen, heller noch als sonst, verweint, von den Qualen der Reue gezeichnet. Den Ausdruck der Entfremdung und Abwesenheit inmitten jener, die gekränkt zu haben sie bereute. So als würde sie auf etwas lauschen, das nur für sie hörbar und unanfechtbar war.

Mutter beschäftigte sich in diesem Winter viel mit medizinischen Dingen, arbeitete oft als Krankenschwester in der Iwerskij-Gesellschaft. Sie besuchte häufig Symphoniekonzerte. Sie las Renans *Leben Jesu*, zeigte uns Reproduktionen des Christus von Polenow, der am See von Genezareth entlangging und seinen üblichen Darstellungen so wenig glich. Sie las Ibsen und ließ nicht eine einzige Aufführung im Künstlerischen Theater aus.

Die Gemütlichkeit des Hauses, wo du geboren wurdest, wo deine Kindheit verläuft! Sie scheint ewig zu währen. Wer konnte ahnen, daß wir unser letztes Kindheitsjahr in diesem Haus verbringen, daß unerwartete Ereignisse uns für lange Zeit daraus entführen würden, daß die Kindheit weit weg von diesem Haus enden würde? Wie in früher Kindheit gingen wir manchmal in den Alexander-Garten, in seine zauberische Tiefe. Oder auf jene Straße, die die Prätorius mit dem deutschen Wort still bezeichnete. Wir gingen in die Passagen. Ihre Decken aus Glas, die leeren Fontänen, die ausgestopften, hochaufgerichteten Bären tun es uns immer noch genauso an wie damals. Wir sind noch die gleichen.

Und dann gab es noch die Sperlingsberge und dort wiederum die *amerikanischen* Berge. Wie soll man davon erzählen? Irgendwer sagte: ,,Stimmt gar nicht, das sind *französische* Berge.'' Wir hörten nicht hin, uns blieb keine Zeit mehr. Das Herzklopfen begann bereits, wenn wir zusammen mit den Erwachsenen auf dieses höchst ausgefallene Gerüst aus aufsteigenden, fallenden und wieder aufsteigenden Höckern zugingen. Wir kauften Billets und somit das Recht auf Teilnahme am Flug, wir drängten uns mit erweiterten Pupillen und warteten, daß man uns aufrief. Voller Hemmungen und Impulse überschritten wir eine Schwelle und setzten uns auf einen Sitz. Rings um uns herum war Leere, tief unter uns war die Moskwa, doch wir sahen weder sie noch die leuchtende Ferne. Wir spürten, daß unter unseren Füßen plözlich irgendwas entglitt. Im Pfeifen des Windes und des wahnsinnigen Sprunges plumpsten wir, in das den Sitz umrahmende Geländer verkrallt, in einen Abgrund, flogen wieder empor, stürzten noch tiefer, in unaufhörlichem Flug. Wir hörten auf zu sein, wir atmeten ängstlich, flogen, verschwanden, klammerten uns mit den Füßen an den Fußboden, nur der sich überschlagende Herzschlag gehörte jetzt uns. Nein, es war anders, es war eine Wonne, zerbrechlich wie das Pfeifen des Windes in den Ohren, wie diese Aufschwünge, diese Abstürze, die jetzt gleich aufhören würden . . . Das Hochfliegen geht bereits glatter, die Höcker ebnen sich ein und ermatten, es geht aufs Ende zu, das sich uns jäh unter die Füße legt . . . Entkräftet gehen wir zwischen den plaudernden Erwachsenen langsam einen Pfad hügelan, hinein in ein Meer von Sträuchern, auf jene Terrasse des Restaurants von Krynkin zu, wo es Brauselimonade, Birnenwasser und Kuchen gibt, wo die Höhe und die Luft strahlen. In der Ferne liegt, wie ein ausgestreuter Haufen Perlen, Moskau.

14. KAPITEL

Der Frühling des Jahres 1902. Die neue, revolutionär
gesinnte Gouvernante Maria Genrichowna.
Die Andrejews

Es ist Frühling. Schon taut der Schnee. Es regnet viel, die
Abende sind lang und hell. Wir tragen Übergangsmäntel mit Pelerinen und Matrosenmützen. In jenem Jahr nahm man uns zu
den „Weidenkätzchen" mit: So nannte man den Palmwochenmarkt auf dem Roten Platz. Wie fürchtete ich, daß man mich, als
die Jüngste, nicht mitnehmen würde! Aber Ljora bestand darauf, und ich durfte mitkommen.
Auf dem riesengroßen Platz wimmelt es von Menschen. Stellenweise muß man sich durchdrängen. Die Händler bieten „Palm-
wochen-Spielzeug" an: „Schwiegermutters Zunge", die quiet-
schend den Passanten ins Gesicht fährt, dick aufgebläht wie eine
Wurst, mit dünner Stimme ihren Geist aushauchende Spiel-
zeug-Schweinchen, Meeresteufelchen, „amerikanische Einwohner" in Kolben mit gefärbtem Wasser, in Glasröhren mit
rundem Gummiverschluß. Alles gab Laut, glitzerte, betäubte
die Sinne. Gebrannte Mandeln in kleinen Papiertüten, Nüsse,
klebrige, süße Schoten, türkische Bohnen und Mohngebäck (das
mochten wir nicht und aßen es nicht). Ziehharmonikas, Zim-
beln, Balalaikas . . . Das blaue Email des Frühlingshimmels,
nach dem langen Winter die Wolken über dem Kreml!
Im Frühjahr entließ Mutter die alte Gouvernante, die neue war
eine Deutschrussin. Sie hieß Maria Genrichowna. Aber wir
sprachen mit ihr fast immer russisch. Sie war groß, breitknochig
und hager. Sie hatte etwas, das unser Mitgefühl erregte. Wir erfuhren, daß sie viel gelitten hatte, daß sie „für das Volk" war und
„gegen den Zaren". Sie war die erste Gouvernante, zu der wir
ein inniges Verhältnis fanden, und der erste Mensch, der mit uns
von den Leiden des Volkes sprach. Zärtlich nannten wir sie
„Miezchen".

In diesem Frühling machten wir die Bekanntschaft der Andrejewkinder Tanja und Vera, die im Seitengebäude wohnten. Miezchen förderte die Annäherung. Früher unterband Mutter Bekanntschaften mit fremden Kindern. Wir wuchsen abgesondert auf wie einst sie selbst. Fremde Kinder sahen wir nur in den Grünanlagen. Bekanntenbesuche machte Mutter nie, sie fuhr nur ins Theater und ins Konzert. Ich weiß nicht, warum, jedenfalls gefiel Marussja mehr die jüngere Andrejewtochter Verotschka, die so alt war wie ich, während ich mich zu der sehr viel älteren Tanja hingezogen fühlte. Verotschka war klein, sie hatte ein rundes Gesicht und ein strohblondes Zöpfchen. Tanja war dunkel, groß und schlank. So teilten wir uns in zweimal zwei auf. Nur ab und zu spielten wir alle zusammen, dann war auch Andrjuscha dabei. Im Hof roch es nach Taubenlosung und feuchter Erde. Das erste Gras war noch nicht da. Wir rannten mit Schwarzbrotschnitten herum, auf die wir Salz streuten (die Schnitten besorgten wir uns in der Küche – Mutter erlaubte uns nicht, mit einem Stück Brot herumzurennen). Warum hat Mutter bloß was dagegen? Das schmeckt doch so gut! ,,Assja, Mutter ruft dich!" – ,,Ich komme." Ich renne Miezchen entgegen. Wie ich sie liebe! Ihre hellen Augen, ihr Gesicht, wenn sie die Worte spricht: ,,Das ist die Wahrheit."

Wenn ich mit der ganzen Familie unsere Universitätskirche betrat, spürte ich, wenn auch nur vage, daß Miezchen die Kirche nicht liebte. Mir tat das leid. Irgendwie wollte ich Kirche und ,,Das ist die Wahrheit" in eins verschmelzen. Damit alle mehr Freude hätten. Marussja verstand Miezchens Einstellung besser und fühlte sich stürmischer zu ihr und dem, was sie vertrat, hingezogen. Mit Mutter sprachen wir nicht über Miezchen. Wir ahnten, daß sie das nicht verstehen und jedenfalls nicht gutheißen würde. Aus Mutters Worten über Renans *Leben Jesu* schlossen wir, daß sie ein anderes Verhältnis zum Kirchgang hatte als Vater, der Sohn und Bruder eines Priesters. Aber es war klar, daß auch ,,Miezchens Wahrheit" nicht das Richtige für Mutter war. Die hohe Decke (statt einer Kuppel) verlieh dem Gottesdienst etwas häuslich Anheimelndes. Es waren wenig Leute da: nur Professorenfamilien. Ich war siebeneinhalb, ich mußte beichten. Das frühkindliche Recht auf das Abendmahl ohne Beichte hatte ich eingebüßt. Aber es war, wie mir schien, keine ,,richtige"

Beichte, der Priester sprach „statt meiner". Deshalb blieb meine erste Beichte in meinem Gedächtnis nicht haften. Ich erinnere mich an die Vergoldung und das Licht. Schon längst kannten wir die populäre Heilige Geschichte: Adam und Eva; Kain und Abel; Moses im Schilf, in einem Korb, den eine ägyptische Prinzessin findet; die Sintflut; Noahs Arche; den an seinen Haaren hängenden Absalom; Jonas und den Walfisch; Jesus Navinus, der durch sein Wort die Sonne zum Stehen bringt; das Meer, das sich teilt, um die Juden durchzulassen und dann Pharaos Truppen aufzuhalten; das Goldene Kalb und die Gesetzestafeln; Arons aufgeblühten Stab; den Kampf Davids mit Goliath; Sarah und Hagar; den achthundertfünfzigjährigen Methusalem. Das alles lebte, ohne Rücksicht auf Chronologie, in unseren Köpfen und Herzen: neben dem Stern, den Hirten und den Drei Königen und dem strahlenden Kind auf dem Stroh im Stall. Und alle diese Wundertaten und Kriegshändel, der Untergang ganzer Völker: Alles mündete in die schlichte Erzählung über Jesus und die Fischer. Das alles war uns so vertraut, von früher Kindheit an hatten wir unzählige Male davon gehört. Konnte es nicht geschehen sein? Aber warum geht dann Miezchen nicht in die Kirche? Und schaut uns so seltsam an, wenn wir dorthin gehen?

15. KAPITEL

Der Sommer des Jahres 1902. Marussjas Namenstag.
Reise der Eltern zu den Marmorsteinbrüchen im Ural.
Tschelkasch und Gromilo. Miezchen und Puschkins
Verse. Der Jahrmarkt. Der letzte Herbst in Rußland

Wieder nimmt uns, auf dem Weg zur Datscha, das Haus der Dobrotworskijs mit gastfreier Fröhlichkeit auf. Alle sind etwas gewachsen, haben sich leicht verändert. Nur der Garten mit den
Linden und Apfelbäumen steht genauso da, wie er war, die
Bäume wachsen langsamer als wir.
Mutter überzeugte sich von unserer Anhänglichkeit an Maria
Genrichowna und ließ uns allein mit ihr zurück. Sie selber fuhr
mit Vater in den Ural. Dort wollte sich Vater näher mit den Um-
ständen der Marmorgewinnung vertraut machen und Fachleute
treffen. Wir bekamen Briefe aus dem Ural.
Der Sommer kriecht langsam dahin, wie eine goldene, purpur-
rote Raupe. Die Faulbeere, der Flieder und der Jasmin in den
Wasserkrügen sind abgeblüht, an ihrer Statt duften bunte
Sträuße von Feldblumen. Auf den Zehenspitzen stehend pflük-
ken wir im durchsichtigen, dünnstämmigen Kirschgehölz von
den Zweigen über unseren Köpfen die reifen, dunkelroten Kirschen. In großen Sieben bringt man Beeren herbei. Walderdbee-
ren, stark duftende, grüne, rosabauchige Felderdbeeren. Die
schwarze Johannisbeere riecht nach Blattwanzen, aus der weißen und roten wird ein vorzügliches Gelee bereitet. Die Obstkonfitüre kocht in den Schüsseln, wir lecken den Schaum ab.
An Marina-Marussjas Namenstag (17. Juli) werden Kuchen gebacken. Der „Luftkuchen" mit Beeren ist leicht wie Flaum. Man
trägt ihn hoch über dem Tisch und placiert ihn feierlich darauf.
Auf einem anderen Kuchen betrachtet Marussja eine Maus, die
sie mit Ljoras Erlaubnis aus Teig geknetet hat. Die Maus ist wie
vergoldet und leicht angebrannt. Ljoras grüne Augen lächeln (sie

haben, wie Marinas Augen, die Farbe der unreifen Stachelbeere, meine Augen dagegen sind dunkel). Selbst Miezchen ist an Marussjas Festtag fröhlich. Sie ist sonnengebräunt wie wir alle, auch gesundheitlich geht es ihr besser, obwohl sie den ganzen Tag mit uns auf Trab ist.

. . . Vater und Mutter sind aus Slatoust zurück! Welche Freude, wie viele Erzählungen! Wie ein Echo der Uralberge brechen sie in unser Waldnest ein. Wir hören ihren Bericht, wie in den wilden Bergen und Urwäldern eine ganze glitzernde Marmorstadt entstanden ist, wie sich ein neuer Eisensteg dorthin schlängelt, über den der schneeweiße, funkelnde Marmor zu Tal befördert wird.

Doch gleich am nächsten Tag fuhr Vater weiter, um einen Rapport über seine gelungene Reise zu geben. Und Mutter sagte: ,,Kinder, euer Vater hat eine große Sache in die Wege geleitet, nicht nur in Moskau, auch in den Bergen bei Slatoust . . .'' Während sie immerzu davon sprach, träumten wir bereits davon, selber hinzufahren.

In diesem Sommer entlief unser Hund. Er hieß Gromilo. Er war groß, schwarz, hatte gelbe Flecken auf der Schnauze und auf den Pfoten, liebte Lärm und Schabernack, konnte lächeln. Wir und auch Mutter waren sehr traurig. Aber einige Tage später tauchte der Hund wieder auf. Er kam aus dem Walde und ging langsam auf das Haus zu. Wir stürzten ihm entgegen, außer uns vor Freude, aber als wir näherkamen, blieben wir wie angewurzelt stehen. Wuchs, Rasse, Farbe: alles war genauso, aber die Schnauze war schmaler und ihr Ausdruck anders. Das war nicht Gromilo. Diesen anderen Hund nannte Mutter Tschelkasch (nach der Erzählung von Gorkij). Alle wunderten sich sehr über diesen seltsamen Tausch. Von woher war Tschelkasch aufgetaucht? Und warum gerade dann, als Gromilo verschwunden war? Er blieb bei uns, während Gromilo nicht mehr wiederkam. Wir Kinder kamen zu dem Schluß, daß Gromilo Tschelkasch als Stellvertreter zu uns entsandt hatte.

Wie jeden Sommer gingen wir auch heuer zur Tante. Dort war alles beim alten geblieben. Abends, im dunklen Zimmer, glimmte die Streichholzschachtel lockend mit ihrem phosphoreszierend glänzenden Rücken.

Die zwei von Kindheit an geliebten Schränke mit den in runden

Rahmen eingelegten Landkarten der beiden Erdhalbkugeln bargen, wie in der Kindheit, die Geheimnisse von Großvaters Büchern. In den Truhen ruhten die Geheimnisse von Tantes eingemotteten, gemütlichen, altmodischen Sachen. Im kleinen Salon spielte Großvaters Standuhr mit Hilfe dreier großer Metallscheiben (jedes Stück hatte drei) wie ein richtiges Orchester auf. Wir erkannten die Walzer von Strauß. Mussja hätte endlos zuhören können. Aber Tante rief uns zum Teetrinken oder setzte uns auf das kleine weiche Sofa unter Großvaters Porträt.

In Dobrotworskijs Garten ist Illumination (aus Anlaß eines Namenstages), zwischen den Linden sind bunte Lampions aufgehängt. Wir spielen: Kinder und Erwachsene zusammen. Der halbwüchsige Tolja Winogradow spielt mit: ein kräftiger, häßlicher Bursche mit einem Hemd aus Segeltuch. Es ist der spätere Schriftsteller Anatolij Winogradow, der Verfasser der Romane über Stendhal und Paganini. Er hat ein kluges Gesicht und blaue Augen. Er ist sieben oder acht Jahre älter als ich. Ich bemerke ihn und behalte ihn im Gedächtnis.

Der Garten der Kirillownas und ihrer Freundinnen und Schwestern in Christo sprießt noch üppiger als letztes Jahr. Mutters „Tirol" – der Abhang über einem ausgehöhlten Baumstamm, durch den das Wasser einer Quelle fließt – hat sich in ein noch dichteres, noch grüneres Dickicht verwandelt.

Jahrmarkt. Ein strahlend blauer Tag. Der Domplatz ist voller Menschen. Balalaikas, Ziehharmonikas, Blasinstrumente, Lieder. Auf Tischen und auf der Erde liegen Messer und Sägen blinkend ausgebreitet. Es riecht nach rotem Kattun (genau wie nach Rizinusöl). Mussja weigert sich, daneben stehen zu bleiben. Spielzeug, Geschirr, Kleider, Stoffe, Stiefel, Geruch nach Bast und nach gefüllten Karamellen. Eine Schaubude. Vor Hitze, Lärm und Buntheit wirbelt einem der Kopf. Auf dem Rückweg erzählt Miezchens liebe Stimme von der Leibeigenschaft, von Nekrassow und dem schweren Leben des Volkes. Sie rezitiert uns oft Gedichte von Puschkin. Mussja verschlingt ihn, das „für die Erwachsenen Bestimmte" in seinen Werken hält sie vor Mutter geheim. Ein Puschkinsches Gedicht, das uns Miezchen geschenkt hat, wiederholen wir immerzu. Bei Mussja ist das fast wie eine Krankheit. Zusammen mit dem *Denkmal*, das sie schon lange kennt, spricht sie es vor sich hin (und ich spreche mit), ob

wir einen Weg entlangziehen, über das gemähte Gras rennen, ob
wir in unserem Dachzimmer aufwachen, durch dessen Fenster
man nur Wellen von Zweigen und den Himmel sieht.
„Leb wohl denn, Meer! Nie werde ich vergessen . . .“
Der letzte Tag. Der Reisewagen ist vorgefahren. „Leb wohl
denn, Meer . . .“, murmeln wir und blicken mit Augen voller
Tränen auf das entschwindende Tarussa. Fühlten wir voraus,
daß wir es so viele Jahre nicht sehen würden?

16. KAPITEL

Der Herbst des Jahres 1902. Mutters Krankheit.
Abschied von zu Hause. Die Abreise nach Italien

Der Eisenbahnzug, die herbstliche Landschaft, das Kreisen der
regennassen oder mit Gold übergossenen Bäume, das Vorbei-
gleiten der Stoppelfelder . . .
Moskau . . . Dämmerung. Die ersten Lichter. Wie vertraut, wie
teuer ist alles! Welches Glück, nach Moskau hineinzufahren!
Über Ssadowaja und der Jermolajewskij-Gasse biegen wir in unsere Dreiteichgasse ein. Man erwartet uns. Der Samowar kocht.
Und das Leben hob an und war bereit zu währen: wie schon so
oft. Da traf uns die Nachricht: Mutter, scheinbar an Influenza
erkrankt, hat die Schwindsucht! Während unserer ganzen Kindheit hatte Mutter immer nur Migräne gehabt. Die Schwindsucht!
Fieber, Doktoren, Verwirrung im Haus, Geruch nach Arzneien.
Das seltsame Wort ,,Konsilium". Ostroumow, Assistent des berühmten Sacharjin, sagt, das habe schon vor langer Zeit begonnen, im Jahr meiner Geburt (Mutters Halsdrüsen waren damals
geschwollen). Oder nein: Nicht er sagt das, sondern ein anderer
Arzt, er sagt, Mutter habe sich in der Iwerskij-Gesellschaft ange-
steckt, als sie bei der Operation eines tuberkulösen Beines assistiert hatte. Im Hause wird geflüstert und gemunkelt. Wir dürfen nicht ins Zimmer. Die Ärzte schicken Mutter in den Kaukasus! Mutter lehnt es ab, ohne uns zu fahren. Mutter tut uns leid,
dennoch jubeln wir. Wir werden den Kaukasus und das Meer sehen! Mutter liegt nicht im Schlafzimmer, sondern im Salon, dort
ist mehr Luft, der Salon hat eine hohe Decke. Abends verbreitet
sich das Gerücht, daß Mutter uns zu sich rufen will, um Abschied zu nehmen. Es geht ihr schlechter. Wir halten den Atem
an und lauschen . . . Man ruft uns nicht. Mutter ist eingeschlafen, es ist Nacht. Am Morgen geht eine andere Kunde durchs
Haus und erreicht unseren Zwischenstock: Mutter fährt nach

Italien, nur Italien kann ihr Rettung bringen. Und wir fahren mit!

Wie eigen wurde uns das Haus von jenem Augenblick an, als wir erfuhren, daß wir es verlassen würden! Alles gewann an Bedeutung: jedes Laufen treppauf und treppab, alle Zimmer, jeder Winkel, jede verfliegende Minute. Alles wurde hundertfältig teurer: im furchtbar anbrechenden Abschied. Und später, im überwältigenden Danach, das eintraf und anhielt, war noch der betäubendste Abschied vom geliebtesten Menschen durch Zugabfahrt, Krieg oder einen anderen Menschen nicht mehr neu.

Unten im Saal wachsen die Reiseplaids und Ballen, knarren die Körbe, schnalzen die Kofferschlösser, werden die Türen dennoch leise geschlossen, denn im Haus liegt eine Kranke. Wir, oben im Kinderzimmer, flüstern, lugen, nehmen Abschied, zerrissen vom Glück, Italien zu sehen, das Meer zu sehen, so viele unbekannte Menschen kennenzulernen, und dem Leid, das Haus zu verlassen, Miezchen zu verlieren.

Der Tag ist da. Es ist ein Herbstabend. Man wartet auf die Kutsche – mit der Droschke darf Mutter nicht fahren. Immer und immer wieder laufen wir durchs Haus, rasen in unseren geliebten Zwischenstock hinauf, über *unsere* Treppe: Wann werden wir sie wiedersehen? Auch der schwarze, von unseren Umarmungen zerzauste Wassja ist vom Reisefieber erfaßt. Er beriecht jedes Gepäckstück einzeln. Der Kater erteilt unseren Sachen den Reisesegen. Der Hund springt aus seiner Hütte durch den Regen, um uns immer und immer wieder zu umarmen, er ist schon ganz naß (im großen Durcheinander hindert man uns nicht daran). Er muntert uns auf: durch die feuchte Hundenase, die Ohren, die Pfoten, den Schwanz. Die Pappeln werfen uns ihre Blätter zu. Die Tauben gurren zum Abschied.

Die Kutsche ist vorgefahren.

„Marussja, Assja! Wo seid ihr?"

Wir sind fertig angezogen. Aber wir wollen noch ein letztes Mal durch die unteren Räume laufen. Man ruft uns, irgendwer sagt: „Sie werden den Zug verpassen . . ." Ein letzter Blick in den Saal: die Philodendren an den Fenstern, Beethovens Porträt über dem Flügel, die hohen, weißen, in den Salon führenden Türen, dahinter das Arbeitszimmer. Das Herz pocht. Die Dielentür singt ihre klagende Weise, dort schleppt man irgendwas. Wir setzen uns für einen Augenblick hin, ein jeder dort, wo er gerade steht, und verlassen das Haus durch die offene Vordertür hinter Vater und Mutter, Andrjuscha, Ljora und Miezchen. Andrjuschas Augen unter dem silbernen Monogramm seiner Gymnasiastenmütze schauen uns irgendwie ganz anders an als bisher. Doch er geniert sich, er wendet seinen Blick ab, wie ähnelt er jetzt seiner Mutter! Wann werden wir ihn wiedersehen? Als einziger von uns bleibt er in Moskau zurück. Großvater Ilowajskij nimmt ihn zu sich. Er wird das Gymnasium besuchen. Vater steht an der Kutschentür, er führt Mutter zu ihrem Platz. Mutter ruft uns, wir setzen uns ihr gegenüber. Wir gucken hinaus, um Miezchen noch einmal zu sehen. Vor lauter Tränen sieht man nichts!

Die Pferde treten auf der Stelle, ihre Hufe wühlen die Pfützen auf dem Pflaster auf.

,,In dieses Haus werde ich nicht mehr zurückkehren, Kinder . . .", sagt Mutter. Im Dunkel der Kutsche ist ihr Gesicht weiß. Ihre Stimme zittert.

Die Kutsche fährt an. Die Pferde biegen in die Nebengasse. Hinter dem Kutschenfenster blinken nasse, schwarze Straßen.

Wir verließen Moskau an einem Herbstabend des Jahres 1902. Marina war gerade zehn, ich war gerade acht geworden.

ZWEITER TEIL

Italien

1. KAPITEL

Genua. Campo Santo. Ankunft in Nervi. Wolodja Miller. Marinas Begegnung mit dem Meer. Freiheit

Wie gemütlich schläft es sich ein, auf den hochgeklappten, rot-weiß gestreiften Liegen im Zweiterklasse-Abteil, zum sanften Schwanken des Zuges, während Vater und Mutter unten leise reden. Der Tee mit Milch und Gebäck, den uns Vater nach oben reichte, ist schon ausgetrunken, der halbrunde, dunkel-blaue Schirm der Deckenlampe dämpft das Licht. Es leuchtet matt und geheimnisvoll. Es macht unser Abteil anheimelnd, als wäre das nicht die erste Nacht im Zug, als wohnten wir hier schon lange ... Die letzten Tage des Abschieds haben uns müde gemacht. Wir liegen da, starren in die Finsternis, blicken einander an, wollen noch nicht einschlafen, erfreuen uns am neuen Reiseleben.

Man hat ein Telegramm nach Warschau geschickt. Dort empfängt uns Vaters jüngerer Bruder Mitja, Professor der Russischen Geschichte, mit seiner Familie.

Betäubt und erfrischt durch das Gezwitscher der polnischen Rede standen wir verwundert auf dem Bahnsteig und waren ganz Ohr: So also sprach Mutters Mutter. Wir erwiderten die an uns gerichteten Fragen nach Name und Alter und danach, ob wir Moskau nachtrauerten und uns auf Italien freuten. Der kleine, korpulente, agile Onkel Mitja mit dem vollen Bart und den flinken, braunen Augen! Er ähnelt Papa und ist doch so ganz anders. Nein, den hätten wir nicht gern zum Vater! Er ist zu rasch und zu temperamentvoll, und seine Späße verstehen wir nicht. Er ist nicht unser! Seine Frau Jelisaweta Jefgrafowna ist größer als er. Ihre dicht an der Höckernase placierten Augen blicken uns aufmerksam und scharf an, aber ihr Blick ist gütig, das Lächeln des hageren Vogelgesichts ist sanft. Sie spricht mit Mutter. Und wir betrachten neugierig unseren Vetter Wolodja:

Er ist das genaue Gegenteil von Andrjuscha. Er ähnelt seiner Mutter und ist ihr Liebling. Lebendig und energisch rennt er auf dem Bahnsteig hin und her. Es zieht ihn zur Lokomotive, deren Räder und Kolben er untersuchen möchte. „Der wird Ingenieur!" sagte einer der Erwachsenen (Wolodja Zwetajew wurde später Professor der Architektur).

Wolodja gefiel uns! In seiner Art war etwas uns Vertrautes. In jenen Minuten, da er sich von der Lokomotive ab- und uns zuwandte, fehlte ihm Andrjuschas herablassender Ton mit „den Mädchen", der wache Blick seiner braunen Augen, von den Zugrädern zu uns schweifend, war freundschaftlich. Wir wären Freunde geworden – aber da ertönte das dritte Klingelzeichen! Wir stehen schon im Waggon am Fenster, der Bahnsteig zuckt auf und schwimmt davon: Hände, Taschentücher, letzte Wünsche auf den Weg . . . Die zwitschernde polnische Rede trifft noch einmal unser Ohr und verstummt.

Mutter geht es wieder schlechter.

In Wien stiegen wir in einem Hotel ab – Mutter konnte nicht weiterfahren. Die Arzneien halfen ihr nicht. Ein Gespräch mit Ärzten war nicht zu umgehen. Unter der Wolke von Mutters jähem Wiedererkranken wurden wir still, doch wir waren natürlich nicht bis auf den Grund der Seele bedrückt. Es blieb die Welt; der Durst, das Leben einzusaugen und zu sehen, wuchs sogar an. Die breiten, prächtigen Straßen, die Schaufenster, die denen in Moskau so gar nicht glichen, die Kutschen und das Geschirr der Pferde, die Häuser mit den Blumen auf den steinernen Balkonen: Alles war überwältigend neu.

Ein öffentlicher Garten, gleichfalls unmoskauisch, viele seltsam und mit leichter Hand gekleidete Kinder, und Ljoras unwillige Worte über unsere, an diesem Ort reichlich deplacierten, schweren Mäntel und Schuhe. Wahrscheinlich hatte sie, bevor sie mit uns spazierenging, gegen diesen Aufzug protestiert, wahrscheinlich hatte der um die Patientin bemühte Vater abgewunken und gesagt: Es geht auch so, die anderen Mäntel sind im Koffer, wir wollen Mutter jetzt nicht stören. Marinas flächiges, von Gesundheit strotzendes Gesicht hoch über meiner Schulter musterte hochmütig die kleinwüchsigen Wiener Kinder mit ihren Röckchen und Hütchen, den eleganten Jacketts, den Matrosenanzügen und den unbedeckten Knien. Marinas Selbstbewußtsein unterdrückte die Scham, in den Moskauer Gummischuhen und im alten Mantel mit der schweren Halbpelerine an ihnen vorübergehen zu müssen.

Ich sehe die steilen Berge Tirols, die Wälder, die Wasserfälle, die kleinen Städtchen am Fuße der Berge, die schäumenden Gebirgsbäche, die Brücken, das alles immer und immer wieder von der jähen Düsternis eines Tunnels zerschnitten, der die Landschaft verschlingt und wieder zurückgibt, der unseren Zug wie ein Spielzeug aus sich herausschleudert. Mutter lächelt uns zu. Mussjas Stimme: „Mama, Tirol ist ganz wie unser Tirol in Tarussa!"

Italien rückt näher. Wir fahren nach Nervi bei Genua.

Mutter fühlte sich schwach, aber die Angst, sie könnte uns unterwegs sterben, war vorbei. Das dunkelblaue Email eines fremden Himmels über Mandelbäumen und Apfelsinenhainen. Es war warm. Wir konnten uns nicht von den Fenstern losreißen. Als Vater merkte, daß es Mutter ein wenig besser ging, heiterte sich seine Stimmung auf. Auch Ljora, die gegen ihren Willen mitfuhr, schien beim Anblick der Hügel und Ebenen Italiens weniger an Moskau zu denken.

„Bald kommt das Meer", sagte Vater, der sich gut in Italien auskannte, „blickt dorthin . . ." – „Wo, dort?" (Dem Sprechenden, wahrscheinlich aber beiden, verschlug es vor lauter Kränkung die Stimme.) Weit hingestreckt, flach und winzig zwischen den Unebenheiten des Geländes eingeklemmt, blitzte blausilbern ein dünner Streifen auf. Wir hatten erwartet, daß es uns aus einer Kurve heraus zufliegen würde, strahlend und riesengroß, so wie es in Puschkins Versen atmete und pulsierte. Mussja, die leicht und oft aus gekränktem Gefühl oder Scheu rot wurde, muß in jenem Augenblick errötet sein. Sie schwieg und blinzelte die enttäuschende Weite mit ihren grünen Augen an. Hochmütig blickte sie an mir vorbei, während ich quengelte: „Das soll das Meer sein? Das ist überhaupt nicht das Meer!"

Auch unsere zweite Begegnung mit dem Meer mißglückte: im Hafen von Genua. Vater, der unsere Betrübnis sah, führte uns dorthin. Ja, hier war das Meer grenzenlos. Und trotzdem hatten wir etwas anderes erwartet. Wie großes Spielzeug schlingerten die Schiffe in ebenmäßigen Strömungen trüben Wassers, das nach Teer und Erdöl roch. Der steinerne Uferkai schnitt das

Meer ab. Hier herrschte nicht das Meer, sondern Fässer und Kisten, die sonnengebräunten Matrosen, die Taue und Boote: Alles, was für das Meer und für uns störend war. Wieder fühlten wir uns geniert und trotteten züchtig neben unserem Vater her, im Bestreben, uns nicht zu verraten, den um uns besorgten Vater nicht zu kränken.

Tags darauf führte uns Vater auf den berühmten Genueser Friedhof Campo Santo. Mutter hatte uns vorgewarnt. Sie hatte gesagt, wir würden kaum oder gar keine echten Kunstwerke vorfinden (die kannten wir aus Vaters Museum oder genauer, denn das Museum war ja noch im Bau, aus Kunstkatalogen). Die von Genueser Patriziern und Kaufleuten bestellten Grabdenkmäler aus Marmor seien von durchaus mittelmäßigen Künstlern ausgeführt worden. ,,Es kann euch sogar passieren, daß ihr Geschmackloses sehen werdet, irgendwelche Allegorien", ergänzte Vater, ,,nicht gerade Meisterwerke, doch im großen ganzen werdet ihr einen Begriff bekommen . . ." – ,,Das Wort ,Allegorien'", erläuterte Mutter, ,,bedeutet . . ." Wir hörten zu, einfach deshalb, weil man den Worten der Erwachsenen lauschen muß, wenn sie einem so gern etwas erklären möchten.

Doch mit dem Campo Santo ging es uns genau umgekehrt wie mit dem Meer. Er gefiel uns so sehr und so aufrichtig, wie es auch Michelangelo nicht besser hätte zustandebringen können! Der dunkle, wie geschnitzte Nadelschmuck der Zypressen, dicht wie das Haar eines Hofhundes (mit einem Pelzsaum!), der Himmel von nie gesehener Lilafärbung, der Geruch nach Lorbeerlaub, zerschmolzen in der sanften Tageswärme (nach dem Moskauer Herbstregen), und darunter die emporgeschwungenen Marmorflügel in der steinernen Stille dieser Stadt aus Grüften und Grabsteinen, aufgerichtet über jenen, die einst wie wir hier einherschritten und atmeten. Was konnte es uns mit zehn und acht Jahren bekümmern, daß die Pose der weinenden Frau aus Marmor, die vor einer Marmorplatte kniet, über die Maßen pathetisch war? Und waren es nicht gerade unsere Gefühle inmitten der Gräber, die ein dünner Marmorfinger an einer Marmorlippe ausdrückte? War es nicht die gleiche silbrige Stille, die sie und uns in Bann hielt? Verzaubert gingen wir durch die weiße Stadt der Toten und beschworen unter der Last der unbeweglichen Steine das Leben der darunter ruhenden Menschen herauf.

Dann stehen wir auf einem italienischen Platz vor einem Denkmal Garibaldis und lauschen Vaters Bericht über diesen Mann, seine Taten, seine Bedeutung im Leben des italienischen Volkes. Der Rückweg führt uns durch eine Allee von Palmen, die wir hier zum erstenmal sehen. Wir hören das klingende Schmalzen der italienischen Rede (Mussja kennt schon viele Wörter). Wir haschen gierig nach der fröhlichen Zauberei all dieser *cinquenta, centesimo, ciapelletti, quanta costa, buon giorno, buona sera, arrivederci*, in deren Melodie sich fortan unser Leben abspielen wird. Morgen fahren wir nach Nervi weiter. Vater war schon dort, er hat eine Pension gefunden, in der wir alle leben werden, sie heißt *Pension Russe*, ihr Besitzer ist ein Deutscher, der von Jugend an in Italien gelebt hat. Wir werden darin eine Vierzimmerwohnung beziehen, die im ersten Stock liegt und auf den Garten hinausgeht. Mutter fühlt sich etwas besser. Ljora liest in einem schmalen, blauroten Büchlein, sie will im Selbstunterricht Italienisch lernen. Mussja wartet auf eine günstige Minute, sich dieses Büchleins zu bemächtigen.

Der Besitzer der „Russischen Pension", Alexander Jegorowitsch Miller, spricht bei uns vor, um sich nach Mutters Gesundheit zu erkundigen. Seinen elfjährigen jüngeren Sohn hat er mitgebracht. Sie stehen nebeneinander und sehen sich ähnlich: wie sich elf Jahre und vierzig Jahre nur ähneln können. Beide lächeln das gleiche verwegene Lächeln: der hochgewachsene, breitschultrige, beschwingte, hagere Vater mit dem langen, rotbraunen Bart und dem Schlapphut, und Wolodja, im abgetragenen Matrosenanzug, rothaarig, sommersprossig, genauso breit wie der Vater, mit unternehmungslustig bebenden Nasenflügeln und dem verschmitzten Blick der blauen Augen.

Alexander Jegorowitsch ähnelt keinem der Menschen, die wir bis dahin kannten, Wolodja ähnelt keinem der uns bekannten Jungen, er kommt uns fast wie ein Wundertier vor. Offenbar beäugte auch er uns mit Wohlgefallen, das Jungenhafte an uns (kurzgeschnittenes Haar, Matrosenanzüge) schien ihm zuzusagen. Fröhlich, wiewohl unter Wahrung der Umgangsformen, bat Alexander Jegorowitsch Mutter um die Erlaubnis, uns unter Wolodjas Geleit in den Garten zu entlassen: „Wir haben einen großen Garten, Ihre Mädchen sollten sich darin umschauen, mein Sohn wird ihnen alles zeigen!" Mutter schwankt. Wolodjas

Anblick flößt ihr wenig Vertrauen ein. Wir blicken Mutter flehend an. Für uns setzt sich natürlich Ljora ein, sie „bürgt" für uns. Schon rennen wir, hinter Wolodja her, Hals über Kopf die Treppe hinunter.

Ohne Wolodja wären unsere großen Erwartungen vermutlich enttäuscht worden, denn einen Garten gab es streng genommen gar nicht. Es gab durchsichtige, kleine Alleen zwischen Beeten, die mit niedrigen Bäumen bestanden waren (es waren Apfelsinen- und Zitronenbäume). Mit den schattigen russischen Gärten voller Flieder und Linden hatte das nichts gemein. Aber wir waren von Wolodja und vom Glück erfüllt, in Italien zu sein. So flogen wir über der Realität dahin.

Wir hörten, daß wir in der Capolungo-Gasse hausen, daß in der „Russischen Pension" soundso viele Gäste wohnen, der und der und die und die, daß Wolodja einen Bruder namens Georges hat, der sechzehn ist, aber nur eine Idee größer als Wolodja (dafür ist er schwach, er kann nicht raufen). Eine Mutter haben sie nicht. Sie ist gestorben. Schon lange. Georges sieht ihr ähnlich. Der Vater mag Georges nicht. Früher lebten sie in Deutschland. Wolodja spricht aber kein Deutsch. Er besucht eine italienische Schule. Das da? Das ist Lain (ein weißer, gelbgescheckter, kurzhaariger Hund). Dann gibt es noch Balin, das ist ein nicht ganz rassereiner Dackel. Wir haben kein Geld dabei! Schade. Sonst könnte man ciapeletti (Lutschbonbons) kaufen. An denen kann man sehr lange lutschen. Auch Schokolade könnte man kaufen, hier ganz in der Nähe. Wolodja spricht etwas gebrochen russisch, aber auch das finden wir lustig. Ein alter Mann in einem gestreiften Hemd mit kurzen Ärmeln (das Hemd ist quer gestreift wie eine Wespe) kommt uns entgegen. Ein sehr eigenartiger alter Mann. Auf dem Kopf trägt er einen Socken. Bart und Schnurrbart hat er nicht, er ist glattrasiert. Auf dem Kopf hat er graue Borsten (die Kopfhaut glänzt wie Fischschuppen). Seine Haut ist fast schwarz, so dunkel ist er gebräunt. Seine Nase ist größer als eine Adlernase, sie sieht wie ein Haken und ein wenig wie eine Birne aus. „Das ist der Gärtner", sagt Wolodja, „außerdem ist er Fischer." Und dann gibt es noch viele junge Fischer: Nando, Orlando. Wolodja fährt mit ihnen in ihren Fischerbooten. Allein? Der Vater erlaubt das? Voller Neid und Hochachtung blicken wir unseren Freund an. Daß er ein Freund

ist, ist uns klar, so als hätten wir ein ganzes Leben zusammenge-
lebt! Ohne ein Wort zu sagen, sind wir schon ans *Teilen* gegangen. Denn Wolodja wird Mussja natürlich für sich haben wollen!
Mir wird sie Georges überlassen, aber ich liebe doch Wolodja –
und nicht Georges. Weil er Wolodja überhaupt nicht ähnlich
sieht.

Zum erstenmal sahen wir Agaven und Kakteen. Die dicken, langen, staubig grünen Blätter der Agaven ähneln irgendwie Elefan-
tenrüsseln. Die leichte Hitze des südlichen Himmels setzt uns
zu. Moskau, der naßkalte Abend unserer Abreise leben in unserer Erinnerung nicht deutlicher als ein Traum. Die Luft duftet
nach einem besonderen Nadelbaum. Das sind Pinien! Wenn wir
uns umblicken, sehen wir einsame Pinienkronen (je zwei oder
drei), dunkelgrün über die Landschaft von Nervi verteilt, zwischen den weißen Häusern mit den flachen Dächern. Woher
rührt dieser Lärm in der Luft? Wolodja öffnet eine grüne Eisentür, wir betreten einen weiteren Teil des Gartens. Er stößt auf ein
Gitter (mit Geländer), hängt gleichsam in der Luft. Der Lärm
wird stärker, der Wind pfeift in den Ohren. Wonach riecht es
bloß so stark? Wir schnuppern wie Hunde.

,,Wolodja", schrie Mussja plötzlich auf. Sie blieb ihm, der vor-
auslief, auf den Fersen, während ich hinterherhinkte; deshalb
weiß ich nicht, was sie ihm hatte sagen wollen, ich hörte sie nur
erschreckt aufschreien. Wolodja hatte in einem Anlauf sein Bein
über das Geländer geschwungen. In panischer Angst, er könnte
dorthin fliegen, wo nichts mehr war, verkrallte sie sich in seine
Jacke, blieb daran hängen, zerrte ihn mit ihrem ganzen Körper-
gewicht zurück.

Doch in diesem Augenblick lenkte etwas Maßloses, noch nie Er-
lebtes und doch Verwandtes ihre Augen, ihren Kopf zur Seite,
dorthin, wo in die Leere hinein und, so schien es, aus ihr heraus
(aus der blaugrünen, pulsierenden Leere) etwas Gewaltiges,
Blendendes, Luftiges an ihr Gesicht und wieder empor flog, mit
eben jenem Geruch, der stärker war als Pinienduft, mit jenem
Lärm, der plötzlich aufdonnerte, uns mit Salz überschüttete und
dann in die grüne Bläue zurückfiel, die sich bereits wieder zu he-
ben anschickte.

Das unerträgliche Gleißen des Silbers und Grüns, das die ganze
Ferne besetzt hielt, zerrte ihre Hände auseinander, sie wurde

taub und stumm von Kopf bis Fuß. Vor uns erstreckte sich das Meer . . . ,,Das ist die kleine Marina!", erläuterte der grinsende Wolodja. ,,La Grande Marina ist drüben in Nervi!" Er zeigte nach rechts, auf einen Streifen grauer Schieferfelsen. ,,Sie heißt Assja", er nickte zu mir herüber, als ich gerade angelaufen kam, ,,und wie heißt du?"

,,Wie ich heiße", sagte Marussja ein wenig überheblich, als müsse er das selber wissen, als sei diese Frage müßig, denn wie konnte sie anders heißen?! ,,Ich heiße Marina . . ."

Die Wellen flogen, eine nach der anderen, in Kaskaden von Schaum bis zu den Pinien hinauf. Wir standen durchnäßt da, die Freude, daß niemand den Ort unseres Verbleibens kannte, raubte uns den Atem. Wolodja hatte uns, um mit Alexander Jegorowitsch zu sprechen, ,,den Garten gezeigt". Auf steiler, schmaler, in die Schieferfelsen gehauener Treppe erreichten wir das Meer und kletterten alle nassen Steine und Felsvorsprünge ab. Wir fuhren mit Pando im Boot am Ufer entlang und fielen, gleich am ersten Tag, zwischen den großen, krabbenförmigen Steinen ins Wasser. Wir trockneten uns an der Sonne, verspäteten uns zum Essen, thronten auf den Felsen, feierten das Fest der Freiheit und des Meeres, wurden sonnenbraun und hungrig, vergaßen Haus und Familie.

2. KAPITEL

Die ,,Russische Pension" und ihr Besitzer.
Papas Abreise. Das Leben auf den Felsen.
Wowa Kurdjumow

Das dreistöckige, weiße Gebäude ging auf die schmale Capolungo-Gasse hinaus. Hinter dem Haus war ein Garten mit Apfelsinen- und Zitronenbäumen, der sich treppenförmig zu den Felsen senkte. Im Erdgeschoß und im ersten Stock sind die Zimmer der Pensionsgäste, im zweiten Stock befinden sich einige kleinere Zimmer sowie der große Eßsaal. Die Saaltöchter nehmen die Speisen durch ein Klappfenster entgegen, das aus der Küche in den Saal führt. Die dicke, alte Monica reicht sie ihnen.
Mutter geht es zusehends besser. Der bedenkliche Zustand, in dem sie hier ankam, erweckte Doktor Manginis besondere Sorge. Er behandelt sie mit dem neuen Serum von Doktor Maragliano, und zwar mit Erfolg. Die länglichen Holzschächtelchen nehmen wir an uns, darin verwahren wir kleine Steine. Sie sind bunt und matt, oval und rund, in ihnen brennt trüb ein grünes, gelbes, blaues Feuer. Die Kollektion wächst, für uns sind das fast Edelsteine. Wir verbringen ganze Tage außer Haus, auf den Schieferfelsen am Meer, zusammen mit Wolodja und Georges. Insgeheim entzünden wir Lagerfeuer und braten die bereits gebratenen Fische, die wir vom Mittagstisch entwendet haben. Wir kauen und lutschen an den durchsichtigen ciapeletti: kleinen, dünnen, länglichen Karamellen. Jedes Stück trägt ein Blumenmuster, das hat es in Rußland nicht gegeben. Noch heimlicher lassen wir uns von Wolodja und Georges das Rauchen beibringen. Das ist *sehr* widerlich, aber man darf nicht hinter den Jungen zurückstehen. Mussja spricht schon ein wenig italienisch, sie kennt schon viele Wörter, sehr viele. Sie versucht bereits, Wolodjas Lieblingsbuch zu lesen: *Das Herz* von d'Amicis, das vom italienischen Schulleben handelt (die russische Übersetzung heißt *Das Schuljahr*). Ljora ist wie stets ein Fürsprecher unserer

Freiheit, und da Mutter das Haus noch nicht verläßt, ist sie es, die uns in den Garten gehen läßt, wobei sie uns das Wort abnimmt, nicht von den Felsen zu springen und nicht ins Meer zu fallen. Vater träumt bereits von einer Reise durch Italiens Museen, Mutter von einem Leihklavier. Doktor Mangini ist vorerst noch dagegen, aber Mutter fährt mit der Hand bereits über die Saiten der Gitarre und spricht nicht mehr vom Sterben.

Vater, über Mutters Gesundheitszustand beruhigt, trat bald eine Reise durch die Städte und Museen Italiens an.

Zwei in den Felsen gehauene Treppen führen zum Meer hinab. Die Treppe rechterhand ist steil und schmal, sie hat kein Geländer, sie führt unter herabhängenden Pinienzweigen am Felsen entlang, auf abschüssige Schieferplateaus, zu jenen anderen Steinen, die teilweise schon unter Wasser liegen. Sie sind naß wie Seehunde, riechen scharf nach Seetang, sind mit Muscheln bewachsen. Unter dem Wasser, das sich an ihnen bricht, schimmern sie geheimnisvoll wie der Meeresboden.

Links ist das „Plateau". Von der „Kleinen Marina" aus führt eine breite, abfallende Treppe dorthin. Das „Plateau" ist eine leicht abschüssige Schieferplatte, auf der wir Kinder uns mühelos halten und bewegen. Hier ist unser Lieblingsplätzchen. Über dem „Plateau" erhebt sich steiles, brüchiges Schiefergestein; daran kann man, wenn auch nicht ohne Mühe, hochkrabbeln, indem man sich an dürren Grasbüscheln festhält. So erreicht man das Geländer der „Kleinen Marina" („Marina" bedeutet: Seepromenade).

Während Doktor Mangini und Vater mit Mutters Genesung beschäftigt waren, genossen wir die Freiheit, auf den Felsen zu leben, die Sprache der italienischen Straße und die Kunst des wilden Außerhause-Lebens zu erlernen. Wolodja ist ein erstklassiger Lehrer. Die Sonne bleicht unser kurzgeschnittenes Haar.

In Nervi gibt es einen wunderbaren Garten, er heißt Lavarello. Dort sind grüne Wiesen mit hohem Gras und schattige, große Bäume. Die Bäume duften so stark (ist das Lorbeer? Nein? Was dann?). In unserem Herzen ist Seligkeit. Wir liegen im Gras mit Wolodja und umarmen die weißen Spitze Fido und Stella. Die Welt ringsherum haben wir vergessen.

Einen Monat nach der Ankunft in Nervi verließ Mutter zum erstenmal ihr kleines Zimmer. Die warme Luft (sie schlief bei offenem Fenster) gab ihr die Lebenskräfte wieder. Doktor Mangini freute sich über diesen neuen Sieg des Serums von Doktor Maragliano. Der Doktor war ein fröhlicher, schöner Mensch mit einem stutzerhaften Bart, der sein Gesicht einrahmte. Er war freundlich zu allen, doch wir Kinder mochten ihn nicht sonderlich. Irgendwas ging ihm ab.

Nach Anlieferung eines Klaviers nahmen wir unser Klavierspiel wieder auf. Mussja wurde auch hierin von allen gelobt, für mich waren die Tonleitern und Fingerübungen eine Qual. Außerdem wartete Wolodja! Welch eine Lust war es indessen, nach beendetem Klavierspiel schneller als der Wind zum „Plateau" zu rennen! Unterwegs verkrampfte sich schon das Herz, denn Wolodja konnte sehr arglistig sein. Er konnte einen mit seinen blauen, lieben Augen anschauen – und lügen. Er konnte den Freund mimen – und sich über den anderen lustigmachen. Ich spürte, daß Mussja nicht meine Partei ergreifen würde. Im Gegenteil, sie wird meine unvorteilhaften Züge hervorkehren: meine Weinerlichkeit, das Weitererzählen aller möglichen Dinge an Mutter (Andrjuscha hatte mir deshalb den Spitznamen „Moskauer Neueste Nachrichten" gegeben). Und in das Glück der italienischen, schon so vertrauten Natur, in die Süße der Apfelsinen, in die ich gerade beiße, bohrt sich der Schmerz der Einsamkeit. Und die Hunde, unsere zärtlichen Begleiter und Freunde! Der von Wolodja unzertrennliche Lain, der so schnell war, daß er schneller noch als wir aufs „Plateau" und den steilen Felsen hinaufflog: dieses weiße, gelbgescheckte, sanfte, kluge, so ganz russische Geschöpf! Hochbeinig, mit erhobenem Kopf und laut hallendem Gebell, rauflustig und verspielt. Und Mutters Liebling, Balin, der gern auf ihr Bett sprang und sich zu ihren Füßen niederlegte, weshalb Mutter ihre kleine, getigerte Decke dorthin legte. Balins nach außen gekehrte Pfoten, sein niedriger Wuchs und die schwarzgelbe Färbung verrieten den Dackel. Übergröße und Gewicht wiesen auf eine Rassenmischung hin. Er schwamm wie ein Fisch, ließ sich tagsüber an noch mehr Orten blicken als Wolodja und schnurrte wie ein Kater. Er war so liebenswert und so zärtlich, daß Mutter und wir wähnten, wir hätten „unser ganzes Leben lang" noch nie einen Kater oder Hund so sehr geliebt . . . Wenn er, vom Laufen atemlos, sein Maul öffnete, die zitternde Zunge herausstreckte, verlegen und dankbar schmatzend, und die Zunge dann wieder im zuschnappenden Maul verstaute, wobei seine Augen herausfordernd blinzelten, dann umarmten und küßten wir ihn und sprachen: „Mama, wir wissen schon, daß er Bazillen hat! Wir tun es auch nicht wieder. Aber sag, wie sollen wir aus Nervi wegfahren, nach deiner Genesung, und Balin bleibt zurück?"

Wie duftete das Meer! Wie sprang Nandos oder Orlandos Boot gleich einem Fisch oder einer Möwe in die Welle hinein und über sie hinweg, wie funkelte die Sonnensäule kristallen auf dem Meer. Und wie pulsierte die Ferne, wenn sie dicht an uns herangetreten war, wie schlug sie gegen das Gestein zu unseren Füßen, im unausdenkbaren Spiel von Grün und Glanz, im Spiel der dunklen Abgründe zwischen den Steinen mit den schäumenden Wellenkämmen. Geliebt wird das Meer von Fischern, Schiffern, Malern und Dichtern. Aber niemand liebt es so sehr wie die Kinder – wie damals wir!

In unser Leben auf den Felsen brach ein Ereignis ein, in der Person eines Petersburger Jungen von elf Jahren. Er hieß Wowa, war größer als Wolodja, gutgekleidet, rundgesichtig, bleich, blauäugig. Über der Stirn trug er einen blonden Scheitel. Er erweckte den Eindruck der Wohlerzogenheit und befand sich in Begleitung einer betagten Gouvernante. Er sollte eine Krankheit auskurieren, die er gerade überstanden hatte. Die Gouvernante hieß Frau Fram (wir nannten sie „Framscha"). Eine Mutter hatte Wowa nicht, sein Vater war streng. So wie ein ins Wasser fallender Stein Kreise zieht – so ging es mit Wowa und uns vieren. Tom Sawyer und Huck Finn maßen ihre Kräfte – genau das taten auch Wolodja und Wowa. Doch eines bekam Wolodja zu spüren: Dieser kranke, verwöhnte, magere Junge fürchtete ihn nicht! Wowas Stolz und Hartnäckigkeit erweckten Wolodjas Achtung. Wowa nahm rasch einen festen Platz in unserer Mitte ein. Ohne Wolodja die Treue aufzukündigen, freundeten wir, Mussja und ich, uns auch mit Wowa an.

3. KAPITEL

Weihnachten 1902 in Nervi. Kobyljanskijs Ankunft.
Noch weitere neue Freunde. Marussjas Verse.
Beschwernisse des Lebens

Nach brieflicher Erkundigung traf Alexandra Alexandrowna
Ilowajskaja mit ihren an Schwindsucht erkrankten Kindern Serjosha und Nadja (D. I. Ilowajskijs Kindern aus zweiter Ehe) in
Nervi ein. Der Student Serjosha ähnelte seiner Mutter, er hatte
ihre ebenmäßigen Gesichtszüge, aber seine großen, dunkelbraunen, hochmütigen Augen waren sanfter und wärmer. In Nadja
vereinigten sich die Schönheit der Mutter und des Vaters, doch
die Ähnlichkeit mit dem Vater war größer. Wie schön sie war! In
ihrem ironischen Lächeln war Zärtlichkeit, sie hatte reiches, ka-
stanienbraunes Haar und entzückend gerötete Wangen. Man
mochte nicht glauben, daß Serjosha und sie krank waren.
Marussja entbrannte in geheimer Liebe zu Nadja, sie liebte sie,
weil sie dem Tod geweiht war, aber diese Liebe verbarg sie vor allen. Zur gleichen Zeit traf Wladislaw Alexandrowitsch Kobyljanskij ein. Zum erstenmal sahen wir ihn bei der Weihnachtsfei-
er. Wir konnten unsere Augen nicht von ihm losreißen. Es war,
gleich vom ersten Blick an, wie eine Krankheit. Auf ihn schauen,
warten, daß er etwas sagt, hinschaut, auflacht (er lächelte nicht –
lachte immer nur spöttisch), fürchten, daß er plötzlich aufsteht
und hinausgeht. Das längliche, hagere, von einem schwarzen
Bart eingerahmte Gesicht: langnäsig, dunkeläugig, spöttisch und
aufmerksam. Der zarte, ungütige, große Mund. Der Verstand,
das Mißtrauen, das Bewußtsein des eigenen Wertes, der Hoch-
mut. Wir konnten die Augen nicht abwenden!
Wladislaw Alexandrowitsch schaute uns so an, als habe er sofort
begriffen, wozu er uns geworden war. Er schien sich daran zu
weiden. Doch nicht nur uns vermerkte er. An der strahlenden
Schönheit Nadjas vorbei erblickte er, scharfäugig, Mutter, die an
jenem Abend zum erstenmal an die Table d'hôte kam.

Aber zunächst kam der Heilige Abend. Die langwierigen und lärmenden Zurüstungen am Baum (der vermutlich eine Pinie war) näherten sich ihrem Ende. Das Decken der Festtische, das Glänzen der Gläser und des Services, die mit Früchten beladenen Schalen, die Weinflaschen, die Dolden der blauen getrockneten Weintrauben, die helle Seide der Damenkleider, Mutters Hände auf den Tasten des Klaviers. Und der blaue italienische Abendhimmel in den zum Garten geöffneten Fenstern. Die Lampen, die Kerzen in den Kerzenhaltern. Weihnachten in der Fremde, ohne Schnee, ohne Kälte, dafür mit dem Rauschen des Meeres: ein unbegreifliches Weihnachten! Und noch mehr neue Menschen: der hagere, spitzgesichtige Gerb (so ein seltsamer Name!), ein Pole. Er sieht wie ein Hahn aus! Seine Freundin: klein, rundgesichtig, gutmütig (das ist das Huhn dazu!). Kobyljanskij und Gerb tauschen halbe Sätze und Scherzworte aus. Alexander Jegorowitsch macht sich am Vorhang zu schaffen, hinter dem hervor er die Pakete mit den Geschenken den Beschenkten zuwerfen wird. Ljora steht neben dem Baum, sie hängt den Schmuck, die Äpfel und Mandarinen auf. Serjosha und Nadja assistieren ihr. Wowa, Georges, Wolodja und wir zwei helfen beim Auspacken der Kerzen, wir nehmen sie einander weg, wenn uns die Farbe gefällt. Zwei ältliche Schwestern deutschen Geblüts singen leise die uns so vertrauten Weihnachtslieder *Stille Nacht* und *O du fröhliche*. Und durch diesen ganzen Lärm, das Rascheln, Glitzern und Klopfen, durch alle diese Gerüche und Stimmen hindurch dringt der lange, aufmerksame Blick Kobyljanskijs: prüfend und ein wenig spöttisch. Er sitzt unter den Zweigen des Baumes (während Gerb durch das Eßzimmer rast). Mutters Hände fliegen über die Tasten, brausend, ersterbend, herrisch.

Nun wird das erste Streichholz (hier sind es Schwefelhölzer, in flachen Schächtelchen, man kann sie an einem Schuh – das zeigte uns Wolodja – oder an der Wand entzünden) an die erste Kerze gehalten, die Lampen und Leuchter verlöschen, der riesengroße Schatten des Baumes fällt auf Decke und Wand, der Schatten mehr sich, erstarkt, atmet im Rhythmus der zugleich von den Seiten und von oben (irgendwer steht auf einem Stuhl) entzündeten Kerzen, und wieder ist es hell im Zimmer, der gigantische Lüster aus dem Wald hat die auf uns niedergestürzte Finsternis verzehrt, das volle, zitternde Rechteck der lebendigen Zweige bescheint die darauf blickenden Menschen, die sich zum ersten und wahrscheinlich letzten Mal hier versammelt haben! Der Duft, der Duft! Mussja und ich schnuppern die Luft. (Wir schauen uns an: Es riecht nach Großvater! In seiner ein wenig abseits gehaltenen Hand hält Kobyljanskij ein verrauchtes Mundstück mit einer Zigarette . . . Warum riecht es dann nach *Zigarre*?) Aber schon flog von Mund zu Mund, von Ohr zu Ohr das kindliche Flüstern: Kobyljanskij und Gerb sind Revolutionäre, der Zar hat sie in die Festung gesteckt, von dort sind sie geflohen, Kobyljanskij durchschwamm im Kugelhagel einen Fluß – und er kann nicht nach Rußland zurückkehren, solange dort nicht Revolution ist!

Wie gut verstehen wir, daß er nicht wie Gerb herumlärmt, keine Trinksprüche „auf das Volk" ausbringt, nicht immerzu streitet, nicht über seinem Glase schreit. Nein, er hält nur, von den wieder angezündeten Lampen beleuchtet, seinen stolzen Kopf trotziger und höher.

Wie lacht Alexander Jegorowitschs rotbrauner Bart, welch strenge Pfeile entsenden die dunklen Augen der Frau Ilowajskaja gegen ihn, wie fröhlich lächelt Nadja, wieviel getrocknete Weintrauben verschlingen Mussja und ich. Vor Wein und später Stunde lärmt es bei uns ein wenig im Kopf.

Unsere beiden gerade erworbenen Poesiealben an die Brust drückend (Marussjas dunkelrotes, ledernes, mein himbeerrotes aus Plüsch), streunten wir glücklich zwischen den Erwachsenen herum. „Deine Mutter spielt wunderbar", sagte Kobyljanskij zu Mussja, „ein solches Spiel habe ich lange nicht mehr gehört!" Wie konnte es sich Marina nur verbeißen zu sagen, daß auch sie spielt? Daß sie Musikerin wird?

Man bittet Ljora, zu singen. Mutter blättert die Noten um. Doktor Beloserskij nimmt die Mandoline. Das Meer rauscht. Das erste Weihnachten in der Fremde!

Mit Mutters Gesundheit ging es weiter aufwärts. Mangini triumphierte. Das Serum Maragliano hatte einen weiteren Kranken gerettet. Die Heilung Serjoshas und Nadjas war in Angriff genommen. Hier half die Jugend dem Serum nach. Nur der Deutsche Röwer blieb hager und bleich, in seinen Augen lag ein unnatürlicher Glanz. Die Riviera, die sonst Wunder tat, zögerte.

Dabei liebte er sie so! Hierher strebte er seit Beginn seiner Krankheit. Für Reise und Kur hatten seine Eltern Pfennig um Pfennig, Mark um Mark gespart. Jetzt ist er, der kleine deutsche Angestellte, an der Riviera. Schon über diese teure, fremde Erde zu schreiten war Seligkeit. Allein der Anblick der Table d'hôte war eine Pracht! Röwers Wesen war von scheuer Bescheidenheit. Er stellte sich nicht in eine Reihe mit den anderen, bestand nicht auf einer raschen Heilung für sich. Er verneigte sich vor dieser Heilung verheißenden Natur und verschwendete seine Freundlichkeit nicht nur an uns Kinder, sondern an jeden, der ihm begegnete, der wie er diese Luft atmete und im ruhmvollen Italien lebte. Ihm fehlte sogar jenes schlichte, aber dennoch spürbare Bewußtsein des eigenen Wertes, das den unserer Familie gegenüber ungemein aufmerksamen Architekten Arnold auszeichnete. Arnold besaß eine Vergangenheit: seine Architektur, er war nicht mehr der Jüngste. Röwer war alterslos, er war wie ein Kind, das jedermann mit Achtung begegnet und sich über alles freut. Und er schien auch keine Vergangenheit zu haben, vielleicht deshalb, weil sie so anspruchslos war (das stille Elternhaus, das Stehpult des Kommis). Er war ganz in der Zukunft, dort, wohin sich nach Genesung und Riviera sein Leben öffnen würde. Seine stille Begeisterung erlosch nicht einen Augenblick lang, sie beleuchtete seinen Tag, so wie der Namenstag eines Kindes oder ein Hochzeitstag von einem besonderen Licht beschienen ist. Das war die Zeit, als wir Kinder (ich denke, Anführerin war jene, die an Talent, Verstand und Charakter hervorstach: Marussja) allen Leuten Tiernamen zu geben begannen. Arnold war der Bernhardiner, Mutter der Panther, Marussja der Schäferhund, ich war das Mäuschen . . . Wladislaw Alexandrowitsch war der Tiger, von Gerb und dessen Freundin sagte ich schon, daß sie Hahn und Huhn waren. An Röwers Spitznamen kann ich mich nicht erinnern. Seltsam, daß Ljora keinen Namen bekam. Auch die Namen von Alexander Jegorowitsch und jene der Jungen fallen mir nicht mehr ein. Ansonsten blieben die Spitznamen lange haften.

Der Schatten des Todes war von unserer Familie gewichen, die Krankheit verblaßte von Tag zu Tag. Jetzt bekamen wir oft Besuch, die Gäste lauschten Mutters Klavierspiel und Ljoras Gesang (manchmal zu Mutters Gitarre), sie tranken russischen Tee

und sangen im Chor die studentischen und revolutionären Lieder jener Zeit. Der Tiger sitzt in seiner bereits angestammten Sofaecke, er singt niemals, sagt nur ab und zu etwas Spöttisches und beinahe Böses, doch seine Augen und sein Mund lächeln, und niemand ist liebenswerter als er. „Durch des Nebels dichte Schwaden geht der Mond am Himmel auf . . .", beginnt Mutter mit ihrer tiefen Stimme. Das Verwegene und zugleich Mitleiderweckende in ihrem Lächeln, besonders beim Absingen eines anderen, ebenfalls moskauisch-tarussischen Liedes, das in diesem wie ein Traum fremdländischen Haus doppelt vertraut klingt: „Es jagt dahin die schnelle Troika . . ." So geht das im Leben: Plötzlich entfaltet es sich wie ein riesengroßer Regenbogen. Das Füllhorn des Lebens! So geschah es in jenem Jahr mit uns: Tirol – das Meer – Wolodja – Italien – Mutters Genesung – der Tiger. Und wieder blickt uns ein neuer Freund in die Augen, eine Freundin. Sie heißt, wegen des besonderen Schnittes der sehr weiten Augen sowie ihres eindringlichen, gleichsam verwunderten Blicks, das „Erschreckte Kätzchen". Sie gehört zu jenen besonderen, für uns neuen Menschen, zu denen (wie wir jetzt begreifen) auch Miezchen gehörte, die in die Katorga geschickt wurden, weil sie gegen den Zaren waren. Sie heißt Iwanowna Dobrochotowa. Sie ist nicht allein. Mit ihr ist ihr Freund gekommen, den wir zum „Kater Murr" ernennen: der hochgewachsene, rundgesichtige, feingelockte Kritschewskij. Beide sind gütig und so zärtlich zu uns . . . Im Umgang mit ihnen und mit Gerb und seiner Freundin ist Marussja plötzlich ganz erwachsen. Sie reden mit ihr von gleich zu gleich, erkundigen sich nach ihren Gedichten. Sie schreibt Gedichte: über diese Menschen, über deren zaristischen Feinde, von einer neuen Leidenschaft erfüllt, die sie mit dem Herzen erspürt, aus der Luft aufgegriffen hat. Es ist der Haß auf den tyrannischen Zaren.
Irgendwas verbindet alle diese Menschen mit dem erstaunlichen Mädchen, das Gedichte schreibt und ein Tagebuch führt, das schwierige Klavierstücke spielt, das eine so begabte, kluge, stolze Mutter hat. Instinktiv spüren sie, daß Mussjas Mutter ihnen gegenüber auf der Hut ist. Fürchtet sie um die Tochter? Sie freuen sich und sind stolz darauf, daß Mussja bereits ihnen gehört . . . Der Tiger und alle, die „auf einen Sprung" zu uns kommen, streiten sich oft. Gegenstand ihres Streites sind die

Parteien. Gegen den Zaren sind viele Parteien, und die Mitglieder einer jeden Partei haben ihre eigenen Vorstellungen davon, was nach dem Sturz des Zaren geschehen soll.

Jede Partei weist der anderen Fehler nach, wirft ihr vor, sie sei dem Volk gegenüber nicht ergeben genug. Auch das Wort *Volk* klingt verlockend und unbegreiflich und ruft Herzklopfen hervor. Das Herz klopft, der Kopf dreht sich.

Wolodja in Not. Röwers Tod. Der Sturm auf dem Meer. Das Unglück mit Mussja. Kobyljanskij. Revolutionäre Zeichen

Über Wolodja brach ein Unglück herein. Alexander Jegorowitsch hat ihn dabei ertappt, wie er einen Pensionsgast bestehlen wollte, und veranstaltet ein grimmiges Strafgericht. Nicht einmal Ljora wird geöffnet, als sie an die Tür klopft.

„Elender kleiner Dieb!", schreit der wie tollgewordene Vater und schlägt mit einem Riemen auf den Sohn ein, der das Kreischen und Heulen unter diesen Schlägen in Anklage verkehrt: „Ich bin kein kleiner – ich bin ein Dieb", brüllt er atemlos dem Vater ins Gesicht. Wir hören ihn weinen, jubeln vor Begeisterung . . . Aber dann öffnet Alexander Jegorowitsch Ljora doch noch die Tür!

Unsere neuen Freunde versuchten, Mutter mit Ratschlägen zu helfen; Gerb gestikulierte und schrie, Hühnchen lächelte verlegen, Alexandra Iwanowa legte gütige, aber feste Bitternis an den Tag. Sie alle, sogar der stolze Tiger, waren dafür, daß man uns von Wolodja trennte. Ljora zuckte über eine so schroffe Maßnahme bloß die Achseln, da sie ja doch nur das Gegenteil bewirken würde. Ihr Vorschlag lautete: Aufsicht.

Als Mussja eines Tages nach dem Frühstück allein hinunterlief, erblickte sie durch Röwers geöffnete Tür einen nackten Fuß, der unter der Decke weit herausragte (das Bett endete direkt an der Tür). Irgend etwas veranlaßte Mussja, stehenzubleiben. Vielleicht hatte sie den Fuß im Laufen gestreift? Der Fuß fühlte sich kalt an. Mit wildem Geschrei stürzte Mussja treppab. Sie rief niemanden herbei, sie lief dem Tod davon, dem sie zum erstenmal begegnet war. Die Stille um Röwer verfolgte sie. Der Tag funkelte. Monica klopfte mit den Messern, Mussjas Schrei zerschnitt das Haus und den Tag.

Röwers Tod ging uns allen nahe. So schnell hatte ihn nicht einmal Doktor Mangini erwartet. Alle nahmen an der Beerdigung teil. Der menschenreiche Zug hinter dem Katafalk, die Blumen, die Zweige der Zypressen und Palmen. Der langsame Anstieg zum Friedhof, die Fragen nach der Person des Verstorbenen. Seine Eltern gaben ihm nicht das letzte Geleit. In dieser bittersten Stunde ihres Lebens sprachen sie vielleicht davon, daß der Frühling und das Meer ihrem Sohn die Gesundheit schenken würden. Er schickte ihnen immer bunte Ansichtskarten mit dem Azurblau und Grün, mit dem sich an den Felsen brechenden Wellenschaum, mit der Torra Grapallo und der Allea dell' Palma, mit der Blumenschlacht im Mai. Vielleicht war ihnen sogar eine Ansicht des Sant Ilario (des Berges, den der Trauerzug hinaufstieg) unter die Augen gekommen.

Der Winter ging zu Ende. Mutter führte einen Briefwechsel mit Tante; sie bat sie, im Frühling herzukommen und mit uns nach Lausanne zu fahren: Dort sollten wir in einem Mädchenpensionat wohnen und lernen und unser Französisch vervollkommnen. Das Wort *Lausanne* gefiel uns: Es war wie ein Ruf in eine noch unbekannte Ferne. Tantes Reise nach Nervi erschien uns hingegen unsinnig, sogar unvorstellbar.

Wie wir erwartet hatten, war der Plan, uns von den Jungen zu trennen, nicht zu verwirklichen gewesen. Wie auch? Im Garten, auf den Felsen mußten wir sie unweigerlich treffen. Uns auf dem Fuße folgen? Wer sollte das tun? Die Abgrenzung beschränkte sich darauf, daß man uns öfter nach Hause rief und nach dem Frühstück und Mittagessen länger im Hause hielt. Außerdem hatte Mutter Alexandra Iwanowa dazu überredet, Russisch mit uns zu treiben. Damit der Winter nicht nutzlos verstreiche.

Es ist Abend. Das Meer stürmt. Die Luft ist von einem solchen Donnern und Heulen erfüllt, daß ich jetzt nicht einmal mit Wolodja ans Meer gehen würde. Aber Mutter ist in den Garten hinausgegangen, ich folge ihr, presse mich an sie und fürchte mich nur ein wenig. Der Mond springt in den Wolken wie eine Kugel aus Zinn. Der Wind reißt an Mutters Kleid. Auch mich wringt der Wind in Mutters Kleid hinein.

„Frierst du nicht, Assja? Knöpf den Mantel zu!"

Mir ist fröhlich zumute. Italien – und so eine Kälte! Das Meer fliegt auf uns zu: in Luft verwandelt. Ich senke den Kopf, um atmen zu können. Plötzlich tritt, seitlich vom Weg, auf dem wir auf die Eisenbahnbrücke zugehen, aus der Dunkelheit zwischen den Apfelsinenbäumen Kobyljanskij heraus. Auf der runden Schnalle seines Regencapes leuchtet ein Mondreflex. Sein Hut mit der breiten Krempe (Mutter nennt ihn den „Räuberhut"), der schwarz ist wie das Cape, macht ihn irgendeiner Gestalt aus irgendeinem Buch ähnlich. Das Cape tanzt im Wind, lärmt wie der Wind, fliegt empor wie ein Flügel, bläht sich wie ein Segel auf, legt sich plötzlich um Mutter und mich. Wir gehen jetzt zu dritt wie eine Person. Ich finde das wunderbar und so lustig! Wir bewegen uns auf die „Kleine Marina" zu. Die schwere Eisentür knarrt in den Angeln – wir betreten eine verzauberte Welt! Das Meer heult, die Kälte ist hier anders als auf der anderen Seite der Tür, sie ist noch kälter und außerdem ist sie naß, denn die Wellen hinter dem Geländer zerstäuben hochfliegend zu Schaum, und alles fliegt auf uns zu. Es regnet – von unten! Irgendwas schreit, wahrscheinlich ist es der Tiger, er neigt sein Gesicht, hält die Hand vor den Mund, aber ich höre nichts. Vielleicht hat es Mama gehört? Sein Schreien dringt wie Flüstern zu uns. Es fällt mir schwer, zu ihnen aufzublicken. Ich springe auf der Stelle und rufe mit ganzer Kraft in den Wind, in die Wellen hinein. Und trotzdem sind wir alle stumm! Die Agaven und Kakteen zerren an der Erde, als wollten sie aus ihr heraus. Doch die Erde hält sie fest. Gegen den Sturm, den Schaum, das Cape ankämpfend treten wir auf das Geländer zu. Nur für einen Augenblick . . . Vom Getöse des Wassers betäubt, springen wir in jener Minute zurück, als die emporfliegende Welle uns mit einem salzigen Wirbel überschüttet. Wir drei hatten gerade noch Zeit, den Sturm auf dem Meer zu erblicken! Die silbern, schwarz, zinnern daherjagenden Schlünde, und über sie hinweg, sie unter sich begrabend, fliegt, wirbelt, bäumt sich bereits die nächste Welle auf. Und so geht es endlos fort . . .

Wir gehen zurück. Als das Meer hinter uns liegt, schöpfe ich Mut, renne dem Tiger und Mutter voraus, peitsche die Luft mit einem rasch ergriffenen Zweig, schreie: „Ma-rus-sja! Wo-lo-dja!" (Nach Wowa rufe ich gar nicht erst, ich weiß, daß ihn Framscha jetzt bestimmt nicht aus dem Haus läßt.) Aber Mutter und der Tiger gehen langsam, der Klang ihrer Stimmen dringt an mein Ohr, jetzt können sie einander hören. Ein dumpfes nebulöses Glück badet mich in diesem Sturm. Und wenn der Tiger unser Vater wäre anstelle von Papa? denke ich plötzlich mit meinem ganzen Wesen.

Ich drehe mich um. Wie weit weg sie sind! Warum gehen sie so langsam? Ich will wieder umkehren, aber am Haus ertönen Schreie, irgendwer läuft mit einer Laterne vorbei. Ich sehe nicht, wer das war, spüre nur, daß irgend etwas geschehen ist. Ich wende mich um, Mama zu, will von ihr weg auf das Haus zulaufen, aber jetzt gehen die beiden schneller. Mutter hat gesehen, daß vorne Menschen sind und daß ich ihr winke. Sie rennt fast. Der Tiger ist neben ihr, er spricht auf sie ein. Mutter hört nicht hin.

Wer hat es uns gesagt? Wie erfuhren wir es? Ich weiß es nicht mehr. Hinter Wolodja herlaufend, war Marussja an der Stelle, wo die steile Treppe sich wendet und kein Geländer hat, hinabgestürzt.

Sie ist mit dem Kopf auf dem Stein aufgeschlagen. Ich heule und renne hinter Mutter her. Mussja liegt in irgend jemandes Zimmer auf dem Bett: bewußtlos. Mangini untersucht die Wunde. Mich führt man hinaus. Mutter ist bleich, sie beißt sich auf die Lippen und sagt nichts. Sie steht neben Mangini, hält Mussjas Kopf, den der Doktor wäscht und verbindet.

„Die Wunde ist tief", sagt Mangini. „Sie hat viel Blut verloren." Kobyljanskij steht neben Mutter, flüstert etwas, spricht ihr Mut zu. Mussja hat den Kopf leicht bewegt. Ihre Augen sind geschlossen. Ich weine leise, aufschluchzend. Ich störe. Man sagt mir, daß ich still sein soll. Der Tiger schlägt vor, Marussja in sein Zimmer zu bringen, es liegt in der Nähe und ist bequem eingerichtet. Bis zu uns ist es zu weit. Mutter schwankt. Sie fragt Mangini auf italienisch. „Lieber nicht. Sie soll hierbleiben. Später nehmen wir eine Tragbahre."

Mutter setzt sich neben das Bett. Mussja, die immer rosige Mussja, ist jetzt ganz weiß. Ich wußte gar nicht, daß ein Mensch so weiß im Gesicht sein kann.

„Von der Hintertreppe, der mit dem eisernen Geländer . . . An der Biegung im ersten Stock . . ."

Mutters Stimme: „Bringt Assja weg, sie soll sich hinlegen. Und holt mir den Schal für die Schultern. Ich werde die Nacht über hierbleiben."

Mussjas Natur war stärker als die Verletzung, sie wurde wieder

126

gesund. In jenen Tagen des Winters und Vorfrühlings erinnere ich mich weder an Vater noch an Ljora. Vielleicht bereisten sie zu zweit die Städte Italiens? Mutter fühlte sich immer gesünder, sie träumte davon, als Gasthörerin in Genua medizinische Vorlesungen zu besuchen. Später hat sie diesen Plan verwirklicht. (Die dicken, in Wachstuch eingebundenen Hefte, die sie hinterließ, waren voller Zeichnungen zur Anatomie und zu anderen medizinischen Fächern, mit scharf gespitzten, schwarzen und roten Bleistiften meisterhaft ausgeführt.) Sie widmete sich zudem immer mehr der Musik.

Der Tiger! Nicht umsonst hatten wir (es muß natürlich heißen: Mussja) ihm diesen Namen gegeben. Genau wie Mutter wußten wir, daß diese Begegnung an die Grundlagen unseres Lebens rührte. Er schien alles zu verwerfen, worin und wovon wir lebten: Familie, Gesellschaft. Hatte ihn vielleicht diese Gesellschaft auf die große Straße geworfen, ihm die Einreise nach Rußland verboten? Obwohl er oft mit seinen eigenen Leuten in Streit lag, das heißt mit den anderen revolutionären Emigranten, erkannten sie alle irgendwie seine Überlegenheit an. Mutter und wir waren so einem Menschen noch nie begegnet. Zum erstenmal erlebten wir, daß alles verworfen wurde, was unser Leben ausmachte: sogar Gott. In diesem letzten Punkt widersprach Mutter ihm und seinen Kameraden. Wir zwei jedoch kapitulierten in der Gottesfrage gedankenlos und rasch. So wie der Tiger dieses Thema, nur ganz leicht daran rührend, einfach nicht der Beachtung für wert befand, wie Kater Murr, Hahn und Hühnchen die Nichtexistenz Gottes mit einem Lächeln kommentierten, so wie Kätzchen, die blauen Augen auf uns gerichtet, geduldig und überzeugend über die Falschheit der Religion sprach: Das alles führte uns von Gott und vom Gebet fort, vielleicht deshalb so leicht, weil Religion uns im Grunde fremd war. Großmütter und Kinderfrauen, die uns aufzogen, hatten wir nicht. Mutter und wir gingen in die Kirche, weil Vater das tat, der aus einer Priesterfamilie stammte. Mutter war zwar ein gläubiger Mensch, aber sie hatte ihren eigenen Glauben.

In diesem Winter wurde Marussja gleich um mehrere Jahre älter. So sehr, daß diese neuen Menschen sie fast wie ihresgleichen behandelten. Gerb fing sie im Garten ab, bat sie, ihm die Gedichte vorzulesen, die sie geschrieben und versteckt hatte, lobte die

Gedichte, versprach, sie in einer revolutionären Zeitschrift unterzubringen. Auch Mutter gegenüber wurde Mussja immer gelobt, man sagte ihr eine bedeutende Zukunft voraus. Die Mutter betrachtete die Tochter mit Stolz: eindringlich und nachdenklich.

5. KAPITEL

Die Fahrt nach Santa Margherita. Lina Cavalieri.
Die reichen Bettler. Tantes Ankunft.
Abschied von den Freunden. Die Blumenschlacht

Wie konnte sich Mutter dazu entschließen, mit uns im Boot mit-
zufahren, in so lärmender Gesellschaft, an einem so windigen
Tag, bei so hohem Wellengang? Wie viele Boote gab es? Zwei?
Es waren viele Leute. Und der Weg war weit. Das Grün der Wellen, die das Boot heftig schaukelten, die blaue Himmelskuppel,
Gerbs Streit mit Kobyljanskij (der, weil er irgendeine irre Wette
verloren hatte, ins Wasser springen wollte). Ich erinnere mich
daran, daß Mutter und noch irgendwer beide an den Händen
festhalten und ihnen zureden, sich doch wieder hinzusetzen:
im Namen der Vernunft, im Namen der Kinder . . .
Ich erinnere mich an den riesengroßen Saal eines Restaurants,
viel Licht, viel Glas (die Fenster gingen aufs Meer hinaus), ich
sehe das Gleißen, die vielen Tische, die vielen Menschen, lauter
fremde Menschen, zwischen denen sich unsere Gesellschaft verlor. Ich sehe die Früchte und Weingläser. Höre Musik und Wel-
lenrauschen. Und das wunderbare Klingen der italienischen
Sprache. Ich sehe Kobyljanskijs Gesicht. Es ist bleich, er raucht
und raucht.
Wie lange hält das alles an? Ist es schon Nacht? Der Himmel hinter den hohen Fenstern hat sich mit dem Meer verschmolzen: zu
einem gespannten Grünblau. Die Musik! Die Violinbögen, die
Saiten, der pittoreske Anblick des Orchesters. Plötzlich geschieht etwas an dem einen Ende des Saales, eine allgemeine Erregung blitzt auf, läuft als gedämpftes Flüstern durch den Saal.
Aller Augen richten sich auf die Tür. Vielleicht stehen die vielen
Menschen sogar auf? Der wertvolle Name weht heran, er wispert
über die Lippen der Italiener und der Ausländer. Ein Name, der
der unvergleichlichen Schönheit eignet, denn diese Frau ist die
schönste der Welt! La Signorina Lina Cavalieri! Sie ist in den Saal

eingetreten, umringt von ihrer Suite. Ich sehe das feingeschnittene Profil dieser wunderschönen Frau und berühmten Schauspielerin vor mir. Etwas Perlenhaftes, Dunkelhaariges, Dunkeläugiges. Und den fließenden Schaum der Seidenspitzen auf der ausgestreckten Hand dieser lebenden Statue . . .

Die Heimfahrt, nachts, im Pferdeomnibus. Der Tiger sitzt am Fenster, neben ihm sitzt, an ihn geschmiegt, Mussja. Hingerissen blickt sie auf seine Züge, auf die die matte Lampe Licht und Schatten wirft. Neben Mussja sitzt Wolodja, hinter ihnen sitzen Mutter und ich. (Die Bänke waren, wie erst später in den russischen Trambahnen, quergestellt.)

Da stimmte der nimmermüde Wolodja, nicht sehr musikalisch zwar, jedoch vom leidenschaftlichen Wunsch beseelt, dem Tiger eins auszuwischen, die Zarenhymne an. Erschreckt preßte Mussja ihm den Mund zu, flüsterte ihm befehlend und flehend etwas ins Ohr, bis er schwieg. Der Pferdeomnibus schwankte, die italienische Nacht blaute hinter den Scheiben. Neben Mussja spiegelte sich das Gesicht des Tigers im Fenster. Ich saß da, gegen Mutter gepreßt. Das Glück übermannte die Schläfrigkeit: das Glück der plötzlich eingetretenen Stille, die Nähe zu Mutter und zu unserem nun besänftigten Tiger, das Glück eines langen (als würden wir immer so weiterfahren) gemeinsamen Weges mit ihm . . .

Ich hielt mich jetzt oft in Hausnähe auf, in Mutters Nähe, von der das Flair der Krankheit gewichen war, wo ich nicht störte, wo man sich an den Abenden, manchmal auch tagsüber, einzufinden pflegte, wo auch der Tiger gern weilte. Aber einmal habe ich mir etwas geleistet. Der Tiger saß auf dem Sofa in unserem Eßzimmer und sandte mich aus, um in Erfahrung zu bringen, was Mutter tue und warum sie nicht komme. Ich ging in Mutters Zimmer. Mutter saß, mit dem Rücken zur Tür, auf einem Stuhl, neigte sich über das Bett und weinte. Ich ging hinaus und schloß die Tür. Plötzlich ritt mich der Teufel und ich sprach spöttisch verwegen:

„Sie weint sich ihre schönen Äuglein aus . . ."

Meine Antwort brachte den Tiger zur Explosion. „Geh weg, böses Mädchen, ich will nicht mit dir sprechen", sagte er zu mir.

Lange lebte ich in Scham und Ungnade. Wie hatte ich so etwas tun können, weshalb, wozu? Bei meiner großen Liebe zu Mutter! Weder vorher noch nachher habe ich sie durch etwas Derartiges gekränkt. Vielleicht hat sie es nie erfahren?

Der Frühling nahte. Unsere Freundschaft mit Kätzchen wuchs. Wir spürten, daß sie zwar Kobyljanskij um seiner Vergangenheit willen achtete, ihn aber nicht recht mochte. Wir wußten auch den Grund: Genau wie unser Moskauer Miezchen war Kätzchen ein durch und durch gütiges Wesen, sie behandelte alle Menschen als Freunde, vermochte aber auch Feinde zu erkennen. Genauso waren Kater Murr und Hühnchen geartet, vielleicht sogar Gerb, ungeachtet seines lauten Gehabes. Kobyljanskij stand gleichsam beiseite. Er war stolz. Er empfand keine brüderlichen Gefühle für andere Menschen. Kätzchen und ihre Freunde dagegen waren Brüder im genauen Wortsinn, sie hegten die Absicht, ein Häuschen zu mieten und sich dort als Kommune anzusiedeln. Das ganze neue Rußland regte sich dort in der Ferne irgendwo. Wir spürten das und liebten diese Menschen und verbargen deshalb unsere Zuneigung zum Tiger vor ihnen.

Eines Tages lief ich die breiten, steilen Stufen hinab, die in unsere Wohnung führten, da kam mir lachend Alexander Pawlowitsch aus Moskau entgegen. Hinter ihm stieg, sich in ihren unzähligen Röcken verheddernd, Tjo langsam die Treppe herauf.

Gerade hatte sie den untersten Treppenabsatz geschafft, da preßte mich Tjo bereits in ihren kräftigen, atemberaubenden Armen zusammen und verdrehte im gerührten Gefühl der Wiederbegegnung ihre Augen. ,,Anetschka, Munetschka . . . *Mais où est donc ta soeur, chérie?*«

Wir erkletterten nicht ohne einige Mühe den Platz vor der Wohnungstür. Mussja trat durch die Tür ein. O! . . . Tjos Augen rollten vor Befriedigung noch tiefer in die Augenhöhlen: »*Oh, comme elle a grandi*, Munetschka, *et comme la Tante, elle a de l'embonpoint! . . .*« Sie weidete sich gerührt an Mussjas Anblick und schlang ihre kurzen, starken Arme um uns beide. ,,*Et où est votre mère, ma chére?*'' Aus Tjos Augen sprangen plötzlich Tränen. Im ersten Augenblick eher bedrückt als erfreut, lächelten wir und küßten zurück wie im Traum. Aber zwei Stunden später saßen wir zu dritt an der ,,Kleinen Marina''. Tjo in einem Sessel aus Segeltuch, wir auf kleinen Stühlchen, und hörten ihre Seufzer darüber, daß Mama von irgendwelchen *brigands* umringt sei, Herrgottnochmal! Und dieser Räuber im schwarzen Hut, dieser Schlips, wer bindet sich denn so den Schlips! Wir lauschten, außerstande, ihr etwas erklären zu können, denn in ihrer Welt gab es das nicht. Die von der Sonne erhitzte, grüne Meeresweite versprühte Silberfunken, gleißte und zerschmolz.

Tante nahm natürlich nicht in der „Pension Russe" Wohnung, der bohèmehafte Lebensstil der *brigands* war nicht nach ihrem Geschmack. Sie mietete zwei Zimmer in einem kleinen, aber vornehmen Hotel, das inmitten des grünen Gartens „Beau Rivage" gelegen war. Die Aufregung des bevorstehenden Umzugs in Tantes Hotel, der Abschied von Mutter, die nach Rom zu Vater fahren wollte, um erst nach unserer Abreise ins Schweizer Pensionat nach Nervi zurückzukehren (Mutter sollte, auf Anraten der Ärzte, noch einen weiteren Winter in Nervi verbringen), der Frühlingswind über Felsufer und Meer, die Verzweiflung der Trennung von den erwachsenen Freunden, die letzten Stunden mit Wolodja, Wowa und Georges: Alles verschmolz in eins!

Tigers Spazierstock: Als der Tiger von seinem Spitznamen erfuhr, beschaffte er sich einen Spazierstock mit einem silbernen Knauf, auf dem der Kopf eines Tigers und seine zum Sprung aneinandergepreßten Vordertatzen dargestellt waren. Dieser Stock, genau wie der scharze Schlapphut und der gegen die Tagesmode geknotete Schlips, waren ein Teil von ihm.

Aber wir spürten irgendeine Wende in Mutters Einstellung zu ihm. Genauso wie vorher kam er zu uns, saß abends in der Sofaecke, aber jetzt schwieg er meistens. Mutter spielte öfter als früher Klavier, fuhr nach Genua, um dort medizinische Vorlesungen zu hören und rüstete sich für die Reise nach Rom.

Die letzten Lagerfeuer auf dem „Plateau", zwischen den beiden in den Fels gemeißelten Treppen, die letzten *Mussja, Assja, Wolodja,* mit einem Felssplitter auf die Schieferplatten über dem Meer unter den Pinien geschrieben. Genau wie früher tropft vom eingelegten Ruder hell das Meerwasser, genau wie früher blendet die Sonnensäule, zerschmilzt rechterhand das Kap Portofino am flimmernden Horizont. Es riecht wie stets nach Seetang, der vertraute Umriß des aus den Wellen ragenden Felsens, der den Namen „Frosch" trägt, ist genauso steil wie gestern. Von dort aus schwamm Mutter gestern (sie badet! So gesund ist sie bereits!) ins

Meer hinaus, weit, weit hinaus! Aber für uns ist das alles nicht mehr das, was es war. Denn statt des atemlosen ,,Wir sind angekommen!'' zerschneidet das ,,Wir fahren weg'' diese ganze Pracht . . .

Den Tiger besucht seine Bekannte Olga Ossipowna. Mutter sagt, sie sei eine vorzügliche Pianistin und beherrsche mehrere Sprachen. Mutter lobt sie sehr. Wir aber schauen den Tiger mit zweifelnden, mißbilligenden Augen an. Wozu braucht er diese fremde Unbekannte? Wie kann das sein?

Marussja schrieb Gedichte. Der rasende Gerb, der weder Gott noch Teufel gelten ließ, der immerzu stritt und lärmte, wurde gleich still und blickte gütig, wenn er das in schwarzes Wachstuch eingebundene Heft in die Hand nahm, das Marussja ihm gab. Die Erwachsenen begannen ernsthaft von ihren Gedichten zu reden. Auch der Tiger lobte sie. Mutter blickte ihre Tochter nachdenklich an. Sie hatte von einem anderen Weg für Mussja geträumt. Von der Musik! Marussja war damals zehn.

Die Schlacht der Blumen! Alle sind auf den Straßen! Die Allea dell' Palma entlang fahren Equipagen hin und zurück, in zwei Reihen. Sie sind dermaßen mit Blumen übersät, daß man ihre Umrisse nicht mehr erkennt. Auch die Pferde sind, genau wie ihre schönen Lenkerinnen, mit Blumen geschmückt. Durch die Luft fliegen bunte Luftschlangen, sie entrollen und verwirren sich. Es hagelt Konfetti. Die Äste der Palmen sind mit Konfetti bedeckt, von dort fällt es wieder wie bunter Tau zur Erde. Aus den Fenstern, aus der Menge, von den Balkonen: von überall tönt Musik. Kobyljaskij ist dicht an den Wagen herangetreten, in dem Alexandra Alexandrowna Ilowajskaja zusammen mit Nadja fährt, und hat ihr aus nächster Nähe eine Handvoll Konfetti ins Gesicht geworfen. Der hocherhobene, vom hohen Kragen eines weißen Seidenkleides umrahmte, aristokratische Kopf dieser vierzigjährigen Schönheit, mit einem weißen Strohhut auf kastanienbraunem Chignon, erzitterte, ein Blitz des Grolls zuckte über das Gesicht, aber der Wegelagerer war bereits in der Karnevalsmenge untergetaucht.

Braungebrannt, müde, mit zerknitterten Kleidern, behängt mit allerlei Karnevalskram aus Papier: So kehrten wir mit den Erwachsenen nach Hause zurück, glücklich, wie alle an jenem Tage . . .

6. KAPITEL

Eingesperrt. Das ,,Beau Rivage".
Der Besuch des Tigers. Kätzchen.
Die Kommune in der Villa Torre

Alles ist aus! Waren das wirklich wir, in sorgsam gebügelten
Kleidern, mit bebänderten Hüten mit Seidenblumen und weißen
Handschuhen, die heute morgen mit Tante in der Kutsche durch
Nervi fuhren, jene gleiche Allea dell'Palma entlang? Und das
Meer funkelte in der Ferne, ein fremdes Meer, ein Meer wie auf
Bildern des Meeres . . .
Tante bewohnt ein Zimmer, wir bewohnen ein anderes daneben.
Aber selbst wenn wir in unserem eigenen Zimmer sitzen, sieht
(spürt!) Tante jeden unserer Schritte und feilt unablässig an unse-
ren Manieren, um in der Lausanner Pension nicht irgendwelche
Wildfänge, sondern wohlerzogene kleine Mädchen abzuliefern.
Das versichert sie uns in gebrochenem Russisch.
Irgendeine Dame, eine Art Gesellschaftsdame, sitzt fast die
ganze Zeit bei Tante, liebedienert vor ihr, wiederholt fast jedes
Wort von Tante. Das macht die Sache noch schlimmer.
Auf besondere, auf tantische Art glänzen die Fensterscheiben. In
ihren geöffneten Flügeln spiegeln sich wohlgezogene Sträucher.
Wir blicken einander trostlos und ohne Hoffnung an. An der
kleinen Table d'hôte, wohin wir mit Tante und dieser widerwär-
tigen ,,Dame" die Treppe hinuntersteigen, sitzen nur einige Per-
sonen. Sie alle könnten nicht widerlicher sein! Die gebügelten
Servietten glänzen weiß, man scheut sich geradezu, Mund und
Hände damit abzuwischen. Mit den Füßen baumeln ist verboten.
,,Munetschka vergessen und Anetschka noch gar nicht wissen,
wie man anständig sitzt zu Tisch", sagt Tante mit unversiegbarer
Energie und unschuldsvoller Zärtlichkeit. Sie ißt niemals Fisch,
den wir auf dem Lagerfeuer gebraten haben, fällt niemals ins
Meer, rennt niemals über die Felsen . . . Sie macht uns indessen

einen ungewöhnlichen Vorschlag. Für jeden Tag, an dem wir artig sind, gibt sie jeder von uns eine Lire (diese Lire werden wir für Wolodja aufheben!). Doch sie wollen erworben sein . . . Wir bemühen uns ehrlich und nach Kräften. Das macht unseren Tag zur Folter. Wir leben nicht – wir spielen beflissen zwei andere Munetschkas und Anetschkas, die es gar nicht gibt. Dieses fast unerträgliche Spiel spielen wir mit Verbissenheit. Wir finden sogar Gefallen daran, obwohl wir uns in unserem Innern ein wenig vor Tante schämen, die aufrichtig glaubt, daß wir uns unter ihrem Einfluß zu bessern beginnen . . .

Ich weiß nicht, wie wir dieses schwere Leben in diesem winzigen Garten, wo wir weit weg von den Menschen, den Freunden, vom Meer „spielen" durften, überstanden hätten, hätte nicht Mutter, die das alles vorausfühlte, Tante von der Notwendigkeit überzeugt, daß wir weiterhin Russisch treiben sollten: zusammen mit Alexandra Iwanowna.

Die Besuche unseres teuren Kätzchens waren wie ein Strahl aus dem Paradies in die höllische Enge unseres Tages. Wie warteten wir auf sie! Wie liefen wir ihr entgegen! Wie liebenswert war uns dieses Gesicht aus jenem Leben, das wie ein Traum in diesem Leben auftauchte . . . Die weitgeöffnete Bläue ihrer Augen hielt ruhig und mutig vor Tantes Person stand. Tantes die eigene Wichtigkeit betonendes Gehabe rief in Kätzchen nicht einen Schatten jener Servilität hervor, der sich die Bewohner des „Beau Rivage" befleißigten. Tantes Schrullen machten auf Kätzchen überhaupt keinen Eindruck, und das schien Tante zu gefallen: Sie hob sie aus der Schar der von ihr abgelehnten *ces gens* heraus.

Tantes Sympathie für Kätzchen ging schließlich so weit, daß uns erlaubt wurde (welch unerwartetes Glück!), zu Alexandra Iwanowna zu gehen. Was für selige Stunden waren das! Zu diesem Zeitpunkt hatte sich der Traum Alexandra Iwanownas und ihrer Freunde schon verwirklicht, sie lebten als „Kommune" am Ortsrand von Nervi. Fern von den Prachtstraßen, von der „Großen Marina" mit der malerischen Ruine des Torre Grapallo, wo Musik spielte, fern von der Allea dell'Palma lebten unsere Freunde jetzt in einem kleinen Haus direkt am Meer. Hier gab es keine Felsen, das Ufer war flach und mit kleinen Steinen übersät. Die Gegend war fast menschenleer. Das Haus hieß Villa Torre.

Tatsächlich hatte es ein kleines Türmchen. In den leeren Zimmern, fast ohne Möbel, führten Kätzchen und ihre Freundin, das kleine, rundgesichtige Hühnchen, die Wirtschaft. Freundschaftlich empfingen uns der sanfte, lockenköpfige Kater Murr und der hagere, hakennasige, rastlose Gerb (der seinem Spitznamen *Hahn* tatsächlich ungemein glich). Fern vom Tiger, den er offenbar, obwohl es ein Gesinnungsgenosse war, nicht leiden mochte, von Alexandra Alexandrowna, deren hochherrschaftlicher Anblick ihn in Rage versetzte, und von Alexander Jegorowitsch, mit dem er sich oft stritt, hier im Kreis seiner Kameraden, bei sich zu Hause, war Gerb ganz anders. Hier gewannen wir ihn lieb. Wie wohl fühlten wir uns bei ihnen!

Auf dem Spirituskocher summte gemütlich der Teekessel. Man rief uns zum Teetrinken. Wir blickten wehmütig auf die Uhr. Meine Hände griffen nach dem Buch, das Mussja gerade fertiggelesen hatte. Es hieß *Die Tat der Soldaten*. Wie schlug mir das Herz! Ich schwor mir, so zu werden wie diese Soldaten. Sie hatten sich *geweigert*, auf aufständische Bauern zu schießen.

> Brüder, laßt uns ein Lied anstimmen,
> ein kühnes, verwegenes Lied!
> Wir werden nicht auf die Bauern schießen,
> sie sind keine Feinde für uns! . . .

Im Hals steckte ein Kloß, vor Tränen sehe ich das Blatt nicht, es zittert in meiner kindlichen Hand.

Wortlos kehren wir, begleitet von Kätzchen, in unser „Gefängnis" zurück (so nennen wir das „Beau Rivage"). Manchmal kehren wir kurz in der „Russischen Pension" ein. Beim Anblick Wolodjas und Wowas lodert unser Herz auf, sie scheinen nicht mehr *unser* zu sein, sie haben sich verändert. Gierig saugen wir die vertraute Szenerie in uns ein. Hier haben wir *gelebt*, hier sind wir gerannt, nicht ahnend, daß das einmal vorbeigehen würde. Aber Kätzchen wartet, wir müssen weiter, Tante könnte zornig werden, wir dürfen uns nicht verspäten. So gehen wir, ganz still geworden, die Capolungo-Gasse entlang . . .

Mutter schickte uns oft Karten mit Ansichten von Rom, mit dem Forum, dem Kollosseum, der Campagna. Ihre Zeilen, in kleiner, seitwärts geneigter Handschrift geschrieben, die uns Herzklopfen bereitete, waren voller Wärme und Innigkeit. Mutter ging auf alle Einzelheiten unseres Lebens ein, sie bat uns, zärtlich zu Tante zu sein, sie nicht zu betrüben, sondern zu erfreuen. Sie fand genau jene Worte, die uns rührten und unseren inneren Aufruhr besänftigten. Wir erblickten plötzlich, so schien es, eine Welt ganz anderer Gefühle – statt des Gefühls der Beengtheit und der verlorenen Freiheit. Dem Blicke des anderen ausweichend, in dem sich (wer weiß?) ein spöttisches Feuer hätte finden können, wurden wir plötzlich jünger, so jung wie in der Kindheit daheim: Das Leben mit Tante verlor den bitteren Geschmack der Kritik, es füllte sich für eine Stunde oder einen Tag mit verborgener Wärme, erwarb einen Reiz, den der Umgang mit der Villa Torre verdeckt hatte. Erinnerungen an Tarussa leuchteten auf, an das kleine Sofa unter Großvaters Porträt, an Tantes Erzählungen über ihre Kindheit in Neufchâtel, an die Kindheit von Manja und Tonja, an die „Kleinen Eschen". Wir harrten, wie früher, lange an Tantes Seite aus, hörten sie vom Genfer See, den wir bald sehen würden, und vom stillen, alten Lausanne erzählen, wo wir bald lernen würden. Unsere Köpfe mit dem noch immer kurzen Haar, an dem sich die Schleifen nicht richtig festhalten konnten, rieben sich an Tjos Schulter. Es ging uns auf, daß auch sie ein Traum war, daß wir auch sie bald nicht mehr sehen würden, und wir schämten uns ein wenig unseres Kampfes mit ihr.

Der Frühling nahm seinen Fortgang. Aus dem Lausanner Pensionat bekam Tante einen Brief, worin zu lesen stand, daß für uns zwei Plätze reserviert seien. Tante begann mit ihren Reisevorbereitungen. Wir saßen im ersten Stock am Fenster und blickten mit Wehmut auf den ungeliebten Garten und den Meeresstreifen in der Ferne. Plötzlich gleißte vor unseren Augen alles auf und verschwand: Über dem Gesträuch des Gartens, zwischen den Zweigen der Bäume war der schwarze Räuberhut aufgeblinkt. Der Tiger!!! Wir flogen die Treppe hinunter, die Tür hatten wir hinter uns zugeworfen, Tantes verblüfften Zuruf beachteten wir nicht. Und schon hingen wir beide an ihm, preßten uns gegen seine Brust und fragten, jubelten – das Leben hatte uns wieder. Wir übersahen die oben am Fenster erstarrte Tante, die uns später immer und immer wieder versicherte, wie abstoßend das wäre, wie ungezogen und unanständig es doch sei, sich so auf diesen furchtbaren *brigand* zu stürzen, so zu schreien, sich in einer anständigen Pension derart zu benehmen . . . Der Tiger aber lachte, setzte sich mit uns auf eine Bank, fragte, warum wir nicht versuchten, uns von Tantes Vorhaltungen zu befreien, indem wir über unserer Tür ein Gefäß mit Wasser anbrächten, das sich auf Tante ergießen würde, wenn diese das Zimmer beträte, um uns auszuschelten?

Dieser Besuch des Tigers blieb sein einziger. Sich auf Alexandra Iwanowna verlassend, entließ uns Tante an einem unserer letzten Tage in Nervi zu einer Abschiedsvisite in die Villa Torre und die „Russische Pension". Das war ein unvergeßlicher Tag. Leise und ein wenig schräg plätscherten die Wellen gegen das flache Ufer an der Villa Torre, die an Möbeln arm, an teuren Menschen so reich war.

Die Schatten des Abends haben über Nervis Gassen Kühle ausgegossen. Ein langer, goldener Strahl durchschneidet sie. Die Sonne sinkt. Wir eilen, denn Tante wartet. Kätzchen hat ihr versprochen, daß wir uns nicht verspäten werden. Unsere Abschiedsfotos sind schon fertig: Kätzchen und wir zwei. Wie auf jenen anderen Bildern, noch aus der Zeit in der „Russischen Pension", auf denen der Tiger drauf ist, sitzen wir zwei zu beiden Seiten von Kätzchen und blicken alle drei vorwärts: auf den, der schaut. Wir zwei haben neue, dunkelblaue Kleider an, Kätzchen trägt ein Jackett. Ihr breites, gutmütiges Gesicht lächelt ein wenig. Die hellen Augen sind weit geöffnet. So nehmen wir vom Tiger und von ihr Abschied: *für immer!* . . .

Capolungo-Gasse! Im gierigen Bewußtsein der Unwiederholbarkeit der Stunde saugen wir alle Häuserecken, alle Kurven und natürlich die Fassade der „Russischen Pension" in uns ein. Wir werden *niemals wieder* durch dieses Tor laufen! Der Wind zerrt an den Fruchtbäumen, die in den Beeten stehen. Kätzchen wartet auf uns. Wir laufen über vertraute Gartenwege. Werden wir wirklich Wowa nicht mehr sehen? Er ist irgendwohin mit Framscha gegangen . . . „Und ich komme ins College!" sagt Wolodja. Er blickt verlegen drein. Wir haben uns lange nicht gesehen. Wir laufen auf die „Kleine Marina" hinaus. Hier haben wir zum erstenmal das Meer erblickt . . .

„Ihr werdet nicht wiederkommen?" fragt Wolodja, sein roter Kopf neigt sich zu Mussja: „Wirst du mir schreiben?" – „Ja!"

Als letztes knarrt hinter uns die grüne Eisentür, wir laufen den Weg entlang, über die Eisenbahnbrücke, auf das Tor zu. Wie kam es, daß wir keinen von den früheren Bewohnern sahen, keinen von jenen, die uns kennen? Wir haben eine leere Stunde erwischt. Zum Zuendedenken bleibt keine Zeit. Wolodja, Wolodja! Und das Meer, unser Meer . . . Wir werden sie nie wiedersehen!

Aber wir kamen doch noch einmal in die „Russische Pension". Aus Rom war Ljora eingetroffen, krank: Sie hatte Unterleibstyphus. Man führte uns in den ersten Stock, damit wir uns auch von ihr verabschiedeten. Weiter als bis zur Tür durften wir nicht, Ljora war ohne Bewußtsein, sie war sehr gelb, ihr Haar war offen. Mit Tränen in den Augen, Angst und Mitleid im Herzen standen wir an der Schwelle. Wir erkannten sie kaum wieder. Man rief uns. So nahmen wir für viele Jahre Abschied von Ljora, die stets für uns eingetreten war.

Die Hast der Reisevorbereitungen liegt hinter uns. Der Abschied von der Besitzerin des „Beau Rivage", das Gepäck, die Gepäckträger. Wir sind im Waggon. Tante verstaut die kleinen Dinge, weist uns unsere Plätze zu, kümmert sich um dieses und jenes. Aber wir flehen sie an: Noch bleibt uns Zeit! Die uns Begleitenden sind noch dort: Man drückt uns die Hand, man küßt uns. Tante ruft. In den blauen Augen von Alexandra Iwanowna stehen Tränen, in unseren Augen auch. Wir stehen am Fenster, lehnen uns hinaus, lehnen uns immer wieder hinaus, entwinden uns Tjos Händen. Der Bahnsteig beginnt zu entschwinden. Laternen gleiten vorbei, der Zug pfeift . . . Der Rauch! Die Tränen. Der letzte Nachhall der Stimmen . . . Das Rattern der Räder, immer schneller, immer schneller . . . Es ist Nacht. Schon unterwegs schreibt Mussja ein Abschiedsgedicht an Nervi.

DRITTER TEIL

Schweiz

1. KAPITEL

Lausanne. Tantes Abreise. Pensionat Lacaze

Unser Weg nach Lausanne war ein Leidensweg am Waggonfenster. Selbst der Überschwang von Tantes Freigiebigkeit und Sorge vermochte das Leid nicht zu mildern. Ich kann mich nicht einmal an die Landschaften Italiens, das wir verließen, und der beginnenden Schweiz erinnern. Alles zitterte zwischen Tränen. Lausanne. Eine alte Stadt mit steilen Dächern, ertrinkend im Grün der Baumkronen. Die Türme, die gotischen Kirchen, die dichten Kastanienbäume, die liebenswerte französische Sprache, uns von Kindheit an vertraut. Alles scheint wie ein Traum nach dem mit unserem Herzblut getränkten Nervi der flachen Dächer, des gleißenden Meeres, der lebhaften Menschen, der ungestümen Gefühle, der Stürme auf dem Meer . . . Ein Traum inmitten der altfränkischen Schweizer Gemütlichkeit ist auch das funkelnagelneue Hotel „Beaux Sites": teuer, kühl und prächtig. Das Hotel hat viele Stockwerke, es hat Fahrstühle, Balkons und eine Table d'hôte. Hier ist Tante mit uns abgestiegen.
Zwei Umstände verhinderten, daß wir Feindschaft für Tante empfanden (immerhin hatte *sie* uns aus Nervi entführt): unsere große Anhänglichkeit an Lausanne, gleich von Anfang an (als wären wir hier einst zur Welt gekommen, als hätten wir just diese Stadt von Kindheit an im Traum erblickt), und der nahende Abschied von Tjo. Abschied! Das, was sich weder ertragen noch benennen läßt. Das, was alles überdeckt. Wieder, wie ein Nervi, verschleiern Tränen den Blick, in unserem Innern sitzt eine Sprungfeder . . . Und noch dieser andere unerträgliche Schmerz: die Geschenke. Die Schweizer Chalets mit den kleinen, spiegelnden Scherben im Kreuz der winzigen Fenster, die Puppen in Schweizer Nationaltracht, jeweils Junge und Mädchen, in Samt und Atlas gehüllt, die Hüte und Mieder, die in ih-

ren Schachteln zauberisch aufglänzen. Damit will Tjo unseren
Eintritt ins Mädchenpensionat versüßen. Nervi fast schon verra-
tend, schmiegen wir uns an Tjo!

Das lautlose Hinaufgleiten des Fahrstuhls, an den Schnittflächen
der Stockwerke entlang, durch den quadratischen, engen
Schacht. Die elegante Gebärde des livrierten Lakaien, der die geschnitzte Tür aufreißt, Tantes Herausschwimmen auf den
Plüschteppich des Ganges, unsere Schritte hinter ihr her. Unser
Zimmer: das Glänzen (das Porzellan des Waschtisches, die Spiegel!!), die Politur der Betten und Toiletten, die weichen Teppiche und Tischtücher, die in den verschwimmenden Dunst der
Stadt geöffneten Fenster, das Kreisen des Kopfes über dem kaum
noch wahrnehmbaren Labyrinth der Straßen, Häuser und Gärten . . .

Unergründlich liegt unsere Zukunft vor uns. Tante wird sie in
die Hände der Schwestern Lacaze legen, die uns bisher nur ein
einziges Mal gesehen haben. Tante fährt morgen ab.

Warm und fest legen sich zwei kleine, volle Arme auf unsere
Schultern. Unsere Köpfe pressen sich dagegen. Der blaue Nebel
hinter dem Fenster verschleiert Lausanne. Der Nebel der Tränen
verschleiert die Augen. Eine heiße Umarmung zu dritt. Ein drei-
faches Aufschluchzen.

Die sanfte Mademoiselle Marguerite führt uns nach oben, in unser Zimmer. Bald kommt das Abendesssen. ,,Meine Kleine,
wein' doch nicht! Du wirst sehen, wie schön es hier bei uns ist!
Wir leben wie eine einzige große Familie!"

Wir stiegen die schmale Treppe hinauf. ,,Das ist euer Zimmer . . . Euch gegenüber wohnen drei Schwestern aus Ägypten:
Olga, Astima und Aglae", sprach die kleine alte Mademoiselle
Marguerite mit gütiger Stimme (wobei sie die drei Mädchenna-
men auf der letzten Silbe betonte). ,,Sie sind genauso weit weg
von ihrer Heimat wie ihr. Aglae ist genauso alt wie du, Marous-
se . . . Und du, Assja, bist die jüngste von allen, die hier leben.
Niemand wird dich beleidigen. Hab keine Furcht!"

Wir standen in der Tür unseres Zimmers: links hintereinander
zwei Betten, hinter dem zweiten Bett das Fenster. Neben den
Betten zwei Nachttische. An der gegenüberliegenden Wand ein
Kleiderschrank. Hier ringelte sich unser Leben für fast anderthalb Jahre ein: wie ein Katze.

Die ältere der beiden Schwestern, Mademoiselle Lucile Lacaze, glich der jüngeren überhaupt nicht. Sie war größer und fester gebaut, die Wangen waren dunkel und zugleich gerötet, die braunen Augen blitzten stolz. Sie hatte eine Adlernase, war schön und streng, deshalb wirkte sie jünger als die stets besorgte, wie erloschene Mademoiselle Marguerite mit ihrem zerknüllten Gesicht und der greisinnenhaften Güte. Doch sie war die Ältere, sie beherrschte die Schwester und das Pensionat, und die Schwester unterwarf sich ihr bereitwillig und hingebungsvoll. Beide waren glühende Katholikinnen, ihr Berater und Lehrer war der Abbé, der gern mit den Pensionatsschülerinnen sprach. Er war mittleren Alters, hatte ein rundes Gesicht, war klug und sanft im Umgang. Zu ihm und zur Kirche verhielt Mussja sich feindlich. Wenn man uns an den Samstagen und Sonntagen in die Kirche führte (sonntags sogar zweimal: morgens zur Messe und um vier Uhr nachmittags zur Andacht) und uns Münzen zusteckte, damit wir sie auf den Opferteller legten, fiel mir Marussja jedesmal in den Arm. Sie sagte: ,,Du willst wohl, daß für dein Geld noch eine Kirche gebaut wird?!" Verlegen ließ ich die Hand mit der Münze sinken.

Aus unseren ersten Wochen im Pensionat erinnere ich mich der Gespräche mit den älteren Mädchen über das Thema, daß es weder Paradies noch Hölle gibt (wie erschraken da unsere älteren Freundinnen!) und übrigens auch keinen Gott, den hätten die Reichen erfunden, damit die Armen nicht aufmuckten . . . Alles, was die Bewohner der Villa Torre und die Spötteleien des Tigers in uns eingepflanzt hatten, lebte weiter. Doch es verging kein Tag seit dem ersten Gespräch – und schon drang dessen Thema an die Ohren unserer Prinzipalinnen sowie des Abbé. Mademoiselle Marguerite hatte uns aufrichtig ins Herz geschlossen (insbesondere auch wegen unserer stürmischen Anhänglichkeit an den ihr nicht von den Fersen weichenden, weißen Hund Chpitsou, vor dem wir niederknieten, den wir, ungeachtet aller Verbote, abküßten, wobei wir uns auf unsere lange Erfahrung beriefen, daß Hunde keine Bazillenträger seien . . .). Unsere Gottlosigkeit ging ihr sehr nahe, und da sie selber außerstande war, uns zu bekehren, übergab sie uns, besonders die eigensinnige und kluge Marussja, den Händen ihrer Schwester und des Monsieur l'Abbé. Marussja wurde in Mademoiselle Luciles

Zimmer zitiert, das letzte Zimmer neben der Treppe, wohin Schülerinnen nur in besonders wichtigen Fällen gerufen wurden. Dort führte Mademoiselle Lucile, erst allein, später assistiert von Monsieur l'Abbé, lange und eindringliche Gespräche mit Marussja, die sich durch eine gute Kenntnis der kindlichen Seele, durch Sanftmut und Geduld sowie durch die leidenschaftliche Entschlossenheit auszeichneten, diese verirrte Seele wieder einzufangen. Das große, quadratische Zimmer der Ägypterinnen, das unserem Zimmer gegenüberlag, rief uns mit seiner stets offenen Tür freundlich herbei. Die zehnjährige Aglae, das ernsteste und begabteste der drei Mädchen, freundete sich bald mit Marussja an. Sie war klein, sehr dunkelhäutig, hatte scharze Augen, schwarze Haare und einen schweren, schwarzen Zopf. Sie war voller seelischer Energie.

Aglaes ältere Schwester, die zwölfjährige Olga Matossjan, war unbegabt und dumm, aber heißblütig und herzlich. Sie und ihre Kusine, die elfjährige Astina Filipossjan, waren hochgewachsen und körperlich entwickelt. Sie verbanden Religiosität mit Putzsucht und Vergnügungssucht. Sie waren sich ihres Reichtums bewußt – alle drei waren Töchter in Ägypten lebender armenischer Großhändler. Aglae zeichnete sich vor den beiden anderen durch ihren Ernst aus.

Die älteren Mädchen lebten unten, zu dritt und zu viert in den kleinen Zimmern zu beiden Seiten des Ganges. Unten befand sich auch das Eßzimmer (es war zugleich das Klassenzimmer der Älteren). Gegenüber der schweren Eingangstür war die Tür zum Salon, in dem ein Klavier und Polstermöbel standen. Dort verbrachten wir unsere Abende. Hinter dem Salon war eine Glasveranda mit einem großen Tisch und Bücherregalen. Hier wurden die jüngeren Mädchen unterrichtet, unter der Aufsicht von Mademoiselle Marguerite. Auch der schneeweiße Chpitsou nahm am Unterricht teil. Seine ausdrucksvollen, schwarzen Augen, die aus dem mondweißen Fell hervorlugten, sein charmanter Hundeverstand ließen keinen Zweifel daran, daß er sich die Alte Geschichte, die Geographie, die Rechenaufgaben und die zahllosen Tempora der französischen Verben nicht schlechter einprägte als wir.

Die Minuten der Ausspannung verbrachten die Großen und die Kleinen in Gruppen im winzigen Pensionatsgarten. In seiner

Mitte stand eine riesengroße Platane, an deren Seiten gestutzte Sträucher wuchsen. Die Wege waren mit Kies bestreut. Hier spielten die Jüngeren ihre hingebungsvollen Spiele. Marussjas Lieblingsspiel war dies: Zwei Ketten von Mädchen gingen nach bestimmten Regeln kämpferisch aufeinander los. Marussja wurde nicht müde, dieses Spiel zu spielen. Es gab auch externe Mädchen: die achtjährige unbegabte, aber gutmütige Blanchette Millot, Tochter eines Pensionatslehrers, und die gleichaltrige Engländerin Violet: ein großes, lilaäugiges Baby mit einer Schleife an der Schläfe, ein selbstbewußtes Geschöpf, das nur leider eine schwer verständliche Aussprache hatte.

Der Tag begann gegen acht. Die liebe, kleine Mademoiselle Marguerite weckte uns in Begleitung von Chpitsou. Aus dem Zimmer der Ägypterinnen drangen streitende Stimmen und der Geruch von Mundwasser. Gefrühstückt wurde im Eßzimmer am langen Tisch.

Nach dem Mittagessen hatten die Jüngeren schulfrei. Wir gingen in dem winzigen Garten spazieren. Man erlaubte uns, die breiten unteren Zweige der Platane zu erklettern. Wir stützten uns auf das massive Steingeländer, das die rückwärtige Mauer des Gärtchens bildete (der Garten ragte steil über der Straße auf), und beobachteten die vorbeifahrenden Fuhrwerke, die manchmal von kleinen Eseln gezogen wurden, und die ehrbar gesetzten schweizerischen Fußgänger mit ihren seltsamen Hüten. Wir wußten bereits, daß die Devise der Schweiz *Un pour tous et tous pour un* lautet. Unter den Pensionatsfenstern dufteten die Rosen.

Aus Italien kamen Briefe von Mutter. Papa und die längst vom Typhus genesende Ljora waren wieder in Rußland. Mutter fühlte sich immer gesünder und hatte die Absicht, uns zu besuchen und eine Weile in unserer Nähe zu leben, bevor unser Pensionat in die Alpen in die Sommerferien fuhr. Wir erwarteten sie und schrieben ihr. Beim Empfang der Ansichtskarten mit den vertrauten Bildern der Allea dell'Palma, des Torre Grapallo, des Meeresufers in Genua und der diversen Garibaldi-Denkmäler schmerzte uns das Herz, aber die Nachricht, daß Georges und Wolodja in das Genueser College eintreten würden, gaben uns das Gefühl eines anderen, irgendwohin davonfliegenden Lebens und daß wir das Recht hätten, unser eigenes Leben zu leben . . .

An den Sonntagen hielten wir uns längere Zeit in der Kirche auf.

Sie glich so gar nicht einer russischen Kirche, aber das lange Stehen ermüdete uns nicht: nicht nur weil die Katholiken einen Teil des Gottesdienstes sitzend verbringen, sondern auch deshalb, weil wir das bebilderte Gebetbuch in der Hand hielten und die Gebete des Abbé verfolgten. Nach dem Mittagessen machten wir oft mit einem Dampfer eine Rundfahrt auf dem Genfer See. Durch schmale, alte Gassen ging es hinunter zum See, zur Uferstraße Ouchy, zum blendenden, ruhigen Glanz des blausilbernen Wassers, an dessen nebligem Rand sich die Perlen der Ortschaften matt abzeichneten: Montreux, Territé. In dieser Kugel aus Luft und Wasser trat eine solche Beruhigung ein, eine solche Sättigung an der Bläue, dem Gleiten, dem Atmen, daß sich darin für eine Stunde alle Abschiede und Trennungen, alles auf ewig Unvereinbare auflöste: Miezchen, Mademoiselle Lucile, der Tiger, Monsieur l'Abbé, Mutter mit ihrer Gitarre, Mademoiselle Marguerite mit Chpitsou.

2. KAPITEL

Mutters Ankunft. In den Alpen. Marussjas Foto.
Ein Opfer der Steine. Der „schlimme Pfad"

Einmal lud man mich zu Blanchette Millot ein. Wir spielten irgendein einfaches Spiel im Garten, da wurde Blanchette ins Haus
gerufen und stürzte mit dem Schrei zu mir zurück: „Assja,
schnell, schnell! Deine Mutter ist da! Sie ist gekommen, dich abzuholen . . . Du Glückliche!"
Das liebe, liebe Gesicht, das so vertraute! Wie hatten wir ohne
dieses Gesicht leben können? Unsere beiden Köpfe an Mutters
Schultern! Wie lächelt Mutter uns zu! Nur sie kann so lächeln!
Die Unersetzlichkeit eines Menschen! Das Unwiederholbare
seiner Züge, Bewegungen und Gewohnheiten! Das Geheimnis
der Stimme! Auf sie, nur auf sie haben wir gewartet! Nur ihr allein wollten wir alles erzählen! . . . Wir schmiegten uns an Mutter. Die erste Trennung, die Unausweichlichkeit der zweiten
hatten uns spontaner gemacht. Wir hatten nicht geahnt, daß es
ein solches Maß an Sehnen geben kann!
Nach der Schule und dem Mittagessen wanderten wir mit Mutter
durch die Umgebung der Stadt, saßen an den kleinen Tischen am
Seeufer in Ouchy und tranken unersättlich Obstsaft oder Kaffee.
„Kinder, das Leben vergeht in Schüben, ihr werdet das merken,
wenn ihr groß seid", sagte Mutter, „und ihr werdet an meine
Worte denken!" Und, uns unterbrechend (wir wollten sagen,
daß wir das bereits tun), fuhr sie fort: „Meine ‚Kleinen Eschen'
zum Beispiel, unsere Datscha in Tarussa, unser Moskauer Haus,
Nervi: Das alles sind solche Schübe. Und auch mein jetziger Besuch bei euch ist einer. Und auch er wird vorübergehen wie ein
Traum . . . Manchmal ist es *sehr* schwer, sich von etwas Teue-
rem im Leben loszureißen – aber auch dies Teuere vergeht . . ."
Einige Jahre später schrieb Marina, jener Abende gedenkend,
das Gedicht *Ouchy*:

Mutter hielt unsere Hände fest,
sie blickte uns auf den Grund der Seele . . .

Wir wurden nicht müde, Mutter von unserem neuen Leben zu
erzählen. Mir fiel auf, daß Marussja es vermied, Mademoiselle
Lucile und Monsieur l'Abbé zu erwähnen. So war es auch in
Nervi gewesen, dort hatten wir Mutter nicht sofort von unseren
revolutionären Freunden erzählt. Mademoiselle Lucile und
Monsieur l'Abbé sind unsere neuen Freunde. Und das verbergen
wir vor Mutter. So folgerte ich verworren. Aber ich folgte Marussjas Beispiel und schwieg. Warum? Ich hätte es nicht sagen
können.
Abends brachte uns Mutter wieder ins Pensionat. Dort empfing
man uns zärtlich, fröhlich und gut, man beneidete uns darum,
daß wir mit unserer Mutter zusammen waren. Glücklich schliefen wir ein. Morgen, nach der Schule und nach dem Essen,
würde uns Mama wieder abholen, wir würden mit ihr nach Si-
gnalle gehen: zu den Rehen. Mademoiselle Marguerite blies die
Lampe aus und wünschte uns eine gute Nacht.
Irgendwo im Herzen aber regte sich das Feld auf dem Weg nach
Patschjowo, der schüttere Roggen, der Feldrain, der Waldpfad,
die Weite, die Hitze, die Ferne . . . Die Sehnsucht nach Rußland
verschmolz Mutter und uns in eins. Ohne ein Wort verstanden
wir einander. Und immerzu kam uns das von Kindheit an ge-
wohnte *Weißt du noch* von den Lippen.
Wir berichteten vom Abschied von Tjo.
,,Ja, Kinder, Tante ist ein ungewöhnlicher Mensch . . . Eine *solche* Treue zu unserer Familie . . .''
,,Und ich, Kinder, werde auf ärztlichen Rat nach Italien zurückkehren und dort noch einen Winter verbringen. Unterdessen
werdet ihr hier in Lausanne leben, mit eueren Freundinnen und
den zwei lieben Schwestern Lacaze. Bereits während der vergangenen Monate habt ihr in Französisch stark aufgeholt, wie gut
werdet ihr es dann erst sprechen! Und wie wird sich Vater darüber freuen, und Tante! Mein Traum ist, daß ihr auch Englisch
und Italienisch genauso gut sprechen lernt wie ich. Nein, besser!
. . . Und wenn dieser Winter vorbei ist, fahren wir mit Vater
nach Deutschland. Dort werdet ihr für ein Jahr in ein Pensionat
gehen, und ich werde irgendwo in euerer Nähe wohnen, um

mich langsam an das kältere Klima zu gewöhnen. Und dann geht es auf die Krim! Und in Moskau werde ich mir das Zimmer unterm Dach, das über dem Eingang, herrichten lassen. Das liegt am höchsten, die Luft ist dort am reinsten. Das wird mein Schlafzimmer sein."

„Mama kann nicht immer in Italien leben", wiederholten wir im Pensionat Mutters Worte. „In Moskau haben wir ein Haus, und Vater ist Professor an der Moskauer Universität, und in Moskau wird Vaters Museum für Alte Skulpturen gebaut, die ganze Familie ist dort, und Mutter will nicht in einem fremden Land leben. Sie wird gesund werden und nach Moskau zurückkehren, aber nicht plötzlich, allmählich . . . Sie wird gesund werden!" Ein lebendiges Stück vom Lebendigen! So rissen wir uns von Mutter los. Der letzte Spaziergang! Der letzte Tee!

Die Züge rasten in verschiedenen Richtungen davon. Mutter fuhr nach Genua, wir fuhren in die Alpen, immer steiler hinauf. Wie in Tirol flogen Dörfer, Kirchen, Flüßchen, Wasserfälle, Wassermühlen an uns vorbei. Wir fuhren auf den weißen Riesen zu, der über dem Chor der Berge und Bergketten thronte: dem Montblanc entgegen. Der Zug raste dahin.

Die glühende Bläue. Das die Augen blendende Gleißen des Schnees. So viel Schnee, daß ihn die Sonne selbst im Sommer nicht zum Schmelzen bringt! Marussja und ich: zwei kleine russische Mädchen in hellblauen Kleidern und Strohhüten, mit Alpenstöcken in der Hand. Unser Pensionat, die Bergführer, das Muli, an dessen Seiten in Körben unsere Kleider verstaut sind. Wenn die Pensionatsmädchen auf ihrer Wanderung in die Wolken eintauchen, wo es frisch und kühl ist, werden sie ihre Mäntel anziehen, und Marussja und ich unsere roten, wollenen, halblangen Jäckchen. Noch höher liegen jene Orte, wo die Gletscher ihren Anfang nehmen; noch höher sind die Berge und die fast unbegehbaren Saumpfade. Die letzten Berggasthöfe. Und dann: der Gipfel des Montblanc. Dort ist es so kalt, daß schon manche Bergsteiger erfroren sind. Wir werden neben dem Gasthof, der auf halber Höhe des Südlichen Zahns gebaut ist (so nennt man die scharfkantigen, vereisten Bergspitzen), auf schneebedeckten Steilhängen Schlitten fahren. Wie in unserem Hof in Moskau! Wiesen voller kleiner, blauer Blumen. Sie sind sehr blau, diese Blumen. Das ist Enzian! Halt! Weiter oben wachsen Alpenrosen: rosig, fest und groß. Soweit ich mich erinnere, waren beide Blumen geruchlos. Der Duft hat sich in die Farbe verströmt. Von diesem Rosa, von diesem Blau kann man die Augen nicht abwenden. Wir pflücken ganze Arme voll, mit der Alpenpost werden die Blumen, in Pappschachteln, mit Wasser besprizt, ihren Weg in die Welt antreten. Nach Ägypten, nach Moskau, nach Tarussa, nach Nervi! Auch auf unseren Postkarten wird der Stempel der Alpenpost sein!

Wir rasten in einem kleinen Gasthof. Graues Brot, frischer Käse, Milch. Wir ruhen uns aus. Marina, die erwartet hatte, daß ich unterwegs jammern würde, schweigt. Sie will mir offenkundig wohl. Ich bin stolz auf mich. In meinen Bergstiefeln mit den Nägeln auf den Sohlen (alle tragen solche Stiefel) schreite ich wie ein Erwachsener aus, obwohl mir bereits die Füße schmerzen. Und trotzdem machte mich eine der ersten Wanderungen so müde, daß man mich auf das Muli setzte, ein kleines, dunkelgraues Tier; das Tier aber wollte nicht. Das Ende meines Rittes war zugleich Triumph und Fiasko. Das Muli raste mit mir bergab, ich hielt mich krampfhaft fest und fiel nicht herunter! Das war so schneidig und fast sogar lustig, aber ich hatte Angst und schrie wie am Spieß, und alle rannten auf mich zu . . .

Auf dem Hochplateau, von wo man die ganze Welt sah, wo die Sonne brannte und der Wind pfiff, fuhren wir eine verschneite Eiszunge mit dem Schlitten hinab. Im Sommer! Wenn das keine Zauberei war! Auf den Fotografien jenes Tages, die wir lange aufbewahrten, sieht man das ganze Pensionat und die Bergführer neben einem Gletscher stehen. Marina überragt mich um mindestens einen halben Kopf und ist in den Schultern viel breiter. Sie scheint nicht zwei, sondern vier Jahre älter zu sein als ich. Beide tragen wir breitkrempige Strohhüte, blinzeln in die Sonne, lachen. Auf Marinas Gesicht liegt ein wunderbares, halbes Lächeln, ein glückliches, scheues Aufleuchten. Wie ein kleiner Recke hebt sie sich gegen den Hintergrund des Glacier de Bosson ab. Aus dem Blick ihrer halbgeschlossenen Augen spricht Verwegenheit. Heute lebt dieses Foto nur noch in meiner Erinnerung.

Unser ganzes Glück war Chpitsou. Er begleitete uns auf allen Wanderungen. Aber eines Tages geschah ein Unglück. Bei der Überquerung eines blauglänzenden Gletschers stürzte er in eine

Gletscherspalte. Mit Hilfe von fest zusammengebundenen Brettern holte man ihn wieder heraus. Beim Anblick seiner armen Herrin verkrampfte sich einem das Herz: Chpitsous schneeweißes Fell war blutig: Er hatte sich einen Zahn ausgeschlagen. Er winselte und zitterte, jaulte auf, aber das Jaulen ging in ein Schmerzgeheul über. Wir zwei, Marina und ich, knieten in einer einzigen Bewegung auf dem Eis vor ihm hin, umarmten ihn, trösteten ihn, weinten. Unsere lange Kolonne kehrte um, aus Mitgefühl für Chpitsou, ohne den Spaziergang beendet zu haben. Niemand murrte, die Sorge um den verletzten Hund wurde nicht als sentimental empfunden.

Manchmal kletterten wir an den Hügeln hoch und sammelten Heidelbeeren. Sie wuchsen in Hülle und Fülle, diese Stunden waren besonders schön. Mund, Zunge und Zähne wurden blau. Die Sonne brannte sanft auf uns herab, Arme und Beine waren zerkratzt . . .

Die Ausflüge in die Berge wurden fortgesetzt. Bereits zu Beginn sprach man von der gefährlichsten Route: auf den Mauvais Pas. Schon mancher Wanderer ist dort in einen Abgrund gestürzt, darüber gab es viele Erzählungen. In Erwartung dieser Exkursion begaben wir uns an weniger gefährliche Orte: auf den Glacier de Bosson, auf das ,,Eismeer". Mit uns zusammen gingen andere Ausflügler. Auf diesem Gletscher wurden wir Zeugen einer Katastrophe. Von irgendwo weiter oben prasselten plötzlich Steine herab. Mit dem Ruf: ,,Steinschlag!" stoben die Menschen auseinander. Nur einer blieb. Er lag reglos auf dem Eis. Leute stürzten zu ihm hin, schleiften ihn beiseite, hoben ihn auf. Wir sahen, wie irgend etwas Weißes durch irgend jemandes Bemühung knatternd reißt, wie die Menschen auseinandertreten, wie sich jemand hinunterbeugt und einen Verband anlegt. Unsere Erzieherinnen und die Pensionatsmädchen flüsterten ein Gebet. Der Verletzte wurde an uns vorbeigetragen. Er war ohne Bewußtsein. Sein großer Bart war blutverschmiert. Die Sonne funkelte auf den Eisspitzen der Berge. Wie samtene Teppiche krochen die Wälder die Berge hinab. Das ,,Eismeer" atmete blaue Kälte. In unseren Händen hielten wir die fröhlichen Alpenstöcke mit den spitzen Enden. Als unerreichbarer Schneekegel lag der Montblanc da. Wird der Verletzte überleben? Dieser Gedanke beherrschte uns alle. Viele Tage lang erfuhren wir nichts. Endlich sahen wir ihn. Er saß am Eingang des Hotels de la Couronne in einem Sessel, trotz der Hitze in warme Decken gehüllt. Um seinen Kopf war noch immer ein Verband. Sein Gesicht hatte fast die gleiche Farbe. Er hatte wohl sehr viel Blut verloren. Mit nur halb lebendigen Augen betrachtete er das prächtige grüne Tal am Fuß der Berge, die ihn beinahe das Leben gekostet hatten.

Nun sind wir endlich auf dem Mauvais Pas! Einem schmalen, mannsbreiten Pfad hoch in den Bergen. Er führt am Rande eines Abgrunds entlang. Rechts ist eine fast senkrechte Felswand. An der Wand entlang verläuft ein Draht, dessen stellenweise gelokkerte Verankerung in der Luft baumelt. An diesem Draht kann man sich festhalten. Noch heute begreife ich nicht, weshalb man ein ganzes Mädchenpensionat über diesen Pfad führte. An einem Ort, wo schon so manches Unglück passiert war! Den Halt verlieren bedeutete den sicheren Tod. Uns verband kein Seil, allerdings begleiteten uns zwei Bergführer. Bevor der erste der beiden den Pfad betrat, rannte ich, als die Kleinste und Hurtigste, im fröhlichen Kindergalopp auf den Pfad hinaus, ohne die Gefahr zu erkennen oder die erschreckten Rufe hinter mir zu hören. Mich zurückzuholen, war nicht mehr möglich. Ich lief sorglos dahin, mir erschien der Pfad nicht zu schmal. Ich hielt mich am Draht fest und pflückte sogar in einer Felsspalte Blumen. Nur ein einziger Mensch von denen, die hinter mir gingen, hatte keine Angst um mich: Marussja. Das Klettern hatten wir auf den abschüssigen Uferfelsen in Nervi gelernt. Marussja war natürlich stolz auf mich und gelassen, sie wußte, daß ich nicht abstürzen würde. Doch unsere beiden Erzieherinnen und die Mädchen fürchteten sich auf den Tod, beteten, starrten mich an. Und hinterher war der Teufel los! Alle fielen über mich her, die Bergführer brüllten, die Lehrerinnen tadelten mich, weil ich ein dummes, böses Mädchen sei, das seine Mutter nicht liebe. Was hätten sie nur meiner Mutter gesagt, wenn ich abgestürzt wäre?

Ich vergoß bittere Tränen, dieweil Marussja listig wohlwollend zu mir herüberschielte.

3. KAPITEL

Wieder in Lausanne. Gespräche mit Marussja. Monsieur l'Abbé. Musikunterricht bei Monsieur Bischof. Mademoiselle Jeanne

Wir warteten auf die Ankunft der Kusine von Mademoiselle Lucile: Mademoiselle Jeanne. Von ihr wurde erzählt, sie sei sehr streng und sehr religiös, nur irgendwelche Familienumstände hätten sie daran gehindert, Nonne zu werden. Unsere Herzen wendeten sich ihr bereits in geheimer Verehrung zu. In der Kirche standen wir jetzt nicht mehr mürrisch und gelangweilt da. Was dort vorging, erweckte in uns keine feindseligen Gefühle mehr.

Wie hatte sich dieser ,,seelische Umschwung" vollzogen? Allmählich oder plötzlich? Das weiß ich einfach nicht mehr.

Etwa ein halbes Jahr nach unserer Abreise aus Nervi begann Mutter Briefe von uns zu bekommen, die sie, wie wir später aus ihren Briefen an Vater erfuhren, auf eine neue Art beunruhigten. Sie klagte darüber, wie schwierig doch die Kindererziehung sei, besonders für eine kranke und andernorts weilende Mutter. Alarmiert durch unsere grenzenlose Freiheit in Italien, die Freundschaft mit Wolodja, unsere übermäßige Liebe zu fremden Erwachsenen, hielt sie es für einen vernünftigen Schritt, uns mit Hilfe der zu diesem Behuf herbeigerufenen Tante in einem französischen Pensionat unterzubringen. Und jetzt? Auch in Lausanne kam es ganz anders, als sie erwartet hatte. ,,Unglaublich, was für Erzieher diese Katholiken sind! Unsere Mädchen sind keine Mädchen mehr, sondern fast schon Nonnen!" schrieb Mutter. Wir erfuhren niemals, was Vater ihr erwiderte. Ich denke, er beruhigte sie; das tat er immer, denn er betrachtete das Leben aus der Höhe seiner fünfundfünfzig Jahre. Er glaubte fest daran, daß sich alles zum Guten wenden würde.

Den Musikunterricht gab bei Lacaze ein großer Kenner seines Fachs, der sehr alte und sehr strenge Monsieur Bischof. Einst soll er gekrönte Häupter in der Musik unterwiesen haben. Er war ein glänzender Pianist und verlangte von uns Schülerinnen echte Begeisterung und Fleiß. Vor unserer Zeit hatte er lange Jahre nur ein einziges „Sehr gut" vergeben an ein Mädchen von legendärem Sitzfleisch, das seine gesamte Freizeit am Klavier verbrachte. Aber auch ein „Gut" war eine große Seltenheit. Dazu gab es einen schönen Brauch: Nicht nur das mit „Gut" ausgezeichnete, sondern auch alle anderen Mädchen durften sich auf der anderen Straßenseite, in der Konditorei Hürlimann, Konfekt kaufen. Mussja, obwohl der Lektüre stärker ergeben als dem Klavierspiel, erhielt von Monsieur Bischof wiederholt die Note „Gut". Doch mit besonderer Freude denke ich an jenen Tag, als dank meines (das heißt: der Allerjüngsten) Klavierfleißes die ganze Einwohnerschaft des Pensionats strahlend über den von der Sonne übergossenen Boulevard de Grancy auf die Spiegelfenster der Konditorei zuströmte uns sich auf die vielen luftigen Süßigkeiten (wie aus Tausendundeiner Nacht) stürzte.

Solche fröhlichen Bräuche lockerten den kindlichen Alltag unseres scheinbar gut katholischen Pensionats auf.

Im Pensionat trafen zwei neue Mädchen ein: Conchita und Carmen Angulo. Sie waren Spanierinnen und Schwestern. Conchita war vierzehn. Sie überragte uns alle an Wuchs, hatte eine dunkle Haut, scharfgeschnittene Gesichtszüge und große, dunkle Kulleraugen. Carmen war neun. Sie war genauso dunkelhäutig und schwarzhaarig wie ihre Schwester, aber schöner, natürlicher und ruhiger. Wir gewannen beide lieb und nahmen sie in unseren Kreis auf. Französisch sprachen sie ziemlich schlecht.

Der Herbst brach an. Es wurde kühl. Unsere geliebte Platane verlor ihre Blätter: gelb und gezackt. Die Dienstmagd entzündete den Ofen auf der Glasveranda, der aus Gußeisen war und mit Kohle geheizt wurde. Wir lernten emsig bis zum Mittagessen. In der großen Pause liefen wir, warm gekleidet, in den Garten. Wie fröhlich und freundschaftlich verlief das Essen am langen Tisch im Eßzimmer! Wir spazierten über den Boulevard de Grancy, vorbei an vergitterten Kellerfenstern, durch die der Geruch nach Suppe, Pasteten und Braten drang.

Durch alte Gassen gelangten wir nach Ouchy. Der See lag unwirtlich da, glänzte kalt, metallisch und trüb. Ihn kräuselten flache Wellen. Morgen ist Sonntag, da gehen wir zur Messe. Anschließend werden Briefe nach Hause geschrieben. Um vier gibt es eine Schüssel mit Kuchen. Letztes Mal hielt sich Marussja von der Schüssel fern. Zuerst sollten alle anderen wählen. Sie nahm sich die drei letzten Stück Kuchen. Das waren trockene, flache Mandelkuchen ohne Creme. Die übehaupt nicht schmeckten! Ich schaute ihr zu. Ich wußte, wie schwer ihr das fiel! Aber sie hat recht: So muß man es machen! Morgen werden auf der Kuchenschüssel die sechs schlechtesten Stück Kuchen liegenbleiben. Die werden wir uns nehmen.

Und dann traf Mademoiselle Jeanne ein. Sie war groß, größer noch als Mademoiselle Lucile, hager, trug dunkle Kleider, hatte ein eingetrocknetes, feines, dunkles Gesicht. Ihre Züge hätte man schön nennen können, wäre sie nicht so hager gewesen. Es war das Gesicht einer Märtyrerin. Leicht und geräuschlos bewegte sie sich zwischen uns, aber jeden, den ihre großen, dunklen, eindringlichen, traurigen, strengen Augen anblickten, durchströmte das Gefühl, daß er sich besinnen müsse, daß er so nicht weiterleben dürfe. Das ganze Pensionat liebte Mademoiselle Jeanne noch von ihren früheren Besuchen her mit einer besonderen Liebe. Man erzählte von ihr, erwartete sie! Marussja hängte sich sofort ungestüm an sie. Und auch sie bemerkte Marussja. Von jenem Tag an war Marussja nicht wiederzuerkennen. Wo war ihr heftiger Sinn geblieben, der aufflammende Stolz, das kühne Gebaren? Jetzt brauchten Monsieur l'Abbé und Mademoiselle Lucile sie nicht mehr zu sich zu rufen und mit ihr zu reden. Ihre gesamte Freizeit (die Hausaufgaben machte Marussja schneller als alle anderen, sie stand in allen Fächern sehr gut) verbrachte sie im Zimmer von Mademoiselle Jeanne. Nachts schlief ich jetzt immer zuerst ein.

4. KAPITEL

Winter in Lausanne. Kritschewskijs Besuch

Weihnachten rückte näher. Seit der letzten Bescherung in Moskau waren zwei Jahre vergangen. Uns erschienen sie viel länger. Aus Moskau trafen von Vater allerlei Leckereien ein: Obstgelee, Konfitüre, gezuckerte Moosbeeren. Alles Dinge, die wir für unser Leben gern schleckten, und gleich in rauhen Mengen. Auch ein großes, rundes Schwarzbrot von Filippow war dabei. Wir verstauten das Paket in unserem Schrank und rührten es nicht an. Wir wollten das Glück auskosten, unsere Freundinnen damit zu bewirten. Ab und zu schrieb Andrjuscha auf Vaters Briefen ein paar Zeilen dazu: mit kleinen, schmalen, schiefen Buchstaben. Er schrieb übers Gymnasium, über seine Zensuren, über Schlittschuhlauf. Dankte für unsere Ansichtskarten. Aber er weinte uns nicht nach, genausowenig wie wir ihm. Wenn jedoch, was selten geschah, ein Brief aus Italien von Wolodja Miller eintraf oder sein Foto, auf dem er dicker war als früher und College-Uniform trug, dann flammte in uns die Sehnsucht auf: nach ihm, nach dem Meer, den Felsen, der verlorenen, geliebten Kindheit. Sehr häufig dachten wir an Ljora. So seltsam das erscheinen mag: Manchmal glaubten wir, sie könnte uns jetzt vielleicht besser verstehen als Mutter. Deren Briefe liebten wir sehr, lasen sie immer wieder durch. Aber einmal schrieb uns Mutter folgendes: „Wladimir Alexandrowitsch hat geheiratet, eine sehr gute, gebildete Frau, eine ausgezeichnete Musikerin." Da verengte Marussja ganz leicht ihre Augen und sagte böse: „Wahrscheinlich die von damals! Weißt du noch?" Bald erhielt Mutter unseren Kommentar dazu. Marussja zeigte mir nicht, was sie über den Tiger an Mutter schrieb. Aber ich erinnere mich meiner Worte: „Mama, warum hat der Tiger geheiratet? Er sagte doch, Heiraten sei spießig . . . er sei ein freier Adler. Wie konnte er?"

Es war Winter. Die Straßen in Lausanne waren verschneit und märchenhaft wie auf den Bildern in Marussjas Lieblingsbuch *David Copperfield*. Auf den Spaziergängen mit Mademoiselle Marguerite blieben wir vor den Schaufenstern der Spielzeugläden und Papiergeschäfte stehen und betrachteten die von funkelnden Eisblumen eingerahmten Gegenstände, die sich als Geschenke eignen könnten (die Mädchen kamen aus dem Flüstern, Lächeln und Geheimnisvolltun nicht heraus). Bei Maccat gab es Siegellack in allen Farben: silbern, bronzefarben, golden. Es gab Schachteln mit allerlei Briefpapier, mit Briefumschlägen in allen Größen und Farben: glänzend, dünn und dick. Tintenfässer in Form von Hunden, Pferden, Katzen, Vögeln, kleinen Menschen. Poesiealben, Malalben, Alben für Ansichtskarten. Schachteln aus Holz oder Perlmutt oder Schildpatt, darunter auch solche mit hineingeschnitzten Alpenblumen. Papiermesser, Bleistifte in seltsam geformten Futteralen und eine Unzahl von Federmessern (mit Schildpatt, Perlmutt, Elfenbein, Metall, Holz). Und die Bücher! Gegen die Verkaufstheke gepreßt wie in Moskau bei Wolf, verschlangen wir gierig die französischen Titel: *Die silbernen Schlittschuhe*, das von Kindheit an vertraute *Ohne Familie*, Holland, Schiffbrüche, Fischerhütten am Meer. In dunkelblauen, hellblauen, dunkelroten, grüngoldenen Einbänden. Und der Schnee wirbelt wie in Rußland, er peitscht unsere Wangen, sie brennen. Überall vor den bereiften Schaufenstern herrscht vorweihnachtliches Treiben. Wir gehen auf die Straße hinaus, mit Paketen beladen, durch die Drehtür, die immer nur eine Person durchläßt. Solche Türen gab es in Rußland nicht, das ist neu und lustig.

Unser Pensionats-Weihnachtsbaum ist bereits geschmückt, das haben die älteren Mädchen getan. Sie haben ihn geschmückt und den Salon abgeschlossen, denn es soll eine Überraschung für uns sein. Am Abend wird man ihn anzünden, und bengalische Kerzen werden brennen, und es wird Geschenke geben und Lieder und Torten und Apfelwein. Aber vorher werden die Pensionatsmädchen noch etwas anderes tun, die jüngeren unter ihnen werden einen kleinen, geschmückten, glitzernden Tannenbaum nehmen und ihn zur armen Familie der Concierge tragen. Wie könnte man den Jubel ihrer beiden Kinder vergessen, als wir so unverhofft das Weihnachtsfest in ihr Haus brachten?

Eines Tages, ich glaube, es war ein Sonntag, rief man Mussja und mich in den Salon. „Euer russischer Bekannter ist zu euch gekommen", sagte man uns, „er kommt aus der Stadt, wo eure Mutter zur Kur weilt. Kämmt euch rasch und geht, er wartet schon." Mit pochenden Herzen gingen wir die Treppe hinunter. Unten stand unser Freund Kritschewskij aus Nervi. Er war immer noch der gleiche: hochgewachsen und stämmig, mit lockigem Kopf, ein wenig tolpatschig mit seinem großen Körper und so verlegen wie ein kleiner Junge. Fröhlich machte er eine Bewegung auf uns zu und blieb sofort wieder stehen. Er hatte etwas sagen wollen, aber das Wort blieb ihm im Halse stecken. „Guten Tag", sagten wir höflich und gingen auf ihn zu. Heftiges Mitleid erfaßte uns. So ein Guter, ist zu uns gekommen . . . Aber er glaubt nicht an Gott, er macht sich über ihn lustig, er ist ein Feind.

„Ihr habt euch stark verändert", sagte Kater Murr, nachdem er vorsichtig unsere Hände gedrückt hatte. „Ihr seid gewachsen. Sehr sogar. Und überhaupt . . ."

Er schien den Versuch zu machen, irgendeine Schranke zu überwinden. „Nun, wie lebt ihr? Wie lernt ihr? Und du, Mussja? Schreibst du noch Gedichte? Und die Musik? Und du, Mäuschen: Spielst du auch Klavier?"

Wir antworteten, er fragte. Marussja bat ihn, Platz zu nehmen. Er dankte, blieb aber stehen.

„Ich bin nur auf einen Sprung hier . . .", sagte er verlegen. „Ihr habt euch wirklich sehr verändert! Habt euch wohl an euer Pensionat gewöhnt?" – „Ja, es geht uns hier gut. Und wie geht es Kätzchen?" – „Kätzchen bat mich, euch zu besuchen. Sie war krank, jetzt ist sie wieder gesund." – „Richten Sie ihr bitte unseren Gruß aus." – „Werde ich tun. Ich hab' hier auf euch gewartet und gedacht: Was mag aus ihnen geworden sein? So ist das also mit euch. Wer ist denn das?" fragte Kritschewskij verdutzt. „Eine Heilige?" Er stand vor einer kleinen Statue. „Das ist", entgegnete Marussja sehr ernst „die Madonna!" – „Ach, die ist das! So ist das also mit euch. Und ich dachte . . ." Er hatte nichts mehr zu sagen. Er stand da und blickte uns an und wir ihn. Verloren. In unserem Inneren stürmte es. Aber das konnten wir nicht zeigen.

Er fragte nach irgendwas. Wir antworteten. Dann hatte er es

plötzlich eilig. Wir begleiteten ihn an die Tür. Als sich die schwere Tür hinter ihm geschlossen hatte und wir seinen sich entfernenden Schritt hörten, wandte Marussja schroff ihr Gesicht ab. (Weinte sie?) „Du belauerst mich?" Aber ich heulte schon: wie in der Kindheit.

Zu den Gymnastikstunden fuhr das Pensionat vollzählig aus. Der große Turnsaal hatte ein dunkelgelbes Parkett, das nach einem besonderen Petroleum roch. Wir schnupperten: „Es riecht nach Moskauer Abstellkammer." Die Ägypterinnen, besonders Marinas Freundin Aglae, konnten wunderbar turnen. Wir machten nicht mit. Unsere Mutter vertrat die Meinung, daß Mädchen, wenn überhaupt, eine andere Gymnastik brauchten. Der allgemeinen Gymnastik hielten wir uns fern. Ich schaute gern den blauen Matrosenkleidern zu, hörte die Musik, prägte mir den Rhythmus ein. Einige Male in meinem späteren Leben fing ich mit meiner Nase irgendwo den Geruch jenes besonderen Petroleum-Parketts auf und fand mich sogleich in jenem Saale wieder.

Dann kam der Karneval: mit seinen Masken, dem Gekreisch auf der Straße, dem Gelächter der fröhlichen Menge . . .

5. KAPITEL

Eine Prüfung wird über uns verhängt. Der Frühling
des Jahres 1904. Das Schloß von Chillon.
Das Fest der Narzissen

Es geschah am 1. April. Ein Unglück brach über uns herein. Unter seiner Last, von Entsetzen gepackt, in völligem Nichtbegrei-
fen vor der Grausamkeit, daß man sich nicht rechtfertigen kann,
verzweifelnd sahen wir Jüngeren uns, von der Verachtung der
Älteren und all jener getroffen, die uns gestern noch geliebt hatten, ohne einen einzigen Freund in einen desperaten Zustand
versetzt. Was war geschehen? Irgendwer hatte unseren Erzieherinnen zum ersten April einen anonymen Brief geschickt. Sein
Inhalt war derart infam, daß uns die Einzelheiten vorenthalten
wurden. Dennoch beschuldigte man uns jüngere Mädchen, diesen Brief geschrieben zu haben. Die drei Ägypterinnen und uns
zwei Russinnen. Ohne den Inhalt zu erzählen, sagte man uns:
,,Ihr wißt, was ihr getan habt! Tut nicht erstaunt, heuchelt nicht.
Der von euch verfaßte Brief spricht für sich. An jenem Tag, an
dem die Menschen auf der ganzen Welt einander harmlose Streiche spielen, habt ihr eure Prinzipalinnen, die euch so lieben, mit
Unflat überschüttet. Und euch dabei selber mit Schmutz bedeckt!" Alle unsere Bemühungen, Genaueres zu erfahren, schei-
terten. Man ließ unsere Fragen unbeantwortet. Man bezichtigte
uns der Unverschämtheit und Gewissenlosigkeit und forderte
uns auf zu schweigen. Verzweifelte, für den Empfänger unverständliche Briefe flogen nach Kairo, nach Moskau, nach Nervi.
Da wir unschuldig sind, so folgerten wir, da die gegen uns gerichteten Vorwürfe auf einem Irrtum beruhen, handelt es sich offenbar um eine über uns verhängte Prüfung. Wir müssen sie
durchstehen! Die Wahrheit wird triumphieren, sagte eine von
uns, wir werden gerechtfertigt werden! Indem wir einander Mut
zusprachen, bemühten wir uns, niemanden der Ungerechtigkeit
zu zeihen. An uns war es jetzt, zu trösten – und zu warten . . .

Jeder neue Versuch, etwas zu erfahren, versetzte die Erwachsenen in unbändigen Grimm. Es war genau derselbe Grimm, gegen den wir Unschuldigen in uns ankämpften. Ein Ausweg war nicht abzusehen. Wir flehten den Himmel an, uns zu helfen. Wie viele Tage waren so verstrichen? Viele . . . Eine von uns (Olga? Aglae? oder Marussja?) brachte einige Zeit später eine zusätzliche Information. Der Brief enthielt auch unwürdige Spottbilder, zum Beispiel einen Nachttopf, und das Zimmer von Mademoiselle Lucile war erwähnt, und sie selbst, und Mademoiselle Marguerite, und Monsieur l'Abbé . . . Und Spottverse standen daneben, die gegen die Würde unserer Erzieherinnen gerichtet waren. Wir weinten noch bitterlicher als vorher. Erinnere ich mich richtig, daß Marussja, als die klügste und kühnste von uns, sich zu einem Gespräch mit Mademoiselle Lucile entschloß? Oder wurde sie zu dieser gerufen? Nur an eines erinnere ich mich genau: an die Düsternis jener Tage, das Gefühl der übermächtigen Bürde, die Tränen. Ich war neun Jahre alt, Marussja war elf. Unsere Freundinnen waren elf, zwölf und dreizehn. Man sprach nicht mit uns. Man wandte sich im Vorbeigehen von uns ab. Die Tränen schienen nicht auszureichen. Und woher die Kraft zum Lernen nehmen? Aber das Leid schweißte uns zusammen.

Ich weiß nicht, wie und woher endlich unsere Rechtfertigung kam. Aber dieser Tag brach an. Man sagte uns, die Sache habe sich aufgeklärt, unsere Unschuld sei erwiesen. Alle seien glücklich, daß ein so ungeheuerlicher Verdacht von uns genommen sei. Wir weinten Tränen der Erleichterung, die noch ausgiebiger flossen als die Tränen der Verzweiflung. Unser früheres Leben kehrte zurück, die Liebe der Älteren, die Freuden des Tages waren wieder da.

Die Gärten wurden grün. Das Fest der Narzissen nahte. Die Platane begann mit ihren hellgrünen, unglaublich neuen Blättern zu rauschen. Auf den ausladenden unteren Ästen saß Mieze und machte ihre Aufgaben. Conchita stritt sich wie immer mit Olga oder Astina. Ihre jüngere Schwester Carmencita, ein stilles, sehr gut lernendes Mädchen, blickte sie vorwurfsvoll an. Ich spielte mit Violet, der lilablauäugigen Engländerin mit der riesengroßen Schleife an der Schläfe. Das Lernen machte mir jetzt mehr Spaß. Das Einpauken der Geschichtszahlen und der geographischen Daten bereitete mir keine Mühe mehr. Von Marussja ganz zu schweigen: Die lernte beinahe spielend. Sie schluckte die Bücher nur so, verschlang sämtliche Bände der *Mütterlichen Erziehung* und viele andere Bücher, die auf den Regalen im Wintergarten standen: Racine, Corneille, Victor Hugo (sie nahm am Literatur-Unterricht der größeren Mädchen teil).

Die *Fête des Bouchers*, ein Schweizer Nationalfeiertag. Ein Festzug mit altertümlichen Trachten, Hellebarden, Fahnen, mit Samt, Gold und Musik . . . Die Stadt ist geschmückt. Ganz Lausanne ist auf den Beinen. Unter offenem Himmel verfolgen wir ein Festspiel.

Die Woche der Frühlingsferien verbrachten wir in Bex-les Bains. Das hohe Gras im Park, die kleinen Zimmer des Berggasthofs, die Bergwanderungen. Der grandiose Frühling der feuchten Täler und blühenden Bäume. Die Reise nach Grotte-aux-Fées. Die Springbrunnen vor dem Eingang in die Höhle, das sprudelnde Wasser, der Schaum, die Wellen . . . Die Legende von den Feen. Das alles übergossen von bengalischem Feuer.

Wir betreten das Schloß von Chillon. Vorne ist Wasser, blau wie Mutters Kugeln. Am Gemäuer: grüner Schimmel, Moos, stinkendes Wasser. Bonivars entsetzliche Besitztümer. Wir betreten die Zugbrücke, die auf das Schloß zuführt, über das ringsum dunkel glänzende Wasser. Die Kindheit und Jugend treten in die Feuchtigkeit, die Düsternis, den Schimmel der Geschichte ein. Wir biegen um die glitschige Schloßmauer, berühren die darin eingemauerte, rostige Kette. Wir schauen in die Maueröffnung über dem Wasser, durch die man die Leichen der verstorbenen Gefangenen warf. Es war ein strahlender Sonnentag. Der Genfer See lag wie ein Stück Silber da.

Die Seele jenes Frühlings war das Fest der Narzissen. Die vom Duft dieser Blumen berauschte Stadt, das Volksfest, die Umzüge . . . Pferde in weißem Geschirr, Kinder in seltsam geformten Festwagen, die die Gestalt eines riesenhaften Eis, einer Blumenvase, eines Nestes, eines kleinen Hauses, eines römischen Kampfwagens haben. Die Schlacht der Blumen . . . Alles in Weiß: inmitten der Berge von Narzissen, umweht von ihrem Duft, der so stark ist, wie niemals und nirgends mehr im Leben, Ihm vergleichbar ist nur der Geruch des Flieders in Tarussa, in der Kindheit, der heiß und frisch durch die geöffneten Fenster unseres alten Waldnestes strömte . . .

VIERTER TEIL

Deutschland

1. KAPITEL

Langenhart. Neue Freunde. Liechtenstein.
Mutters Märchen. Marinas Lieblingsbücher.
Die Schwarzwaldlandschaft

Wie vor einem Jahr rüstet sich das Pensionat Lacaze wieder zu
seiner Alpenfahrt. Aber wir fahren nicht mit, unser Leben nimmt
wieder eine neue Wendung . . . Vater ist aus Rußland, Mutter
aus Italien gekommen. Sie holen uns ab, und wir fahren zusam-
men in die unbekannten Wälder des Schwarzwaldes, wo hohe,
dichte Tannen und Kiefern wachsen: wie in den Märchen von
Perrault.
Man begleitet uns zum Bahnhof, so wie früher wir andere
Schülerinnen dorthin begleitet haben. Die Mädchen werden ins
Pensionat zurückkehren, wir aber . . . Letzte Wünsche, letzte
Tränen. Der ratternde Zug entfernt uns aus Lausanne.
Mutter, Vater . . . sind wir wirklich alle wieder vereint?
Die breite, mit Obstbäumen bestandene Landstraße steigt in
langsamen Kurven den Berg hinauf, vorbei an schmucken, klei-
nen Dörfern. Dort, wo die Straße eine Wendung macht, steht je-
desmal ein Kruzifix. Über den blauen Himmel ziehen Wolken.
Unser Wagen hält vor einem zweistöckigen Haus mit Spitzdach.
Über dem Eingang hängt ein großer vergoldeter Engel aus Holz.
Daneben steht: *Gasthaus zum Engel*. Uns entgegen, durch die
Tür, kommt der Wirt. Er heißt *Herr Meier*. Er ist stämmig gebaut und hat ein rundes, strahlendes, leicht gerötetes Gesicht. Er
trägt ein weißes Hemd und darüber Hosenträger. Er führt uns
nach oben, in die für uns reservierten Zimmer. Vater war gestern
schon hier und hat sie ausgewählt. Die gemütliche Holztreppe
erinnert uns an unser Moskauer Haus, die Zimmer sind ruhig
und hell. Alles ist einfach und gediegen: die Betten, die Tische,
die Kommoden. Eine Stunde später, nachdem Mutter die Sachen
ausgepackt und geordnet hat, ist uns so, als würden wir schon ein
ganzes Jahr hier leben . . . Nur unsere Nasenflügel weiten sich

vor den neuen, fremden Gerüchen der Holzwände, der holzgeschnitzten Sofas. Und wer hat diese Blumensträuße für uns auf
den Tisch gestellt?

Die *Wirtsstube* (oder: *Gaststube*?) ist ein großer, niedriger
Raum. Darin stehen Tische, Sitzbänke und Stühle mit hohen
Rückenlehnen. Außerdem befindet sich in der Wirtsstube ein
weit vorspringender Kachelofen aus bunten, glitzernden, reich-
verzierten Kacheln. Wie gemütlich ist es hier doch! Noch nirgends und niemals hat es uns so gut gefallen! Als wäre das unser
Haus, in dem wir schon früher einmal lebten, in das wir jetzt
heimkehren. Wir hatten ganz vergessen, daß das unser Haus ist.
Jetzt fällt es uns wieder ein.

,,Kinder, was ist mit euch? Mussja, nimm deinen Teller!" – Auf
dem Tisch steht ein großes Tablett. Auf dem Tablett liegen alle
Wonnen der Schwarzwälder Küche: kaltes Huhn, Spiegeleier
(die liebt Vater seit seiner Studentenzeit), Kartoffelsalat, graues
Brot, Butter und – als Höhepunkt – der Aufschnitt. Das sind
dünne Scheiben aller möglichen Würste und Schinken: gekocht
und geräuchert. Mutter verteilt diese Delikatessen auf unsere
Teller. Am nächsten Tag baten wir die Wirtsleute, im Freien essen zu dürfen: unter einer riesengroßen Linde.

Mariele, Karl. Es war Freundschaft auf den ersten Blick. Karl ist
die ganze Zeit mit uns zusammen, auch Mariele schließt sich uns
an, wenn sie nicht im Haushalt mit anpacken muß (und schon
denken wir wehmütig daran, daß wir von den beiden werden
Abschied nehmen müssen). Mariele ist so groß wie Marussja,
vielleicht etwas größer, sie ist stämmig gebaut, hat eine schwere,
trotzige Stirn und aufmerksame, graublaue Augen. Sie ist dreizehn Jahre alt: älter als Marussja. Karl ist zehn: so alt wie ich. Er
hat helles Haar und ist lustig. Ein kleiner Schwarzwälder Bursch.
Doch unsere Freundschaft mit diesen Kindern hat nichts Ausge-
lassenes. Ringsumher sind lauter Hügel und Täler, Wege, Pfade,
verzauberte Nadelwälder, Hänge, blühende Sträucher, Wiesen.
Hier ist Marussjas Reich, dort ist meines. Wie viele solcher Reiche (immer mal zwei) sind über die später nie wieder gesehene
Umgebung von Langenhart verstreut! Was für Morgen waren
das! Karl und Mariele helfen im Haushalt mit, während wir zwei
weit, weit weglaufen, vorbei am rauschenden Borerbach, der
(wie das Tal von Patschjowo bei Tarussa) von darüber geneigten,

fast schon baumgroßen Sträuchern überwachsen ist. Wir laufen weiter, bergauf, bergab, dorthin, wo in der Tiefe der hohen, dunklen Tannen und Fichten, in der dichten, goldenen Nadelfinsternis, in die ab und zu ein fast senkrechter Sonnenstrahl einfällt, die Zauberin des Waldes lebt.

Mutter fühlte sich wohl. Manchmal zog die ganze Familie zu einem Waldspaziergang in die Tiefe des Schwarzwaldes aus. Mutter stützt sich auf Vaters Hand, wie vor Jahren in Tarussa, Vaters Stimme berichtet ihr über das Museum, er erzählt, wer ihm bei der Arbeit hilft, spricht von seinen Plänen und Hoffnungen. Wir gehen zu ihren beiden Seiten und lauschen. Manchmal bücken wir uns, um einen Tannenzapfen, einen Zweig, ein Stöckchen aufzuheben. Manchmal rennen wir voraus und wieder zurück.

Die Stunden des abendlichen Vorlesens! Mutter liest uns auf deutsch Hauffs *Liechtenstein* vor. Der unglückliche Herzog Ulrich, der Neckar, die Kriegshändel, der Ritter Georg, die Gestalt des Mädchens im Fenster . . . Mutter kann wunderbar vorlesen! Wir merken nicht, daß es schon bald Nacht ist. Und wenn Vaters Stimme sagt: „Kinder, es ist Schlafenszeit!", dann stürzen wir auf Mutter zu, flehen sie um Fürsprache an, denn man kann jetzt nicht einfach aufhören, erst wenn das Kapitel zu Ende ist . . .

An den Sonntagen kamen viele Leute aus der Stadt zu uns in die Berge gefahren (oder zu Fuß): zu zweit, zu dritt, familienweise und in großen Gesellschaften. Der große Platz vor dem Haus bis ganz dicht an unsere Linde war mit Tischen und Stühlen vollgestellt und summte wie ein Bienenstock.

An solchen Tagen aßen wir in der Wirtsstube zu Mittag, abends zogen wir uns früher in unsere Zimmer zurück. Und immer gingen wir viel spazieren. An einen Spaziergang kann ich mich noch sehr gut erinnern. Vater war nicht dabei (vielleicht war er in Freiburg oder er schrieb einen Brief nach Moskau in Sachen Museum), wir machten den Spaziergang zu dritt. Der führte immer tiefer in den Wald hinein. Ringsherum herrschte jene ganz besondere Nadelwaldstille. Unsere Schritte waren kaum zu hören. Im Halbdunkel der fast bis zur Erde reichenden Tannenzweige und der den Himmel verdeckenden, dichten Kiefernkronen herrschte eine goldene Finsternis. Irgendwo ganz oben unterhalb des Himmels rauschten die Kronen und bewegten sich im Wind. Die Luft erfüllte der vielleicht wunderbarste Geruch, den es auf der Welt gibt: der Geruch nach Harz. Und diese Stille gibt es nirgends auf der Welt: nur in den Wäldern des Schwarzwaldes . . .

Wir gingen, an Mutter geschmiegt, den mit Tannennadeln besäten Pfad entlang. Unsere Schritte konnten wir nicht hören. Und heute abend, da werden die fröhlichen Burschen ihre Becher am Boden zerspringen lassen (das machen sie immer am Samstag) und werden ihre Studentenlieder singen.

Die Zeit der Heumahd kam. So dicht wie der Harzgeruch in den Wäldern schwebte jetzt über die Wiesen, wie ein riesengroßer Vogel, der Geruch nach frischem Heu. Seine weich federnden Haufen liegen wie in Tarussa auf den Wiesen, wenn wir zusammen mit Mariele, Karl und Peterle auf die Heuwagen klettern, um beim Einsammeln und Verladen zu helfen. Wir tanzen und fallen und purzeln hinunter und klettern wieder hoch und atmen, atmen. Am Heu kann man sich nicht sattatmen! Aber stechen tut es . . .

So wie sich Marina in früher Kindheit in Ssyssojewas *Geschichte eines kleinen Mädchens* hineinlebte, so wie sie in Italien *Il Cuore* von d'Amicis (eine Geschichte aus dem Leben der italienischen Schüler) leidenschaftlich liebgewann und in Lausanne die Bücher von Selma Lagerlöf, so ging sie jetzt mit Begeisterung in der Lektüre der deutschen Bücher auf. Alle Fremdsprachen wurden Marina verwandt, sie brauchte sie nur zu berühren. Italienisch las sie, ohne es gelernt zu haben. Die lateinischen Wortwurzeln waren ihr in ihren zahlreichen Abwandlungen vertraut.

Wir liegen im Gras und lesen. Marina liest *Heidi* (über ein Mädchen, das in einer Berghütte lebt), ich lese Schwarzwaldlegenden. Der Schatten der Bäume kriecht langsam über uns hinweg, wir kriechen ihm nach. Wir sind mit der Erde und dem Gras verwachsen wie die Eidechsen und haben genau solche grünen Augen. Was ist das? Wir horchen, mit erhobenem Kopf, wir belauschen die Luft. Lauter als das Summen der Bienen klingt wie Goldstaub von fern und von oben eine langsame Melodie. Das ist Mutter. Sie singt zur Gitarre. ,,Der Frühling kommt, doch nicht für mich . . .'' Die Bücher klappen zu. Wir rennen zu Mutter hinauf.

Das ,,Gasthaus zum Engel'' lag höher als die benachbarten Dörfer. Manchmal stiegen wir mit den Eltern dort hinunter. Die braunen Schwarzwaldhäuser ähnelten einem Steinpilz oder Birkenpilz. Sie hatten ein steiles, tief hinabreichendes Dach, ums Haus herum lief eine Galerie. Sie sahen wie holzgeschnitztes Spielzeug aus und waren überall verstreut: an den Wegrändern, den Hängen oder an Straßenkreuzungen, wo auch immer Kruzifixe standen. Die Schwarzwaldtäler! Das waren lebendig gewordene Grimmsche Märchen! Verwunderlich waren die zu beiden Seiten der Landstraße wachsenden Bäume. Ihre Früchte wurden von den Kindern nicht vor der Zeit gepflückt. Geschah das aus Vernunft oder aus Angst vor der Sünde? Auf den Bänken vor den Häusern saßen uralte Greise mit langen Pfeifen und alte Frauen mit einer Handarbeit oder mit kleinen Kindern auf dem Arm. Alle trugen Schwarzwälder Tracht, wie auf den Ansichtskarten, die wir in Freiburg gesehen hatten.

Wenn sich der Sonnenuntergang anzukündigen begann, tönte aus den Tälern das Geläut der fernen Dorfkirchen, genauso unausweichlich wie der Morgen und der Abend. Es war die melodiöse Stimme der Talstille und der Bergstille. Auf diesen Ruf hin zogen Kinder, einzeln oder zu zweit, von den Bergweiden zu Tal, eine kleine Herde Ziegen oder Schafe vor sich hertreibend. Zum gleichen dünnen Klang der um den Hals der Tiere hängenden Glöckchen wie einstmals in den russischen Weiten. Und dann kam die Grimmsche Nacht: sternenklar. Wie ein großes Zelt bedeckte sie Bäume, Hügel und das Rauschen des Tannenmeeres.

Die Morgen wurden frischer, die Abende länger. Es roch nach Stroh, die Blätter fielen. Wir hielten Gerten mit Blättern an den Enden in der Hand und peitschten damit im Laufen die noch warme Luft.

Unsere Federmesser schnitzten Stöcke im Wald. Unser Eifer war groß, denn schon nahte die Pensionatszeit . . .

Sonntag: Zum letztenmal sehen wir Herrn und Frau Meier die Sonntagsgäste bedienen. Sie servieren das Bier und das Essen, geschickt und behend. Die fröhlichen Stimmen der speisenden Freiburger summen auf dem Platz. Wir hören das Summen zum letztenmal! Heute strahlt Karls Gesicht nicht, wenn er, wie der Vater, die Teller und Flaschen auftischt. In seinen Augen sind Tränen. Das macht der bevorstehende Abschied von uns. Und die taubengrauen Augen von Mariele schauen unter der Stirn hervor: wie eine Wolke. Eben sah ich sie mit Marussja hinter dem Haus vorbeihuschen.

... Tränen, Händeschütteln, Versprechungen. Wir kommen wieder, wir werden schreiben. Man winkt uns mit Tüchern. Dann bringen uns Pferde rasch nach Freiburg. Durch das Martinstor fahren wir in die Stadt hinein. Das Steildach des Rathauses, breite Sonnenstreifen auf stillen Straßen und engen Gassen. Wie in Genua. Kleine Plätze, ein Springbrunnen, das Portal des Münsters.

Wir sind im Hotel. Morgen wird uns Vater in das Pensionat Brinck führen. Mutter wird in unserer Nähe wohnen, eine Straße weiter. Vater hat schon ein Zimmer für sie gefunden, ganz nach ihrem Geschmack. Es ist ein Mansardenzimmer unter einem hohen Dach. Mutter sagt, daß das für ihre Lungen gut sei. Vor Mutters Fenster fließt ein Fluß, darüber spannt sich eine alte Brücke. Einstweilen sitzen wir noch im Hotelrestaurant. Dieser Tag gehört noch *uns*. Ein richtiger ganzer Tag!

Bald wird sich Vater von uns verabschieden. Er wird nach Moskau fahren, in unser Haus in der Dreiteich-Gasse ... Zu „unserem großen jüngeren Bruder": dem Museum.

2. KAPITEL

Pensionat Brinck

Wallstraße Zehn. Eine enge Straße, an Gärten kann ich mich nicht erinnern. (Wie kam diese unfreundliche Straße in diese gemütliche alte Stadt?) Genauso fehlt in meinem Gedächtnis die Eingangstür in das Penionat Brinck: als hätte die Trostlosigkeit unseres Hineingehens sie verschluckt. Die Wände im Treppenhaus hatten keine Farbe.

Was war im Erdgeschoß? Die Klassen. Dort traten die glücklichen externen Schülerinnen ein, die Haus und Familie besaßen. Wir sahen sie nur beim Unterricht. Wir durften uns nicht mit ihnen anfreunden. Das Pensionat Brinck war ein Verließ. Hier träumten wir stets den gleichen Traum: Freiheit!

Im ersten Stock lagen die Zimmer der Brinck-Schwestern: Fräulein Pauline und Fräulein Änni. Dort irgendwo lebte auch die Wirtschafterin: Fräulein Keller. Wahrscheinlich im zweiten Stock befanden sich unsere Schlafsäle: zwei große, hohe, im rechten Winkel zueinander liegende Räume. Zum Mittagessen gingen wir in den langen Eßsaal hinunter, vor dessen Fenstern dunkle Vorhänge hingen, in dessen Mitte ein schwerer, langer Tisch stand. Ganz oben waren die Klassenzimmer und der qualvollste aller Räume: *Nummero Achtzehn*. Ihn betraten wir nach dem Mittagessen und Spaziergang. Wir mußten uns dort von vier bis sieben aufhalten und in vollständigem Schweigen unsere Aufgaben machen. Nachdem wir diese Qual geschmeckt hatten (in einer halben Stunde oder Stunde waren wir mit den Aufgaben fertig und mußten die noch verbleibenden zwei oder zweieinhalb Stunden unbeweglich dasitzen, denn Lesen war nicht erlaubt), wandten wir uns hilfesuchend an Mutter, und sie holte uns für diese Zeit ab. Diese Vergünstigung wurde uns nur wegen Mutters Krankheit gewährt.

Fräulein Pauline Brinck, die unsere Eltern und uns in ihrem Empfangsraum, dem sogenannten „grünen Zimmer", empfing, dürfte in diesem Augenblick ein gleichfalls grünes Kleid getragen haben – so imposant erhob sie sich aus der Tiefe ihres sumpfgrünen Zimmers: hager, hochgewachsen, mit länglichem, welkem Gesicht und trüben, grünlichen Glotzaugen. Ihr schon vorwiegend graues Haar, am Haarwirbel zu einem Büschel gebunden, machte sie noch größer. Ihre jüngere Schwester Änni war um einen Kopf kleiner und wirkte bei weitem nicht so stattlich. „Die ist falsch", war unser erster Schluß, woraufhin wir sie heftig zu hassen begannen. Der älteren Chefin gegenüber empfanden wir hingegen keinen Haß. Auf dem Grund dieser Strenge lebte sogar etwas wie altdeutsche Sanftmut. Im süßlichen Lächeln von Fräulein Änni witterten Marussja und ich sogleich Gefahr und drohende Not. Für ihre Schwester empfand Fräulein Änni große Verehrung, selbständige Macht übte sie im Pensionat nicht aus. Sie sah alles, hörte alles und hinterbrachte alles ihrer Schwester. Außerdem gab es noch die Wirtschafterin Fräulein Keller, eine blonde, grauäugige, hübsche und freundliche Frau mittleren Alters. Sie war bei Tisch zugegen und teilte zusammen mit Fräulein Änni das Essen aus. Eigentlich war das Essen eher ein Futter. Es war karg bemessen und eintönig; eine der häufigsten Begierden im Pensionat war die Sehnsucht nach mehr Essen. Wir standen um sechs Uhr dreißig in der Früh auf, das geschah in einer geradezu phantastischen Weise. Das auf Gehorsam gedrillte Gehör der Pensionatsmädchen erkannte noch im Schlaf das aus den Fernen und Tiefen des Korridors herannahende dünne, bösartige (noch ohne Silberklang) Scheppern der Schelle in der zusammengepreßten Hand der uns weckenden Person. Wie Nixen vom Grund eines Flusses erhoben sich aus dem Weiß der Laken noch halb schlafende Mädchenschatten, sie rieben sich die Augen, entwirrten ihre Zöpfe, stolperten mit tauben Füßen über Teppichfalten und herumstehendes Schuhwerk und empfingen stehend die Gestalt in der geöffneten Tür, in deren erhobener Hand die Glocke jetzt silbern, ungestüm und grimmig dröhnte. Und schon hatte sie ausgedröhnt! Die Füße in den Filzpantoffeln, drängten sich die Mädchen um die inzwischen eingetretene Person und empfingen aus ihrer Hand ein winziges Billet, auf dem das Wort *Auf!* gedruckt stand. Nicht von ungefähr hatten sich die Pensionatsmädchen beim Wecken und Aufstehen so beflissen angestellt, nicht zufällig empfingen sie die Glocke in Reih' und Glied stehend. Alle jene nämlich, die am Ende des Trimesters Tag für Tag empfangene Billets mit dem *Auf!* komplett vorweisen konnten, erhielten in feierlicher Anwesenheit sämtlicher Chefinnen, Erzieherinnen und Schülerinnen, in Würdigung ihrer Verdienste im Kampf gegen die Faulheit, eine öffentliche Belobigung und dazu ein buntes Bild zur Erinnerung: Schäfchen und Schäfer, ein kleines Mädchen mit Regenschirm, ein Kätzchen oder Hündchen.

Was Marussja und mich betrifft . . . Sei es, daß diese Glocken, Billets und Bildchen den Geist des Aufruhrs in uns weckten, sei es, daß unser russischer Geist diesem deutschen Pensionat sowieso zuwiderlief: Jedenfalls standen wir so gut wie nie in der Schar der Nixen an der Tür.

Wir liebten hier niemanden! Wir warteten nur auf die selige Stunde, in der uns Mutter mit sich fortführen würde . . . Einander anblickend, einander stumm das Erinnerte mitteilend, wuschen wir uns, jeder in seiner Waschschüssel, aber am gleichen Waschtisch. Wir wischten jeden Tropfen weg, machten Toilette mit Kamm und Bürste, entfernten in aller Eile irgendein in der Bürste steckengebliebenes, vermaledeites Haar und bewegten uns dann, beim zweiten Klingelzeichen (für Waschen und Anziehen war uns eine unvorstellbar winzige Anzahl von Minuten zugeteilt) in Zweierreihe hinunter in den Eßraum. Acht Minuten durfte, wenn ich mich recht erinnere, das Hinunterschlucken eines Krugs kochend heißer Milch (ohne Untertasse!) sowie einer trockenen Semmel dauern. Darauf folgte der Morgenspaziergang. Er führte jedesmal auf den gleichen Schloßberg, was ihn zu einer Pein machte. Wahrscheinlich fehlte es den Veranstaltern an Phantasie.

An Mutters Zimmer, in dem wir mit ihr viele selige Stunden verbrachten, kann ich mich gut erinnern. Es war länglich, an einem Ende war das Fenster. Tür und Fenster lagen sich gegenüber, eingerahmt von Holztäfelung. Rechterhand stand Mutters Bett, dahinter ein Tisch, wo auf dem Spirituskocher russischer Tee zubereitet wurde. An der linken Seite stand ein Klavier, das Mutter gemietet hatte. Hinter dem Klavier und gegenüber von Mutters Bett stand ein kleines Sofa. Auf diesem Sofa schliefen wir abwechselnd jede zweite Nacht von Samstag auf Sonntag. Für uns beide reichte der Platz nicht aus.

Die Gemütlichkeit von Mutters Mansarde mit dem Fenster, das auf die grünen Wellen des Flusses hinausging, unsere Unterhaltungen über Vergangenes und Kommendes, die Erinnerungen an Nervi, Moskau, Tarussa, Lausanne und Langenhart, das abendliche Teetrinken, Mutters Klavierspiel, die Gitarre, die Dämmerstunde auf dem kleinen Sofa, auf dem wir zu dritt wie Freundinnen saßen (jede von uns beiden zog sich ein Ende von Mutters kariertem Schal über die Schultern, der uns alle drei einhüllte): Welch ein Kontrast war das zur Wallstraße Zehn, von wo wir uns für drei Stunden losgerissen hatten, wohin wir bald zurückkehren mußten! Das war unausweichlich wie der Schlag der Turmuhr. Schon der Anblick der Eingangstür in das Institut Brinck, die so schwer und dunkel ist wie die Luke eines steinernen Schiffes! Sie verschlingt uns wie Charon die Seelen . . . In Wehmut zusammengebissene Zähne, Schüttelfrost. Wir haben schon geklingelt, gleich geht die Tür auf!

Wir sind noch rechtzeitig gekommen! Das Glöckchen bimmelt in Fräulein Kellers Hand. Abendbrot! Wir waschen uns schnell die Hände, und schon geht es in Doppelreihen treppab. Mit weißem, totenbleichem Licht brennen hoch oben an der Decke die Gaslampen. Wie wir sie hassen! Unser Herz bewahrt das Gedächtnis an die lieben, guten Petroleumlampen in Moskau und Lausanne. Im Salon des Schweizer Pensionats blühten sie wie Blumen . . . Wir nehmen am langen Tisch Platz. Fräulein Änni und Fräulein Keller sitzen zwischen den Schülerinnen in der Tischmitte. Fräulein Pauline führt den Vorsitz. Auf dem Teller mit dem Blumenmuster liegt ein Stück Fleisch. Es könnte nicht dünner sein. Wenn es Räucherschinken ist, dann ist der Schinken dunkelrosa und durchscheinend. Man sieht durch den Schinken das Muster auf dem Teller. Die Beilage ist auch nicht gerade berühmt. Am schlimmsten sind die sehnigen, zähen Bänder eines jeden Fleischstückes. Sie müssen geschluckt werden, man muß sie zerbeißen und, koste es, was es wolle, hinunterschlingen. Auf dem Teller darf nur der Knochen zurückbleiben. Manchmal gibt man uns statt Fleisch Kartoffelsalat oder Bohnen. Als Nachtisch wird regelmäßig eine Art Auflauf aus Rhabarber serviert: ohne Zucker. Das schmeckt abscheulich. Wir löffeln alles aus. Alle würden gern noch mehr essen. Einige, so auch Marussja, versuchen, mit einem Stück Brot das Loch im Magen zu stopfen. Aber schon werden die Teller eingesammelt, ein Handbesen kehrt die Krümel vom Tisch, und Fräulein Pauline beginnt, aus Sven Hedins Reisen vorzulesen. Ich beginne einzuschlummern.

Marussjas Klassen (die vierte und siebente) befanden sich oben. Meine Klasse (die dritte) war im Parterre. Das war ein kleines, helles, lustiges Zimmer. Die Bänke waren in drei Reihen aufgestellt. Hier regiert das gute Fräulein Reuth. Sie ist klein, hager und sanft, obwohl das Benehmen streng geregelt ist. In der ersten Bank sitzt Erika Sinauer, ein rundgesichtiges, häßliches, fröhliches Mädchen mit einer Himmelfahrtsnase und einem dunkelgelockten Köpfchen. Neben ihr sitzt Leni Burger. Sie ist fleißig, still, hat flachsblonde Zöpfe und blaue Augen. Dahinter sitze ich, zusammen mit der leicht verlegenen, leicht errötenden, dunkelblonden Ilse Fauler. Musterschülerin ist Hulda Kranff. Sie ist rundgesichtig, helläugig und sitzt so unbeweglich da, daß sie von allen bewundert wird. Sie sind alle acht (sie kamen mit sechs in die erste Klasse), nur ich bin zehn. Wenn jemand etwas ausfrißt, sich zum Beispiel umdreht oder den Radiergummi fallen läßt oder – wie entsetzlich – einen Tintenklecks macht, muß die Schuldige aufstehen. Dann steht sie da, mit eingezogenem Kopf und gesenktem Blick, errötend. Niemand lacht sie aus, allen tut sie leid. Kein Gedanke an lustige Streiche! Wenn die Klingel das Ende des Unterrichts verkündet, verabschiede ich mich von meinen Freundinnen, unter denen ich die Älteste bin, und schleiche mich die Treppe hinauf, zurück in mein Verließ, wo ich die Jüngste bin.

Ich erwähnte noch nicht die größte Qual unseres Tages: die schlechten Noten. Ein ,,O'' erhielt man für einen Verstoß gegen die Ordnung, ein ,,B'', wenn das Betragen zu wünschen übrigließ. Vielleicht gab es auch noch andere Noten, aber die Häufigkeit und Giftigkeit dieser beiden hat sie aus dem Gedächtnis verbannt. Außerdem gab es sie auch noch in verschiedenen Ausführungen. Es gab das kleine ,,o'' und das große ,,O''. Wie eine böse Fliege stach das kleine ,,b'', während das große einem Wespenstich oder Schlangenbiß glich. Nach einem großen ,,B'' wurde man ins grüne Zimmer der Vorsteherin gerufen, drei große ,,B''s bedeuteten den Ausschluß aus dem Pensionat.

Die Lehrerinnen Fräulein Meis und Miß Cessbet wetteiferten
darin, uns beiden schlechte Noten zu geben. Sie sagten der Misse-
täterin, sie habe eine schlechte Note erhalten, nannten die Note
und trugen sie ins Klassenbuch ein. In bestimmten Abständen
wurden die Eltern schriftlich verständigt. Wir hatten insofern
Glück, als unsere Mutter die schlechten Noten nicht allzu tragisch nahm; das erleichterte uns die Situation. Wir erzählten
Mutter alles. Das kleine „o" erhielt man für einen Wassertropfen
an der Waschschüssel, wegen eines Haares in der Haarbürste,
wegen des beim Bettenmachen nicht straff genug angezogenen
Lakens (das Laken durfte nicht eine einzige Falte haben, es
mußte mit glatter Oberfläche metallisch glänzen). Das kleine
„b" stellte sich sofort ein, wenn man beim Klavierspiel einen
Augenblick lang seitwärts durchs Fenster blickte. Im Netz der
schlechten Noten lebten wir wie unter einer Moskitowolke,
doch gegen diese Mücken konnte man sich nicht wehren! Aus
der Schwarzwälder Waldfreiheit in das Institut Brinck versetzt,
ließen Marussja und ich die Stiche der schlechten Noten heroisch
über uns ergehen. Die verblüffende Verschiedenartigkeit des
Lebens in dem französischen und dem deutschen Pensionat veränderte unser Betragen. Hier, wo nicht an unsere Seele appelliert
wurde, wo keine Rede von großen, wichtigen Dingen war, wo
man uns nicht unter das Banner des Guten zum Kampf gegen das
Böse rief, sondern „Gut und Böse" in das mechanische Ge-
summe der schlechten Noten verwandelte, erlahmte sofort unser
Kampfeseifer, das Böse ließ uns fortan kalt. Mit verwegener und
spöttischer Teilnahmslosigkeit ergaben wir uns der Versuchung
der kleinen Sünden. Das wache Auge von Fräulein Pauline und
das wache Ohr von Fräulein Änni hefteten sich mit unguter
Aufmerksamkeit auf die vorzüglich lernende Marussja.

3. KAPITEL

Der Herbst 1904 mit Mutter in Freiburg

Samstag! Berauschender, glücklichster Tag! Seit dem Morgen
schon lebst du wie in Trance. Alles ist unwichtig, alles fliegt,
fliegt fort, alles wird in jener Stunde verlöschen, da du, du Marussja (wie Assja *heute*) mit Mutter fortgehen wirst: nicht bis zur
Nacht, sondern für den Abend, die Nacht und den ganzen mor-
gigen strahlenden Sonntag! Natürlich tut sie dir ein wenig leid:
die die Nacht und den Morgen im Pensionat verbringen muß.
Aber schließlich war sie vorigen Samstag mit Mutter zusammen,
damals jubelte sie, schaute in jenes damalige *Morgen* voraus,
mochte dich wohl auch bedauern. (Oder tat sie es gar nicht? Sie
schaute dich doch so fröhlich an, beleidigte deinen Aufbruch ins
Gefängnis durch ihre deplacierte Fröhlichkeit!) Am Ende muß
sie dir gar nicht leid tun? Schließlich wird sie nächsten Samstag
wieder zur Mutter gehen und es sich auf dem kleinen Sofa bequem machen. Voriger Samstag plus kommender Sonntag:
macht zwei Samstage! Und dir gehört nur der heutige Tag . . .
Marussjas triumphierender Blick heftet sich kühl auf mich – im
gleichen Augenblick stürzt mein ganzes Glück in einen Abgrund. Denn unglücklich wie der schwarze Köter Tschelkasch in
Tarussa blickt das Gesicht der Fortgehenden . . . Aber schon
umarmte Mutter die Unglückliche, und es wiederholte sich die
Traum-Erzählung von unserem kommenden Leben zu dritt,
immer zu dritt, immer zusammen. Heißer brennt das blaue
Feuer des Spirituskochers, dunkelgolden brennen die Teegläser
mit dem Moskauer Tee, auf dem Tisch stehen Obstpaste, Konfitüre, gezuckerte Moosbeeren, Birkenkaramellen (Vater hat uns
das alles geschickt). Noch ist Zeit, weine nicht, Fortgehende,
noch liegt eine volle Stunde vor uns, mehr als eine Stunde, fast
zwei Stunden!

Im Treppenhaus sind Schritte zu hören. Das ist die Hauswirtin. Sie bringt Mutter einen Brief. Auf dem Briefumschlag die vertraute Schrift: wie slawische Ligatur, jeder Buchstabe einzeln. Vater hat geschrieben! „Mama, lies doch mal vor! Lebt der Wassjka noch? Und was macht Vaters Museum?" Und während Mutter, die mir lächelnd zuwinkt, den Brief liest (Marussja verschlingt derweil bereits den *Wilhelm Tell*), beiße ich, auf dem kleinen Sofa sitzend und eng an Mutter geschmiegt, in ein Rosinenbrot hinein, wobei ich nach Art der Katzen die Augen zukneife.

Schon liegt das Abendessen im Pensionat hinter mir, und Fräulein Paulines Gespräch mit uns Schülerinnen, und das Vorlesen aus Sven Hedin, während ich, wie immer, so gegen neun irgendwo auf irgendwelchen Eisschollen im Nördlichen Eismeer einschlummere. Dann wache ich kurz auf, gehe mit irgendwem die Treppe in den Schlafsaal hinauf. Dann ist auch die Nacht vorbei (neben mir sehe ich Marussjas leeres Bett), vorbei ist das Aufstehen zum Gebimmel des Glöckchens und die heiße Milch samt der Angst, sich zu verbrühen. Und schon höre ich das ersehnte Klingelzeichen: Mutter und Marussja kommen mich abholen!

Es ist Morgen. Und Freiheit! Breite Sonnenstreifen auf den alten Steinfliesen, Häuser mit steilen Dächern, ein Platz: wie ein Brunnen zwischen Häusern. Das Portal des Münsters. Zu dritt betreten wir die höckrige Brücke über den kleinen, grünen Fluß. Zu beiden Seiten der Brücke stehen steinerne Ritter.

„In Italien, Kinder, gibt es eine steile, halbrunde Brücke: den Ponte Vecchio. Eines Tages werdet ihr dorthin kommen, vielleicht schon ohne mich . . . Gestern ist bei mir das Fieber wieder gestiegen . . ."

„Was sagst du da, Mama", rufen wir unisono, „das geht vorbei!" Mutter hört uns zu, lächelt nachdenklich . . . Einen Augenblick lang bleiben wir drei vor einem der steinernen Ritter stehen und schauen zu, wie das Wasser unter der Brücke vorbeiströmt . . . Zum stillen Rauschen des Wassers tönt Mutters Stimme:

Wo immer dir das Schicksal anbefahl zu leben,
verschenke kühn den Reichtum deiner Seele . . .

„Mama, ich kann schon das ganze Gedicht auswendig", sagt Marussja. „An einer solchen Brücke wie dieser hier, Kinder, aber in Italien, erblickte Dante einst Beatrice. Sie war im Kreise ihrer Freundinnen. Er kannte sie von Kindheit an und liebte sie, doch sie erschien ihm nicht wie eine lebendige Frau, sondern wie eine Vision – so groß war seine Liebe. Er stand wie versteinert da, wie dieser Ritter hier, und sie ging vorüber, und die Kleider ihrer Freundinnen umwehten sie, als würden sie sich vor ihr verneigen. Ich weiß nicht, Kinder, ob das auf jenem Bild wirklich so war, aber so muß es gewesen sein: an jener Brücke, in jenem Augenblick! Und irgendwann einmal", fuhr sie fort und warf einen hellen Blick auf ihre Töchter, „werdet ihr euch an diesen Augenblick erinnern, so wie wir uns jetzt an den Herbst in Tarussa und an den Moskauer Winter erinnern. Und das Leben wird dahinfliegen, alles wird vergehen und ein Ende nehmen, und irgendein anderer wird am Flügel sitzen, denn ich werde nicht mehr unter euch weilen . . ."

„Aber, Mutter: du wirst, du wirst!", redeten wir, unsere Stimmen und Worte verschmelzend, heftig auf Mutter ein.

„Kinder", sagt Mutter und legt uns Obstkonfitüre auf die kleinen Teller (ihre Tropfen haben die Farbe und Form von Mutters Rubin), „bald kommt der große Schauspieler Ernst Possart mit seiner Truppe nach Freiburg, er spielt den König Lear, ihr wißt schon, ich habe euch das Stück erzählt. Und man sagt in der Stadt, daß er seinen Chor auffüllen will. Die Einwohner können ihm vorsingen. Und wenn ihm meine Stimme gefällt . . .", Mutter spricht langsamer, und schon fällt ihr Marussja ins Wort: „Sie gefällt ihm bestimmt, ganz bestimmt . . . Mama, du wirst im Chor mitsingen! Eine so tiefe Frauenstimme wie deine ist doch eine Seltenheit, weißt du noch, was man dir in Lausanne gesagt hat . . ."

Und dann gab es noch jeden Abend die Stimme der Institutsvorsteherin: „Kinder, denkt daran, daß dieser Tag niemals wiederkehren wird", bei jeder Silbe macht die Stimme eine Art Knicks, „aber dafür wird der morgige Tag anbrechen: damit wir unsere Pflicht erfüllen . . . Damit wir . . ." Ich schlafe.

4. KAPITEL

Der Winter 1904/1905. Nachrichten aus Rußland.
Vaters Ankunft. Der Brand im Museum

Und dennoch gab es auch in den rauhen Verhältnissen des Pensionats Brinck freundliche Bräuche. Wenn irgend jemand von uns Geburtstag hatte, wurde ein riesengroßer Kuchen auf den Tisch gestellt. Im Kuchen steckten brennende Kerzen, deren Zahl genau dem Alter des Mädchens entsprach. Auch Marussjas und mein Geburtstag, mein zehnter am 27. September, Marussjas zwölfter am 9. Oktober, wurden auf diese Weise mit Kuchen und Kerzen gefeiert. Dazu gab es in hohen Gläsern *Apfelmost*. Alle sangen im Chor zu einer besonders lustigen Melodie: *Hoch soll sie leben, hoch soll sie leben, dreimal hoch!*
In diesen Wintertagen erfuhren wir, als wir einmal zu Mutter kamen, daß Nadja und Serjosha Ilowajskij an Schwindsucht gestorben waren. Sie waren zwanzig und einundzwanzig Jahre alt. Dabei waren sie so schön und blühend, und alle hatten sie geliebt. Später hörten wir, daß ihre verzweifelte Mutter Alexandra Alexandrowna, nachdem sie sie beerdigt hatte und selber an der gleichen Krankheit erkrankt war, auf das feuchte Gut der Ilowajskijs in Krjukowo zurückkehrte, sich dort einschloß und ihre Kinder beweinte. Zu den ausländischen Heilmitteln hatte sie kein Vertrauen, sie verließ sich lieber auf das altbewährte Hausmittel Hafergrütze – und wurde davon gesund. Niemals hat sie erfahren, daß eben jene ,,Mussja" leidenschaftlichen Schmerz um ihre Nadja empfand, die Nadjas Vater Dmitrij Iwanowitsch unsere ganze Kindheit hindurch regelmäßig mit ,,Assja" verwechselte, trotz unserer offenkundigen Unähnlichkeit. Sich vor Schmerz, den sie weder mit mir noch mit Mutter teilen wollte, in die Lippen beißend, beweinte Mussja die sanfte, schöne Nadja, die sie in Nervi so liebgewonnen hatte . . .
Das Unglück kommt wie das Glück: plötzlich. Auf der Rück-

fahrt aus Possarts Theater, wo sie im Chor mitgesungen hatte, erkältete sich Mutter (in der Droschke). Sie mußte das Bett hüten. Der Arzt diagnostizierte eine Rippenfellentzündung. Das Fieber fiel nicht. Mutter erholte sich nicht. Ein Telegramm wurde an Vater geschickt. Er drahtete zurück, daß er komme. Vaters Ankunft, sein besorgtes, gütiges Gesicht (er schien gealtert), die vielen Ärzte, das Konsilium, die unheildrohenden Worte *Rückfall* und *aktiver Prozeß*. Vater telegrafierte nach Moskau, daß er länger bleibe. Man spricht davon, Mutter in einem Sanatorium unterzubringen. Unser Herz krampft sich zusammen: Was wird dort mit Mutter geschehen? Und wie werden wir ohne sie leben können, nach dem Glück ihrer Nähe, in unserem mürrischen Pensionat, wo seit Weihnachten wieder der rauhe Alltag angebrochen ist, wo wir jetzt mit allen anderen zusammen unsere Aufgaben in der verhaßten *Numero Achtzehn* machen . . . Schon kamen die Tränen: wegen Mutters Krankheit, wegen des armen Papas, der zu einem solchen Leid hierhergeeilt war, weil man Mutter in Possarts Chor erwarten würde – und sie nicht kommen würde. Im Hals steckte ein Kloß, wir konnten nicht helfen . . .
In einer der Nächte, als Vater nicht von Mutters Krankenbett wich, wurde unten an die Haustür geklopft. Das Klopfen war hartnäckig und laut. Im Haus wachten alle auf, Türen schlugen, Stimmen ertönten. Und just in dem Augenblick, da Vater, der Mutters unruhigen Schlaf verfolgte, nichts sehnlicher wünschte als ein baldiges Nachlassen des Lärms: just in diesem Augenblick nahm der Lärm zu und kam näher. Die Treppenstufen knarrten, die Schritte kamen näher, es wurde an die Tür geklopft. Als Vater öffnete, wurde ihm ein Telegramm ausgehändigt.
Die Nachricht aus Moskau war kurz: *Es brennt im Museum.* Wenn ich mir diesen Augenblick in Vaters Leben vorzustellen versuche, dann schließe ich, wie über einem Abgrund, die Augen. Wer war es, der in wahnsinniger Verwirrung, beim Anblick der Flammen über dem Museumsgebäude, diese Nachricht über einen Raum hinweg gesandt hatte, der drei Tagesreisen gleichkam? Wachte Mutter auf, berieten sie gemeinsam über diesen Schicksalsschlag? Oder stand Vater allein mit der unerhörten Nachricht neben Mutters Bett, während sich Mutter im Fieber wälzte?

Viele Jahre später, als ich das Archivmaterial des Museums sichtete, las ich einen Brief Vaters aus jenen Tagen.

Aus einem Brief Vaters an den Architekten R. I. Klein:

„Diese Nacht und den Morgen überschüttete man mich mit Telegrammen über das Unglück, das uns im Museum ereilt hat. Fünf Depeschen liegen vor mir, drei davon raten mir, mich nicht aufzuregen und nicht den Heimweg anzutreten. Dmitrijew, der mich trösten will, meldet zum zweitenmal: ‚Brand gelöscht. Brandschaden gering‘. Erst aus dieser Depesche erfuhr ich, an welcher Stelle des Gebäudes das irreparable Unglück geschah. Schon in der Nacht, als ich in Dmitrijews erstem Telegramm las: ‚Brand im Museum Al III‘, kam mir der Gedanke an Brandstiftung. Die erste Frage meiner Frau war: ‚Habt ihr euer künstlerisches Gut denn versichert?‘ und dann: ‚Machen die Hausmeister Nachtdienst an den Eingängen, werden alle Vorratskammern bewacht?‘ Was konnte ich darauf erwidern außer: Nein, nein und nein?

Die ganze Woche über kamen keine Neuigkeiten aus Moskau. Man bestürmte mich mit Fragen nach der Ursache des Unglücks, schüttelte die Köpfe, bemühte sich, Worte des Trostes zu sprechen. Meine Lage war um so schwieriger, als sich der Zustand meiner Patientin M. A. Zwetajewa in diesen Tagen nicht um ein Jota besserte . . . Die im Morgengrauen erhaltenen Briefe wurden mit Pausen infolge von Tränenausbrüchen vorgelesen, welche mich endlich vollends der Möglichkeit beraubten, die Zeilen zu sehen; Maria Alexandrowna war es, die die Zeilen zu Ende las . . . Aber das eigentliche Gefühl des Verlustes stellte sich erst hinterher ein, Kälte, Zittern und Schwäche in den Beinen lassen mir nun keine Ruhe mehr. Mit den Telegrammen und Briefen ging ich zu J. S. itsch. Der Gute mußte im Lesen einhalten, denn die Luft zum Atmen ging ihm aus. Danach vertrat ich mir lange die Beine, das beunruhigte wiederum meine Frau. Doch ab morgen muß ich mich und meinen Schmerz in die Hände nehmen. Was künftig zu tun sei, um wenigstens einen Teil des Verlorenen wiederherzustellen, kann ich mir vorerst nicht ausdenken. Jedoch bei der Untersuchung der von den Kisten und dem Stroh herrührenden Asche müßte man Siebe verwenden, um die kleinen Objekte nicht wegzuwerfen: die chirurgischen Instrumente und andere Gegenstände des antiken Alltags."

Mutter in ihrer Mansarde auszuheilen, erwies sich als unmöglich. Die Krankheit war nicht zu bezwingen. Die Ärzte rieten, Mutter in ein Sanatorium in Sankt-Blasien, unweit von Freiburg, zu bringen. Bei der Abfahrt äußerte sich Mutter wenig hoffnungsvoll über ihre Genesung.

,,Mit mir ist es aus . . .", sagte sie voller Bitterkeit. ,,Aber nein doch, Manja, in dir stecken noch so viele Kräfte, du wirst dich dort erholen, du wirst sehen", widersprach Vater.

Mutter, die vom Fieber verzehrt wurde, nickte traurig. Sie kannte sich in der Medizin aus und begriff den Ernst ihres Zustands. Sie wollte uns nicht betrüben.

5. KAPITEL

Sankt Blasien

Unser Hotel liegt direkt an der Straße, die zu Mutters Sanatorium führt. Am Ende des Nadelwaldes stehen blaugrüne Tannen. Auf verglasten Terrassen liegen die Kranken.

Wir bewohnen mit Vater zwei zusammenhängende Zimmer im ersten Stock. Gleich beim Eintreten und Beschnuppern des Hauses begriffen wir (obwohl uns das Dienstmädchen Anna Hoberle gut gefiel) und bekräftigten es ohne Worte, mit einem einzigen ausgetauschten Blick, daß wir diesen Ort nicht lieben würden! Mutter! Gestern haben wir sie wiedergesehen. Sie fand, daß wir sehr gewachsen seien. Besonders Marussja. ,,*Direkt ein Backfisch!*" lacht Mutter (welch ein eigenartiges deutsches Wort! Dabei hat Marussja nicht die geringste Ähnlichkeit mit einem Fisch).

Mutter ist ganz die alte, kein bißchen dünner, reden wir uns egoistischerweise ein. Nur die Wangen sind gerötet. Das ist natürlich schlecht, wir wissen, daß die Rötung von der Schwindsucht kommt, aber schließlich sind alle Leute in Muttes Sanatorium so gerötet. Aber der Arzt ist hervorragend! Mutter wird wieder gesund werden – und im Herbst ziehen wir nach Jalta. In Jalta ist das Meer, das Schwarze Meer. Es heißt deshalb so, weil es dunkelblau, beinahe schwarz ist . . .

Wir zogen dahin: über Hügel, Hänge und Waldwiesen, die das kleine, saubere Städtchen einrahmten. Wir wanderten wie zwei Wandergesellen von Hoffmann oder Hauff. Wir redeten über Gott und die Welt. Wir waren wir und nicht wir, wir schritten auf der Landstraße aus, stimmten ein Lied an, nahmen, wenn uns jemand entgegenkam, eine gesittete Miene an. Plötzlich wurden wir von Lachen geschüttelt, wir schauten und stießen einander an, stellten uns vor, daß wir Wanderer auf einem weiten Weg sei-

186

en. Wir fragten jemanden nach der Zeit, erschraken, rannten zurück.

Unser Begleiter war ein wunderbarer Riesenhund: braunschwarz, langhaarig und lockig. Es war der Neufundländer Türk. Mit ihm (er gehörte dem Gasthaus) ließ uns Vater getrost ziehen. Türk liebte uns heiß (genau wie wir ihn), er war uns ein zuverlässiger Schutz. Manchmal gingen wir zusammen mit Vater spazieren.

Wir schreiten aus, beschämt durch Vaters schlichte, klare Seele, die unseren Seelen so wenig gleicht. Wir fühlen mit ihm: mit der ganzen Glut unserer verwegenen und traurigen Herzen. Und dennoch kann nichts diesen Unterschied mindern. Womit könnten wir Vater nur eine Freude machen! Nachdem unsere Lausanner Gebete in die Vergangenheit entrückt wurden, fühlen wir uns einsam und unbehaust. In dieser Schwermut und ohne Mutter sind wir (so scheint es uns) älter als Vater . . . Er hat seinen Gott: das Museum. Wir besitzen im Augenblick überhaupt keinen Gott. In der anbrechenden Stille unseres stockenden Gesprächs stellt eine von uns (meistens Marina, denn sie ist älter und blickt schärfer), um dieses Schweigen zwischen uns zu unterbrechen, um uns mit Vater zu vereinigen, eine Frage an ihn: über das Museum. Als hätte es nur dieser Erwähnung bedurft, beginnt Vater zu sprechen. Sein Bericht über die geliebte Sache, die sein Herz beschäftigt, in die er soviel Arbeit gesteckt hat, breitet sich als festes, freundliches Dach über uns aus. Wir hören von den letzten Unternehmungen, von neuen Kollektionen und Spendern, von Netschjajew-Malzew, dem wichtigsten und bedeutendsten unter ihnen, von den verschiedenen Sorten bunten Marmors, von der Aufteilung der Säle, von den zahlreichen Glasdächern, die sich über das Museum spannen werden. So legen wir die restlichen Kilometer unserer ausgedehnten Wanderung zurück. Wir empfinden Dankbarkeit für Vaters Wärme und sein leidenschaftliches Engagement, in das wir, gemäß unserer Äolsnatur, gedankenlos versinken: wie in die Kindheit.

Mutter ist zu uns gezogen. Fröhlicher, wärmer sind jetzt die Tage. Auf dem Feld blühen Blumen, sie duften nach Tarussa. Aber Mutters Schwäche macht den Unterschied zum Langenharter Sommer deutlich. Nur manchmal, auf Vaters Arm gestützt, geht Mutter zu einem Spaziergang hinaus.

Es war der Sommer 1905. Rußland brodelte. Die Mißerfolge im Krieg gegen Japan riefen eine immer größere Unzufriedenheit mit dem Zarenregime hervor. Mutter las aufmerksam die Zeitungen. Die Nachklänge der Gespräche erreichten auch uns. Aber wir rüsteten uns bereits zur Reise – nach Rußland.

Koffer, Ballen, Körbe: zum wievielten Mal in unserem Wanderleben . . . Mutter packt hustend und lächelnd. Wir alle helfen ihr dabei. Wie sehr muntert Vater sie auf! Wie zärtlich sind sie zueinander! Niemals gibt es zwischen ihnen Streit. Gestern schrieben sie den halben Abend lang hingebungsvoll Briefe. Vater diktierte auf russisch, Mutter übersetzte ins Französische. Die Briefe betrafen das Museum.

,,Mein treuer Helfer . . .", sagte Vater. ,,Ich habe dich ermüdet, mein Freund . . ."

,,Aber nein, im Gegenteil . . .", erwiderte Mutter ganz munter. Wir bemühen uns, beim Packen tatkräftig mitanzupacken.

,,Laß nur, laß", sagt Mutter gütig zu Marussja. ,,Vater und Assja helfen mir schon! Dazu fehlt dir nun einmal das Talent. Geh und lies was Schönes!"

Marussja blickt Mutter dankbar an. Morgen geht die Reise los! Nach Rußland . . .

FÜNFTER TEIL

Krim

1. KAPITEL

Der Weg nach Rußland. Sewastopol

Das Schwanken der Erinnerung! Sich so gut an die Abreise aus Moskau im Herbst 1902 erinnern zu können, nicht aber an die Abreise aus Freiburg, drei Jahre später! Von unserem ganzen Weg aus Deutschland nach Jalta erinnere ich mich bloß, und auch das nur verschwommen, an die hellen, breiten Straßen Münchens und an feierliche Gebäude und Museen. Wir streiften mit Vater durch die Museumssäle. Die Gier unserer Augen, die alles in den Wirbel unserer dreijährigen Reise hineinsaugt. Wir fahren irgendwie anders als auf dem Herweg aus Moskau. An der Grenze von Österreich und Rußland das Städchen Wolotschissk. Die Nähe zu Rußland ließ Mutter und uns das Herz erschauern. Nach drei Jahren Trennung!
Wolotschissk. Das sind zwei kleine Städte, die der Name verbindet und die Grenze zertrennt. Österreich: saubere, schmucke Straßen und Häuser, glitzernde Schaufenster, satte Pferde, Kutscher. Rußland: staubige Radspuren, Kopfsteinpflaster, gammelige Hütten, dürre Mähren, uralte Droschken . . . Die erste hängende Birke, der erste Klang der russischen Sprache: Wir stehen vor dem Eingang eines russischen Gasthofes! Man kommt gerannt, nimmt uns das Gepäck ab, wir springen auf russischen Boden!
Vater ist Mutter behilflich. Bei ihm eingehakt, von uns umringt, tritt sie durch die frischgestrichene Tür. Der Wirt verteilt Höflichkeiten und kann sein gerade erst instandgesetztes Haus nicht genug loben. Die Bediensteten schleppen unser Gepäck bereits in die ,,besten Zimmer". Vater bemerkt besorgt: ,,Wirst du nicht Kopfschmerzen bekommen, meine Liebe? Diese Ölfarbe riecht stark. Gleich lassen wir die Fenster öffnen . . .''
Auch wir schnuppern. Es ist die gleiche Ölfarbe, die nach Mos-

kauer Frühling, nach dem Seitenbau der Andrejews, nach Kindheit riecht. Doch schon beschnuppern uns die Hunde, sie springen an uns hoch. Mutter ruft, wir aber können uns nicht von ihnen trennen. Sie sind rotbraun und grau, beide sind struppig. Bei dem einen Hund sieht man die Augen kaum, so langhaarig ist sein Fell. Und wie sie bellen, und wie sie uns abschlecken!

Der Abend im Hotel mit den offenen Fenstern, dem drei Jahre lang nicht gesehenen, wie ein Feuervogel blankgescheuerten Samowar, mit dem Ausspannen, mit den Gesprächen: welch ein Abend! Selbst noch die hängende Birke vor dem Fenster freute sich, selbst noch der Staub auf der Straße war heimatlicher Staub . . . Es war die reinste Seligkeit. Wir hörten russische Stimmen, das Rumpeln der Wagenräder auf dem Pflaster, irgendwo weit, weit weg ein Akkordeon . . . Wir hatten nicht die geringste Lust, schlafen zu gehen! Die Nacht! Wunderbar und schwarz und echt: mit dem Geruch nach Frische, dem Rascheln der Zweige . . . Außerdem war Schlafen gar nicht einfach, denn die von Marussja und mir noch nie gesehenen Wanzen spazierten rudelweise über die neue Tapete und quälten Mutter. Wir zwei wären zur Not noch eingeschlafen, aber Mutter konnte die ganze Nacht kein Auge zumachen.

Sewastopol. Ein großes Hotel. Darin riecht es wie in Genua im Restaurant, auch das Orchester tönt genauso . . . Mutter kränkelt. Wir werden hier einige Tage verbringen. Durch das Korridorfenster sieht man, wie in einen tiefen Brunnenschacht, in den Hof hinunter. Mit Wonne essen wir russischen Borschtsch mit Pasteten. Wir werden mit Vater ans Meer gehen! Das Meer . . . Wir haben es seit Nervi nicht gesehen. Vater zerschneidet eine riesengroße Wassermelone. Der Wind riecht nach Seetang. Mutter hat sich ein wenig hingelegt. Vater geht mit uns auf die Strandpromenade.

Die Abreise nach Jalta nahte. Aber wie könnte man Sewastopol verlassen, ohne das Panorama gesehen zu haben? Mutter nahm all ihre Kräfte zusammen und fuhr mit. Wir hatten schon von den Helden der Sewastopoler Verteidigung gehört, von den Admiralen Nachimow und Kornilow, vom Malachow-Hügel. Marussja kannte bereits die berühmten Zeilen der Rostoptschina auswendig, wo vom Mond die Rede ist, der am Himmel zwölfmal auf- und unterging, während die Belagerung anhielt und sich das Feld des Todes in den von Blut übergossenen Mauern ausbreitete . . . Ich sprach Marussja das Gedicht nach.

Das Meer auf dem Weg nach Jalta schaukelte unseren Dampfer so sehr, daß wir zwei uns mächtig quälten. Bei Mutter tat das Schlingern keine Wirkung, bei Vater auch nicht. Marussja mußte sich immerzu übergeben. Ich nahm mich lange zusammen, gab dann aber auf.

2. KAPITEL

Jalta. Das Saretschje. Familie Weber. Die Ankunft
Wolodja Zwetajews. Erlangers Park. Umzug auf die
Datscha von Jelpatjewskij. Der Darssanowskijberg.
Unsere Wirtin und ihre Pensionsgäste. Nikonows

Die weit ausschwingende rechte Seite von Jalta nannte sich „Saretschje". Dort nahmen wir in der Datscha des alten Weber
Wohnung, die *Quisisana* hieß (das bedeutet: Hier wird man ge-
heilt). Es war ein zweistöckiges, grünbewachsenes Haus; unsere
Zimmer waren ziemlich dunkel. Das mißfiel Mutter. Wir wohnten im Parterre. Es war Herbst und sehr windig. Wetter und
Wohnstatt waren unwirtlich. Doch Marussja und ich rasten voller Begeisterung durch den an Überraschungen reichen, unge-
pflegten Garten; die neuen Menschen, Stimmen und Gerüche taten es uns an.

Die Familie Weber ist eine eigenartige Familie, für uns unbegreiflich. Der alte, grauhaarige Weber ist Arzt. Seine Frau ist
krank. Von den Kindern kennen wir das älteste: Vera. Sie ist
bleich, rundgesichtig, dunkeläugig, hat zwei dunkle Zöpfe. Dieses eigenwillige Mädchen wird sogleich Marussjas Idol. Dem
kommt das Gerücht entgegen, Vera sei Revolutionärin. Irgendwelche Leute umgeben sie, sie spricht wenig, ist voller Ernst und
Zorn. Besteht das Geheimnis dieser Familie vielleicht darin, daß
zwischen Vera und den Eltern die Revolution steht? Vorbei an
der gleichaltrigen Olja drängt es Marussja zu der Älteren.

Beschäftigt mit dem Einstand am neuen Ort und mit Mutters
Heilung, wußten unsere Eltern, die uns die Freiheit gegeben hatten (ohne vorerst eine Lehrerin für uns gefunden zu haben),
nichts über das Neue in Marussjas Leben. Während ich an den
Regentagen zusammen mit Olja und ihrem Bruder Schura (der
so alt war wie ich) das mir längst abhanden gekommene Leben
des fremden Kinderzimmers in vollen Zügen genoß, während
ich im großen, halbdunklen Zimmer zusammen mit den Spielge-

fährten irgend etwas aus Holz und Pappe produzierte, tauchte Marussja für längere Zeit in einem der weiter abliegenden Zimmer bei Vera und ihren Freunden unter. Vater suchte für uns eine andere Bleibe, bevor er nach Moskau zu Ljora, Andrjuscha und dem Museum zurückkehrte. Zwischen uns und Webers fiel irgend etwas vor, wobei Marussja die Schlüsselrolle spielte. Irgendeine begeisterte, unvorsichtige Äußerung Marussjas über Vera kam Vater zu Ohren, zwischen Tochter und Vater gab es eine peinliche Aussprache. Weshalb tadelte man Marussja? Fürchtete man um sie, weil sie sich in gar zu jungem Alter mit Veras revolutionärem Zirkel angefreundet hatte? Der Entschluß zum Umzug wurde rasch gefaßt. Künftig würden wir auf der linken Seite von Jalta leben, die dem Saretschje gegenüberliegt, auf dem Darssanowskijberg, im Hause des (abwesenden) Schriftstellers Jelpatjewskij. Seine Werke erschienen in den Sammelbänden des *Snanije*-Verlags, Mutter hatte sie gelesen. Wir saßen mit Mutter auf der vom wilden Wein umrankten Terrasse der Weberschen *Quisisana*, als eine hochgewachsene, hagere, scharfnasige Dame über den knirschenden Kies auf uns zukam. Schon von weitem lächelte sie, und uns beiden, Marussja und mir, die wir gleich aufsprangen, kam sie fast zum Erschrekken „furchtbar bekannt" vor. Hinter ihr her trottete ein halbwüchsiger Junge in Schuluniform: schwarzäugig und geradnasig . . . Und während Mutter sich erhob, wußten wir zwei bereits blitzartig und unwiderlegbar, daß das Wolodja Zwetajew war: jener von der Lokomotive besessene, hurtige Wolodja auf dem Bahnhof in Warschau vor drei Jahren! Unser Vetter, der Sohn von Onkel Mitja. Schlicht, verwandtschaftlich, schnell und fröhlich begann unsere Freundschaft. Wolodjas jugendlicher Baß stellte bereits die Fragen nach dem Ausland, sie waren knapp, verblüffend und männlich. Genauso, wenn auch mit einem Schuß jungenhafter Aufschneiderei, waren auch seine Erzählungen. Dann kam die Reihe an uns, über Italien zu berichten, das Schloß von Chillon, unsere Pensionate. Wie fröhlich wurde uns gleich zumute! Während Wolodjas Mutter Jelisaweta Jefgrafowna mit unserer Mutter plauderte, hatten wir schon den Garten durchstreift. Wolodja war er zu klein, er rief uns in den bekannten Erlangerpark, wo seine Mutter und er abgestiegen waren. Unsere Mutter blickte Wolodja zärtlich an, in diesem

Blick lebte der nicht in Erfüllung gegangene Traum, einen Sohn zu haben.

Gleich am nächsten Tag besuchten wir sie. Die Freiheit, der riesengroße, hügelige Garten, der Wind, die Ungebundenheit, die Sprünge des weißen, braungescheckten Hundes Buschuj, der die Gassenjungen mit der Gummischleuder einschüchternde Wolodja, seine Treffsicherheit, der überschäumende Übermut, die Erzählungen des Vierzehnjährigen über die unwahrscheinlichsten Dinge der Welt, die schweren (blauen und grünen) Weintraubendolden, mit denen uns Wolodja reich bewirtete, unsere gemeinsamen Erkundungsgänge über die Hügel des Erlangerparks: Das alles war wie das fröhlichste Kapitel in einem Buch. Uns gefiel, wie er mit uns umging. Jegliche Herablassung zu „den Mädchen", durch die sich unser Bruder Andrjuscha oft ausgezeichnet hatte, ging ihm ab. Wolodja war freundschaftlich, offen und direkt. Wie schade, daß wir uns von ihm trennen mußten! Er fuhr mit seiner Mutter nach Moskau. Zum letztenmal jagten die Wolken über dem fast schon *unser* gewordenen Erlangerpark, und der Herbstwind blies, während der riesengroße, buschige Buschuj hinter uns herraste . . . Morgen werden wir nicht mehr hier sein!

Das schöne Jalta! Wie wurde uns diese ständige Redensart Wirklichkeit, als wir auf den Darssanowskijberg umzogen! So dunkel und verschwommen jenes andere Jalta hinter dem Fluß ist, so deutlich (als wäre es gestern gewesen!) steht dieses Jalta vor mir. Hinauf, immer weiter hinauf schlängelt sich die Straße zwischen Gartenmauern, vorbei an der Apotheke, am Mädchengymnasium, an der Villa des Emirs von Buchara, bis sie endlich auf die Datscha Jelpatjewskijs stößt. Das ist ein weißes, zweistöckiges Haus mit einer gleichfalls zweistöckigen Terrasse, die die halbe Fassade einnimmt. Das Haus ist frei von Schatten und Laub, es öffnet sich dem Wind und dem Blick aufs Meer, das weit unten, jenseits der Häuser, als graublauer Strich aufblinkt. Hinter der Datscha dehnt sich die leere und freie Bergkuppe, die nur von Hunden bewohnt wird. Die verwilderten, hungrigen Hunde leben in einem Rudel; wir schließen Freundschaft mit ihnen und füttern sie. Alles, was wir dürfen und nicht dürfen, tragen wir zu den Hunden.

Das Leben am neuen Platz begann sogleich seinen klaren, geregelten Lauf. Doktor Noshnikow, ein alter, eisgrauer Mann, bei dem halb Jalta in Behandlung war, nahm sich Mutter an. Er machte oft Visite und erlaubte Mutter, ein wenig auf dem geliehenen Klavier zu spielen. Doch sosehr ich mich abmühe, ich kann mich an keinen einzigen Spaziergang mit Mutter auf der Jelpatjewskijdatscha erinnern. Der Garten war nicht sehr groß und ein wenig leer, hinten ging er in den Berg über. Vater fuhr im Spätherbst nach Moskau zurück und schrieb uns oft. Solange das Wetter es erlaubte, verbrachte Mutter viele Stunden auf der oberen Terrasse, wo zunächst auch der Mittagstisch stand.

Jelisaweta Fjodorowna Lushina hatte den ganzen ersten Stock gemietet und vermietete ihn zimmerweise weiter. Wir bewohnten zwei zusammenhängende Zimmer. Das größere gehörte Mutter, das kleinere Marussja und mir. Aus Mutters Zimmer führte eine Tür auf die Terrasse. Auch die Zimmer der anderen Mieter grenzten an die Terrasse. Mit dem Anbruch der Kälte wurde das Eßzimmer ins Haus hinein verlegt. Alle lebten wie in einer Familie. Man kümmerte sich voller Herzlichkeit um die Gesundheit der anderen, machte Krankenbesuche, bot seine Dienste und seine Hilfe an. Bei Tisch, wo sich auch Mutter einfand, ging es lustig zu. Das Gespräch verstummte nie. Die Wirtin war eine freundliche und freigiebige Frau. Sie war flink, wohlbeleibt, nicht mehr jung. Hinter ihrem Rücken nennen wir sie einfach „Wirtin", dieses Wort paßt gut zu ihr. Außer uns hat sie noch drei Untermieter. Der eine ist ein Ukrainer mittleren Alters, er heißt Prokofij Wassiljewitsch, ist hochgewachsen, füllig, gutmütig, redselig und sanft. Er hat einen langen, buschigen, braunen Schnurrbart, ein Bärtchen und graue Augen. Sein Nachbar, Sinowij Grazianowitsch ist viel jünger. Das ist ein hübscher, leicht errötender, etwas scheuer Mann ohne Schnurrbart. Ihre Nachbarin ist ein lebhaftes Mädchen, eine Armenierin; an den Namen kann ich mich nicht mehr erinnern. Sie lacht gern und ist von ihrer Jugend berauscht. Prokofij Wassiljewitsch bezeugt offensichtlich Interesse an ihr. Diese einander vertrauten Menschen nehmen Mutter und mich bereitwillig in ihren Kreis auf. Mit Marussja reden sie bereits fast wie mit einer Erwachsenen. In Anbetracht ihres Verstandes und Talents, ihrer stolzen und scheuen Art können sie nicht gut einen scherzhaften Ton ihr gegenüber anschlagen. In diesem Ton spricht man auch mit mir, und ich gehe gern darauf ein. Die Wirtin ist sehr um Mutter besorgt. Wir alle leben unter ihren Fittichen.

Hinter den Fensterscheiben des Eßzimmers, jenseits der von uns verlassenen Terrasse, tobt der Nordostwind. Die große Petroleumlampe ergießt über uns alle ihr gemütliches Licht. Das Abendrot ist vorüber. Marussja und ich müssen unsere Aufgaben machen, aber Mutter macht noch keine Anstalten aufzustehen, und auch wir haben es nicht eilig. Wir lauschen dem zwischen Zeitgenossen damals üblichen Streitgespräch. Schon über ein Jahr ereifert man sich über den Japanischen Krieg. Über die Rolle Rußlands, über die politischen Parteien. Wie auch immer das Gespräch beginnen mag – es mündet unweigerlich in einen Streit über politische Überzeugungen. Prokofij Wassiljewitsch steht von allen am weitesten links. Die fröhliche Armenierin versucht, Sinowij Grazianowitsch mit den schroffen Urteilen des Nachbarn zu versöhnen. Der Streit nimmt kein Ende. Manchmal greift Mutter ins Gespräch ein. Ihre geschliffene Rede ist logisch und klingt überzeugend. Mutters unweiblicher Verstand sichert ihr sofort den Vorrang im Kreis der Streitenden. Aber das, was sie sagt, wird bisweilen von Prokofij Wassiljewitsch sanft verworfen, Mutter steht ihm zu weit rechts. Übrigens spricht sie nur selten. Meistens hört sie zu, mit stets seitwärts geneigtem Kopf. In ihren Mundwinkeln ist dann ein bitteres Lächeln angedeutet. Erinnert sie sich an die gleichlautenden Diskussionen zwischen dem Tiger und Gerb in Nervi? Schweigt sie, weil sie immer häufiger an den Tod denkt und von ihm spricht? Die Krankheit macht ihr sehr zu schaffen.

Der Husten quälte Mutter. Sie gab uns Klavierunterricht. Ich erinnere mich an Marussjas Erfolge und an Mutters Stolz. Doch es gab etwas, das Marussja und Mutter bereits zu entfremden begann: die Revolution. Während Mutter horchend und nachdenkend in diesem Chaos von Äußerungen das aufzuspüren versuchte, was ihr am nächsten lag (Blut war ihr zuwider), drängte es Marussja auf eine neue, jetzt, mit dreizehn, reifer als in Nervi klingende Art zur revolutionären Bewegung hin. Die Liebe zu Vera Weber war in ihr nicht tot. Eifernd wie immer hütete sie ihr geheimes Idol, seinen Verlust durchlitt sie mit einer nur ihr eigenen Intensität. Sogar das Aussprechen des Namens bereitete ihr Schmerz. Hätte ich Vera gekannt, so hätte sie mich geschlagen.

Aber ich spürte ihre Schwermut, obwohl ich schwieg. Über uns lebten irgendwelche Leute, sie hießen Nikonow. Wir kannten sie nicht. Der Junge war Revolutionär, die Mutter (so hieß es) war ebenfalls Revolutionärin! Bei ihnen finden Versammlungen statt . . . Marina drängte es dorthin, ich wußte das und verriet sie nicht. Doch für uns führte kein Weg hinauf.

Im Hof spielte ich mit Marussja Nikonowa, der Schwester von Andrej, einem grauäugigen, kurzgeschorenen, trotzigen Mädchen meines Alters, das mir gefiel. Wenn ich mit den Hunden die zu Nikonows führende Außentreppe hinauflief, sah ich eine verhutzelte alte Frau. Das war die Oma jener Marussja. Aber ich brachte es nicht übers Herz, hinaufzugehen.

Die Tage nahmen ihren Lauf. Morgens kam die Lehrerin Maria Iwanowna zu uns, wir lernten mit ihr. Sie fragte die Aufgaben ab, gab neue auf und erklärte sie. Dann ging sie fort, und wir gingen, nach kurzer Verschnaufpause, wieder ans Lernen. Niemals, weder vorher noch nachher, lernten wir so eifrig wie in jenem Jahr in Jalta. Ohne mich brüsten zu wollen, muß ich unseren damaligen Fleiß als ungewöhnlich bezeichnen. Mutter und Maria Iwanowna brauchten uns nicht anzutreiben. Der Lernstoff selber rief uns, mit seiner eigenen Stimme. Wenn wir das letzte Fach bewältigt hatten, war es draußen schon dunkel.

3. KAPITEL

Revolutionäre Ereignisse

Überall spricht man nur vom Druckerstreik. „Wie sollen wir bloß ohne Zeitungen leben? Wir sind von den Ereignissen abgeschnitten . . .“ Aber Anfang Oktober brach eine noch drohendere Kunde über uns herein: Jetzt streikten die Arbeiter der Kasaner Eisenbahnstrecke. Das hatte es noch nie gegeben. Doch dann geschah etwas vollends Unerhörtes: Alle Eisenbahnen streiken! (Mit der einzigen Ausnahme der Strecke Moskau – Petersburg.) Und endlich, alles übertreffend: Generalstreik! Die Wirtin rennt ratlos durchs Haus: „Wie soll meine Tochter jetzt herkommen?“ – Und zu Prokofij Wassiljewitsch gewendet, vorwurfsvoll: „Das haben Ihre Langhaarigen angestellt!“ Der aber freut sich und strahlt: „Wir stehen an der Schwelle gewaltiger Ereignisse! Puschkin und Nekrassow träumten davon.“ Sinowij Grazianowitsch versucht seine Freude zu dämpfen. Sein verlegenes Gesicht ist erregt, aus seiner Stimme spricht der Schmerz: „Haben Sie es gelesen? Trepow hat gesagt: ‚Es wird nur scharf geschossen. Patronen werden nicht geschont.‘ Was soll jetzt nur werden?“ – „Sie können sich darauf verlassen, daß jetzt allerhand geschehen wird!“ erwidert Prokofij Wassiljewitsch. Er stapft wie ein Bär durch das Zimmer, fährt sich mit der einen Hand über den dichten, gelben Pelz seiner „Frisur“ und fuchtelt mit der anderen Hand in der Luft herum. „Jetzt läßt sich nichts mehr aufhalten! Sie werden sehen, daß Väterchen Zar noch das Fürchten lernen wird!“ – „Dann gibt es wohl eine Konstitution?“ – „Nun, Sie sagten selbst, daß nicht sie notwendig sei, sondern . . .“ – Wir rennen in den Hof. In der Ferne, im Saretschje, singt man das Lied: „Ihr fielt als Opfer im Schicksalskampf . . .“ Marussja blickt in die Richtung, aus der die Klänge kommen. Dort wohnt Vera. Dieses Lied ist ein Trauermarsch!

Der Wind weht die Worte her, immer lauter. „Eine Manifestation", sagt jemand im Vorbeilaufen, „heute früh rief man: ‚Nieder mit der Selbstherrschaft!'"

Am 17. Oktober kam wirklich ein Extrablatt mit der Nachricht heraus, daß der Zar mittels Manifest eine Verfassung versprochen habe.

Viele freuten sich. Die Menge zog durch die Straßen, mit Bildern des Zaren. „Der will uns bloß hinhalten", sagten andere. Und Prokofij Wassiljewitsch meinte: „Alles Betrug! Das Wort Konstitution soll uns besänftigen, er hat eben Angst gekriegt. Aber die Zaren sind ein schlaues Volk . . ."

Über unserer gemütlichen Häuslichkeit, über dem gemessenen Lauf der mit Lernen, Heilung und Freundschaft angefüllten Tage hallte laut vernehmlich ein Donnergrollen. Die ganze Nacht hindurch hörten wir über unseren Köpfen bei Nikonows Getrampel und andere dumpfe, hartnäckige Geräusche. Haussuchung! Nicht umsonst kam Marussja gestern mit einem ganz besonderen Gesicht von der Nikonowschen Treppe hergelaufen. Dort fand eine „illegale" Versammlung statt. Mutter brachte nicht aus ihr heraus, wo sie nun eigentlich gewesen war, und konnte lange nicht einschlafen. Am Morgen flüsterte es durchs Haus: „Man hat jemand abgeführt . . ." „Hat er sich versteckt?" „Man hat ihn aufgespürt . . ."

Der Name Dumbadse ist in aller Munde. Er herrscht über Jalta wie ein kleiner Zar. Auf dem Weg in die Apotheke (Mutter hatte ihr Fieberthermometer zerschlagen) schnappten Marussja und ich diesen Namen auf. Er wurde in gedämpftem Ton ausgesprochen, nachdem der Sprechende sich umgeblickt hatte.

Aus Moskau treffen beunruhigende Nachrichten ein. Auf den Straßen wird demonstriert, es heißt, der bewaffnete Aufstand werde vorbereitet. Man fordert die Abschaffung der Todesstrafe. Die Studenten rotten sich zusammen, und wieder, wie in der Kindheit, hören wir die Worte *Nagaika* und *Kosaken* . . . Alle Zeitungen und Briefe werden sofort verschlungen, mit Furcht und Zittern, aber „die Zeitungen verschweigen manches". „Gestern wurde ein Brief zurückgehalten." Durch Jalta rollte eine Verhaftungswelle, in der Nachbardatscha gab es eine Haussuchung. Mutter hat Marussja verboten, nach oben zu gehen (sie hatte doch noch einen Weg dorthin gefunden!). Nina Wassiljewna Nikonowa, eine hochgewachsene, beleibte, noch junge Frau (obwohl sie einen achtzehnjährigen Sohn hat), sprach gestern so zärtlich mit Marussja und mir . . . Seltsam die Vorstellung, daß man sie packen und ins Gefängnis stecken könnte. Der Nimbus der Gefahr macht ihr breites Gesicht mit den klaren Augen unter der großen Stirn noch liebenswerter. Das schlichte, graue Kleid mit dem hohen Kragen macht sie noch mannhafter. In Moskau ist der bewaffnete Aufstand ausgebrochen! Die Zeitungen treffen unregelmäßig ein, wir erfahren immer nur Bruchstückhaftes. Jelisaweta Fjodorownas Untermieter fürchten um ihre Lieben. Wenn wir bei Tisch zusammenkommen, sind wir derart erregt, als hätten wir alle vierzig Grad Fieber. In Moskau sind Vater, Ljora, Andrjuscha und viele Freunde und Verwandte . . . In Moskau tobt eine Schlacht. Erregt liest Mutter die letzte Sonderdepesche. Von Vater traf nur ein einziger Brief ein – und dann wieder nichts! In diesen Tagen der Sorge entdeckt man bei mir halb lächelnd die Gabe der Vorausschau. „Heute wird es keine Zeitungen geben", sage ich – und es gibt sie nicht. „Heute kommen keine, aber morgen." Und wirklich: Am nächsten Tag treffen welche ein. „Nein, es wird keine geben", prophezeie ich an den folgenden Tagen und lächle über mein „Vorgefühl". Es trügt nicht – die Zeitung bleibt aus. „Am Sechsundzwanzigsten (wenn ich mich recht erinnere) wird eine Sonderdepesche kommen." Alle lächeln und warten. Aber der Abend ist bereits angebrochen. Prokofij Wassiljewitsch zieht mich auf. Die anderen sagen: „Quälen Sie sie nicht, sie sieht es selber ein . . ." Aber ich halte mich wacker. „*Sie wird kommen!*" insistiere ich. Aber es dunkelt schon. Mutter, zermürbt durch die Erwartung, will sich hinlegen. Plötzlich hören wir durch den Wind und alle Geräusche des Hauses hindurch etwas, das sich zu einem Schrei auswächst. Wir rennen nach draußen. Wir hören: „Abendausgabe! Sonderdepesche . . ."

Sinowij Grazianowitsch, Mussja und ich und noch irgend jemand hinter uns dreien rennen den Berg hinunter. Wieder habe ich richtig geraten! Ich weiß nicht mehr, ob das in dieser oder in der kommenden Ausgabe, vorher oder nachher war: Mutter betrachtete die graphische Darstellung des Barrikadenverlaufs in der Moskauer Zeitung und ergänzte nach dem Gedächtnis das nicht Verzeichnete: die Gassen und Straßen rund um die Kleine und Große Bronnaja. „Unser Haus ist von zwei Seiten in Gefahr, Kinder! Mich beruhigt nur die eine Hoffnung, daß Vater mit Andrjuscha und Ljora zu irgendwelchen Bekannten ziehen wird, vielleicht näher zum Museum hin . . ." Die vielen Toten! Und die Verwundeten.

Mutters Angst um unsere Familie wurde durch einen Brief von Vater behoben. Alle waren am Leben. Sie hatten das Haus für einige Tage verlassen.

Der Winter 1905/1906 in Jalta war das erste Jahr, bei dem ich mich an Weihnachten überhaupt nicht erinnere. Fiel es zeitlich mit den Tagen unserer Sorge um Moskau zusammen? Gab es bei uns wirklich keine Bescherung? Ich denke doch, daß die Wirtin uns beschert hat. Anders kann es nicht gewesen sein. Doch mein Gedächtnis vermeldet nichts.

Indessen mehrten sich Marussjas Idole. Leutnant Schmidt! Wie klang sein Name in jenem Jahr! Wie loderten die Herzen dem Panzerkreuzer *Potjomkin* entgegen, wie erschütterte uns die Kunde über den Tod der Männer, die in den sicheren Untergang gezogen waren! Im Chaos der Streitgespräche darüber, ob sich die Menschen nicht um eines Schemens willen schlügen, ob sie ihr Leben nicht umsonst opferten, ob ein Umsturz in Rußland möglich sei und welche Folgen er in einem so zurückgebliebenen Land haben würde: In diesem Chaos glänzten in Marussjas Seele wie in der Finsternis der Schwarzmeernacht die Augen des zum Tode verurteilten Helden Leutnant Schmidt.

Als die Nachricht über den Prozeß und seine Hinrichtung eintraf, verschloß sich Marussja. Sie verbarg ihre erschütterte Seele vor den anderen. Das war eine Wunde. Sie erlaubte niemandem, sie zu berühren.

Warwara Alexejewna Bachturowa. Das Lernen. Mutters Krankheit. Die Ankunft der Peschkows

Mutter gelang es endlich, eine andere Lehrerin für uns zu finden. Uns tat das leid, wir hatten uns an die schroffe und gütige Maria Iwanowna gewöhnt. Schon wieder ein Abschied! Unsere neue Lehrerin heißt Warwara Alexejewna Bachturowa. Sie ist bucklig, hat eine liebe Stimme, ein warmes Lächeln, helle Augen, blonde Haare. Sie lebt auf der Carbonnièredatscha. Zunächst kam Warwara Alexejewna zu uns, dann machte sie, in Anbetracht von Mutters Krankheit, den Vorschlag, daß wir den Unterricht in ihrem Haus nehmen sollten. Mutter war einverstanden – uns ihren Händen anzuvertrauen, hatte sie keine Bedenken. Wir hingen gleich von der ersten Stunde an mit freudigem Eifer an der neuen Lehrerin. Sie wurde für uns sofort zu einem nahestehenden Menschen; das Lernen mit ihr wurde zum Feiertag. Sie hatte eine gewisse Ähnlichkeit mit Kätzchen: Alexandra Iwanowna Dobrochotowa. Aber jene war ernster, stiller, wortkarger gewesen. Warwara Alexejewna war fröhlicher, gesprächiger, temperamentvoller, mehr zu Scherzen aufgelegt. In unsere Tage, die durch Mutters anhaltendes Nichtgesunden nach dem Rückfall vom Vorjahr umdüstert waren, brachte sie ihre frohgemute Zärtlichkeit.

Noch eine andere Freude trat in unser Leben: ein neuer Freund aus der Tierwelt. Es war der große, weiße, glatthaarige Hund Laika (dem Namen – nicht der Rasse nach). Er lebte auf der Treppe der ehemaligen Nikonowschen Wohnung, wo wir ihm an kalten Abenden aus Stoffetzen eine „Höhle" bereiteten. Dieser ungestüme Hund schloß uns ganz in sein Herz. Zusammen rasten wir den Hügel hinauf (die dort lebenden verwilderten Hunde rührten Laika nicht an) und flogen wieder hinunter. Wir purzelten übereinander und trennten uns dann bis zum nächsten

Tag. Eine jede unserer Minuten war ausgefüllt. Es gab den Unterricht mit Warwara Alexejewna, den Musikunterricht, den Lauf in die Apotheke (um Arzneien für Mutter zu holen), das Mittagessen. Dann kamen die Hausaufgaben dran, dann wurde Tee getrunken, danh wurden wieder Aufgaben gemacht: bis zum Abendbrot. Danach wurde gelesen und noch irgendein Brief geschrieben. Und trotzdem fanden wir noch Zeit, uns mit den Hunden Laika, Bobka und Topka, dem Hund Warwara Alexejewnas, zu treffen, mit dem Darssanowskijberg, dem Wind, dem Sternenhimmel und dem blauen Strich des Meeres. Auch das hatte einen Anspruch darauf, getan zu werden: wie die Schulaufgaben, wie Grammatik und Geographie, wie die häusliche Gemütlichkeit des kurzen Abends mit Mutter.

Über unsere Wirtin brach das Glück herein: Endlich traf ihre Tochter Manjussj ein! Natürlich samt Schwiegersohn Fedjussj. Welch ein Getöse brach da im Haus an! Die Wirtin flog durch die Zimmer, verstummte nicht einen Augenblick lang. Sie stellte unablässig Fragen und schleuderte gleichzeitig die Bratpfannen auf den überdimensionalen Herd in unserer Küche, stellte Kochtöpfe darauf, erzählte beim Zubereiten des Festmahls Geschichten, erzählte sie noch ein zweites Mal, half Manjussj beim Auspacken und wechselte Worte mit jedem von uns, die wir aus Mitfreude ebenfalls strahlten. Sie küßte tränenden Auges ihr Töchterlein ab, sah sich am Schwiegersohn satt und trug dennoch rechtzeitig die Speisen auf, insonderheit (der die Suppenteller hinaustragenden Manjussj entgegen) einen gebratenen Truthahn von unausdenklicher Größe. Er wurde denn auch von den Patienten, zum Glitzern des goldenen Portweins in den Gläsern, mit jubelnden Ausrufen begrüßt! Ich erinnere mich an Mutters frohes und in den Mundwinkeln dennoch etwas leidvolles Lächeln, mit dem sie die ihr Gegenübersitzenden anblickte: das menschliche, weibliche, männliche Glück, inkarniert in Manjussj und Fedjussj. In der Blüte ihrer Schönheit und Jugend, der Mutter ähnelnd, aber bildschön, braunäugig, mit sich an Schläfen und Stirn ringelnden kastanienbraunen, zum Chignon frisierten Haaren, mit den feingeschnittenen Zügen des länglichen Gesichts, dem üppigen und dennoch kindlich rührenden Mund, warf Manjussj strahlende Blicke der Freude auf Fedjussj und ihre Mutter, welche ihrerseits den Blick nicht von ihr wendete. Unter der Bürde dieses eindringlichen, gierig forschenden mütterlichen Blicks fröstelte der unansehnliche, breitgesichtige Fedjussj mit seinem rotbraunen Hängeschnurrbart und den verwirrten, gro-ßen, ganz hellen, kindlichen Augen, in denen eine von Geburt an unangefochtene Güte und jetzt auch noch die Verliebtheit fun-kelten.

Mit der Ankunft der beiden wurde das Leben noch anheimeln-der. Die lärmenden Mahlzeiten, die einander zunächst fremde Leute in Freundschaft näherbrachten, kontrastierten mit den Sorgen des Tages, den Nachrichten aus Moskau, den Kranken-besuchen von Doktor Noshnikow, der unsere Mutter immer aufmerksamer in Augenschein nahm. Das Krankheitsbild war undeutlich und ungewöhnlich. Der kleine, eisgraue Greis, der seit so vielen Jahren „halb Jalta" behandelte, wußte keinen Rat. So rasch sich die Krankheit vor drei Jahren in Nervi, zur Freude von Doktor Mangini, hatte eindämmen lassen, so hartnäckig war sie jetzt. Von Kavernen keine Spur, aber das Fieber wollte nicht sinken, der Zustand besserte sich nicht. Mutter mußte jetzt viel liegen. Die Mitte und das Ende des Tages verbrachten wir über unseren Aufgaben am großen Tisch in ihrem Zimmer. Er stand in der Zimmermitte, nicht weit von Mutters Bett. Näher ließ Mutter uns nicht an sich heran und küßte uns auch nicht. Nach dem Abendessen las Mutter uns manchmal wie früher aus den Sammelbänden des Snanije-Verlags vor: Erzählungen von And-rejew, Tschirikow, Teleschow, Tschechow (der war vor noch nicht einmal zwei Jahren an Schwindsucht gestorben).

Das Unglück wollte es, daß der Winter jenes Jahres in Jalta be-sonders streng ausfiel. Auf dem Meer stürmte es immerzu. Die beiden italienischen Fenster von Mutters Zimmer, die im rechten Winkel zueinander lagen (das erste mit einem Blick auf das weite Meer), bebten. Mutters Husten ließ nicht nach. Eines Nachts zerschlug ein grimmiger Nordostwind das rechte Fenster. In der Finsternis flogen heulend und klirrend Glasscherben, Schnee, Chaos und Kälte in Mutters Zimmer hinein. Unsere arme Mutter zündete mit Mühe die Lampe an und sah voller Entsetzen, was geschehen war. Vom Lärm geweckt, sprangen wir im Nachbar-zimmer aus unseren Betten auf, auch Wirtin und Dienstmädchen eilten herbei. Vielleicht verschlechterte sich gerade in dieser Nacht Mutters Zustand. Dr. Noshnikow mußte immer öfter gerufen werden. Der für Schwindsüchtige so gefährliche Frühling nahte heran: mit grausamen Winden. Er schreckte – statt uns zu freuen. Natürlich atmeten unsere jungen Körper dennoch auf andere Art in diesen Stürmen, die uns anheimelten, uns an Tarussa, die Kindheit, an Nervi erinnerten.

An die Abreise von Nikonows kann ich mich nicht erinnern. Sie fuhren plötzlich fort. Oben im Haus lebten jetzt andere Leute, diese „Anderen" sind die Peschkows: Maxim Gorkijs Frau und Kinder. Wir kennen sie noch nicht, haben sie aber schon gesehen. Marussja verfällt anscheinend bereits der Berückung durch diese junge, schlanke Frau mit dem zarten, gebräunten Gesicht. Feingeschnittene Züge, weiche, helle, unter dem Dunkel der Wimpern geradeaus blickende Augen. Sanfte und prüfende Augen, von einer wunderbaren Scheu erfüllt. Sie ist Revolutionärin wie Nina Wassiljewna Nikonowa. Wider steigen am Abend unbekannte Leute die steile Außentreppe hinauf, wieder drängt es Marussja dorthin, denn es findet dort eine Versammlung statt . . . Gerade erst hatte sie sich im Kreis der Nikonow-Besucher einen Platz erobert, man sprach mit ihr von gleich zu gleich, sprach sie auf ihre Gedichte an (die sie neuerdings vor Mutter versteckte) – da unterbrach die Abreise der Nikonows Marussjas geheime Aufwärtswanderungen. Und Jekaterina Pawlowna Peschkowa muß man erst noch kennenlernen . . .

Das revolutionäre Jalta. Max und Katja Peschkow. Die Freundschaft mit Warwara Alexejewna. Unser Lerneifer. Marinas revolutionäre Gedichte

In Jalta hielten die Verhaftungen und Haussuchungen an. Dumbadse und seine Helfer „arbeiteten" nach dem Moskauer Aufstand mit doppeltem Eifer. Man nannte die Namen der neuen Ordnungshüter, die, aus Moskau hergeschickt, ihnen den Garaus machen sollten. Das Streitgespräch an unserem Tisch tobte wie nie zuvor. Zwischen Mutter und Marussja setzte eine zunächst kaum merkliche Entfremdung ein. Wenn Mutter versicherte, die beste Plattform sei die der konstitutionellen Demokraten, denn sie würden für Mäßigung und gegen Blutvergießen plädieren, preßte Marussja ihre nicht mehr gütigen Lippen nur noch fester zusammen, und in ihren Mundwinkeln zeichnete sich Spott ab. Dort oben sprach man von ganz anderen Dingen! Durch Rußland rollte eine Welle von Attentaten und Expropriationen: nicht nur die Zeitungen waren voll davon. Ich für mein Teil drang nicht darin ein, mit meinen elf Jahren war ich noch ein Kind. Ich spielte im Hof mit Jekaterina Pawlownas achtjährigem Sohn Max. Seine strahlenden Augen, die, wie bei der Mutter, durch Mut die angeborene Scheu des Blickes überwanden, seine Behendigkeit, die Lust an Streichen: Alles gefiel mir.

Über Maxens Schwester Katja, ein wunderbares Mädchen, sagte man, sie würde Mutter und Vater gleichzeitig ähneln. In Jalta kursierte folgende Erzählung, vielleicht auch Erfindung: Als Maxim Gorkij kürzlich nach Jalta kam und bei seiner Frau wohnte, von der er sich bereits wegen der Schauspielerin Andrejewa getrennt hatte (Marussja und ich haßten diese Schauspielerin), hätten Gorkij und Jekaterina Pawlowna auf dem Balkon gesessen, und die Ferngläser von ganz Jalta seien auf sie gerichtet gewesen. Gorkij habe das bemerkt, sei aufgestanden habe sich verneigt und den Terassenvorhang zugezogen.

Unsere Freundschaft mit Warwara Alexejewna vertiefte sich immer mehr. Vielleicht war Mutter ein wenig eifersüchtig, aber sie zeigte es nicht. Wir genossen diese Unterrichtsstunden als ein großes Glück. Mit unseren Büchern und Heften rasten wir über die Straße zu ihr hinüber. Kleinwüchsig, beschwingt, mit kokettem Überwurf oder Schultertuch, das den Buckel ein wenig verdeckte, kommt sie uns entgegen, streckt ihre langen, kühlen Hände zu unserer Begrüßung aus, lächelt ihr besonderes, warmes Lächeln, in welchem Spiel und Verschmitztheit aufscheinen und das ständige, sanfte Nachspüren, ob unsere Liebe zu ihr wirklich so groß ist, wie wir vorgeben. Diese spöttische Kühle, diese durchsichtige Luftwand zwischen ihr und uns machte unsere Liebe zu ihr noch heißer. Doch wir können sie nicht beweisen! Sie denkt vielleicht, daß man Bucklige so nicht lieben kann? Dabei lieben wir nicht nur sie, sondern zusätzlich just ihren Buckel, das Leid ihres ganzen Lebens: anders zu sein als die anderen, von Kindheit an. Wir haßten jene rüden, blödsinnigen Kinder, die sie vielleicht aufzogen (es gibt ja wirklich solche Widerlinge!). Wie würden wir auf die einprügeln! Wir ballten die Fäuste, wir umarmten und küßten unsere Lehrerin. Hat Warwara Alexejewna Bachturowa Marussjas literarischen Ruhm noch erlebt? Sie, die ihre brillante und anmaßende Schülerin so sehr liebte, von ihr so sehr geliebt wurde?
Manchmal, wenn Mutter uns zum Einkaufen fortgeschickt hatte und wir den langen Weg vom Darssanowskijberg zur Uferstraße im Laufschritt zurückgelegt hatten, flogen wir zum Meer hinaus, tauchten in sein schäumendes, gleißendes, wellenschlagendes, ohrenbetäubendes Element ein. Und standen da, das Eingekaufte in der Faust zusammenpressend, um es nicht zu verlieren, standen im salzigen, glitzernden Getöse, das in unsere geschäftigen Tage plötzlich diese Bresche schlug. Atmeten den Geruch nach Nervischer Freiheit, nach Italien, nach Kindheit ein. Schon drei Jahre waren seither vergangen . . . Bloß drei Jahre?
Es war im März. Ende März? Ich weiß es nicht mehr. Es war Nacht. Wir wachten auf. Mutter rief. Aber das war gar nicht ihre Stimme! Wir rannten in ihr Zimmer (die Zwischentür stand immer offen). Im Licht der Kerze, die Mutter offenbar angezündet hatte, erblickten wir ihr verändertes, von Entsetzen gezeichnetes, dennoch beherrschtes Gesicht, vernahmen jene Worte, die

wir in den letzten Jahren so oft gehört hatten: über Dritte! „Ich spucke Blut", sagte Mutter mit dumpfer, schwacher, fremder Stimme. In ihrer Hand hielt sie eine Tasse, die mit etwas Dunklem angefüllt war.

Während ihre auf uns gerichteten Augen vom Ende redeten, sagte die Stimme: „Kinder, weckt die Wirtin . . . Sie soll Noshnikow holen! Und ich brauche Eis . . ."

Eine von uns rannte zu Jelisaweta Fjodorowna, die andere blieb bei Mutter zurück.

Ich erinnere mich an nichts mehr aus jener Nacht, genausowenig wie an Vaters Nacht, als das Museum brannte. Es war die Nacht, in der Mutter den Weg betrat, über den alle gingen. Es war der erste Frühling seit vier Jahren, den Mutter als Schwerkranke empfing: Wie lange lag sie da mit dem Eis auf dem Kopf, kleine Eisstückchen schluckend? Ich glaube: lange . . . Sie schickte uns hinaus, wir versuchten bei ihr zu bleiben. Arme Mutter!

Wenn ich mich recht entsinne, kam das Blutspucken nicht wieder. Aber Mutter lag da und schluckte Eis. Damals war sie siebenunddreißig Jahre alt. Sie hatte keine Kaverne. Folglich bestand Hoffnung. Aber Mutter blickte uns, wenn wir am Tisch in ihrem Zimmer lernten, manchmal lange an: stumm, mit tiefer Wehmut. Mehr als einmal wiederholte sie: „Ihr werdet groß sein – und ich werde euch nicht sehen . . . Wie werdet ihr wohl aussehen?" Natürlich rannten wir an ihr Bett, stritten mit ihr, erinnerten sie an die Abreise aus Moskau und die Wiedergesundung in Nervi, aber sie unterbrach uns durch Gesten (sie ließ uns nicht an sich heran) und Worte: „Damals war es anders . . ." Und sie sprach nicht mehr davon, daß sie uns im früheren Kinderzimmer zwei kleine Zimmerchen einrichten würde, sie sprach das Wort *Moskau* nicht aus. Ihre braunen, mitleidvollen, gütigen, gar nicht mehr grimmigen Augen erschienen jetzt besonders groß und klar, die Wangen waren gerötet. Die Strähnen der gewellten, dunklen Haare über der hohen Stirn. Die bitteren Mundwinkel. Nur ein einziges Mal in diesem Winter erinnere ich mich an Zorn auf ihrem Gesicht, aber das muß noch *vor* dem Blutspucken gewesen sein, denn Mutter war auf. Sie las Marussja heftig die Leviten, weil diese eigenmächtig nach oben gegangen war: zu einer revolutionären Versammlung unter Erwachsenen.

In diesen Tagen machte sich Mutter mit Marussjas Gedichten

vertraut. Ich weiß aber nicht mehr, ob Marussja sie ihr aus eigenem Impuls gab oder erst auf Mutters Betreiben, weil sie davon gehört hatte.

Marussja gewann neue Freunde. In die untere Etage zog das Ehepaar Voss mit einer kleinen Tochter. Er war hochgewachsen und hager. Sie war ganz klein und hatte üppiges, blondes Haar. Marussja ging oft zu ihnen und las ihnen ihre Gedichte vor. Vossens waren Revolutionäre. Im Kreis der Kinder bewegte sich Marussja wie ein verwundetes Tier. Um sich blickend, sich verbergend. Die Geschehnisse des vergangenen Winters – die Niederkartätschung der Arbeiter, die mit Ikonen (!) und einer Bittschrift friedlich zum Zaren gezogen waren, der Aufstand, das Schicksal der Maria Spiridonowa, die Hinrichtung Schmidts – hatten in Marussjas Herzen Wunden geschlagen. Mit zusammengebissenen Lippen, mit der großen Verschlossenheit, die ihr im Zustand der Begeisterung oder des Leidens eignete, mied sie die Geselligkeit: fast wie ein gejagtes Wild. Voller Ekel und Zorn verdächtigte sie alle (besonders die ihr am nächsten Stehenden: Mutter und mich, dann jene, die sich mit uns an den gleichen Tisch setzten: die Wirtin, Manjussj und Fedjussj, sogar den gutmütigen Prokofij Wassiljewitsch, den allerrevolutionärsten in unserer Wohnung!), daß sie sich in ihre Qualen einmischen wollten. In solchen Stunden separierte sie sich von Mutter, von Warwara Alexejewna, von allem, worin die Kindheit noch lebte. Wenn sie jetzt einen Menschen brauchte, dann war es Ljora, ihre Fürsprecherin von Kindheit an. Ljora, die ihr Liebe entgegenbrachte, die ihre Gedichte schätzte. Ljora würde nicht davor zurückschrecken, Mutter ins Gesicht zu sagen, daß Marussja kein Kind mehr sei, daß man ihr nicht etwas verbieten dürfe. Aber Ljora, gerade Ljora war jetzt nicht bei ihr! So mußte Marussja auch diese Wunde zudecken. Wie tief mag in dieser für Marussja so schwierigen Zeit Mutters Krankheit in ihr Bewußtsein gedrungen sein? Niemals noch war sie so unausgeglichen und schroff gewesen wie in jenem Winter. Rings um uns herum hörten wir unterdessen nur mehr von Streik, Erschießung, Zwangsarbeit. Wir hörten: ,,Nieder mit dem Zaren!", ,,Nieder mit der Selbstherrschaft!", ,,Polizeiagent", ,,Spitzel", ,,Ochranka", ,,Hinrichtung", ,,Nieder mit der Todesstrafe!". Mutters Chopin, Schumann, Schubert, Grieg, Mozart, Beethoven und den von Kindheit an vertrauten Chor aus der Oper *Das Leben für den Zaren* übertönend, erklangen die feierlichen Klänge des Warschauliedes und der „russischen Marseillaise": Alte Welt, wir werden dich stürzen . . .

6. KAPITEL

Frühling in Jalta 1906. Examen.
Tantes Ankunft. Abschied. Abreise.

Die Examina rückten langsam näher. Warwara Alexejewna stellte uns der Gymnasialdirektorin vor: einer wohlbeleibten, freundlich strengen Dame. Jedoch die deutschen Verben, die wir im Garten am Darssanowskijberg pauken, sind eine harte Nuß. Wir bewältigen sie. Hinterher ist es so süß, springend das Steinchen von Quadrat zu Quadrat zu jagen, sich dabei mit Assja Targonskaja oder Nina Borowko zu streiten. Jetzt kommt Max angelaufen, er hätte mit einem Stein beinahe Doktor Noshnikow getroffen, das ist ihm peinlich. Schon jage ich mit ihm durch den Garten, er sitzt auf meinen Schultern. Ich bin das Pferd, er ist der Reiter. Katja redet ihm ins Gewissen: ,,Hör auf, du bist zu schwer für Assja . . .‘‘
Hat Mutter nach dem Blutspucken noch einmal Klavier gespielt? Die Musik! Mutters Leben! Entfernten sie sich zusammen?
Mutters Krankheit und die Examina hatten Marussjas Musikstunden fast ganz unterbrochen. Das war für Mutter ein zusätzlicher Schmerz.
Das Jalta der blühenden Gärten war wie ein einziger riesengroßer Park. Schon begann die Sommerhitze. Das Meer hatte eine ganz andere Farbe als im Winter, es erinnerte an Italien, obwohl das Mittelmeer grüner gewesen war. Wir warteten auf Vater, der uns oft schrieb. Er wollte nach Jalta kommen, uns abholen und mit uns nach Tarussa fahren. Marussja und mir erschien das vorerst unwirklich. Wir spürten die Abreise noch nicht. Die Prüfungen verzehrten das meiste von unserer Kraft und Zeit, den Rest beanspruchten die Abende mit Mutter und das viele Laufen. Wir rannten immer in die Apotheke, um die Arzneien für Mutter zu holen, sowie zu Doktor Noshnikow. Es war der wohlvertraute Weg den Berg hinunter, vorbei am Schloß des Emirs von

Buchara, am Mädchengymnasium, das uns keine Furcht mehr einflößte, wo wir einen Sieg nach dem anderen errangen, wo man uns lobte und kannte . . .

Endlich ist die letzte Prüfung abgelegt! Es ist einfach nicht zu glauben, daß die Stunden mit den ungezählten Grundrechnungsarten vorbei sind. Für einen kurzen Augenblick hält das Leben ein und erstirbt. Der langersehnte Tag der Bestnoten und Lobsprüche, der mütterlichen Freude und der Gratulationen fällt ganz anders aus als erwartet. Er ruft in uns eine Explosion der Traurigkeit hervor. Es ist vorbei! Wir haben gesiegt – in die Leere hinein. Der heiße Krimtag erscheint uns fremd, ihm fehlt die allstündliche Arbeit, die Abfolge der Lehrstoffe, der Traum von einer halben Stunde Muße. Oder sind wir selber hier schon fremd? Und fahren deshalb fort von hier? Die Kühle der Verwunderung und Entfremdung legt sich für einen Augenblick auf alles, was noch gestern uns gehörte. Anders, nicht wie bisher, laufen wir durch den Garten . . .

Da wir die ganze Zeit zusammen mit Mutter lebten, sahen wir die Veränderung nicht, die mit ihr vorgegangen war. Als Vater eintraf, bemerkte er sie sofort. Er sprach ihr zwar Mut zu, verbarg aber seine Unruhe, versicherte, daß sie sich erholen würde, daß der Sommer in Tarussa auf der alten Datscha ihr guttun würde. Indessen kam er zu der Einsicht, daß man für die Durchführung des Umzugs Tante herbeirufen müsse. Bald traf die Antwort ein, daß sie sich für die Fahrt rüste.

In unser Haus kam ein Jurist, Mutter setzte ihr Testament auf. Man schickte uns fort, die Tür zu ihrem Zimmer wurde verriegelt, irgendwelche Leute wurden eingelassen: die Zeugen . . . Vater war betrübt und versuchte seine Erregung zu verbergen. Das Wort *Testament* hörten wir zum erstenmal, wir spürten die Drohung heraus. Man flüsterte. Unser Herz verkrampfte sich in Angst und Trauer.

Tante kam nicht allein, sie brachte ihre Gesellschafterin mit: die alte Witwe Vera Nikititschna aus Tarussa. Sechs Menschen machten sich auf den Weg, dazu kam ein kleines Kätzchen. Eine Dampferfahrt kam für Mutter nicht in Frage. So beschloß man, mit Pferdekraft bis Sewastopol zu fahren: Das waren etwa siebzig Werst. Mutter entsann sich, wie sie in ihrer Jugend en famille in die Krim gefahren waren, wie unbeschreiblich schön der Blick vom Baidarskij-Tor aus gewesen sei. Aber damals fuhren sie in entgegengesetzter Richtung, von Sewastopol nach Jalta, und an dieser Stelle öffnete sich ihnen, nach einem langweiligen Weg, plötzlich ein herrliches Panorama. Jetzt werden wir am Panorama entlangfahren, und es wird bei Baidary aufhören. Tante war immer noch die alte, nur das Haar war ein wenig grauer geworden. Marussjas Herz schmerzte wegen der nahenden Trennung von der Welt jener Menschen, an die sie bei Nikonows und Peschkows gerührt hatte.

Die letzten Tage: Immer und immer wieder verabschieden wir uns von Warwara Alexejewna. Wir gehen zu ihr, sie kommt zu uns, so geht es eine ganze Weile fort. Wir können einfach nicht glauben, daß wir sie nicht mehr sehen werden!

Wir laufen die Nikonowsche, jetzt Peschkowsche (die Laikasche) Treppe hinauf. Wie oft haben wir von hier aus die Sterne angeblickt und unisono, frei nach Gogol, ausgerufen: ,,Kennt ihr die Krimnacht? Nein, ihr kennt sie nicht: die Krimnacht!"
Wir wollen uns von Jekaterina Pawlowna verabschieden. Sie ist eine so entzückende junge Frau – und immer so ernst! Ihr fraulliches Halblächeln ist so scheu, aber der unfraulich harte, bittere Mund ist verhalten und entschlossen. Wir reichen ihr zwei Alben, unsere Alben aus Nervi. Verlegen bitten wir: ,,Schreiben Sie uns bitte etwas zur Erinnerung hinein." Und die Frau von Mutters liebstem Gegenwartsautor schreibt uns, dem nicht ganz zwölf- und dem nicht ganz vierzehnjährigen Mädchen, jene Worte hinein, die bis heute in meinem Gedächtnis weiterleben: ,,Im Kampf wirst du dein Recht erobern! Für Marussja Zwetajewa – J. Peschkowa." ,,Jener nur ist seines Lebens würdig, der es täglich neu erwirbt! – Für Assja Zwetajewa – J. Peschkowa."
Wir rasen die Treppe hinunter. Max und Katja! So verschieden sind sie – und beide so vertraut. Die in der unkindlichen Stunde des Abschieds uns ausweichenden Knabenaugen von Max. Die geradeaus blickenden, unkindlich ernsten Augen von Katja.
Nina und Natascha Borowko, Assja Targonskaja, sogar die stolze Assja Rosanowa: alle sind im Hof. Alle haben Angst davor, etwas zu sagen. (Sechzehn Jahre später dichtete Marina: ,,Die Abreise, wie immer man sie wendet, ist der Tod . . .")
Wie eilen über unserem Berg die Wolken dahin! . . .
Aus! Die Pferde sind vorgefahren. Wir stehen auf der Straße vor

der Datscha von Jelpatjewskij, oberhalb der Datscha von Carbonnière. Alle begleiten uns hinaus. Zum letztenmal sehen wir die Gesichter der Wirtin, von Manjussj und Fedjussj, von Sinowij Grazianowitsch und Prokofij Wassiljewitsch, das Gesicht ihrer lustigen Nachbarin, die Gesichter der beiden Carbonnière-Schwestern und sämtlicher Mädchen, jenes von Warwara Alexejewna. Sie lächelt ihr warmes, ein wenig trauriges Lächeln.

,,Sechzehn Beine haben die Pferde", ertönt plötzlich die Stimme des konzentriert zählenden Max.

Findet jemand die Zeit zu einem Auflachen? Vater führt Mutter, die sich bei ihm einhängt. Sein Gesicht ist, wie immer, aufmunternd und gut. Mutter versucht, sich geradezuhalten. Sie versucht, die Bekannten anzulächeln. Es gelingt ihr – wenn auch mit Mühe! Genau wie wir sieht sie diesen Streifen Meer zum letztenmal. Sie stehen vor der Kutsche. Vater hilft Mutter beim Einsteigen.

Der Weg? Die märchenhafte Schönheit der Landschaft unter der blendenden Sonne des Junitages. Das Sichwellen der Berge und Weiten, die blühenden Täler . . . Das, was Mutter in ihrer Jugend sah, als sie das Baidarskij-Tor passiert hatte. Jetzt fahren wir am Zauberpanorama entlang. Bald wird es sich schließen. Im achtunddreißigsten Lebensjahr fährt Mutter jetzt mit uns den Weg zurück.

7. KAPITEL

Zu Hause

An die Städte, an denen unsere zwei- oder dreitägige Reise vor-
überführte, kann ich mich nicht mehr erinnern. Ich sehe dies vor
mir: Wie wir im Pferdewagen auf Tarussa zufahren! Von der
Bahnstation Iwanoskaja (jetzt: Tarusskaja) bis Tarussa sind es
siebzehn Werst. Mutter sitzt im Reisewagen, erregt durch das
Herannahen der vertrauten und geliebten Orte. Sie freut sich.
Die Erregung gibt ihr Kraft, sie ist jetzt stärker als die Krankheit.
Sie lächelt uns mit einem entzückten Lächeln an. Auf ihrem blei-
chen, von den Mühen der Reise ermatteten Gesicht gleißen die
braunen Augen in unbeschreiblichem Glanz. Der lange Weg der
Erwartungen und Hoffnungen liegt hinter ihr . . . Die Schemen
dieser Jahre, Orte und Begegnungen laufen in dieser heißen Ju-
nistunde aus, in diesem windbewegten, raschelnden Grün, in
diesen Haselnußhainen, sandigen Schluchten, Eichenästen, im
silbernen Zittern der Espen . . . Es sind die gleichen Dörfer wie
damals. Als hätte es diese Jahre gar nicht gegeben! Genau wie
damals staubt der Weg, den das gelockte Muster der Zweigschat-
ten durchschneidet, genauso rennen und bellen die Hunde, mit
genau der gleichen Handbewegung, die das Auge vor der Sonne
schützen soll, blicken die erdbraunen Bauernweiber uns nach,
stieben die flachsköpfigen Kinder, von den Pferden erschreckt,
auseinander. Wir saugen das alles mit der Gier der Augen ein und
mit dem Herzen, das erkennt und zum Wiedererkannten drängt.
Wir schauen auf Mutter, in der sich unser Jubel widerspiegelt.
Wir glauben nicht, das wir das sind! So fuhren wir vor so vielen
Jahren dahin, in unserem letzten russischen Sommer, mit Miezchen, als Mutter noch gesund war, als noch nichts von dem war,
was später kam . . .
Da tauchten, bereits auf dem anderen, dem Kalugaer Ufer der

Oka, die Umrisse von Tarussa auf: die kleinen Häuser, die Gärten und die beiden Kirchen: rechterhand und unterhalb, direkt über dem Fluß, der Dom, auf steilem Hügel links die Auferstehungskirche. Und wie vor Jahren entbrannte wieder der Streit, wie man fahren solle: unten (über die Hügel, oberhalb der Oka, links) oder oben (nach rechts über den Domplatz, dann steil bergauf und durch die Felder). Aber der Streit verstummt sofort wieder, denn es ist klar, daß wir, wenigstens auf einen Sprung, bei Dobrotworskijs vorbeischauen müssen! Die Pferde fahren über die Brücke, den Domplatz und dann bergauf.

Auf dem Scheitelpunkt der Kalugaer Straße halten die Kutscher die Pferde an. Wir stehen vor dem Haus Dobrotworskij! Vor dem grauen Haus mit den geschnitzten Balkonen, dem Zwischenstock, den Lindenkronen . . . Das Herz weitet sich und verengt sich zugleich! Die rotbäckige, jetzt etwas grauhaarigere Jelena Alexandrowna empfängt uns mit ihrem breitesten Lächeln. (Sie und ihre Tochter Ljuda und die Dienstmagd Katja sind zu uns hinausgekommen, Mutter darf die Kutsche nicht verlassen, sie muß so rasch wie möglich nach Hause.) Umarmungen, Küsse, Verwunderung darüber, daß wir so gewachsen sind. Katjas anheimelndes Gesicht (die Schatten der Runzeln sind etwas schärfer geworden), sie ist überhaupt nicht gealtert! Dafür ist Ljuda einen halben Kopf größer geworden, sie blickt schon ganz erwachsen drein, der rote Zopf liegt auf dem Nakken, ein wenig Jungmädchenspott steckt in den Winkeln der grünen Augen. Wir verabschieden uns bereits wieder, Vater will, daß wir noch vor der abendlichen Kühle daheim ankommen. Iwan Sinowjewitsch macht gerade einen Krankenbesuch.

„Andrjuscha und Ljora warten schon", sagt Jelena Alexandrowna und tritt ein paar Schritte zurück. „Fahr los!", ruft Papa. Mit blinkenden Hufen und klingenden Glocken tragen uns die Pferde auf die mit Birken bestandene, schattige Landstraße hinaus, vorbei an den kleinen, über die Hügel verstreuten Wäldchen. Die Häuser liegen hier weiter auseinander. Und wieder bleibt das Baumlaub hinter uns zurück, wieder kommt ein Feld, das letzte für heute und für ganz und ewig: *unser* Feld! Fast vier Jahre Wanderschaft fahren zusammen mit uns über die bis zum Schmerz in den Augen vertraute Wegbiegung auf die Schlucht zu: dorthin, wo die „große" Straße unserer Kindheit beginnt, auf der die uns Erwartenden bereits das Getrampel der Hufe und das Glöckchen hören.

Wir können unsere Augen von Mutters Augen nicht losreißen. Sie strahlen! Sie hat sich ein wenig hochgereckt und blickt auf Zweige und Radspuren, auf die hier verstrichenen Jahre. Der Hufschlag der Pferde, die jetzt im Galopp gehen, führt bergab auf jene Stelle zu, wo sich die Stämme und Zeige teilen: rechterhand zum „alten Garten" mit dem dunklen Wipfel der uralten Tanne, linkerhand zum alten, grauen, vergitterten Tor vor dem grünbewachsenen Datschenhof, das jetzt zu unserem Empfang weit offensteht.

Und schon läuft uns jemand entgegen, wir hören Rufe und Stimmen, sehen die Rotglut der in die Sonne geöffneten Fenster, die ins violette Dickicht des Flieders, in die grüne Kühle des noch nicht blühenden, schattigen Jasmins eingetaucht sind.

Die Pferde machen eine scharfe Linkswendung – schon sind wir im Hof. Vor der Tür, in hellem Jäckchen, steht Ljora. Wir haben uns über drei Jahre nicht gesehen! . . .

Vater ist Mutter beim Aussteigen behilflich. Aus der Haustür tritt ein hagerer Jüngling in einem Hemd aus Segeltuch: schmalgesichtig, sonnengebräunt, mit gewelltem, dunklem Haar. „Andrjuscha! . . ." sagt Mutter (sind Tränen in ihrer Stimme?). „Mein Gott, du bist kaum wiederzuerkennen . . ."

Andrjuscha kommt verlegen auf uns zu. Das soll Andrjuscha sein? Wir trauen unseren Augen nicht. Indessen zupft Ljora an uns, sie lacht, sagt etwas, zu Mutter gewendet. Marussja und ich sind uns hinterher einig, daß Ljoras Stimme irgendwie unerwartet klingt, als würde sie unter der Erde hervortönen.

Mutter trat allein und ohne Hilfe ins Haus, hochaufgerichtet, in ihrem langen Reisecape. Schritt und Statur verrieten in diesem Augenblick nicht die Spur einer Krankheit. Sie ging, in ihrem alten Haus, in ihr neues Zimmer: rechts von der Diele, auf den Jasmin hinausgehend. Man hatte es für sie umgebaut: aus jenen beiden Kammern des Anbaus, die Nadja und Serjosha Ilowajskij einst als Gastzimmer gedient hatten. Beide waren später an der Schwindsucht gestorben. Ob sich Mutter in jenem Zimmer wohl an die beiden Zwanzigjährigen erinnerte? Sie wusch sich, zog sich um und kam an den Abendtisch: wie in früheren Jahren, scheinbar ohne Kraftaufwand und allein.

Als hätte es diese Jahre nicht gegeben, sitzen wir alle um den Tisch herum inmitten von Vasen mit Fliederzweigen. Die schrägen Strahlen der Sonne entzünden wie einst den blauen Rand der Teller und Tassen, das gelbe Messing des Samowars. Das Dienstmädchen bringt die Speisen und die rotbraunen Milchkannen herein, auf dem Glas mit der Apfelkonfitüre brennt ein bernsteingelbes Feuer. Es geht laut zu, die Fragen und Antworten wechseln rasch ab. Alle erzählen von allem auf einmal. die Seligkeit, daheim zu sein, übersteigt die Leidenschaft der Erwartung. Vater, Ljora, Tante, Andrjuscha, Mutter. Wir!

Aber Mutter bleibt nicht lange am Tisch sitzen. Sie steht auf und geht auf den Flügel zu! „Er ist ein wenig verstimmt", sagt sie, während ihre langen, weißen Finger über die Tasten streichen. „Wir lassen den Klavierstimmer kommen", sagt Vater und sieht voller Freude, wie sich Mutter an den Flügel setzt. Er hört, wie unter ihren Händen hervor Klänge von längst nicht mehr gekannter Kraft hervorströmen. Sie hat schon lange nicht mehr gespielt! Seit dem Rückfall, seit dem Winter . . .

Sie spielt und lächelt Tante zu und spielt noch ein Stück und noch eines . . .

Berückt sitzen wir auf dem alten Sofa (es hat ein rotblaues Rautenmuster und riecht nach Kindheit) und hören Mutters Lieblingsstücke. Mutter öffnet das Notenheft und drückt die Seiten mit dem Finger fest und lächelt Ljora zu und beginnt zu singen. Und Ljora geht zum Klavier, und sie singen jetzt zweistimmig, wie in der Zeit vor Italien, vor allem, was war . . . Wie süß ist es, den Glanz in Mutters Augen zu sehen. Es gibt keine Krankheit mehr, dieser Abend hat sie verzehrt!

8. KAPITEL

Mutters Tod

Ein Abend wie dieser wiederholte sich nicht. Mutters Kraftreserve reichte gerade für den Triumph der Ankunft aus. Das Wiedersehen mit dem Haus, den vertrauten Bäumen und Feldern gab Mutter die Kraft zu diesem Abend. Stolz schritt sie ins Haus hinein, genauso wie sie es vor fast vier Jahren verlassen hatte: allein und ohne Hilfe, der Krankheit nicht achtend. Sie schob sie beiseite und trat ins Haus ein. Blickte auf den Garten, das Nußgehölz, die Tannen, die Pappeln, die alte Weide, die schimmernde Oka hinter den Birken, auf das Land hinter dem Fluß, wo ihre Jugend, unsere Kindheit vergangen war.
Ich weiß nicht, ob Mutter sofort nach der Ankunft in Tarussa bettlägerig wurde, ob sie sich noch bei Tisch einfand, in den Hof, den Garten, den „alten Garten" hinausging, ob sie wenigstens einmal, auf Vaters Arm gestützt, die „große Straße" oder den Weg zu den „Baumstümpfen" entlangspazierte. Ich denke nein. Ich würde mich erinnern. Ich sehe sie nur in ihrem neuen Zimmer mit den beiden niedrigen Fenstern und den Jasminsträuchern davor, auf dem Bett. Das Bett stand rechts von der Tür, an der Wand. Durch die Zweige des Jasmins drang die Sonne ins Zimmer, in dem ein grünes Halbdunkel herrschte. Am Morgen nach unserer Ankunft betrat ich unsere Küche. Dort fand ich Andrjuscha und den Wächtersohn Mischa. „Kannst du Pfeifen schnitzen?" fragte ich den Bruder. Er schaute mich an, sein Blick war mürrisch und verlegen. „Kann ich", sagte er. „Soll ich dir eine schnitzen?" Ich wollte sagen, daß ich es auch könne, aber ich merkte, daß Andrjuscha es eilig hatte. Es war ohnehin seltsam, diesem fast unbekannten jungen Mann ins Gesicht zu blikken, der sich aus dem Kumpanen unserer Kindheit herausgemausert hatte, seine Bekanntschaft zu machen, zu begreifen, daß

er sich in meiner Gegenwart geniert fühlte, daß er mich überhaupt nicht wiedererkannte. Schon hörte ich sein: ,,Also, gut. Ich mache die Pfeife.'' Er war bereits im Gehen. Er warf mir noch einen unauffällig musternden, mich flüchtig und verlegen bemitleidenden Blick zu. Und schon waren sie fort: Andrjuscha und Mischa, während ich ihnen nachblickte.

Doch wie sanft, wie schlicht und vertraut, wie entzückt schaute unsere Mutter Andrjuscha an! Er setzte sich an den Rand ihres Bettes und lächelte scheu, während sie auf ihn einsprach: ,,Du siehst ganz wie ein neapolitanischer Jüngling aus! Und dieser breitkrempige Hut steht die sehr gut! Ich bin so froh, daß du Gitarre spielen lernst. Mandoline spielst du nicht übel – ich habe es gestern gehört . . .''

Einige Tage vergingen: schnell für uns, langsam für unsere kranke Mutter. Ich hörte, wie sie ihrem Andrjuscha sagte, bei dem sie vor fünfzehn Jahren, als er genau ein Jahr alt war, Mutterstelle eingenommen hatte (uns beide gab es damals noch nicht): ,,Ich lasse dir meine Gitarre . . .'' Sie sagte nicht ,,ich schenke'' – sie sagte: ,,Ich lasse''! Oh, wir begriffen. Auch Marussja hörte es. Wir wechselten einen raschen Blick und fühlten die Gänsehaut auf unserem Körper.

Iwan Sinowjewitsch machte oft Krankenbesuche bei uns. Er sprach aufmunternde Worte, blickte indessen besorgt. Vater wich kaum noch von Mutters Seite. Ljora schaute häufig bei ihr herein.

Es war die zweite Junihälfte. Schon blühte der Jasmin. Die schweren, lilablauen Fliederdolden in Krügen und Vasen waren vom leichten Grün der mit silbrigen, aromatischen Sternen besäten Jasminzweige abgelöst worden.

Morgens spielten Marussja und ich auf dem Flügel. Die Klänge von Marussjas Spiel freuten Mutter. Wenn jedoch ich über Tonleitern und kleinen Etüden gebeugt saß, hörte ich aus Mutters Zimmer durch zwei offenstehende Türen ihre vom Husten unterbrochene Stimme: ,,Die rechte lügt! Die linke lügt!'' Die Hitze stand meinem Fleiß im Wege . . . Zwei– bis dreimal in der Woche kam auf Mutters Wunsch eine Schneiderin zu uns, die uns das Nähen beibringen sollte. Wir saßen auf unserem oberen Kinderbalkon und waren bemüht, uns die verschiedenen Nähte einzuprägen: ,,Die Nadel vorwärts, vorwärts und zurück'',

dann noch die „Maschinen–Naht" (zum Zweck der Festigkeit), die unseren kurzsichtigen, bebrillten Augen als der Höhepunkt der Qualen erschien. Wir nähten an irgendwelchen Säckchen und Hemden, nähten so langsam, daß sich in der Hitze die Farbe des Stoffes verdächtig veränderte. Ich erinnere mich an den Seufzer, mit welchem Marussja (beim erstenmal? oder beim wievielten?) nachdenklich die Nadel in die Hand nahm und unsere Schneiderin hilflos und verzweifelt anblickte. Sie steckte das Ende des Fadens durchs Nadelöhr. Und weiter? Wohin? Nach links? Die grünen, kurzsichtigen Augen blickten mißtrauisch auf die zusammengelegten, weißen Stoffränder, über die die Naht hinweggehen sollte. Es war ihr gleichermaßen unbequem, nach rechts oder nach links zu nähen. Der Befehl lautete: nach links! Die Nadel begann, langsam vorwärtszukriechen.
Iwan Sinowjewitsch kam nun immer häufiger, und aus Moskau reiste noch ein anderer Arzt an. Die beiden Ärzte berieten sich. Dann fiel das Wort: *Lungenentzündung!*
Die Zugabe zu Mutters Schwindsucht! Man beschloß, aus Moskau eine Krankenschwester kommen zu lassen. Vor Husten und Sommerhitze konnte Mutter kaum noch atmen, sie bat, Fenster und Tür weit offen zu halten. Im Zimmer roch es nach Jasmin und Arzneien. Wir gingen oft zu Mutter hinein, aber immer nur kurz. Mutter schickte uns an die frische Luft. Unsere Köchin bekam Besuch von ihrer erwachsenen Tochter, ich glaube, sie hieß Shenja. An diese beiden, vielleicht auch noch an einige andere Frauen verschenkte Mutter ihre nicht sehr zahlreichen Kleider. Marussja fragte: „Mama, du gibst deine Kleider fort. Und in welchem Kleid wirst du nach Moskau fahren?" „Die werden mir irgendeines anziehen . . . ein weißes!", erwiderte Mutter.
In dieser Weise, mit wenigen Worten, spielte sie mehrfach darauf an, daß sie bald sterben werde. Aber wir hatten fast vier Krankheitsjahre mit ihr verbracht, ihr Zustand war wiederholt ernst gewesen. Und niemand kennt die Zukunft. Solange ein Mensch krank ist, gilt die Sorge der Mitmenschen seinem Leben. So war es auch damals in unserem Hause.
In einer Ecke des Hofes, zwischen Scheune und Zaun, legte ich einen kleinen Spielzeug-Garten an. Ich schleppte Erde herbei, baute kleine Berge, steckte Zweige hinein. Das waren meine

Gärten und Wälder. Ich war davon genauso hingerissen wie in der ersten Woche vom Schnitzen der Pfeifen aus frischen, saftigen Zweigen. Ich vergaß sogar, zu Mischas Schwester Ljonka zu laufen. Auf diese Weise war ich einige Tage lang näher bei Mutter, schaute öfter zu ihr hinein.

„Wenn Assja hereinkommt, ist mir immer so, als würde die Sonne hereinkommen!" sagte Mutter und lächelte. An Marussja freute sie sich natürlich nicht minder, aber Marussja wirkte schon fast erwachsen (im Herbst würde sie vierzehn werden). Wenn ich heute an Mutter zurückdenke, wundere ich mich über ihre unweibliche Standfestigkeit. Wie wenig sprach sie von ihrem Leid des Abschieds vom Leben! Ich sah in ihren Augen keine Tränen. Nur Trauer und Bitterkeit. Und körperlichen Schmerz: Sie bekam keine Luft. Schon länger als einen Tag saß sie quer zum Bett, stützte sich gegen die Wand und bat immerzu um Zugluft, weil sie sonst nicht atmen könne. Man sagte ihr, das gehe nicht, ihr Zustand würde sich weiter verschlechtern. Sie schüttelte den Kopf: „Öffnet das Fenster! Ich will atmen. Dann ist es leichter." Sie schlief kaum mehr. Alle begriffen, daß Mutter, die sich in der Medizin auskannte, über ihren Zustand Bescheid wußte. Die Krankheit gab nicht nach. Den ersten Abend nach der Ankunft hatte Mutter der Krankheit abgetrotzt – jetzt rächte sie sich unerbittlich.

Der Juli brach an, seine ersten Tage gingen ins Land. Mutter konnte jetzt überhaupt nicht mehr schlafen, sie atmete nur noch mit größter Mühe. Der Zugwind strich an ihr vorbei, sie befand sich außerhalb seiner Strömung. Zwar erreichte er sie – und doch war ihr schwül. Sie war sehr bleich. Das dunkle Haar über der Stirn wellte und strähnte sich wie immer. Statt einer Decke war Mutter mit einem Laken bedeckt. Die Augen glänzten sehr! So erinnere ich mich ihrer an jenem Tag des vierten Juli, von dem Andrjuscha, noch ganz auf Jungenart, sagte (vielleicht glaubte er einfach nicht an das Wort *Tod*?): „Was ist, wenn Mutter an meinem Namenstag stirbt?"

Aber Mutter lebte. Sie rief uns zwei Mädchen zu sich, um sich von uns zu verabschieden. Wir kamen. Mutters Blick empfing uns bereits an der Tür. Irgendwer sprach: „Tretet näher . . ." Wir taten es. Mutter legte ihre Hand erst auf Marussjas, dann auf meinen Kopf. Unser am Fußende des Bettes stehender Vater

schluchzte laut. Sein Gesicht war wie zerknittert. Zu ihm gewandt, versuchte Mutter ihn zu beruhigen. Dann sprach sie zu uns: „Lebt in der Wahrheit, Kinder! In der Wahrheit . . .“
Der Ausdruck ihrer Stimme klingt noch heute in mir. Genauso wie Vaters unterdrücktes Schluchzen.
„Jetzt geht spazieren, Kinder“, sagte Mutter und streichelte unsere Köpfe. „Hier ist es nicht gut . . .“
Bedrückt und wortlos gingen wir hinaus. Wir begriffen nicht, was geschah. Warum stürzten wir nicht auf Mutter zu, um sie noch einmal zu umarmen, zu hören, zu sehen? Wo war Andrjuscha, ihr erster Zögling?
Gingen wir deshalb nicht zu ihr, weil wir wußten, man würde uns nicht einlassen? Oder fürchteten wir, daß wir sie stören könnten? Wollten wir auch diesen Anfall der Krankheit erst verstreichen lassen? Es war ja nicht der erste! Mutter hatte diese Anfälle stets besiegt. Sie wollte sich doch schon damals in Moskau, zu Beginn ihrer Krankheit, von uns verabschieden . . .
Als uns Mutter an diesem Tag (es war der vierte Juli 1906) zum Abschied rief, war es etwa vier Uhr nachmittags.
Der nächste Tag, der fünfte Juli, war wieder blau und heiß. Es war die Zeit der jungen Nüsse im Wald, es gab sie in rauhen Mengen. Nach dem Mittagessen nahm Ljora Marussja und mich zum Nüssepflücken mit. Wir gingen die „große Straße“ entlang, auf die Schlucht zu. Am Rande „unseres“ Wäldchens machten wir halt. Wir nahmen die bräunlichen, noch ziemlich hellen Kugeln der Nüsse aus den festen, dicken (wenn man sie schmeckte: säuerlichen), hellgrünen Nestern heraus. Wir bogen die Äste mit den rauhen, runden, lindenblattartigen Blättern beiseite und gingen, am Rande der Schlucht entlang, langsam in den Wald hinein. Worüber wir sprachen, weiß ich nicht mehr. Plötzlich sahen wir, durch das Geäst hindurch, die Tochter der Köchin den Weg entlanggehen. Offenbar suchte sie uns. Als sie uns erblickte, rief sie nach Ljora. Die ging ein Stück zurück, Shenja entgegen. Shenja sprach auf Ljora ein, wir hörten nichts. Ljora bedeutete Shenja, sie möge heimgehen, dann kehrte sie zu uns zurück. Wir sahen sie näherkommen. Sie legte uns die Hände auf die Schultern, Marussja die linke, mir die rechte. „Mutter ist tot!“ sagte sie leise. „Wir wollen nach Hause gehen.“
Wir fanden beide keine Antwort. Wortlos kehrten wir mit Ljora

um. Hatte die Nachricht uns betäubt? Eine solche Nachricht hatten wir bis dahin nicht gekannt. Ich erinnere mich nur, ganz dumpf, irgendeiner Stille, die unseren Weg begleitete. Die Schritte gingen durch die grasbewachsenen Wagenspuren wie durch unbekanntes Land.

In jenem Zimmer, wo uns tags zuvor, quer zu ihrem weißen Bett sitzend, Mutter mit jenem Blick empfangen hatte, wo ihre Augen sich quälten und brannten, wo sie Vater Trost zusprach und zu uns von der Wahrheit sprach, wo sie die Hand auf Marussjas und meinen Kopf gelegt hatte, in jenem Zimmer lag jetzt, ein wenig seitlich, Mutters mit einem Tuch bedeckter Körper, und das gelbe, unbewegliche Gesicht mit den Zügen, die an Mutters Züge erinnerten, war unter dem Kinn mit etwas Weißem festgebunden. Die Augen waren geschlossen, das von unbekannter Hagerkeit gezeichnete Gesicht war so furchtbar, daß man es nicht anschauen mochte. Wir blickten weg. Mutter war nicht in diesem Zimmer. Das hier war nicht Mutter, zu dem, was hier war, führte kein Weg. Stumm küßten wir, erst die eine, dann die andere, diese gelbe Stirn. So hatte man uns geheißen. Genauso folgsam gingen wir aus dem Zimmer.

Das Haus war, ich weiß nicht warum, voller Menschen. Alle flüsterten. Mutter war still verschieden, sie war eingeschlafen und nicht wieder aufgewacht. Niemand war bei ihr gewesen, alle waren hinausgegangen, damit sie schlafen könne. Die Krankenschwester gab ihr zu trinken, Sekt oder Brühe, ich weiß es nicht mehr. Sie trank einen Schluck. Sagte: ,,Ich habe etwas vergossen", wischte es auf oder ließ es aufwischen. Legte sich auf die Seite, schlief ein. Das war gegen vier Uhr am Nachmittag.

An jenem Morgen oder Tag sagte sie: ,,Jetzt beginnt die Agonie."

Vater (oder Tante?) fragten sie, ob sie das Abendmahl empfangen wolle. Sie lehnte ab. Sie verzichtete auf das, was sie für ein bloßes Ritual hielt.

Vater und Tante weinten. Aus Mitleid mit Vater und uns weinte Jelena Alexandrowna. Sonst erinnere ich mich an nichts mehr von jenem Tag.

9. KAPITEL

Die Zeit danach

Ich weiß nicht, ob Marussja die tote Mutter fürchtete. Ich denke ja, denn wir empfanden immer sehr ähnlich. Ich fürchtete mich vor Mutter, sogar vor dem Zimmer, in dem sie aufgebahrt lag. Jelena Alexandrowna riet Vater, uns keine schwarzen Kleider schneidern zu lassen. Man nähte uns dunkelgraue Kleider. Aus Moskau kam ein Mann angereist, der Mutters Leichnam, in Anbetracht der herrschenden Sommerhitze, „einfror". Das heißt: Er umgab ihn mit Säckchen mit Eis und Äther. Mutter sollte in Moskau auf dem Waganjkowskij–Friedhof beigesetzt werden, neben Großvater und Großmutter. Auch der Sarg kam aus Moskau, er war von silberner Farbe (metallisch, mit weißen Verzierungen aus Elfenbein). Mutters Gesicht sah jetzt noch toter und fremder, noch furchtbarer aus, es war nicht wiederzuerkennen, kalt, wächsern und hohl. Auf der Stirn lag ein „Kirchenstreifen". Es war von Weiß umgeben: statt der vertrauten, welligen, dunklen Haare, die man nicht mehr sah.
Im Hause roch es nach Äther und Nelkenöl (vom „Einfrieren" her). Der „Einfrierer", ein junger widerlicher Mensch, schäkerte mit der Krankenschwester. Er erzählte Witze über Leichname und „Verschiedene" (was für entsetzliche, widerwärtige Worte!).
Das Niedagewesene ist einfach: wie alles, was wir beständig sehen. Es kommt und stellt sich in die Reihe der Dinge, in der es nichts zu suchen hat.
Auf dem Auferstehungsberg, hinter der Kapelle über der Oka, führt man Mutter im Sarg die Straße entlang, auf der sie während unserer ganzen Kindheit zusammen mit uns von Tante oder Dobrotworskijs auf die Datscha heimgekehrt war.
Die Glocken läuten zum Empfang des Sarges. Der heiße Tag ist

blau. Der Kragen des grauen Kleides klebt an Marussjas und meinem Hals. Wie Tante weint! Wir weinen nicht. Wir können nicht weinen. Die Blicke und das Gewisper (,,die armen Waisen" – ,,wo denn?" – ,,da drüben sind sie") gehen uns auf die Nerven.

Der lockige Schatten eines Baumes wiegt sich über den Radspuren. Der Sarg wird in die Kirche getragen.

Die armen Mädchen, das große und das kleine! Sie brauchen sich nicht Gefühlskälte vorzuwerfen, müssen vor ihrer Teilnahmslosigkeit nicht erschrecken. Das Leid wird kommen – später. Später! Morgen, in einer Woche, in einem Jahr. Und noch nach vielen, vielen Jahren. Wenn das alles hier vorbei ist, wenn sich das Herz und die Füße erholt haben, wenn alle alles vergessen haben werden, dann wird das Waisentum an uns herantreten und vor uns stehenbleiben: wie ein Mensch. Wir werden keine Atemluft bekommen: in jener kommenden fröhlichen Tagesstunde ohne Sarg, Kirchengesang und Trauergemeinde. Dann wird Mutter in uns erwachen: in ihrer vollzogenen Entfernung von uns, in der Unmöglichkeit, zu sein, in der Unausdenkbarkeit, nicht zu sein. Die geöffnete Tür des Schrankes, der nach Mottenpulver riecht, aus dem der Schatten des Duftes nach Parfum nicht weichen will, Mutters leere Staffelei, das Geräusch beim Öffnen des Flügeldeckels, das Klopfen des Fensterladens im Saal, mitten aus der Kindheit heraus, das aufflammende Grün des gläsernen Lampenschirms (irgend jemand trägt Mutters Lampe durch den Salon): Da wird unser Trauern anheben!

Einstweilen jedoch . . . Die Überführung nach Moskau fällt ganz aus der Erinnerung heraus. Wie und mit wem fahren wir in Moskau vom Bahnhof in unser Haus und zum Friedhof? Doch wohl mit Ljora? Der Straßen erinnere ich mich nicht. Unser Dreiteichgasse, unser Haus. Wir sehen stumpf, wie der Katafalk davor stehenbleibt und steht. Mutter weiß nicht, daß ihr Körper von jenem Haus Abschied nimmt, in dem sie so viele Jahre verbracht hat. Später erst fällt uns jener Abend im Herbst des Jahres 1902, die Stunde der Abreise aus Moskau nach Italien ein, als Mutter die Worte sprach: ,,In dieses Haus werde ich nicht mehr zurückkehren . . ." Wie oft haben wir diese Worte, über Mutters neuerliche Gesundung triumphierend, fröhlich belacht: in Italien, in Lausanne, in Langenhart. Aber offenbar werden solche Worte nicht von ungefähr gesagt. Mutter ist in unser Haus nicht heimgekehrt . . .

Wir fahren in der Kutsche. Wir sind nur zu zweit: Marussja und ich. Unsere Kutsche überquert die Ssadowaja und biegt hinter dem Katafalk und den anderen Kutschen Richtung Pressnja ein. Unlängst noch las Mutter über dieses Stadtviertel in den Jaltaer Zeitungen, im Zusammenhang mit dem Moskauer Aufstand . . .

Neben den Gräbern von Großvater und Großmutter, wo wir oft mit Mutter weilten, links von ihren weißen Kreuzen und Platten aus Marmor ist ein kleiner Hügel aus braunem Sand, daneben eine rechteckige, längliche Grube. Es ist eng, zwischen den Gräbern stehen viele Menschen. Ich weiß nicht mehr, wie man den Sarg trägt und ins Grab senkt. Wie man Erdklumpen in die Grube wirft, das Grab zuschüttet, wie der Priester das Totenamt liest. Irgendwas hat dies alles aus dem Gedächtnis getilgt.

Auch die Zeit nach Mutters Begräbnis fällt aus meinem Gedächtnis heraus. Wir kehrten nach Tarussa zurück und verbrachten dort den Rest des Sommers: drei Juliwochen und den August. Aber davon weiß ich überhaupt nichts mehr; als hätte es diese sieben Wochen nicht gegeben. Ich erinnere mich keines einzigen Tages und keines einzigen Vorfalls. Immerhin ist das bemerkenswert: In Langenhart und Sankt Blasien lebten wir jeweils genauso lange, jedem dieser beiden Orte habe ich ein langes Kapitel gewidmet. Jedoch zu Sommer 1906 nach Mutters Tod fallen mir keine drei Zeilen ein. Weder über Dobrotworskijs, noch über Tante, weder über die Bewohner unserer Datscha noch über Marussjas Abreise nach Moskau (vermutlich mit Ljora und Andrjuscha, zu Beginn des Schuljahres). Nach ihrem eigenen Willen und mit Vaters Erlaubnis trat Marussja (man nannte sie jetzt immer häufiger *Marina*) ins Internat am Vonderwies-Gymnasium ein.

Ich blieb mit Vater und irgendeinem Dienstmädchen allein auf der Datscha zurück. Das war meine erste Trennung von Marina! An den Abschied kann ich mich erinnern. Ich glaube, es war im September.

Einmal waren Vater und ich zusammen bei Dobrotworskijs eingeladen. Wir aßen zu Mittag. Plötzlich begann sich Vater über seinem Teller auf seltsame Art zur Seite zu neigen, er begann sitzend zu fallen. Iwan Sinowjewitsch und Jelena Alexandrowna stürzten sofort zu ihm hin und hielten ihn fest, aber er fuhr fort zu fallen. Sie faßten ihn unter den Armen und führten oder trugen ihn in Onkel Wanjas (Iwan Sinowjewitschs) Arbeitszimmer, ein kleines Zimmer jenseits des Saales mit Schreibtisch, Sofa und Büchern. Vater wurde auf das Sofa gelegt. Er hatte einen Schlaganfall.

Dobrotworskijs nahmen mich bei sich auf. Wie lange ich bei ihnen lebte, weiß ich nicht mehr. Vater war krank, Onkel Wanja (so redete auch ich jetzt Iwan Sinowjewitsch an) behandelte ihn und wartete auf eine Gelegenheit, ihn nach Moskau bringen zu lassen. Anderthalb oder zwei Monate nach Vaters Tränen an Mutters Sterbebett wurde seiner Gesundheit ein Stoß versetzt. Ich erinnere mich weder an unsere Reise nach Moskau noch an die ersten Tage in unserem Moskauer Haus. Vater legte man in eine Klinik. Im Hause lebten Ljora, Andrjuscha und Ljuda. Ich lebte zusammen mit Ljuda im früheren Kinderzimmer, dort wo Mutter für Marussja und mich zwei durch einen Vorhang getrennnte, kleine Zimmerchen hatte einrichten wollen . . . Marussja lebte im Internat.

Es war der Herbst des Jahres 1906. Wir wurden vierzehn und zwölf Jahre alt.

SECHSTER TEIL

Beginnende Jugend.
Wieder Moskau

1. KAPITEL

Ohne Mutter. Warwara Alexejewna. Pensionat Vonderwies. Marina und Ljora

Die riesengroße Leere, die auf das Haus und auf mich fiel, hat jenen ersten Herbst ohne unsere Mutter aus meinem Gedächtnis getilgt. Wie gut hatte sie es verstanden, ein einziges Leben mit uns zu leben: rauh und sanft! Streit zu schlichten, mit einem Blick zur Ordnung zu rufen, durch eine Kopfbewegung an die Vernunft zu appellieren. Immer blieb sie für uns die Mutter, die über allen stand: durch jenen Heroismus und jene Ehre, mit denen sie den Kampf mit sich selbst bestanden hatte, die Schlacht zwischen Glück und Pflicht, in der sie freilich auch die Kraft verloren hatte, gegen die Krankheit anzukämpfen. Sie hatte den Geliebten weggegeben, hatte das Leben des bereits alternden Gatten, unseres guten Vaters, nicht zerstört. Jahrzehnte später noch war uns das ein Richtzeichen in unserem Kampf mit dem Leben. Das Haus, nach dem Mutter und wir zwei uns während der ganzen Jahre unserer Wanderschaft wie nach einem lebenden Wesen gesehnt hatten: dieses Haus erblickten wir und bemerkten es kaum, im Nebel von Mutters Begräbnis, als der Katafalk mit dem Sarg auf dem Weg zum Waganjkowskij-Friedhof einen Augenblick lang vor dem Haustor hielt. Aus diesem Haus enteilte Marina, nachdem sie es gerade erst betreten hatte, zu ihren unbekannten Freundinnen ins Internat, auf irgendeine Straße hinter dem Erbsenfeld. In diesem Haus lebte ich jetzt mit Ljora und mit Ljuda Dobrotworskaja. Ich war nicht mehr das Kind, als das sie mich in Erinnerung hatten – und als Halbwüchsige kannten sie mich nicht. Überdies bekam ich sie kaum zu sehen: nur beim Abendbrot und beim Zubettgehen. Das Gymnasium besuchte ich nicht. Vater wollte mich vor der Erschöpfung bewahren, er fürchtete, wegen meiner Magerkeit und meiner Ähnlichkeit mit Mutter das böse Erbe. Zu mir kam eine Hauslehrerin, sie berei-

tete mich für die dritte Klasse des Gymnasiums von Frau Potozkaja vor. Irgendwer hatte Vater diese Schule empfohlen. Sie galt
als liberal. Die Schulordnung an jenem Gymnasium kam den
Schülerinnen entgegen.

Als Vater aus der Klinik heimkehrte, trat ein Ereignis ein, mit
dessen Hilfe unser guter Vater mich und Marussja (die die Wo-
chenenden zu Hause verbrachte) zu erfreuen und die Leere ohne
Mutter zu mildern gedachte. Eingedenk unserer großen Anhänglichkeit an unsere zweite Jaltaer Lehrerin Warwara Alexejewna Bachturowa lud Vater sie, nach einem kurzen Briefwechsel, aus der Krim in unser Moskauer Haus ein. Bucklig, mit la-
chendem Gesicht, in einem eleganten, grauen Cape, mit mehreren Köfferchen bewaffnet, trat sie in strahlender Laune in unsere
entrückte Kindheit ein und bezog das untere freistehende, einst
als Mädchenkammer dienende Zimmer neben dem Hintereingang. (Dort hatte Mutter in unserer frühen Kindheit aus den Fächern der Kommode Graupen, Mehl, Kaffee, Tee und Zucker
entnommen.) Sie widmete sich, gegen ihre Neigung, dem Haushalt, versuchte, in unser zerfallenes Leben etwas Ordnung zu
bringen. Wir empfingen sie mit Zärtlichkeit, aber das halbe Jahr,
das seit unserer Trennung verstrichen war, machte sich bemerkbar. Das frühere Feuer in unseren Beziehungen stellte sich nicht
wieder ein. Wie konnte das geschehen? Diese kluge Frau, die uns
so liebte, weilte bei uns im Haus. Warum blieb sie einsam unter
uns? Vielleicht deshalb, weil Marina im Internat war, während
an meiner Seite der mürrische, in sich verschlossene und spöttische Andrjuscha lebte? Wie konnte es kommen, daß ich mich
nicht mit ganzem Herzen zu Warwara Alexejewna (zu Martyssja) hingezogen fühlte, daß ich mich nicht an ihrer Zärtlichkeit
wärmte? Das gehört zu jenen Dingen in meinem Leben, die ich
nicht verstehe! Bin wirklich ich es, die sich mit dem älteren Bruder als Komplizen unwürdige Schülerstreiche erlaubt, indem ich
über den Ofen im Zwischenstock einen Gummischlauch in ihr
Zimmer leitete, aus dem, vermittels eines selbstgebastelten Kol-
bens, Wasser sprudelt? Wo blieb mein Schamgefühl? Begriff
Martyssja, daß sie in diesem Haus, da sich unsere Liebe zu ihr
nicht mehr einstellte, nichts verloren hatte? Oder war sie einfach
unseren Haushalt leid geworden? An einem Tag im Herbst oder
Winter nahmen Marussja und ich traurig und sanft Abschied von

ihr. Mit Scham und Leere im Herzen brachten wir sie zur
Droschke. Ihr Lächeln, der Buckel, die langen Arme, der Koffer . . . Wir blickten ihr nach, am Tor des von Martyssja verlassenen Hauses fröstelnd. Vielleicht galten wir bei allen, außer bei
unserer Mutter, als schwierige Kinder? War das der Grund,
warum keine einzige weibliche Verwandte von Vater sich nach
Mutters Tod unserer Erziehung annahm? Eine jede von ihnen
musterte uns von der Seite, schätzte unsere Talente ab („die sind
begabt"), entschuldigte unsere Fehler („die Mutter hatte auch
ihre Eigenheiten"). Wahrscheinlich waren wir wirklich schwierig: für alle, die uns nicht ähnelten.
In jenem Winter, als Vater wieder zu Hause war, kam Ilowajskij
ihn oft besuchen. Er kam zu seinem nun schon zum zweitenmal
verwaisten Schwiegersohn. Einst, vor vielen Jahren, besuchte er
ihn nach dem Tode seiner Tochter. Auf dem Bild an der Wand
strahlte sie noch immer in Schönheit: mit dem Lächeln, der Lok-
ke, dem blauen Mieder, der Rose. Langsam ging er an ihr vorbei,
ohne sie zu sehen, ohne den Kopf zu ihr zu erheben. Der Saal,
der Salon, das Arbeitszimmer. So war es viele Jahre lang gewesen, als unsere Mutter den Platz seiner Tochter einnahm. In meinem Gedächtnis lebt verschwommen die Erinnerung daran, daß
Dmitrij Iwanowitsch Mutter eine große Hochachtung bezeugt
hatte und daß das Gespräch oft zu dritt geführt wurde. Jetzt
weilte auch Mutter nicht mehr unter den Lebenden.
Wenn wir ihn sahen, grüßten wir ihn höflich. An Marina richtete
er nur eine Frage: Nach welchem Lehrbuch an dem Gymnasium,
das sie jetzt besuchte, Geschichte unterrichtet würde. Als bei der
Antwort nicht sein Name fiel, verfinsterte sich sein Gesicht.
Damals wurde Ilowajskijs Lehrbuch der russischen Geschichte,
das als reaktionär galt, an vielen Gymnasien zurückgewiesen.
Auf Vaters großem Arbeitstisch, auf dem Stöße von Papier lagen, brannten bis tief in die Nacht hinein zwei Kerzen. Vaters
Gestalt beugte sich über den Tisch. Und immer, wenn ich, von
Mitgefühl mit Vater ergriffen, der schon so viele Jahre lang für
sein Museum arbeitete, ihn vor dem Zubettgehen fragte: „Papa,
was machst du?", bekam ich die Antwort: „Ich lerne . . ."
Das Museum an der Wolchonka wuchs empor: durch die uner-
müdliche Energie, die selbstlose Arbeit der Tage und Nächte.
Es füllte sich mit Abgüssen, die aus allen Teilen der Welt auf Va-

ters Namen in Moskau eintrafen. Manchmal rief Vater Marina (oder, wenn sie nicht da war, mich) ins Arbeitszimmer, um nach seinem russischen Diktat deutsche oder französische Briefe in Sachen Museum zu schreiben. Noch heute höre ich Vaters Stimme: ,,Ma-ru-ssja . . . Komm, wir schreiben zusammen ein französisches (oder: deutsches) Brieflein . . ...."

An den Samstagen holte ich Marussja mit der Pferdebahn im Gymnasium ab. (Dabei begleitete mich unser Hausmeister Ilja, ein rundmäuliger, listiger Bursche, der in seinem Verschlag neben der Küche, das an das große, helle Zimmer des Dienstmädchens und der Köchin grenzte, im Licht einer Petroleumlampe Deutsch lernte.) Am Trubnaja-Platz, bevor es den Christi-Geburts-Boulevard bergauf ging, wurden wie in früheren Jahren zusätzliche Pferde vor die Pferdebahn gespannt. Buben sprangen auf die vorderen Pferde auf, und donnernd, hufeklappernd und schreiend setzte sich das Gefährt in Bewegung. Weiter oben wurden diese Pferde wieder ausgespannt, die Buben ritten auf ihnen zurück, indes die Bahn ihren Weg fortsetzte.

Es schneite. Wir traten durch die schwere Tür in das Pensionat Vonderwies ein (das mich in verblüffender Weise an das verhaßte Pensionat Brinck erinnerte) und warteten. Von oben drang das gedämpfte Dröhnen eines mir unbekannten, nach Marinas Berichten düsteren Lebens an unser Ohr. Die in diesem russischen Internat herrschende Strenge ließ Marinas aufrührerisches Herz, nach der Freiheit ihres Lebens in Jalta im Kreis der befreundeten Revolutionäre, heftiger schlagen. In kindlichem Kleinmut freute ich mich, daß ich noch kein russisches Gymnasium besuchte. Dort schien es nicht anders zuzugehen als in dem vermaledeiten Pensionat Brinck! Arme Marina, die sich aus Sehnsucht nach der toten Mutter wie in den Rachen eines Löwen ins Internat gestürzt hatte!

Endlich kam sie die Treppe herabgestiegen: im braunen, beinahe langen Schulkleid mit schwarzer Schürze. Niemand nannte sie mehr Marussja, nur ich sperrte mich manchmal noch gegen *Marina*, aber auch ich gewöhnte mich nach und nach daran. Sie war vierzehneinhalb und sah erwachsen aus. Sie war groß und stämmig, über ihr Alter hinaus. Sie trug einen Zopf, der nicht sehr lang, aber ziemlich dick war. Manchmal legte sie ihn um ihren Kopf. Ihre hellgrünen, eindringlichen Augen ohne Brille kniff

236

sie, infolge ihrer Kurzsichtigkeit, oft zusammen. Oder sie wendete scheu ihren Blick ab. Sehr häufig errötete sie (ihre Wangen waren ohnehin rosig), und das quälte sie, machte sie noch schroffer. Die Nase mit dem schwach ausgeprägten Höcker und den gutgeschnittenen Nasenflügeln war kürzer und dadurch wohlgeformter als bei Mutter und mir. Kinn und Mund drückten Willensstärke aus. Die Stirn war hoch, breit und schön. Das Haar fiel ihr an den Schläfen herab (so trugen es damals die meisten), aber nicht üppig oder ungeordnet, sondern streng. Schön konnte man sie in jenen Jahren zu Beginn der Jugend nicht nennen. Sie achtete wenig auf ihre Kleidung, wozu auch ihre damaligen revolutionären Stimmungen beitrugen. Ungünstig wirkte sich, in Gegenwart von Leuten, ihr leicht verwundbares Selbstbewußtsein aus, irgendeine scharfe Replik, die sie zu ihrer eigenen Verwunderung plötzlich aussprach. Auch die Brille stand ihr nicht gut. Mit sechzehn oder siebzehn entschied sie sich für einen Kneifer, später gab sie auch den auf, magerte ab, ließ sich die Haare kürzer schneiden (zur ,,Pagenfrisur``). So war sie mit neunzehn, zwanzig eine Schönheit geworden.

Mich behandelte sie jetzt als die Jüngere, ihr Erwachsenwerden entfernte uns voneinander. Ich erwähnte bereits, daß die inwendige Zärtlichkeit unserer Beziehungen keinen äußeren Ausdruck fand. Wir küßten uns nicht, wir schlugen und verspotteten einander. Doch ihre Gegenwart hatte mir immer Wärme und Rückhalt gegeben. Jetzt wurde auch das anders. Sie fühlte sich zu Ljora und deren Freunden hingezogen. Mit mir war sie selten zusammen. Über Mutter sprachen wir nicht. Und es gab im Haus etwas, das (durch einen Fehler von Vater, der ihm nicht bewußt wurde) unsere Erinnerung an Mutter vergiftete: ihr Porträt im Sarg.

Vergrößert, in einem Rahmen nach Art des Sarges (helles Metall mit elfenbeinerner Verzierung), hing es über dem grauen türkischen Sofa in Vaters Arbeitszimmer. Wir fürchteten uns davor: bis an das Ende unseres Lebens in diesem Haus, bis wir heirateten. Mutters Profil war darauf überaus hager, die Nase wirkte zu lang, das Fehlen eines Blickes, die geschlossenen Lider, das Fehlen der vertrauten, dunklen Haarsträhnen hoch über der Stirn, deren Stelle ein ritueller Kranz einnahm, das Weiß des Gesichts, die Blumen: Alles das machte das Gesicht fremd und erschrekkend. Das war nicht Mutter. Das unbedachtsam in Auftrag gegebene Porträt, das den Zweck erfüllen sollte, die Erinnerung an Mutter in unserem Gedächtnis wachzuhalten, vergällte uns unsere ganze Jugend im geliebten Haus, nahm uns Vaters Arbeitszimmer weg, das in der Kindheit einige Jahre lang „Mutters Salon" gewesen war, mit seinem Herzstück: dem grünen Porzellanschirm der Petroleumlampe auf Mutters Schreibtisch, mit dem Vorlesen von *Undine* uund *Rustem und Sorab* . . . Sagen konnten wir das Vater nicht. Es hätte ihn gekränkt, er hätte denken können, daß unsere Worte mangelnde Pietät verrieten.

Mein erstes unkindliches Jahr nahm einen traurigen Verlauf: inmitten der Erwachsenen. Selbst Marussjas Besuche am Wochenende gaben mir nichts Vergangenes wieder, nichts von dem, was meine Kindheit bestimmt hatte.

In Ljoras Nähe erinnere ich mich dunkel ihrer Freundinnen. Ich erinnere mich der Schatten irgendwelcher Männer im Russenhemd mit üppigem Haarwuchs. Das war der Typ der revolutionären Jugend jener Zeit. Sie redeten einander mit *Genosse* an, sprachen von irgendwelchen Versammlungen. Das alles feuerte Marussja an, während ich damit nichts anfangen konnte, denn in meinem Dabeisein sagte man nicht alles. Bisweilen (oder war das ein Jahr später?). ging Marina irgendwohin fort (auf eine Versammlung?). Sie sagte mir nichts, ich blickte ihr stumm nach. Meine Freunde waren: der Kettenhund und der nun schon fast ausgewachsene Kater aus Jalta.

2. KAPITEL

Die „Deutsche" und ihre Reformen. Bruder Andrej
und seine Freundschaft mit Marina inmitten der revolutionären Jugend. Marinas Erzählung *Die Vierten*.
Ihr Ausschluß aus dem Pensionat Vonderwies

In unser Haus zog auf Vaters Geheiß die deutsche Wirtschafterin
Jelisaweta Karlowna Müthel ein. Sie sollte uns den Haushalt führen. Sie war mittelgroß, alt und beleibt, hatte eine Hakennase
und aufmerksame, helle Augen, die sie immerzu zusammen-
kniff. Das gelockte Grauhaar teilte ein gerader Scheitel. Ich erinnere mich, daß die *Deutsche* (so nannten wir sie unter uns) in unserem Eßzimmer wohnte, aus dem, wie an großen Festtagen, der
Eßtisch in den Saal unter die Hängelampe expediert worden war,
die ihrerseits aus dem kleinen, von Kindheit an unveränderten
Eßzimmer stammte. Diese Umstellung war unangenehm und
künstlich, aber Jelisaweta Karlowna konnte natürlich nichts dafür. Für uns war der Anblick des stets beleuchteten Saales indessen fremd und überflüssig, der Zauber des Saales bestand, in unserer Kindheit, in der Leere des Parketts, über dem abends in der
Dunkelheit die Silberstreifen der beiden Spiegel glitzerten. Jetzt
war das alles vollgestellt, jetzt gaben wir uns hier der alltäglichen
Prosa des Speisens hin. Statt nach dem Ruf *Zu Tisch!* aus dem
hohen Halbdunkel in die niedrige, beleuchtete Gemütlichkeit
unseres Eßzimmers einzutreten, wo der runde Tisch sein Leben
führte und in der Ecke das kleine Samowartischchen stand, gingen wir jetzt nicht hinein, wir gingen aus verschiedenen Zimmern in den hohen Saal *hinaus*, auf den langen, ganz gewöhnlichen Tisch zu (wo war der runde geblieben?), und das Samowartischchen ging, so wie wir, in der kalten Räumlichkeit des Saales
unter. Ich denke, der Samowar hörte sofort auf zu kochen, wenn
man ihn aus seiner Dikkens'schen Ecke entfernte.
Die *Deutsche* bemühte sich, „Gäste zu empfangen". Auf dem
Tisch standen kleine Schalen mit allerlei Obstkonfitüre: statt

Ljoras Büchse mit (erforderlichenfalls durch kochendes Wasser nachgefülltem) nicht endenwollendem Ebereschenmus aus Tarussa. In der Milchkanne mit der ins Porzellaninnere blickenden, blauen Schwalbe wurde die Milch durch dicke Sahne abgelöst. Zum Mittagessen gab es jetzt statt der Kohlpastete unserer Kindheit (die wir so liebten!) kleine Pastetchen mit Reis, mit Sago, sowie hassenswerte Erzeugnisse aus Mohrrüben. Tischtuch und Servietten glänzten in deutschem Weiß, der Samowar loderte: wie bei Tante.

Vater, unser armer, standhafter, guter Vater, wollte den neuen Anblick des Hauses und der Mahlzeiten mit guter Miene würdigen, als eine wie auch immer geartete Ordnung. Ich sehe ihn am Tisch mit Jelisaweta Karlownas Sohn Pawel Karlowitsch sprechen (den Andrej *Polkanytsch* nannte). Auf Vaters Gesicht sehe ich das aufmerksame, gütige Interesse für jedermann, auf Polkanytschs Gesicht sehe ich Ehrerbietung: Immerhin spricht er mit einem Professor! Ein seltsames Jünglingsleben führte unser Bruder! Er konnte mit einer einzigen Bemerkung einen Menschen umreißen, aber er suchte niemandes Freundschaft, wich den ihm Begegnenden aus. In ihm lebte ein verblüffender Witz, der auf eine scharfe Beobachtungsgabe hindeutete, aber genau wie Ljora wandte er sich stumm von allem ab, was ihm nicht gefiel. Freunde besaß er nicht, das heißt: Sie kamen nicht ins Haus. Jedoch die revolutionäre Ära teilte sich auch Andrej mit, jedenfalls ging er zusammen mit Marina (die zwei hatten sich inzwischen angefreundet) irgendwohin „auf eine Versammlung".

Er ging zu Ljora hinein, in den Kreis ihrer Kameraden; irgendwo in einer Ecke sah man seine feine Silhouette in der dunkelgrauen Uniform (die hellgrauen, stutzerhaften verachtete er). Andrjuscha schwieg fast immer. An seinem stummen Konsens und Interesse vorbei stürzten sich jene anderen, die älter, reifer und lärmender waren als er, in den damals unversiegbaren Streit darüber, welcher Partei du angehörst, welche Partei Rußland erretten wird . . . Am meisten jedoch dürfte Bruder Andrej die Musik geliebt haben: das Vermächtnis seiner singenden Mutter, der er so ähnlich sah. Hinter seiner verschlossenen Tür hervor drangen oft Mandolinenklänge an mein Ohr. Er übte schwierige Stücke ein, kam zu mir, steckte mir die Balalaika oder die Gitarre zu, brachte mir das Spiel bei. Den Marsch *Sehnsucht nach der*

Heimat und die *Erinnerung an den Burenkrieg* sangen wir zweistimmig.

In wußte, daß Marina eine Erzählung schrieb: in ihr dickes
Wachstuchheft. Die Erzählung handelte von ihren älteren
Freundinnen, die sie aus der siebenten in die vierte Klasse versetzte (Marina besuchte die vierte). Ihr aufrührerischer Geist
schuf dramatische Kollisionen: die gleichen, die sie beim Eintritt
ins Internat gesucht hatte, die sie als Plattform für ihre Aktionen
brauchte, für den Ausdruck ihrer Unzufriedenheit mit ihrer
Umgebung, besonders mit dem für sie unerträglichen Geist des
Internats.

Manchmal fuhren wir mit der ganzen Familie (ausgenommen
Ljora) zu Onkel Mitja. Familienbesuchen wich Ljora aus. Onkel
Mitja war Direktor der Kommerz-Lehranstalt in der Ostoshen-
ka. (Das war ein großes, hellrotes Gebäude mit Säulen; heute ist
dort das Institut für Fremdsprachen untergebracht.) Das Arbeitszimmer, der Saal, der Salon, das Boudoir von Jelisaweta
Jefgrafowna, das Eßzimmer, die Zimmer des Sohnes und der
Töchter. Die Einrichtung war neu und reicher als bei uns, aber
die Wohnung war überhaupt nicht anheimelnd (ausgenommen
vielleicht das Boudoir). In puncto Gastfreundlichkeit herrschten
hier die besten Traditionen. Trotzdem zog es uns nach Hause. In
unser Haus, wo die Freiheit herrschte.

Der Winter hielt an und verging: der erste Winter nach Mutters
Tod. Bald kam der Frühling – und mein Examen. Das liberale
Gymnasium von Frau Potozkaja, in dem ich lernen würde, befand sich an der Petrowka, im gelben, zweistöckigen Haus von
Frau Samarina. Ich legte dort die Aufnahmeprüfung für die
dritte Klasse ab und bekam in allen Fächern die besten Noten.
Vor dem Russischlehrer stehend und nach meinem Lieblingsge-
dicht gefragt, begann ich ohne Zögern Nekrassow zu rezitieren:
Die Verse über die heiße Erntezeit und das harte Los der russischen Frau. Meine Stimme war nahe daran, sich zu überschla-
gen. Wie liebte ich Nekrassow! Ich bekam „sehr gut".

Nach der Prüfung gehe ich in die dritte Klasse. Auf einer Schul-
bank, mit dem Rücken zum Fenster des halbleeren Klassenzim-
mers, sitzt ein überaus schlankes, langbeiniges kleines Mädchen
in einem kurzen, braunen Kleid. Sie hat ein schmales Gesicht,
einen blonden Zopf, der in einer Locke ausläuft und ganz unge-

wöhnliche, schmale, braune Augen, die aufmerksam schauen. Die Wimpern sind so lang und so dicht, daß man, wie sich später herausstellte, zwei Streichhölzer nebeneinander da_rauflegen kann. Das Gesicht drückt Trotz aus und jenes Maß an Scheu, das die Bewegungen schroff macht. Der eindringliche Blick ist spöt_tisch. An diesem Mädchen ist nichts gespielt – sie ist ganz Natür_lichkeit. Wie sie mir gefällt! Unsere Freundschaft entbrennt un_verzüglich.

Marina wurde aus dem Gymnasium Vonderwies ausgeschlos_sen. Die näheren Umstände verbarg sie vor uns. Unlängst spürte ich einige Freundinnen von Marina auf und bat sie, aufzuschrei_ben, was sie über Marinas Schulausschluß in Erinnerung haben. Irina Ljachowa schrieb:

„Marina war ein Aufrührer. Die Vorgesetzten fürchteten ihren Einfluß auf die anderen Schülerinnen, bei denen sie großes An_sehen genoß. Wegen ihrer revolutionären Einstellung war sie im Gymnasium unerwünscht. Anfangs schwärmte sie noch für ro_mantische Jugendhelden, aber schon bald wechselte sie zu revo_lutionärer Literatur über, sie atmete die Revolution geradezu ein. Die Schulleitung war sehr froh, als sie sich ihrer entledigt hatte.“

Es folgen einige Zeilen aus den Erinnerungen der Schriftstellerin S. Liperowskaja.

. . . Die Ruhe der Schülerinnen war gestört, sie fühlten sich in den Wirbel neuer Empfindungen und Erlebnisse hineingezogen. ‚Die Aufrührerin mit dem Wirbelwind im Blut‘ rief zum Auf_ruhr, zum heftigen Gefühlsausdruck, zum Aufschwung auf. Vieles veränderte sich unter Marinas Einfluß. Man bat sie um Rat, welches Buch man lesen solle. Marina brachte Bücher in die Schule mit: die Sammelbände des *Snanije*-Verlags, Gedichte von Bunin, Erzählungen von Kuprin. Der Name Gorkij klang auf. Stepnjak-Krawtschinskij erweckte Begeisterung, Andrej Kos_huchow wurde zum Lieblingshelden. Marina füllte das Arsenal der nicht zugelassenen Bücher auf. In die Streitgespräche über die neuen Menschen bei Tschernyschewskij, Turgenjew und Gorkij, über das Leben der Zukunft, brachte sie Leidenschaft hinein . . .“

Und hier ist die Aussage ihrer Freundin Walja Generosowa:

„Marina verneigte sich vor den Kämpfern der Revolution und

träumte davon, selber am Kampf um die Freiheit und eine bessere Zukunft für die Menschen teilzunehmen. Marina bemühte sich, mich mit der revolutionären Bewegung vertraut zu machen, sie versorgte mich mit Büchern, die damals verboten waren. In der Atmosphäre, die bei uns im Pensionat herrschte, galt Marina als ,,unzuverlässig'', man fürchtete ihren Einfluß. Es hieß, man hätte ihr wegen ihres ,,Freidenkertums'' das Verlassen der Anstalt nahegelegt. Marina versicherte, in ihrem zukünftigen persönlichen Leben würde sie frei sein von den Banden des landläufigen Familienlebens, sie würde sich voll und ganz der revolutionären und literarischen Arbeit widmen.''

3. KAPITEL

Der Frühling 1907 in Tarussa mit Ljora.
Die Ankunft von Annà Ageron

Als Marina aus dem Gymnasium Vonderwies ausgeschlossen wurde, war es Frühling. Ljora siedelte mit uns nach Tarussa über. Noch niemals hatten wir in unserem Waldnest mit Ljora allein gehaust, und nur ein einziges Mal in der Kindheit zu Frühlingsbeginn. Es war April, die Zweige bedeckten sich gerade erst mit Laub, die Wälder waren durchsichtig. Man hörte den Kukkuck rufen. Die alte Alexandra bereitete uns das Essen, alles war überaus schlicht und fröhlich. Die Freundschaft zwischen Ljora und Marina gab auch mir Wärme und die Illusion der Familie. Zu Ljora kam ein Schüler angefahren. Gemeinsam standen wir manchmal früh am Morgen auf, um den Sonnenaufgang zu sehen. Wir fuhren mit dem Boot zum Maiglöckchenpflücken und zündeten Feuer aus Reisig an. In der Morgendämmerung klapperten uns vor Kälte die Zähne. Ljora wickelte mich Schlaftrunkene in ein warmes Tuch ein. Die Vögel zwitscherten. Unmittelbar vor dem Auftauchen der unsere Augen blendenden Sonnenscheibe wurde das Gezwitscher ganz laut! Die Oka spiegelte die sanfte Feuersbrunst des Sonnenaufgangs. Wie belebend knisterte das Lagerfeuer, wie hoch züngelte die bunte Flamme empor! . . . Wie wunderbar rochen die gebackenen Kartoffeln nach Rauch! Unser Gesang erschallte über den Fluß, die Stimme von Ljoras Schüler wuchs wie eine dunkle, junge Eiche im Gehölz unseres Mädchenchors . . . Ljora nickt uns fröhlich zu, wir spielen mit ihr wie junge Welpen. Plötzlich ist alles vorbei. Aus Moskau trifft die *Deutsche* ein, in ihrer Begleitung befindet sich ein französisches Mädchen namens Annà (Betonung auf der zweiten Silbe) Ageron. Sie ist schwer, untersetzt, hat ein großes, braunes Gesicht, schwarze Augen, und einen dicken, schwarzen Zopf. Sie lacht viel und versteht nichts; man hat den Eindruck,

daß sie schon vierzig ist! Auch Marina kann mit dem Mädchen nichts anfangen, sie findet ebenfalls, daß das strohblonde, grimmige Dorfmädchen Ljonka viel besser zu uns paßt! Aber Marina und ich lassen uns nicht unterkriegen, die Annà soll gefälligst nicht so tun, als sei sie die Güte in Person! Sanft blicken und hinter uns herspionieren! Das hat uns gerade noch gefehlt! . . .
Die blaue Oka fließt wie eh und je durch die Wiesen, biegt nach links zum Ignatowskij-Berg, verschwindet nach rechts hinter Welegowo. Genau wie früher vibriert über der alten, grauen Datscha die Hitze, die Pappeln duften, die Vögel singen. Aber Mutter ist nicht mehr da . . . Zusammen mit Annà Ageron gehen wir zu Tjo. Die Terrasse und der Garten mit dem Flieder und den Blumenbeeten (ähnlich wie auf Polenows Bild *Großmutters Garten*, aber prächtiger) gefällt nicht nur Annà, sondern auch der *Deutschen*.
Mutters Tod jährte sich zum erstenmal. Wir mußten nach Moskau ans Grab fahren, dort sollte eine Totenmesse stattfinden. Ljora, die sich in Podolsk bei Moskau aufhielt, wollte uns anschließend für eine Weile zu sich nehmen. Wir freuten uns – wie immer – über die bevorstehende Veränderung, aber es tat uns auch leid, aus Tarussa wegzufahren. Abends gingen wir mit den Wächterkindern spazieren, auch Marina war dabei. Wir gingen über die Wiese, am Waldrand entlang, dorthin, wo der Pfad aufhörte und sich rechterhand der Blick auf das Tal von Patschjowo öffnete, das für uns seit der Kindheit ein Zauberland gewesen war. An diesem grünen, mondbeschienenen Delta standen hohe Kiefern mit kahlem Stamm und pinienförmigen Kronen. Wir entzündeten ein Lagerfeuer, rösteten Kartoffeln, wärmten unsere vom ausgiebigen Tau durchnäßten Füße (vorher gossen wir das Wasser aus den Schuhen). Marina erzählte irgend etwas aus französischen oder deutschen Büchern und fügte selbstfabrizierte romantische Accessoires hinzu. Wir anderen lauschten, ohne den Blick von Marina zu wenden. Aber Annà verdarb uns die Stimmung, sie wollte heim, hatte vor allem und jedem Angst, plärrte. Wir brachen auf, nachdem wir nach Art der Bauern das Feuer sorgfältig ausgestampft hatten. Wird uns zu Hause Jelisaweta Karlowna wieder drohen, daß sie Vater alles erzählen wird? Wie weh tat uns der Abschied von der Laubhütte! Zusammen mit den Wächterkindern Wanja und Ljonka hatten wir sie im

Dickicht errichtet. Oben hatten wir die Zweige zusammenge-
bunden, der Boden war aus Moos. Bei Regen versteckten wir uns
darin, das Laub war wasserdicht. Eine Woche nach der anderen
verstrich. Aus der musterhaften Annà war inzwischen eine Anja
geworden. Sie war schon ganz verwildert und überhaupt nicht
mehr scheu. Sie war russifiziert, *tarussifiziert*. Ihre Freundinnen
im französischen Pensionat würden ganz schön erschrecken!
Über Mutters Grab, diesem unbegreiflichen Ort, wo sie *nicht*
ist, bewegen sich die Bäume im Wind . . . Die schwarze Platte
aus Granit. Über dem Grab: die Bäume und der Himmel. ,,Be-
stellt auch mir, Kinder, eine solche Platte, wenn ich sterbe'', sagt
Vater. Über dem geheimnisvollen und fremden Grab (sich daran
zu gewöhnen, würde die Mühe eines ganzen Lebens kosten, und
trotzdem würde man nichts begreifen) schwanken die Zweige,
ein Vogel fliegt auf, kehrt zurück und wiederholt die gleiche Melodie. Das Vogellied macht Mutters Tod noch unausdenkbarer.
Das nach Mottenpulver riechende Haus mit den halbgeschlossenen Fensterläden. Der Saal ohne Jelisaweta Karlowna gehört für
eine Stunde wieder uns. Der Samowar lärmt. Obendrauf auf dem
Samowar drehen sich ringförmig zusammengelegte Eier im
Dampf. Marussja hat eine Klaviertaste berührt, der langgezo-
gene Klang sticht in die Stille des Hauses hinein. Nein, Marussja
wird nicht spielen. Sie schließt den Deckel, geht vom Flügel weg,
marschiert über die Quadrate des Parketts, schräg durch den
Saal, hin und zurück. Alles liegt hinter ihr: die glänzenden musikalischen Triumphe, die Beethovenschen Sonaten . . . alle in sie
gesetzten Hoffnungen von Mutter . . . Seit Mutters Tod rührt
Marina das Klavier nicht mehr an.
Wir trafen bereits in der Nacht mit Ljora in Podolsk ein. Es war
dunkel, wir sahen nichts. Wir tasteten uns (Streichhölzer waren
keine da) in Ljoras Zimmer. Ljora lebte gern in ärmlich dörfli-
chem Milieu. Die Wirtsleute schliefen bereits. Unterwegs stießen wir auf ein Kalb, dann machten wir die Gänse rebellisch.
Ljora zischte die Gänse und uns aus, wir zischten mit und lachten zum Umfallen. Wir hatten einen furchtbaren Durst. Wasser
war nicht da.
Ljora fand in der Dunkelheit eine Flasche mit Stutenmilch und
öffnete sie. Der Pfropfen flog laut heraus, das Federvieh stimmte
ein noch größeres Geschrei an, wir lachten uns halbtot. Marussja

hielt die Flasche an den Mund, verschluckte sich. Dann reichte sie mir stumm die Flasche, auf die ich schon sehnlich wartete. Ich verstand bloß nicht, weshalb ihre Augen so verschmitzt guckten. Ich nahm einen Schluck – einen Schluck Feuer. Die Stutenmilch war bereits vergoren. Tränen spritzten mir aus den Augen, ich kam nur mit Mühe wieder zu Atem. Ljora tröstete mich: ,,Es geht gleich vorbei."

Am Morgen sahen wir vor den Fenstern bunte, grobgeblümte Vorhänge. Das Zimmer war sehr spärlich und einfach möbliert. Leider regnete es ununterbrochen, zwei Tage lang. Ich weiß noch, wie wir in die Dorfgaststätte essen gingen: Es regnet, der Himmel ist bewölkt, die russische ländliche Szenerie ist unsäglich trostlos. Ich erinnere mich an die Pfützen, die Stufen vor der Gaststättentür, die kleinen Fenster, den Holzzaun.

Und wieder empfängt uns in Tarussa der Feiertag der Natur, empfangen uns die Wälder und Hügel. Die Oka, die Faszination der heimatlichen Orte.

Marina und Annà fuhren, wenn ich mich recht erinnere, vor mir nach Moskau zurück. Ich lebte, wie im vorigen Jahr, mit Vater bei Dobrotworskijs. Vater wußte, daß ich das in der Schule Versäumte aufholen würde, er wollte, daß ich noch ein wenig Landluft atmete. An kühlen Tagen waren die auf die Terasse führenden Türen geschlossen.

Wie letztes Jahr im Herbst, nach Mutters Tod, trat ich auf das Klavier zu und spielte meine schon halbvergessenen Kinderetüden. In ihrem grauen Morgenrock ging die beleibte, rundgesichtige Jelena Alexandrowna an mir vorbei. ,,Was hätte sich Mutter gefreut, daß du spielst . . .", sprach sie, verweilte eine Minute lang am Klavier, veränderte dann plötzlich, als wäre sie aus einem Traum erwacht, ihren Gesichtsausdruck (das war so ihre Art), blickte nicht mehr verträumt, sondern ganz alltäglich und eilte von dannen, um weiter ihrer Hausarbeit nachzugehen. Dann kam die nicht mehr junge, aber noch schöne Dienstmagd Katja, beschenkte mich mit warmen Käsekuchen und sprach mit mir in jenem Ton, den man mit kleinen Kindern anschlägt. Und ich sang Ljoras Lieder.

Nach dem Ausschluß aus dem Gymnasium Vonderwies kam Marina auf eigenen Wunsch an das Gymansium von Frau Alferowa. Wir waren fünfzehn und dreizehn Jahre alt.

Moskau, Tarussa

Zu Hause. Marina wird gekränkt. Das Gymnasium von Frau Potozkaja. Freundschaft mit Galja Djakonowa und Anja Caline

Fast ist die Zeit erreicht, als Marina begann, Gedichte über uns beide zu schreiben oder Gedichte mir zuzueignen, als man uns, wenn man uns zusammen sah, wegen der Ähnlichkeit unseres Lächelns und unserer Stimme, die „siamesischen Zwillinge" nannte, obwohl ich magerer und kleiner war als Marina. Ihre Internatszeit war vorbei, wir waren jetzt wieder öfter zusammen. Vater ruft. Marina soll für ihn einen französischen Brief schreiben. Marina streckt sich, legt das Buch hin, steht auf. Ich nehme das Erdkundebuch oder das Rechenbuch . . . Von unten tönt, in einen jähen Glücksaugenblick hinein, die Brandung des Walzers von Durand an mein Ohr. Marina hat den Brief beendet und hat sich ans Klavier gesetzt. Ich fliege die Treppe hinunter, laufe in den Saal, lege meine Hände auf die heißen Kacheln. Das tue ich jetzt immer, wenn sich Marina für eine Minute ans Klavier setzt. Im Kreis der Erwachsenen schwieg ich zumeist: im Bewußtsein, die Jüngste zu sein. Zu zweit mit Marina spürte ich dagegen mein Alter oft gar nicht – so tief verwandt waren unsere Zustände und Gefühle, unsere Einstellung zu den Menschen. Wir erlebten die gleichen Sympathien und Antipathien. Daß Marina schroffer und mürrischer war als ich, stand dem nicht im Wege. Von Kindheit an war ich ihren größeren Grimm, meine größere Weichheit gewöhnt. Dafür verstanden wir uns gleich von der ersten Silbe an.

In jenem Herbst besuchte Marina das Gymnasium von Frau Alferowa, liebte es aber nicht und erzählte wenig davon. Mir erging es indessen im Gymnasium von Frau Potozkaja sehr gut. Die Lehrer behandelten uns von gleich zu gleich. In Französisch und Deutsch hatte ich nichts mehr hinzuzulernen. Als unsere Direktorin Warwara Wassiljewna Potozkaja, eine volle, rotbäckige

Dame, bei der wir Französisch hatten, das erfuhr, betraute sie mich damit, während der Stunden die schriftlichen Arbeiten der Klasse durchzusehen. Unser Erdkundelehrer S. Grigorjew ähnelte den Revolutionären in Nervi. Vom gleichen Typ war J. Orlowskaja, die ihn bald in unserer Klasse ablöste. Unter den „Großen" zeigte man uns jene, die „arbeiten". Das hieß: Sie gehen auf politische Versammlungen, teilen ihre Interessen mit den erwachsenen Mitgliedern einer fortschrittlichen Familie, sind vielleicht irgendwo selber „Mitglied", bewahren womöglich bei sich zu Hause Proklamationen auf!

Das alles verursachte Herzklopfen und eine große Konfusion. Ich las die *Ökonomischen Etüden* von Bach, verstand herzlich wenig, mühte mich aber redlich. Schließlich ging es um eine ruhmreiche Zukunft! Marina steckte weiterhin viel mit Ljora zusammen, manchmal machte auch Andrej mit. Niemand im Haus nannte sie jetzt noch „Andrjuscha" und „Marussja". Bloß ich blieb ewig die „Assja"! Aber diese Assja konnte sich blicken lassen! Als ich in der Garderobe den Hut von Shenja Shelikowa sah (die eine so gute Freundin und so gut zu mir war), faßte ich den Entschluß, der guten Shenja „proletarischen Geist" beizubringen.

Ich nahm den Hut (es waren Bänder und Kirchen dran), lief damit durchs ganze Stockwerk und gab den Hut dem allgemeinen Gelächter preis. Die meinetwegen schamrot gewordene, gute Shenja verzieh mir diesen Auftritt, sie wollte den Hut und die Freundschaft retten. Die kurzsichtigen Augen unter der Brille zusammenkneifend, mit in den Nacken geschobener Ballonmütze (eigentlich gehörte sich eine Schirmmütze!), steckte ich im Gehen drei Finger meiner Hand in einen Sack voller Sonnenblumenkerne und ließ möglichst viel davon mitgehen, ohne die geballte Faust des das Eigentum seines Chefs verteidigenden, jugendlichen Verkäufers zu fürchten. „Aus Protest" trug ich einige Tage lang zwei Brillen übereinander, das machte mich im ganzen Gymnasium berühmt.

Paul Eluard und andere Männer der Kunst haben später Galja Djakanowa beschrieben: in Büchern, Gedichten und Aufsätzen. Ich möchte erzählen, wie Galja in der Kindheit war. Sie war einer der eigenwilligsten Charaktere, die mir je begegneten. Ein Blick ihrer schmalen, verzehrenden Augen, eine Bewegung ihres willensstarken Mundes – und schon war sie mir liebenswerter und unersetzlicher als alle jene, die mich voller Bewunderung anschauten. Wir hatten die gleichen Interessen. Die Verse hatten wir gemeinsam, die Menschen, die im Wirbel des sich ausprägenden Geschmacks beginnenden Grillen. Stärker als in mir war bei ihr ein gewisses Sichabstoßen ausgebildet. Im Emporschwingen der Brauen – ein plötzlich alle Scheu verscheuchender, kurzer Ausbruch des Lachens (ihr Bruder Kolja hatte die gleiche Eigenheit). Dann faßte sie mich an der Hand, und wir rannten los. Galja besaß ein ungewöhnliches Gefühl für Humor, ihr Lachen war eine Elementarkraft.

Mir war, als hätte ich Galja immer gekannt. Wir saßen – Marina, Galja und ich – am Sonntag oder Samstagabend mit den Füßen auf Marinas Sofa in ihrem kleinen Zimmer (von meinem aus gesehen war es das übernächste) und erzählten einander alles, was wir so dachten und wünschten. Wir führten Galja durch unsere Kindheit, schenkten ihr diesen und jenen Menschen aus unserer Vergangenheit, mit einem Seufzer die Hoffnungslosigkeit eines solchen Unterfangens verdeckend. Aus der geheimen Wehmut stürzten wir ins Lachen, indem wir uns an irgendeinem ungeschickten Ausdruck, einem Versprecher festhakten. Gleichzeitig verschlangen wir aus einer Tüte wohlriechende, zähe Irisbonbons, die wir jedem anderen Konfekt vorzogen.

Nicht minder als Galja gewann Marina meine andere Freundin lieb: Anja Caline. Meine ausführliche und begeisterte Erzählung von Anja, von ihrem Verstand und ihren Talenten, hörte sich Marina mit großer Anteilnahme an. ,,Lade sie unbedingt zu uns ein", sagte sie.

Die sonntäglichen Begegnungen mit Galja und Anja wurden zu Tagen unseres Glücks. Den Abend verbrachten wir regelmäßig auf Marinas Sofa in ihrem kleinen Zimmer im Zwischenstock, im Halbdunkel. Wir erzählten von unserer Kindheit in Rußland, von den Jahren und Freunden im Ausland. Die Mädchen lauschten berauscht Marinas Gedichten. Als sich Galja für ein Gedicht begeisterte, sagte Marina: ,,Gefällt es Ihnen? Ich werde es Ihnen widmen." Es war das Gedicht *Mutter im Garten*, das später in Marinas ersten Versband *Abendliches Album* aufgenommen wurde.

Für Anja Caline schrieb Marina ein Akrostichon.

253

Wir sprachen nie über die Familien und das Milieu von Galja und Anja: über die Bedürftigkeit der ersten, den Reichtum der anderen (Anjas Eltern hatten eine Villa am Meer in Ostende). Wir fragten nicht, wo Galjas Vater sei und ob er die Familie ernähre. Galja wahrte die Würde echten Stolzes. Sie ließ sich nicht dazu herab, darüber zu sprechen, warum sie sich schlechter kleidete als die anderen, sie bemerkte ihre Kleider nicht (genau das macht Aschenputtel zur Heldin des Balles, sie hält nur das Schicksal an der Hand!). Wenn wir auf Marinas Sofa von unser aller Zukunft sprachen, von den Reisen, den Menschen, den lockenden Rufen der Eisenbahnzüge, dann lauschte Galja Marina, als würde sie das *lebendige Wasser* schlucken.

Die Stunden vergingen. Galja mußte nach Hause, wir traten aus der Dunkelheit heraus, blinzelten ins Licht der Petroleumlampe. Wir hatten ein wenig Schüttelfrost – vielleicht war das die Wehmut des ständigen Abschiednehmens? Oder die Kälte der hohen Räume unten? Wir stiegen die Zaubertreppe unserer Kindheit hinab und betraten den halbdunklen Saal mit den Mondstreifen auf den Spiegeln . . .

Anja Caline wird erst noch abgeholt. Sie setzt sich an den Flügel. Das Haar fällt ihr kastanienbraun auf die Schultern. Ist sie wirklich erst zwölf? Ich stehe am Ofen, wärme die Hände an den warmen Kacheln. Marina schreitet langsam, mit abwesendem Blick, durch den Saal und lauscht *Anitras Tanz*. Denkt sie daran, daß sie selber kaum noch spielt? Anja spielt Grieg, Mutters Grieg, auf unseren besonderen Wunsch: *In der Höhle des Bergkönigs* und *Gnomen-Prozession*. Das Schiff unseres Hauses gleitet in die Wellen der Musik und schwimmt davon. Wohin schwimmen wir mit ihm?

Doch wieder naht das Leid. Man klopft an die Tür: „Damit die jungen Damen Bescheid wissen: Es ist jemand da, der Fräulein Anja abholen soll!"

Ja, seit Mutters Tod sind erst anderthalb Jahre vergangen. Aber was wäre, wenn sie noch leben würde? Das können wir uns schon nicht mehr vorstellen! Wir sind nicht mehr jene, die wir waren! Das Leben im Haus hat bereits einen ganz anderen Lauf genommen . . .

Der Winter brach an, der zweite Winter ohne Mutter.

Ich ging auf die Eisbahn, unterwegs schepperten am Riemen die

Schlittschuhe. Die Menschen kreisten auf dem Eis zur Blasmusik eines Militärorchesters. Schneeflocken flogen darüber hin. Hoch am Himmel brannten bläuliche Laternen. Ich kehrte spät heim. Einen immer größeren Platz in meinem Leben nahm das Gymnasium ein. Wir liebten unsere Lehrer: die ernste und aufgeschlossene Russischlehrerin L. Wosskressenskaja, den fröhlichen S. Grigorjew, der sich für die Geographie begeisterte und uns mit seiner Begeisterung ansteckte. Jedoch die engste Beziehung hatten wir zu Jelena Nikolajewna Orlowskaja. Wir spürten, daß sie innerlich an der Revolution teilnahm. Die Natürlichkeit und Sanftmut ihres Umgangs erregte uns, so als würde sie, uns anblickend, denken: ,,Wenn ihr groß seid, schlagt ihr den gleichen Weg ein! Einen anderen gibt es nämlich nicht . . .'' Wir brachten ihr Vertrauen entgegen und fühlten uns beinahe als ihre Freundinnen und Komplizinnen. In ihrer Gegenwart wurde ich glücklich, als würde irgendeine Hand mir jede Last vom Herzen nehmen. Die Schwierigkeiten des Tages entwirrten sich, das Leben erstreckte sich als ungestüme Gerade vor mir.

Jelena Nikolajewna veranstaltete an den Samstagabenden Begegnungen unserer dritten Klasse in den Räumen des Gymnasiums. Man las vor, plauderte und trank Tee.

Meinen Samstagen, meinen Erzählungen über Jelena Nikolajewna brachte Marina volles Interesse entgegen, sie fragte mich danach aus.

Es ist Samstag. In Moskau läuten die Glocken. Durch die Straßen und Gassen strömen die Menschen in die Kirche. Drüben geht eine ,,typische'' alte Kinderfrau in einem gemütlichen Pelzmantel, unter dem die Schürze hervorguckt. Im Sommer trägt sie natürlich einen ganz, ganz breiten Faltenrock, eine Jacke und ein hinten spitz zulaufendes Kopftuch mit geblümtem Rand. An der Hand führt sie ein kleines Kind. Das Kind läßt die Füße schleifen, es will nicht weitergehen, es wirft den Kopf in den Nacken und lauscht den dröhnenden Glocken. Wie vertraut ist mir diese Kinderfrau, die ewige russische Kinderfrau: von welcher Farbe auch immer die Kopftücher und Röcke, die Wämser und Pelzmäntel sind, die sie trägt. Puschkins Kinderfrau war so und meine war so, mit der ich, genau wie jenes Kind, durch diese Palaschewskij-Gasse spazierte, mich sperrte, die Sterne anblickte, den Glocken lauschte . . . Ich fliege vorbei, mein

Herz schlägt, ich möchte nicht zu spät kommen. Wahrscheinlich sind schon alle versammelt, gleich wird man beginnen, Korolenko vorzulesen.

Den Schnee abklopfend, laufe ich durch die schwere Tür ins Gymnasium hinein. Der Türhüter Adam in seiner Livrée ist jetzt nicht da, seinen grauen Bart und die lachenden Augen gibt es nur tagsüber. Wie anders ist das Gymnasium am Abend! Geheimnisvoll und dunkel. Nur oben ist Licht, das ist unser Licht, dort wartet man auf mich! Der Abend hat die Mädchen verändert. Alle sitzen sie um den Büchertisch und Teetisch herum: freudig und frei.

Ohne durchzuatmen renne ich die breite, halbkreisförmige, geschwungene Treppe hinauf, in das mir entgegentönende Stimmengewirr hinein. Dort, wo wir am Morgen zu zweit oder zu dritt in den Pausen mit der Menge kreisen, steht jetzt ein Tisch, auf dem Tisch stehen Teller mit Brezeln und Lebkuchen und wohlfeilen Bonbons. Dazwischen stehen Teekannen aus Metall. Jelena Nikolajewna nickt mir zu und lächelt. ,,Hast du dich verspätet? Schade, wir haben schon begonnen." In ihren Händen hält sie ein aufgeschlagenes Buch. Sie liest uns Erzählungen ihrer Wahl vor; ihre liebenswerte, flexible Stimme gibt den Seiten Kraft und Reiz. Ich höre zu, ohne die Augen abzuwenden.

An einem Wintertag entwendete ich, bevor Vater heimkam, eilig und unerlaubt aus seinem Arbeitszimmer einen gedruckten Rechenschaftsbericht, den Vater im Museumskomitée verlesen hatte. Auf der ersten Seite stand in großen Lettern:

DEM GEDÄCHTNIS
VON
MARIA ALEXANDROWNA ZWETAJEWA
UND
ALEXANDER DANILOWITSCH
meinen langjährigen Mitarbeitern am Museum

Wo steht denn hier was über Mutter? Ach ja, hier . . .
,,Mit seltener Vollkommenheit, praktisch vier Auslandssprachen beherrschend, eine vorzügliche Übersetzerin der besten Belletristen Italiens, Deutschlands und Frankreichs (ich wußte gar nicht, daß sie aus so vielen Sprachen übersetzt hat!), eine mei-

sterhafte Pianistin und große Freundin der Staffelei, gab sie sich leidenschaftlich der Begründung dieser unserer Bildungsanstalt hin. Wiederholt fuhr sie in die Kunstzentren von Westeuropa, nahm lebhaften Anteil an der Ausarbeitung der Kriterien für das neue Museum sowie an der Sammlung der Kunstdenkmäler für unsere Kollektionen. Das Gebiet der klassischen Skulptur kannte sie wie nur wenige Frauen in unserem Vaterland. Im Verlauf einer ganzen Reihe von Jahren führte sie Tagebuch, machte sie Notizen zu Museumsfragen, wobei es ihr besonders das Albertinum, das berühmte Museum in Dresden, angetan hatte. Hier entwarf sie auch den ersten Bauplan für das kommende Museum in Moskau.“
Was, den hat Mutter entworfen? Auch das war mir unbekannt . . .) „Sie fuhr in den Ural, um sich mit den dortigen Marmorbrüchen vertraut zu machen.“ (Jetzt schlug mein Herz, Mutters Briefe fielen mir ein, die sie aus Slatoust nach Tarussa geschrieben hatte. So war also unser Leben in dieses Buch eingegangen! Ich las weiter.) „Als sie im Herbst des gleichen Jahres plötzlich von einem unheilbaren Leiden befallen wurde, hörte sie auch als bereits kranker Mensch, in Italien, Deutschland und am Südufer der Krim, bis zu ihrem vorzeitigen Ableben (am 5. Juli 1906) nicht auf, sich in Gedanken mit den Erfolgen unseres Museums zu befassen. Vor ihrem Tod schmerzte sie vor allem die bittere Gewißheit, daß sie ihr Moskau, ihr Haus und das Museum nicht wiedersehen würde.“ (Die Tränen hindern mich am Weiterlesen. Vaters Worte haben Mutter lebendig gemacht.) „Als sie vor ihrem Tod die letzten Verfügungen traf, vermachte Maria Alexandrowna einen bedeutenden Teil ihres Vermögens dem Museum der Schönen Künste als Kapital, aus dessen Ertrag eine dem Museum angeschlossene, den Namen ihres Vaters tragende Bibliothek geschaffen werden soll. Ich hielt es für meine Herzenspflicht, von dieser lange Jahre währenden Liebe zu unserem Werk, einer großen und aufrichtigen, doch geheimgehaltenen und deshalb nur wenigen bekannten Liebe, nunmehr das Komitée in Kenntnis zu setzen.“
Ich trug Vaters Rapport ins Arbeitszimmer zurück und lief zu Marina, um ihr davon zu erzählen. Doch sie hatte den Bericht schon vor mir gelesen.

2. KAPITEL

Raika. Winogradows. Serjosha Jurkewitsch

Unsere gemeinsame Liebe war Andrjuschas weiß-schwarzge-scheckter, fröhlicher Jagdhund Raika (wir nannten ihn Rajraj-raj). Er lebte oberhalb der Treppe, vor der Abstellkammer mit den Kleidern, in der wir als Kinder eingesperrt wurden, wenn wir etwas ausgefressen hatten. Manchmal war der Hund ange-bunden und jaulte. Andrej ging mit einer Peitsche hinaus. Ma-rina und ich schickten uns an, den Hund zu verteidigen. Wie schon als Kind konnte Andrej kneifen (,,wie eine Gans"), Marina hatte ihrerseits die Kunst des Beißens nicht verlernt. Ich kratzte. Auch Fäuste wurden eingesetzt, je nach dem Maß der Kräfte. Schließlich lief Andrej beschämt in sein Zimmer zurück, Raika lief ihm nach. Eine Minute später hörte man von dort die zarten Klänge der Mandoline . . .
Eines schönen Tages war Raika verschwunden. Der Wasserfah-rer hatte sie auf die Straße gelassen, als er in den Hof hineinfuhr. Sie blieb weg: den Tag, die Nacht. Hausmeister Ilja fuhr hinter die Moskwa, zu den Hundefängern. Raika saß in einem Käfig und winselte beim Anblick Iljas verzweifelt auf. Die Hundefän-ger verlangten nach dem Hundebesitzer. Wir brachen zu dritt auf, um Raika zu befreien. Es war ein Frühlingstag. Von den Dä-chern tropfte es. Die Sonne bedeckte die Stadt mit ihrem schmel-zenden Glitzern. Wir waren lange unterwegs. Das Hundege-fängnis lag ganz weit draußen.
Wie stürzten wir aufeinander zu: Raika, Marina und ich! Wie brüllte Andrej uns an! Wie brüllten wir ihn an! Wie hingerissen bellte Raika der Freiheit entgegen, wie hoch sprang sie in die Luft!
Ich freundete mich immer mehr mit Anja an. Wir besuchten uns an den Sonntagen. Marina widmete ihr ein Gedicht. Sie gefielen

258

einander immer mehr. Zu Galja ging ich ungern, sie selbst war auch nicht gern bei sich zu Hause. Wir streiften durch die frühlingshaften Straßen, die Aufgaben waren rasch gemacht.

Marina begann eine neue Freundschaft, außerhalb des Gymnasiums: mit Nina Winogradowa. Sie kannten sich von Tarussa her. Das braune Haus der Winogradows stand in Tarussa direkt über dem steil abfallenden „Tirol": mitten im dichten Grün. Nina hatte einen Bruder namens Tolja, der inzwischen zwanzig war. (Es war jener kleine Junge im Segeltuchhemd mit gesticktem Kragen, den ich, noch vor Italien, in der Lindenallee von Dobrotworskijs Garten sah, als wir mit Papierlaternen eine Festbeleuchtung in Szene setzten.)

In jenem Winter (ich glaube, es war in jenem Winter) kam unser erster erwachsener Gast zu uns: Serjosha Jurkewitsch, der Bruder von Marinas Schulfreundin Ssonja. Im blaugrünen Studentenrock, braungebrannt und hager, mit scheuen, blauen Augen unter geraden Brauen, saß er auf unserem kleinen, roten Sofa und redete über irgend etwas mit Marina. „Sie sprechen wohl über die Revolution", dachte ich, hörte aber nicht recht zu, sondern bewunderte Serjosha. Genauso unsicher, im Wechsel von Verlegenheit und jähem Stolz, schaute Marina den Gast an. Er blickte zurück, blickte sich dann in dem etwas unordentlichen, aber gemütlichen Zimmer um, stand auf, schritt hin und her, gewöhnte sich ein. Er hörte uns lachen, spürte, daß hier gut weilen sei, daß wir ihn mögen, daß er gefällt. Die schmale Jünglingsbrust weitete sich vor Glück. Er schüttelte die dunklen, dichten, widerspenstigen Locken unter der hohen Stirn. Der Hausmeister schichtete die brennenden Holzscheite im Ofen um.

3. KAPITEL

Eine Moskauer Familie. Lidija Alexandrowna Tambourer, die sogenannte „Drachenfrau". Der Dichter

Lidija Alexandrowna Tambourer. Ihr Leben und alles, was sie umgab, angefangen bei den zu dieser Frau denkbar schlecht passenden Familienmitgliedern (Mann, Sohn, Mutter) bis zu ihrer nicht minder unpassenden „Spezialität", war irreal – oder vielleicht von übergroßer Realität. Wir machten ihre Bekanntschaft als Zahnarztpatienten. Vater führte uns zu ihr. Daß sie von Mutters kürzlichem Tod wußte, war vielleicht der Grund, warum sie sich uns so mütterlich sanft zuwendete.

Hochgewachsen (wie Mutter), stattlich, die Haare dunkel und bereits graumeliert, die feingeschnittenen Züge gebräunt, glich sie im Gesichtsschnitt Jekaterina Pawlowna Peschkowa, ihr Blick indessen war ganz anders. Das halbe Leben war gelebt, manches lag hinter ihr. Durch ihre Zärtlichkeit hindurch blickte uns ein gewisses humorvolles Mißtrauen an.

Wir verstanden uns fast ohne Worte.

Die Beziehung zu Lidija Alexandrowna dehnte sich über Jahre aus. Die Kindheit war vorbei: *meine* Kindheit mit Mutters Tod. Jetzt hatte meine Jugend begonnen, Marinas Jugend war fortgeschritten. Die Reife unserer älteren Freundin äußerte sich im traurigen Lächeln, im verhaltenen Seufzer. Aber dann flammte in ihr, an unserem Alter entzündet, die noch nicht erloschene Fröhlichkeit, die Leidenschaft für das Ungewöhnliche wieder auf. Unsere Begegnungen waren Feiertage!

Ihre Mutter, eine der handelnden Personen in dieser Moskauer Wohnung neuen Stils (in einem neuen Haus), war eine riesengroße, füllige Greisin mit herabhängender Unterlippe (auch die Tochter besaß volle Lippen, aber sie schienen in ihrer Üppigkeit unschuldig wie eine tropische Blume). Die grauhaarige Mutter mit dem aufgedunsenen Gesicht und dem dreifachen Kinn glich

einer Hexe. Und zwar gerade deshalb, weil darin noch ein Ab-
glanz ihrer einst, wie man sagte, legendären Schönheit lebte. Im
grauen Morgenrock, auf Pantoffeln schlurfend, schwamm sie
durchs Zimmer wie eine ins Aquarium versetzte Kröte, und die
schwarzen Bögen der Brauen erregten Furcht: als habe man sie
von der Stirn einer jungen Schönheit entfernt. Uns mochte die
Mutter ganz gern. Wir fürchteten sie fast, beantworteten bereitwillig ihre Fragen und wendeten die Augen ab.
Eine nicht minder pittoreske Persönlichkeit war der Mann der
,,Drachenfrau". Klein, dick und graubraun, hätte er ihr Vater
sein können. Der Bart, der Schnurrbart und die Andeutung einer
Glatze machten ihn noch älter. Er sprach mit starkem deutschen
Akzent. Er war Börsenmakler.
Dieser Mann und die ,,Drachenfrau" hatten einen elfjährigen
Sohn. Das war ein hagerer, blasser und offensichtlich netter Junge. Genaueres wußte man aber nicht, denn er war ein stilles Kind
und unter der Ägide des Vaters (von dem er das rotbraune Haar
hatte) so sehr mit Schulaufgaben beschäftigt, daß wir ihn kaum
zu Gesicht bekamen.
Einmal, als wir zusammen aufs Land fuhren und seine Mutter
ihn mitnehmen wollte, ließ ihn der Vater nicht fort. Sie insistier-
te: der Tag sei so schön! ,,Soll deine Hälfte aufs Land fahren",
sprach der ,,rotbraune Teufel", wie Marina und ich ihn insgeheim nannten, in gebrochenem Russisch, ,,und meine Hälfte
bleibt zu Hause und lernt Grammatik." Auf der Türschwelle,
bereits abflugbereit, hob die ,,Drachenfrau" nur noch stumm die
Brauen. Darin weste die ganze Hoffnungslosigkeit ihres Lebens.
Und großes Mitleid mit dem Sohn . . . So lebte unsere
,,Drachenfrau" ihr geheimnisvolles Leben (genau wie ihr
Name), geleitete im weißen Kittel die Patienten aus dem Sprech-
zimmer in die hohe, feierliche Diele, regierte im schwarzen Seidenkleid in ihrem Salon. Mit einem Lächeln lud sie uns aufs Sofa
ein. Das stand neben einer Stehlampe mit großem, hellmattem
Schirm, der wie eine gigantische Blume leuchtete. Die Drachen-
frau strich sich mit der Hand über das zerzauste, dunkle Haar,
die grünlichen Augen in ihrem dunklen Gesicht glänzten im
Vorgeschmack der Gespräche.
Es war unbegreiflich, wie wir gelebt hatten, ohne sie zu kennen.
In diesem Salon mit der breitkrempigen Lampe und den Reflexen

der Straßenlaternen von der Powarskaja, in der magischen Stunde, als sich die zahnärztlichen Geräte im weißlackierten Kabinett zur Nachtruhe begaben, trat Lew Lwowitsch Ellis ein.

Er war hager und trug einen schwarzen Gehrock. Mit seiner glänzenden Glatze, dem schwarzen Haarkranz, den grünen Augen im länglichen, feingeschnittenen Gesicht und dem sehr roten Mund wirkte er wie ein Magier aus einem mittelalterlichen Roman. Ellis lebte in Armut, ohne festes Einkommen, lebte von Gedicht zu Artikel, machte Übersetzungen, war rechtschaffen unbehaust. Er wohnte in einem möblierten Zimmer am Smolenskij-Markt, suchte tagsüber die Redaktionen auf und ging abends in die Häuser seiner Freunde. Dort empfing man ihn freudig, als ersehnten Gast, lauschte seinen letzten Versen, ließ sich von ihm in die Traumwelt des Symbolismus und der Romantik entführen. Er war unpraktisch und häufig hungrig, besaß einen ätzenden Verstand und beherrschte die Kunst der brillanten Rede. Damit zog er die Menschen in seinen Bann. Außerdem besaß er noch ein Talent, das die Leute nicht minder faszinierte als der singende Vers: Er konnte alles, worüber er sprach, plastisch darstellen. Er verwandelte sich so jäh und so vollkommen in einen anderen Menschen, wie es der geübteste Schauspieler kaum fertigbringt.

Obwohl seine materiellen Angelegenheiten überaus ungeregelt waren, war er bis ins Mark hinein undankbar. Wer ihn speiste, den kanzelte er ab, wer ihn unterstützte, dem erteilte er Befehle. Aber niemals hätte er sich zum Berufsmimentum herabgelassen, das ihm vermutlich als Schmach erschien.

Hoch fliegt der Spitzbart, hoch fliegen die schwarzen Ärmel des Gehrocks, hoch schnarrt die Stimme. So trug er Gedichte vor oder sprach dithyrambisch berauscht und zugleich traktathaft über den Walzer. Anschließend führte er vor, wie ein Schreiber, ein Offizier und ein Kadett auf dem Abschlußball tanzt. Dann walzte er selbst los, mit Versen auf den Lippen statt mit der Dame im Arm: selbstvergessen, streng klassisch, allein . . .

Und wieder kamen neue Verse.

Stumm und wortscheu lauscht Marina den Versen eines Dichters, der doppelt so alt ist wie sie, des ersten Dichters, dem sie im Leben begegnet ist. Ihre hellen, kurzsichtigen Augen blinzeln vor Verlegenheit.

4. KAPITEL

Marina auf dem Dachstuhl.
Andrej und das Latein. Spitznamen

Mit ihren Schulaufgaben wurde Marina schnell fertig, jedoch das
Lesen und Schreiben von Gedichten nahm viel Zeit in Anspruch.
Deshalb war sie manchmal förmlich außerstande, in die Schule
zu gehen. Das in aller Offenheit zu tun, war ohne eine peinliche
Aussprache mit Vater unmöglich. Deshalb verbarg sich Marina
an solchen Tagen morgens in der Frühe, bevor Vater ins Rumjanzewskij-Museum ging, auf dem Dachboden.
Ich brachte ihr Mantel und Schal hinauf. Vor Kälte zitternd, saß
Marina vor der Dachluke und las. Sie wartete auf mein Signal,
daß Vater das Haus verlassen habe. Dann kam sie herab. Jetzt
begannen ihre seligen Stunden.
Das erlebte ich nur, wenn ich mit einer Erkältung zu Hause ge-
blieben war, und dann die ganze zweite und fünfte Klasse über,
als ich von einer Lehrerin Privatunterricht bekam.
Andrej lernte lustlos, er haßte Latein und hatte oft schlechte No-
ten. Vater gab ihm Nachhilfestunden. Er kam in Andrejs Zim-
mer. Andrej begann mißmutig, einen lateinischen Text zu lesen.
Dann hörte man hinter der geschlossenen Tür heftige Stimmen.
Vater kam heraus, rot im Gesicht und zornig.
„Du Rindvieh . . .", grollte seine gutmütige, jedoch gekränkte
Stimme, als Antwort auf irgendeine Unbotmäßigkeit des Sohnes. „Du Holzbock . . ." Im Takt von Vaters treppab eilenden
Schritten klangen diese Worte beinahe feierlich, wenn auch mit
dem Seufzer der Bitterkeit und Empörung versetzt.
Marina verbrachte die freien Stunden in ihrem kleinen Zimmerchen, dessen Fenster auf den Hof hinausging (früher hatte Andrej dort gelebt). Sie schrieb Gedichte und las Mutters Lieblingsbücher, die sie Mutters großem Bücherschrank in Vaters Arbeitszimmer entnahm. Es waren die Werke von Goethe, Schil-

ler, Jean Paul, Bettina Brentano und Victor Hugo. Sie las bis tief in die Nacht hinein. Wenn man sie rief, kam sie mit abwesendem Gesicht aus ihrem Zimmer, wenn man sie nach etwas fragte, schwieg sie hochmütig oder gab eine bissige Antwort. Für ihr Alter war sie groß und stämmig, Andrej nannte sie „Mammutfrau", Sie nahm ihm das nicht übel, ebensowenig wie ich meine Spitznamen „Das räudige Schaf" (den ich meiner Hagerkeit und Kleinwüchsigkeit verdankte) oder „Das emsige Frauchen" (abgeleitet von meiner anhaltenden Leidenschaft für allerlei Werkarbeiten). (In meinen verlorengegangenen Papieren waren Briefe Marinas an mich, wo sie mich so anredet.) Schachteln und Pappkartons mir merkwürdigen Ingredienzien lebten immer noch neben meinem (Mutters) kleinem Schreibtisch.

5. KAPITEL

Der Sommer 1908 in Tarussa.
Die Kunst des Buchbindens

In diesem Sommer bekam Marina Besuch von ihrer Freundin Ssonja Jurkewitsch: einem ziemlich kleinen, blauäugigen Mädchen. Zusammen mit uns wanderte sie zu unseren Lieblingsplätzen, wir fuhren Boot, badeten im Fluß, entzündeten Lagerfeuer. Wir erlebten stille, sommerheiße Tage. Marina verbrachte sie mit Ssonja, ich mit Ljonka, meiner alten Dorffreundin. Schon in früher Kindheit hatte ich die um drei Jahre jüngere Ljonka liebgewonnen. Inwzischen war sie etwas gröber und schärfer geworden, und die ländliche Sonnenbräune wich nicht mehr von ihrer Haut. Genau wie wir hatte auch Ljonka ihre Mutter verloren. Zu Hause regierte die füllige, fröhliche Ljuba, aber auch die war nach dem Tod der Mutter strenger und nüchterner geworden. Auf unseren Streifzügen begleitete uns jetzt der sechsjährige Koljka, ein strohblonder, schwarzäugiger Bengel, der für jede Frage die Redensart „Ich hab' eben Lust gehabt!" parat hielt. Er war dabei, wenn wir auf der „Wächterwiese" auf der Schaukel schaukelten, er beteiligte sich am Bau der Laubhütte im Wald, und auch beim Baden war er mit von der Partie. Er fürchtete weder die Flößer noch die Greise im Altersheim, vor denen in abergläubischer Scheu sogar Ljonka und ich zurückschreckten. Immer noch humpelte der schrumpfarmige alte Ossip mit dem weißgelben Bart einher, der bei einem Streit einen anderen Greis unabsichtlich mit einer Gurke, die er ihm gegen die Schläfe schlug, getötet und mehrere Jahre Zwangsarbeit verbüßt hatte. Immer ganz plötzlich, wie ein großer Pilz in einem Wald von Birken und Espen, tauchte in ihrem weiten, blauen Kleid die alte, an den Augen leidende Agrafjowna auf. Es gab auch solche Altenhausbewohner, die das Haus nie verließen. Das Leben lief wie vor Jahren.

Mitten im Sommer starb das jüngste der „Wächterkinder": die dreijährige, blauäugige Ssonja. Im Gefolge Ljonkas betrat ich das Wächterhaus. Das vertraute, dumpfe Gemisch von Gerüchen – nach Schwarzbrot, Kohlsuppe und Schweiß (alles roch danach, sogar die Kinder) – empfing mich bereits an der Schwelle. Aber jetzt war das Haus voller Weiber, die mit gedämpften Stimmen redeten. In einem kleinen Sarg lag ein wächsernes Kind: es war mit Blumen geschmückt. Nichts an diesem Kind glich dem pausbäckigen Schreihals Ssonja. Röver, Mutter. Es war das dritte Mal. Die Metamorphose im Tod wirkte in der Ärmlichkeit des Wächterhauses noch furchtbarer, noch entblössender. Dem war ich nicht gewachsen. Ich beeilte mich, wieder an die Luft zu kommen. Sonne, Himmelsbläue und Vogelgezwitscher gaben mir die Empfindung des Lebens wieder. Doch ich wurde das Gefühl der Scham nicht los. Koljka war still geworden, er sprang nicht den knarrenden Korridor entlang, vorbei an den Zimmern der alten Frauen und Männer, er schritt aus wie ein Erwachsener. Ljubas verweintes Gesicht blinkt auf, Ssemjon blickt finster. Jetzt gehen wir einen Pfad entlang, der sich zwischen Hügeln hoch über der Oka schlängelt: hinter dem kleinen Sarg her, unter der teilnahmslosen Mittagssonne. Ich begleitete alle bis zum Friedhof. In Tjos Haus war alles noch so feierlich und friedlich wie in unserer Kindheit.

Es war an einem Sommertag, als wir wieder zu Tante gingen. Unser Alltag blieb auf der Außenseite der schweren Gartenpforte zurück, die in das gediegene Tor eingelassen war. Hier weste ein besonderes Leben, das nichts ins Wanken bringen konnte, an dem sich alle Eindrücke des Tages brachen. So war es von Kindheit an gewesen – und es änderte sich nicht. Kindheit und beginnende Jugend waren sich hier gleich. Es roch stark nach Kamille. Tantes Hund hörte unsere Schritte und schlug an. Marina musterte kritisch mein schräg gescheiteltes Haar, das mich Gogol ähnlich machte (zu diesem Eindruck trug auch meine lange Nase bei), und zupfte an meinem Kragen. „Gehen wir?" Sie trug ein helles, langes Kleid. Ihr blondes Haar war von der Stirn zurück und an den Schläfen heruntergekämmt und durch Haarnadeln befestigt. Ich wußte, daß sie ihre Brille genausowenig mochte wie ich. Die Brille entstellte nicht nur das Gesicht, ihre Gläser verkleinerten überdies die Augen. Jedoch die

Brille abzunehmen war das größere Übel, dann tauchte man sofort in einen Nebel aus verschwommenen Gesichtern und Dingen. Für Tante waren wir immer noch die gleiche Mussja und Assja wie vor zehn Jahren. Kleidung und Haartracht mußten allerdings in Ordnung sein, alles andere verschwand vor ihrer Liebe. Sie war stets unverändert. Niemand beobachtete uns hier, Tante beobachtete nicht – sie lebte. Jetzt saß sie auf der Terrasse in einem Faltenrock aus weißem Flanell und blickte über Großvaters Schildpattbrille hinweg irgendwohin empor. Die Linde blühte, die Luft war von Seligkeit erfüllt. Tjo ruhte aus.

Nach dem Tee war es, wie einst, noch während der größten Hitze so kühl im Schlafzimmer, wo auf dem Regal vor Großvaters Porträt Mutters geliebte Stiefmütterchen standen. Erinnerungen an Mutter und Großvater kamen uns. Vom Porträt herab schaute der mit Kohle gemalte, hochgewachsene, hagere Mann mit Hut, grauem Mantel und mit der Zigarre in der Hand. Mutters Vater!

Ein melodisches Klingen tönte: das Wiener Schränkchen mit der Uhr. In den kleinen Salons standen die Möbel genauso wie früher in peinlich sauberen Leinen-Überzügen, auch die beiden Schränke mit den grünblauen Erdhalbkugeln an den Türen waren noch da und der seit Jahren, seit Großvaters und Mutters Tod stumme Flügel. Uns an die Luft, ins Paradies des Gartens rufend, gleißte auf dem Terassentisch die dunkelgoldene Messingkugel des Samowars. Dahinter standen die abgeblühten Fliedersträucher, die Blumenbeete, der Sand auf den Wegen, die Tiefe des Obstgartens und des Lindengartens, um den herum ein hoher, undurchdringlicher Zaun aufgerichtet war.

Wie seit altersher sitzt Tante in ihrem üppigen Rüschenkleid da (der Schnitt ihrer Kleider ist immer der gleiche, sie sind schon längst nicht mehr, wie bei kleinen Mädchen, tailliert, reichen aber bis zum Fußboden), das glattgekämmte, graue Haar wird von einem moirierten Häubchen gekrönt, Großvaters Brille sitzt auf der Nasenspitze, das stattliche Doppelkinn wölbt sich. Sie umklammert uns mit ihren festen, vollen Armen und erzählt uns von den armen Leuten aus Tarussa und Umgebung, die sie um Hilfe angehen. Tjos Worte waren lesebuchreif: ,,Pauvres gens! On doit les plaindre! Le bon Dieu veut, que les uns aident les autres. Grand-papa me le disait toujours!"

Vater reiste in Museums-Angelegenheiten ins Ausland und weilte nur selten bei uns. Wenn er aber einmal nach Tarussa kam, nahm er einen Spaten, ging in den Gemüsegarten und arbeitete dort hingebungsvoll.

Auch Ljora hielt sich kaum in Tarussa auf, sie fuhr im Sommer an die verschiedensten Orte. Ihre Reiseziele waren: London, die Krim, der Altai, wo sie mit einem alten, erfahrenen Führer durch wildes Gelände ritt.

Wie vor einem Jahr reisten Marina und Andrej zu Schulbeginn nach Moskau zurück, während ich noch eine Weile bei Dobrotworskijs blieb. Es gab die Früchte des Herbstes: Äpfel, Zwetschgen und Birnen. Die Hausmannskost in diesem Haus war vorzüglich: die eigenen Kühe lieferten Milch, Butter und Quark, die eigenen Hühner lieferten die Eier. Das Obst wurde eingemacht oder zu Konfitüre gekocht. Als ich den Wunsch äußerte, die Kunst der Buchbinderei zu lernen und Vater einverstanden war, ließ Jelena Alexandrowna einen alten Buchbinder aus Tarussa in ihr Haus kommen – er sollte mir Unterricht erteilen. Aber je mehr ich mich für die Kunst des Schneidens und Klebens begeisterte, desto kühler behandelte mich der alte Buchbinder. Das Dienstmädchen Katja entdeckte endlich den Grund seiner Sorge. Der arme Greis fürchtete, daß er sich in mir einen Konkurrenten heranzöge. Vergnügt versuchte ich, seinen Verdacht zu zerstreuen.

Der Briefwechsel mit Anja und Galja wärmte meine Tage. Ich wartete auf die kleinen Briefumschläge mit ihren Briefen und auf das große Wiedersehen in Moskau. Immer weiter und tiefer drang ich in die Welt der Bücher ein, las vor allem das noch nicht Fertiggelesene bei Turgenjew. Der Tag war randvoll. Im Garten raschelte das welke Laub. In Ljudas Zimmer mit Katjas Kater auf den Füßen schlief es sich so gemütlich ein. Oft ging ich zu Katja und Mascha in die Küche und wärmte mich. Hinter dem russischen Ofen und einer Zwischenwand befand sich ihr Zimmerchen: zwei hohe Betten mit einem ganzen Berg von Kissen und Wattedecken. Draußen im Garten stürmte und regnete es.

ACHTER TEIL

Moskau und Tarussa

1.KAPITEL

Marinas Übersetzung des *Aiglon*.
Ihre Gedichte, das Schwärmen für Napoleon

Wann nahm Marina ihre Übersetzung des *Aiglon* von Edmond
Rostand in Angriff? Vielleicht bereits Ende des Sommers in Tarussa? Während des ganzen Winters, an dessen Schwelle sie
sechzehn wurde, zog diese Arbeit sie in ihren Bann. Jede freie
Stunde verbrachte sie über den Heften in ihrem kleinen Zimmer,
am großen „männlichen" Schreibtisch mit dem dunkelroten
Tuchbelag, den Vater ihr geschenkt hatte (der Tisch stand am
Fenster). Wählte sie in jenem Herbst die Tapete für ihr Zimmer
aus? Den dunkelroten, mit kleinen, goldenen Sternen besäten
Himmel. Marina stürzte sich, alles vergessend, Tag für Tag und
oft bis tief in die Nacht hinein in den Kampf mit der Ungleichheit
der beiden Sprachen, in die Überwindung der Schwierigkeiten
von Rhythmus und Reim. Der liebste ihrer Helden, Napoleon
der Zweite, verließ die französische Sprache und wurde Fleisch
der russischen. Der Vers wurde immer plastischer und reifer,
Marinas Erregung stieg. Sie stand auf und kam zu mir: „Ich bin
fertig mit dem Akt! Hör mal zu . . ." Sie schätzte meine Billigung ihrer Arbeit und mein Entzücken an dem Helden, der nicht
mein Held war. Er war ihr Idol, das ich ihr nicht streitig
machte.
Eifersüchtig wachte sie auch über den Vorgang des Übersetzens
und schirmte ihn gegen zufällige Augen und Ohren ab. Jetzt gab
es für sie nichts außer dem *Aiglon* und ihrer Arbeit an ihm. Über
das Buchgeschäft Gautier auf dem Kusnezkij Most bestellte sie
aus Paris so ziemlich alles, was an Büchern zur Biographie Napoleons aufzutreiben war: Bände um Bände. Die Wände ihres
Zimmers waren mit Bildern und Stichen des Königs von Rom
und Herzogs von Reichstadt vollgehängt. Marina liebte Napoleons erste Frau Josephine und haßte die zweite: die semmel-

271

blonde Österreicherin Marie-Louise, um derentwillen er, um einen Sohn zu bekommen, die geliebte, aber unfruchtbare Josephine verlassen mußte. Der Schmerz, mit dem Marina darüber sprach, glich nur dem Schmerz, mit dem sie davon schwieg. Es war, als gälte dieser Schmerz ihr selbst: mit solcher Leidenschaftlichkeit hatte sie sich in Napoleons Schicksal hineingelebt! Wen von den beiden liebte sie mehr: den herrischen Vater, der so viele Länder besiegt hatte oder den in seiner Jugendblüte erloschenen Träumer und Gefangenen Österreichs? Marina haßte den Alltag mit den vielen Leuten und Verpflichtungen. Sie lebte nur noch in den Porträts und Büchern. „L'imagination gouverne le monde!", wiederholte sie Napoleons Worte. Und fügte sofort die Worte des Sohnes hinzu: „Et j'ignore absolument, ce que je serais être dans l'action".

(Diese doppelte Behauptung nahm Marina als Leitspruch ihres ersten Versbandes *Abendliches Album*.)

Gautier meldete die Ankunft einer neuen Büchersendung aus Frankreich. In den frühen Abendstunden gingen wir dorthin. Wenn wir auf das Buchgeschäft Wolf zuschritten, erinnerten wir uns daran, daß wir einst mit Mutter hierher gefahren waren. Die Bläue des Tageshimmels wandelte sich in das Türkisgrün der Dämmerung, auf dem die Laternen wie blasser Bernstein aufleuchteten. Über dem Eingang in die Konditorei Siou hingen rosarote Lichtkugeln. Schlitten rasten vorbei und bedeckten die Passanten mit Schneestaub. In den hellen Schaufenstern von Avanzo und Daziaro loderten dünn eingerahmte bunte Reproduktionen der Bilder der europäischen Meister. Einen Augenblick lang wurde auch Marina von der Zauberkraft des Abends ergriffen. Schon dunkelte das Blau des Himmelszeltes mit dem ersten Stern, das Tuten eines abfahrenden Zuges war von fernher zu hören, in die scharfe Frostluft war ein Strom Frühling eingelassen.

Manchmal – und immer häufiger – suchten wir den Cinématographen auf. Die Filme aus jener Zeit haben im Gedächtnis nur einen hellen Nebel hinterlassen. Jeder Filmbesuch versenkte uns in Romantik, machte uns um eine Traurigkeit, um die Tragödie irgendeines Schicksals reicher. Tage vergingen, wieder trat Marina bei mir ein. Sie stand eine kleine Weile neben dem geöffneten Fenster, das Gesicht den Schwaden des Frostdampfes zugewandt. Schwieg. Ging vom Fenster weg. Ich wußte, daß sie an Mutter dachte. Dann brach es aus ihr heraus: „Immer diese Schwermut . . . Komm, wir gehen in den Cinématographen!" Wir machten uns auf den Weg.

Immer plötzlich, immer abends und immer im Winter kam Dmitrij Iwanowitsch Ilowajskij zu Besuch. Er zog seinen kapitalen Pelz aus, das Dienstmädchen hängte ihn auf (vom Kleiderständer war daraufhin nichts mehr zu sehen) und ging durch Saal und Salon in Vaters Arbeitszimmer. Dort hörte man lange ihre Stimmen. Im Sommer bekam ich Ljoras und Andrjuschas Großvater nie zu Gesicht. Nur so kann ich es mir erklären, daß Marina in ihrer grotesken Beschreibung der Museumseröffnung an Ultimo des Monats Mai, einem sehr warmen Tag, den alten Ilowajskij im Pelzmantel auftreten läßt. Ich selbst trug einen blauen Pelzmantel, den man für mich aus der Mitgift seiner Tochter Warwara Dmitrijewna umgearbeitet hatte. Ich stellte an meine Bekannten gern die Frage: „Raten Sie mal, was das für ein Pelz ist?" (Dabei hob ich ein Ende des Futters hoch.) „Eichkatze? Wolf? Känguruh? Fuchs?" – so lauteten die Vermutungen. „Nein", erwiderte ich feierlich, „Sie erraten es doch nicht! Das ist der Pelz des Historikers Ilowajskij! . . ."

Wir alle schliefen schon längst, nur im Arbeitszimmer brannten die beiden Kerzen unter den Schirmen, Vaters grauer Kopf beugte sich über ein Papier, die Hand mit den beiden Eheringen schrieb in gewohnter Eile die Buchstaben einzeln aufs Papier. „Meine Verwunderung in dieser marmornen Abteilung des Museums erregen die monumentalen Einfassungen der Türen, die in den Hauptsaal und in die beiden Seitensäle führen (in den Olympia-Saal und den Pergamon-Saal) . . ."

„In meinem Hause ist es so kalt", schrieb Vater an den Architekten Klein, „daß mir das Leben in den unteren Räumen schwerzufallen beginnt. Nur die Kinder im Zwischenstock haben es warm und gemütlich. Ich sitze in Filzstiefeln bis übers Knie und im Herbstmantel am Tisch und bin trotzdem starr vor Kälte."

Weihnachten kam heran. Die Kälte in den unteren Räumen betonte die Wärme, in der wir oben lebten. Die Fenster in Saal, Salon und Arbeitszimmer bedeckten sich innen mit Eis und Schneeflaum. Doch uns, die wir nur kurze Zeit unten weilten, ging die Schönheit der Stalaktitenpalmen über den ausgestreuten

Diamantenfunken des Schnees ans Herz. Wir standen da und konnten uns nicht von diesem Anblick losreißen!

Vater trug einen warmen Kittel. Wo war Mutters Pelzsack geblieben, in den sie während der Kälte die Füße gesteckt hatte, wenn sie an ihrem Schreibtisch neben der Lampe mit dem grünen Schirm aus Porzellan saß? Den hätte Vater jetzt gut gebrauchen können. Aber in unserem Haus mit seinen wenigen Menschen und vielen Sachen etwas zu suchen, war aussichtslos. Wenn wir auf die Straße hinausgingen, zogen wir, wie Vater am Arbeitstisch, Filzstiefel an: schwarze, dünne, von Vater für uns gekaufte, mit Gummisohlen daran, und dicke für den Schnee, die man auch in Tarussa tragen konnte. (Manchmal wurden sie geflickt, wir liebten sie wie alte Freunde.)

Im Gymnasium von Frau Potozkaja.
Wintertage. Schulereignisse

Das Gymnasium, das ich von der dritten Klasse an besuchte, war meine erste russische Schule. Es gab nichts, womit ich sie hätte vergleichen können. Heute tut es mir leid, daß ich mir infolge meiner Jugend keine klare Rechenschaft darüber ablegte, welche Stellung das liberale Gymnasium von Frau Potozkaja unter den Moskauer Oberschulen einnahm und inwiefern es meine Zukunft beeinflußt hat.

Es gab dort keine Prüfungen vor der Versetzung, es gab auch keine Noten: damit die Schüler nicht um der Noten, sondern um des Wissens willen lernten. Noten gab es nur im Notizbuch des Lehrers. Dieser neumodische Kram war der Obrigkeit zuwider, das Abitur an unserer Schule spielte sich in Anwesenheit von Vertretern des Lehrbezirks ab, die den Abiturientinnen die Hölle heiß machten. An unserer Schule wurden Eigeninitiativen gefördert. Aber vielleicht wurde der Mangel an Wohlwollen von weiter oben nicht nur durch die Lehrmethoden bewirkt: die oppositionelle Einstellung unserer Schule erregte wohl überhaupt Anstoß. Allzu schroff unterschieden sich unsere Sitten von jenen an den staatlichen Gymnasien.

. . . Der Winter nahm seinen Lauf. Über den Pelzkäppchen tragen wir wollene Tücher von einer Farbe, in der Grau und Braun verschmelzen. Sie macht die Rosenblätter auf Marinas Wangen noch zarter. Ich weiß, wie arg sie darunter leidet, wie sehr sie diese Rosenblätter haßt! Sie bemüht sich, möglichst wenig zu essen, sie ißt, zu Vaters Betrübnis, fast gar nichts mehr, gießt sich Essig ins Essen . . . Dabei würde ein jeder diese Rötung der zarten, weißen Haut bewundern, dazu das Grün ihrer Augen (bei Frost nimmt sie die Brille ab) unter dem Pelz der Mütze, den der Rauhreif versilbert. Alles ist bereift! Die Bäume im Hof der Palaschewskij-Kirche, durch den wir auf die Twerskaja hinausgehen, sehen wie ein Korallen-Gestrüpp aus. Heute ist Frostnebel, der Himmel ist nicht blau, sondern rosig-grau, dahinter steht die fast himbeerrote Sonnenkugel, der die Kälte die Strahlen geraubt hat. Eingehakt, die Nasen in den Pelzkragen versteckt, gehen wir die Twerskaja entlang. Uns erregt, wie alle Passanten, die Nähe der Weihnachtsbescherung. An den freigetauten Stellen der vereisten Fenster sehen wir, wie in der Kindheit, Engel mit goldenen Fanfaren, den Weihnachtsmann (er wirkt wie ein Bär zwischen Tannen!), Christbaumschmuck, versilberte und vergoldete Ketten, glitzernde blaue, grüne, himbeerrote Kugeln. Auf der Theke liegt Goldpapier. Wir kaufen es, wir werden daraus Ketten kleben. ,,Weißt du noch?'' Kaum hat Marina das gesagt, da sprechen wir schon mit einer Stimme: ,,Lausanne, Papiergeschäft Mosque, Briefe an Mutter!'' Ein Seufzer. Doch wir löschen die Schwermut im Herzen, damit sie uns nicht erstickt, und stürzen uns in die Einkäufe, in die Auswahl der Geschenke. Jeder tut, als würde er nur für sich selbst einkaufen, jeder mimt Besitzerglück, die andere soll glauben, daß dieses Ding nicht für sie bestimmt ist. Die Augen sind bescheiden gesenkt: Wer übermimt wen? Sie spielt für mich, ich spiele für sie: um die größere Unschuldsmiene.

Marina ruft mich. Sie ist fertig mit dem Auswählen. ,,Und du?'' ,,Ich?'' ,,Ich habe nichts gefunden'', sage ich mit gespielter Teilnahmslosigkeit, ,,gehen wir?'' Auf der blau dämmernden Straße ist es noch kälter als vorhin.

In diesem Herbst oder Winter kam die Haushälterin Jewgenija Nikolajewna Wjasjmitinowa in unser Haus: ein kleines, hageres Weiblein mit gebräunter Haut und Hakennase. Ihre großen, braunen Augen mit den schweren Lidern hatten etwas Scheues und Trauriges. Fröhlichkeit ging ihr nicht ab, doch sie war sehr bescheiden. Ihr Wesen hatte etwas Gesetztes und Anheimelndes: das eine wie das andere nicht äußerlich genommen. Ihr Schicksal war bemerkenswert. Sie erzählte es uns ohne Bitterkeit.

Sie war religiös erzogen worden und früh verwaist. Mit sechzehn faßte sie den Entschluß, ins Kloster zu gehen.

Eine ältere Frau, die sich als Nonne ausgab, versprach, als sie von Jewgenijas Absicht erfuhr, ihr zum Eintritt in ein Kloster zu verhelfen. Von ihrer Familie hatte Jewgenija Nikolajewna anderthalbtausend Rubel geerbt. Das vertrauensselige Mädchen machte sich zusammen mit der unbekannten Frau auf die Reise. Auf dem Weg ins Kloster übernachteten sie in einem Gasthof. Als Jewgenija Nikolajewna aufwachte, war ihre Weggefährtin verschwunden. Auch das Geld war weg.

Von jener Zeit an – es waren seither etwa dreißig Jahre vergangen – verdingte sie sich mal da mal dort, um sich die Mitgift für das Kloster zusammenzusparen. Jewgenija Nikolajewnas Zimmer (das ehemalige Mädchenzimmer, unten neben dem Hintereingang) wurde zum gemütlichsten Zimmer des Hauses. Vor den Heiligenbildern brannte das Ewige Licht, außerdem hingen im Zimmer viele Papierikonen, auf denen das Leben verschiedener Heiliger dargestellt war. Im Zimmer roch es ganz besonders: Vielleicht waren es die Blumen am Fenster, vielleicht ein Gemisch aus Düften. Man mußte glauben, daß es so und nicht anders in Klöstern riecht. Der Ofen brannte, das Birkenholz knisterte. Alle kamen gern hier her zu Besuch: wir beide, das Dienstmädchen und auch die alte, sanfte, bucklige Köchin Tatjana. Die Bewohnerin des Zimmers empfing jeden von uns mit Aufmerksamkeit . . . Wenn die Tagesarbeit vorbei war, ging sie in den Saal und setzte sich an den Flügel. Dann hörte man im ganzen Haus die naiven (so naiv wie die Blümchen in ihrem Zimmer) Klänge des *Gebets einer Jungfrau* und andere alte Weisen.

Wie und wann kamen die dicken, schwarzen Hefte von Mutters Tagebuch in unsere Hände? Wir lasen sie und lebten in Mutter wieder auf und sie belebte sich in uns. Vater wußte natürlich nichts davon. Ich glaube, es waren neun Hefte. Das dünnste Heft enthielt die Geschichte von Mutters Liebe zu einem Artillerieoffizier, einem gewissen „S. E.", als sie siebzehn war. Mutters kleine, feine, seitwärts geneigte Schrift mit den wie gestochenen Buchstaben erzählte die Geschichte ihrer ersten Liebe. In dieser Schrift, die so vertraut, so präzis und frei von Korrekturen war, in dieser Schrift, die Mutter überlebt hatte, pulsierte ihr Herzblut – und unser Blut. Das Lesen bereitete uns einen fast körperlichen Schmerz. Aber losreißen konnten wir uns auch nicht.

Die anderen Hefte des Tagebuches berichteten in zeitlicher

Folge von Mutters Leben mit Vater, von ihrer Eifersucht auf die tote Warwara Dmitrijewna, von Großvaters Tod, von unseren ersten Kindheitsjahren. Von Marinas früher Entwicklung . . . Das letzte Heft schloß mit den Worten: ,,Ich bin 32 Jahre alt, ich habe Mann und Kinder, aber . . .“ Was weiter kam, war seitenlang sorgfältig herausgeschnitten. Irgendwer (Ljora?) sagte uns, Vater hätte das getan.

Durch die Eisblumen hindurch zeichneten sich in den Fenstern der wohlhabenden Häuser bereits die zottigen Schatten der Tannentatzen ab. Morgen werden diese Tannen das Licht ihrer Kerzen auf die Straßen ergießen. Auch in unserem Haus wurden aus den Tiefen des Wandschrankes (im kleinen Gang neben dem Schlafzimmer) Schachteln mit bunten Kugeln, Ketten, Lametta und anderen Weihnachtsutensilien hervorgeholt. Sie rochen nach Staub und nach Kindheit. Der scheinbar spöttische, in Wirklichkeit gutmütige und scheue Andrej sprang, mit irgendeiner Bemerkung auf den Lippen, die Treppe herunter, hielt sich den Hund vom Leibe, der ihm nachgesprungen war, hänselte uns *kleine Kinderchen,* strich mir (er nannte mich *Beba*) übers Haar, beanstandete die geringe Zahl silberner Ketten (,,wo habt ihr sie verhökert?“), zerknabberte eine vergessene Walnuß vom Vorjahr und raste wieder hinauf in seine Mandolinen-Einsamkeit. Er freute sich vielleicht nicht weniger als wir und nicht weniger als in der Kindheit, daß Weihnachten war. Doch er wahrte die Form mit dem Stolz eines achtzehnjährigen und schickte sich an, nach Tarussa zu reisen, wohin wir zu Weihnachten, mitten im kalten Winter, niemals gefahren waren.

Jedoch wie üppig blühte mein und Marinas Glück auf, wenn wir, nach der leichten Verlegenheit der eigentlichen Bescherung im Familienkreis, am nächsten Morgen aufwachten: vom Schlaf gestärkt, reif für den Weihnachtsfrieden. An diesem Tag erwachten wir immer zum *erstenmal* und sogar noch glücklicher als in früheren Jahren. Noch deutlicher wurde der Traum, nach den Plakkereien und Erwartungen des Advents, am Weihnachtsmorgen zu feierlicher Wirklichkeit. Und die Stille im Haus: Sie gehörte uns.

Ohne aufzustehen (Marina schlief an solchen Tagen in meinem Zimmer), umringt von selbstgekauften und überkreuz verschenkten Schätzen, das Auge an ihnen weidend, versanken wir selig in die ersten Zeiten eines aufs Geratewohl ergriffenen Buches, enteilten in ferne Jahrhunderte.

Der Hausmeister bringt das Holz und heizt den Ofen.

Langsam bewegt Marina den Griff von Mutters gelber Musikdose, schon beginnt das Wasser der Klangfunken zu fließen. Es tut fast weh: So vertraut ist die Melodie, – damals war Mutter da! Barfuß renne ich zu der anderen Spieldose hin, die Andrej gehört, lege eine der „Musikscheiben" auf, die graue Metallscheibe beginnt unter dem sich seitwärts drehenden „Schmetterling" zu kreisen, der „Schmetterling" dreht sich immer schneller und „verschwindet": wie die Naben eines Rades. *Toréador, prends garde à toi* . . . Carmen singt sich den Weg frei: durch alle Arten der Schwermut hindurch. Wir stürzen aus uns selbst hinaus, wir sind gerettet!

3. KAPITEL

Minister Schwarz hetzt gegen Vater

Im Januar 1909 stellte sich heraus, daß aus dem Rumjanzews-kij-Museum graphische Blätter gestohlen worden waren.
In einem Moskauer Kunstantiquariat entdeckte ein Großfürst, an dessen Namen ich mich nicht erinnere (er war ein großer Kenner von Graphik), an gewissen Blättern Anzeichen ihrer Herkunft aus dem Rumjanzewskij-Museum. Es wurde ermittelt, daß ein gewisser Kosnow, ein Bekannter des Kustos Schurow, aus einem Lesesaal, der nur einem ausgewählten Publikum zugänglich war, wertvolle Stiche entwendet und verkauft hatte! Obwohl es Vater gelang, die Rückgabe von Dreivierteln des Diebesguts zu erwirken, wurde eine Hetzkampagne gegen ihn entfacht. Nach einer Sondersitzung erstattete der Rat der Museen dem Volksbildungsminister Alexander Nikolajewitsch Schwarz Meldung.
Vater und er hatten einst gleichzeitig an der Universität studiert. Vater lebte das bescheidene Leben eines arbeitsamen Studenten. Schwarz, der mit dem Geld nie auskam, akzeptierte den Vorschlag einiger Studienkollegen, eine Spendenliste kursieren zu lassen. Vater wußte davon und war Schwarz sogar dabei behilflich. Das jedoch konnte Schwarz, inzwischen Minister, nicht vergessen. Wissenschaftliche Verdienste hatte er nicht aufzuweisen, seine Karriere verdankte er ausschließlich seinen Beziehungen. Er leitete Vaters Verfolgung in die Wege. Vater trug sie mit Würde und Mannhaftigkeit, aber die Verleumdungen setzten ihm hart zu.
Die ganze Zeit über, während der sich eine an ungerechten Beschuldigungen reiche Revision vollzog, kam Vater noch später als gewöhnlich heim. Entkräftet und verbittert erzählte er uns von neuem Ärger und von seiner Verteidigung.

Diese üble Nachrede galt einem Mann, der so viele Jahre und so viel Energie dem Rumjanzewskij–Museum geopfert hatte, das dank seines Einsatzes seine Schätze gemehrt hatte. Kürzlich erst war die große Sammlung Ssoldatenkow erworben worden. Vater hatte die Bestimmung eingeführt, daß sich der Museumsdirektor, genau wie der kleinste Angestellte, strikt an die Dienststunden zu halten habe. Dennoch gab es keinen Unflat, den man jetzt nicht über Vater ausgeschüttet hätte.

Ich erinnere mich, wie Vaters jüngster Bruder Mitja zu uns kam, wie die beiden sich erregt unterhielten, wie sich Onkel Mitja aufregte. Sämtliche Freunde von Vater, die Professoren Jakowlew, Gruschka, Romanow und viele andere, suchten uns auf und drückten Vater ihr Mitgefühl aus.

Als Antwort auf die Revision schrieb Vater nächtelang an einer umfangreichen Gegendarstellung, worin er die gegen ihn erhobenen Vorwürfe widerlegte. Dieses Schriftstück wollte er als Broschüre drucken lassen. Unterdessen erhielt Vater von Minister Schwarz die barsche Aufforderung, innerhalb von drei Tagen seinen Rücktritt zu erklären. Aber Vater, ein einfacher Professor, unterwarf sich nicht dem Befehl des Ministers, er trat nicht von seinem Posten zurück, sondern übersandte den entsprechenden Instanzen (darunter dem Senat) seine Antwort auf die verleumderischen Anwürfe. Es war nicht abzusehen, welche Wendung die Sache nehmen würde.

Und Mutter war nicht da! Wie sehr hätte er in diesen Tagen ihrer bedurft . . .

4. KAPITEL

Marina. Die letzte Rauferei. Das Kleid vom Ssucharew-Markt. Die Begegnung mit Brjussow

Niemand außer den Verwandten traf die Kunde vom Tode Anna Iwanowna Isatschiks, der Mutter unserer Tarussaer Freundin Waretschka Isatschik, so sehr wie Marina. Mit einer Macht, die nur ihr allein eignete, trauerte sie um die verstorbene, vor dem Tod lange ans Krankenbett gefesselte, noch ziemlich junge, ihr gänzlich unbekannte Frau. Dieser Schmerz übermannte sie wie ein richtiges Leiden. Alles trat zurück, alles wurde zum Hemmschuh. So war es Marina lange nicht mehr ergangen: seit dem Tod von Nadja und Sserjosha Ilowajskij. Mit abwesendem Blick schaute sie um sich und zog sich noch mehr von den Leuten zurück. Doch wenn sie jetzt irgendwer mit einer Frage oder einer spöttischen Bemerkung verletzt hätte, Andrej zum Beispiel, dann hätte Marina auf ihn eingeschlagen, hätte sich in ihn verkrallt: stumm, feindselig, haßerfüllt.
Zornesausbrüche waren Marinas Element. Ihr anderes Element war Scheu. Die Qualen der Verlegenheit konnte sie kaum meistern. In einen Salon einzutreten, in das Blickfeld der Menschen, unter das gnadenlose Licht der Lampen, ging beinahe über ihre Kraft. Wie versteinert, weil sie schon wieder bis zu den Haarwurzeln errötet war, schritt sie einher wie zum Richtplatz, mit unbeweglichem Gesicht und gesenkten Augen, in diesem Moment fast wunderschön! Man schaute sie an und musterte sie. O wenn sie die Augen erhoben hätte! Irgend etwas vom Blick Medusas wäre darin gewesen. Die Weißglut der Verachtung! Meine teure Marina . . .
Im Frühjahr 1909 fuhren wir mit Ljora zum Ssucharew-Markt. In unserer Kindheit kaufte Mutter dort deutsche Gedichtbände, die sie hinterher sorgfältig reinigte. Lessing, Heine, Uhland . . .
Jetzt fuhren wir zum ,,Angucken" hin. Der Anblick des riesen-

großen Bazars mit den kunterbunten, kleinen Lädchen, darüber der gute, alte Ssucharew-Turm aus der Zeit Peters: stufenförmig aufsteigend (rot, wenn ich mich recht erinnere), oben spitz zulaufend! Die Händler priesen ihre Waren an. Die ganze Geschichte Moskaus lebte in dieser Vermengung von ehemaliger Pracht und Sperrmüll! Hier fand Ljora für mich ein wunderschönes crèmefarbenes Seidenkleid, leicht wie ein Blütenblatt, mit lauter Rüschen besetzt: direkt ein Märchenkleid!

,,Sag Vater nicht, wo wir das Kleid gekauft haben", sagte Ljora, ,,sonst verbietet er dir, das Kleid zu tragen, weil du dich anstecken könntest. Wir geben es in die Reinigung, du wirst bildschön darin aussehen. Wenn Vater fragt, sage ich, es wäre aus der Truhe meiner Mutter . . ."

Eine Woche später glänzte ich darin. Ich berauschte mich daran, kein kleines Mädchen mehr zu sein. Anastassija Dmitrijewna Modestowa, die Tochter eines verstorbenen Freundes von Vater, sagte bei einem Besuch zu Marina: ,,Ihre Schwester sieht in diesem reizenden alten Kleid aus wie eine Figur aus Sèvres-Porzellan . . . Und dazu noch der Frühling ringsherum . . ." Wir wechselten einen Blick. ,,Es lag die ganze Zeit über in der Truhe", sagte Marina, ,,dort hat es auf Assja gewartet!"

So kam mein erstes Seidenkleid in unser altes Haus vom ältesten Moskauer Trödelmarkt, eingehüllt in ein strenges Geheimnis. Frau Modestowa schlossen wir ins Herz – und sie uns. Ihre wenigen Besuche bei uns, die die Freundschaft der Väter bekräftigten, sind mir unvergessen. Feingliedrig, mit bräunlichem Teint und schwarzen Augen, in Italien aufgewachsen (als Tochter einer Italienerin), war sie für uns wie ein Gruß aus Nervi im Moskauer Frühling. Wie leicht war der Umgang mit ihr, welche Freude hatten wir daran! Und auch sie fühlte sich wohl bei uns.

Es roch nach Pappeln. Der Palmwochenmarkt mit ,,Schwiegermutters Zungen" und gerösteten Nüssen! Die eingeweichten Äpfel – schon wieder vorbei. Bald kommt Ostern mit den Hyazinthen zwischen den Osterkuchen, den Schinken, den angemalten Eiern, dem dreieckigen Turm aus Quark.

Eines Frühlingstages fuhr ich mit der Trambahn ,,A" den Boulevardring entlang. Wie meistens hatte ich einen Gedichtband bei mir. Diesmal waren es die Gedichte von Brjussow. Beim Umblättern der Seiten hob ich meinen Blick entzückt und erschreckt, als Valerij Brjussow mir gegenübersaß. Ich kannte ihn von Bildern her. Mein Herzklopfen niederkämpfend, begann ich, mit den Augen scheinbar im Buch, in Wirklichkeit aber auswendig, zunächst leise, bei zunehmendem Trambahnlärm lauter ein Gedicht von ihm aufzusagen:

>   . . .Freundin, Königin und Schwester,
>   . . .wie die Isis den Osiris
>   . . .liebtest du mich. . .

Brjussow konnte nicht umhin, seine Verse wiederzuerkennen. Er konnte es aber auch nicht verbergen. Sein Gesicht nahm einen beunruhigten Ausdruck an, er wußte nicht, wie er sich verhalten sollte. Mir tat er leid, ich hatte aber auch Spaß an der Sache. Ich konnte gut verstehen, daß ihn mein Anblick (Mädchen mit Brille und schulterlangem Haar) irritierte. Endlich hielt er es nicht mehr aus, stand auf und bewegte sich auf den Ausgang zu. Auch ich stand auf. Ich hatte meine Haltestelle (Passionsplatz) bereits versäumt, doch für ihn war es noch zu früh zum Aussteigen (ich wußte von Ellis, daß Brjussow auf dem Zwetnoj-Boulevard lebte). Wortlos verließen wir gemeinsam die Trambahn. Da schnitt ich ihm mit wehender Pelerine (Maxi-Länge, mit Kapuze), den breitkrempigen Hut im Winde schwenkend, den Weg ab: ,,Grüßen Sie Ellis!" ,,Von wem bitte?" Er blieb höflich stehen. ,,Von Assja Zwetajewa". Er verbeugte sich leicht, berührte mit der Hand den Hut. Ich nickte zurück und zog von dannen. Mein Herz schlug . . . Warum hatte ich das getan? Ich wußte es selbst nicht. Ungleich Marina liebte ich seine Gedichte heiß und innig! Nun hatte ich ihn mit meinem Benehmen erschreckt. Doch Marina war über Brjussows Verhalten empört. Sie schrieb sogar ein Gedicht darüber. Darin heißt es: ,,Du so gar nicht Scheuer, der den Neumond, die Dryaden und die wilden Pfade preist, bist vor einer kleinen Zauberin erschrocken?"

Neue Freunde

Er kam jetzt öfter zu uns. In keines der zahlreichen Moskauer Häuser, die er besuchte (und er besuchte halb Moskau!), zog es Ellis (dessen bin ich sicher), so hin wie zu uns. Jetzt im Frühling, die Pelzmützen hatten ausgedient, stülpte Ellis sich wieder seine klassische Melone auf. Beim Eintreten verrückte er die Melone auf dem Kopf, warf den Bart hoch und stellte sich vor: ,,Brjussow!"
In Marinas Gesprächen tauchten oft die Wörter *Mussaget, Wessy, Skorpion* auf. Marina wußte von ihnen, las diese Kunst-Zeitschriften, hielt sich manchmal an den entsprechenden Orten auf. Ellis schätzte Marinas schöpferische Gabe, er lauschte ihren Gedichten, sie gefielen ihm. Er lobte Marinas *Aiglon*-Übersetzung (mit der Fundiertheit des geübten Übersetzers). Er hatte auch sofort ein Gespür für Marinas sich mit nichts abfindendem Charakter. Wir gingen häufig zu Winogradows. Unsere Freundschaft wuchs. Die Aufteilung der Freunde hatte sich so vollzogen, daß ich mich an Tolja hielt, während Marina mehr mit Nina zusammen war. Tolja war schon über zwanzig. Er war groß, schwer, hatte einen blonden Bart und sanfte, eiskalte blaue Augen. Er war mit Ssergej Michajlowitsch Ssolowjow befreundet (dem Neffen des Philosophen Wladimir und des Romanciers Wssewolod, dem Enkel des Historikers Ssergej Ssolowjow). Tolja erwähnte oft ,,Sserjosha" und dessen Familiengut Dedowo. Einmal bekamen wir den Freund des Freundes zu sehen. Er war beleibt, dunkelhaarig und hatte wundervolle Augen: wie sein Onkel Wladimir. Man scherzte – in vollem Ernst – über seine Verbundenheit mit Hellas und der Antike, man sprach von seinen Märchen (sie waren schon gedruckt). Er schrieb auch Gedichte und war überaus beschlagen. Man spürte in ihm eine ge-

waltige, noch unberührte Kraft und das geheime Glück, sie in sich zu verspüren. Tolja liebte Ellis auch (nicht ohne Spott) und machte ihn treffend nach.

Marina war mit ihrer *Aiglon*-Übersetzung schon beinahe fertig, da sagte ihr Tolja, das Stück sei bereits von Stschepkina–Kupernik übersetzt worden. Marina wollte das nicht glauben. Eine Wette wurde geschlossen. Tolja bewies, daß es diese Übersetzung wirklich gab. Marina war sehr betrübt und zuckte nur noch mit den Achseln. Marinas brillante Übersetzung, für die sich Ellis , Lidija Alexandrowna und Tolja so begeistert hatten, und der Rostand, hätte er Russisch gekonnt, seine Achtung nicht versagt hätte! Und die rechtschaffen bewältigten, aber lachhaft prosaisch klingenden Rostand-Zeilen jener anderen Übersetzerin! . . . Schicksal!

Der Gedanke, eine *zweite* Übersetzung vorlegen zu können, kam Marina offenbar nicht in den Sinn.

In letzter Zeit hatte Vater sich auf seine Reise zum Archäologen-Kongreß nach Kairo vorbereitet. Der Tag der Abreise brach an. Wir begleiteten Vater zum Bahnhof, vertraten uns auf dem Bahnsteig die Füße, bedauerten Vater, weil er Kinder hatte, die das, was sie für ihn empfanden, nicht auszudrücken vermochten: ein in seiner Hilflosigkeit bedrückendes Gefühl. Vom Hof her roch es nach Pappeln und Erde, ich aß vom Osterquarkkuchen, dazwischen vom Osterteigkuchen und las und las . . . Die Tauben gurrten wie in der Kindheit, ein schwarzes Karnickel sprang auf dem grünen Gras. Von woher hatte es sich eingefunden: dieses schwarze Karnickel?

Vater schickte uns Reisebriefe aus Athen und allen anderen Städten, durch die er fuhr. Die Ereignisse späterer Jahre haben leider alles vernichtet, was ich aufbewahrt hatte. Es waren wundervolle Briefe! Scharfäugige Briefe, die kein Ding der Beachtung für unwert hielten, erfüllt von einem freundlichen, warmen Humor. Welche Begeisterung sprach aus ihnen, wie bescheiden schrieb Vater von sich selber . . . Aber seltsamerweise kamen unsere Antwortbriefe niemals an.

6. KAPITEL

Der Märchenerzähler. Vaters Heimkehr
aus Kairo. Der Abschlussabend

Wir erwarteten Vater bereits wieder zurück. Andrej und Marina stotterten ihre letzten Schultage ab. Ellis besuchte uns immer häufiger. Die langen Frühlingsabende verloren ohne ihn ihren Sinn. An einem heißen Tag fuhren wir mit Andrej zum Bahnhof, um Vater abzuholen. Der Bahnhof war fast menschenleer. Unter dem niedrigen Bahnsteigdach warteten wir lange. Endlich fährt der Zug ein! Besorgt halten wir Ausschau: Die Reisenden strömen an uns vorbei, wo bleibt denn Vater? Sollten wir ihn verpaßt haben? Da ist er! Wir stürzen ihm entgegen. Er trägt seinen grauen Mantel und den Hut mit der Krempe. Auch die Brille stimmt. Aber die Gesichtsfarbe! Sie ist nicht wiederzuerkennen! Es gibt viele Ausrufe und Küsse. ,,Du bist ja der reinste Neger, Papa! Der reinste Kaffer!"
,,Ja, die Sonne da unten brennt ganz schön heiß . . . Und wie ist es euch hier ergangen? Habt ihr endlich meine Briefe erhalten?"
,,Ziemlich unregelmäßig. Und unsere Briefe an dich?"
Wir kommen aus dem Erzählen nicht heraus. Es geht heim.
Zu Hause packt Vater seinen Koffer aus und verteilt die Geschenke. Ich erinnere mich an eine ägyptische Halskette aus buntglänzenden Steinen. ,,Das hier ist aus Athen und dies . . ."
Ein wenig verlegen (es sind ja Reisegeschenke: wie im Märchen) binden wir uns die leichten, seidigen Schals um den Kopf. In ihrem silbergrünen Schal sieht Marina einen Augenblick lang wie eine Nixe aus. Sie hat ja auch grüne Meeresaugen!
,,Und das, Andrjuscha, ist für dich . . . Und das ist für dich, Ljora . . ." Marina, mit plötzlich aufpochendem Herzen: ,,Vater, darf ich nach Paris fahren?" ,,Du darfst, du fährst . . ."
Leider weiß ich nicht mehr, was Vater alles erzählte.
. . . Und dann der letzte Abend mit Ellis. Werden wir ihn wirk-

lich eine Weile nicht mehr sehen? . . . Vater unterhält sich mit ihm über die westlichen Städte. Ellis träumt davon, Rußland zu verlassen, er erstickt hier . . .

Bald darauf reiste Marina zum erstenmal allein ins Ausland, um im Rahmen eines Ferienkurses an der Sorbonne französische Literatur zu studieren. Wir anderen fuhren mit Jewgenija Nikolajewna nach Tarussa.

Sommeranfang 1909 in Tarussa. Die Abreise der Monachows. Marinas Verse aus Paris. Zusammen mit Tolja Winogradow

Nach all den zerschmolzenen Lebensepochen, nach den Trennungen, Leiden und Bitternissen der Kindheit und frühen Jugend brach eine wolkenlose Zeit des Glücks an! Ich schäme mich der abgegriffenen Worte nicht. *Wolkenlos* – und *Glück!* Ich berausche mich an ihrem Klang. Hat ein Vogel sie gesungen? Habe ich selber sie geformt? Ich stehe auf einer Wiese, an einer Wegbiegung, der Weg (wie der Gedanke) zweigt ab: seitwärts und hinauf, er führt über eine Brücke aus drei Brettern, über einen Bach im niedrigen Brombeergesträuch. Grashüpfer zirpen im Gras. Haben sie diese Worte gezirpt? Das Wort *Glück*, das Wort Ss'tschasstje? Steil und von einem Rascheln erfüllt: mit dem ,,a'', das sich weitet, sich dann zur Einmündung seines kurzen, wasserfallartigen Flusses in das ,,sstj'' verengt, um die Beengung sogleich wieder durch das kurze, leise, sich über die Wiese ergießende, sich öffnende, lange nachhallende ,,je'' zu beenden . . . Wer *so* fühlt, wer das Wort so ausspricht, der schreibt es auch furchtlos hin! Ohne Scheu vor dem Gericht der Dummköpfe, die die ,,Verschlissenheit'' des Wortes verkünden! Für sie hat es sich verschlissen – für mich nicht! Genausowenig wie das *Glück* selber: im Werk, in der Liebe, selbst noch in der Entsagung, wo das Bittere zum Süßen wird.
Ich stehe da. Ich bin vierzehn. Die Amsel im Wald singt mein Lied. (Im Herbst werde ich fünfzehn. Hat mir das der Kuckuck schon gesagt?)
Ich stehe da und horche in den Sommerabend hinein. Ich trage mein blaßrosafarbenes Kleid (mein Lieblingskleid), über die Schultern weht mir das Haar, ich gehe nach Tarussa hinein, wo meine Freunde Tolja und Nina sind. Ich werde ihren Berg hinaufsteigen, werde in das braune Holzhaus mit den geschnitzten

Balkonen hineingehen, werde das Rauschen der Bäume über dem Steilhang von Mutters „Tirol" hören. Das Gartentor wird zuklappen, wir werden alle zusammen hinausgehen: Nina mit Katja und Kostja Nekrassow, ich mit Tolja. Wir werden hinuntersteigen, zu den Klängen der Blasmusik auf dem Boulevard, auf schmalen Pfaden zwischen alten Bäumen, hoch auf den Hügeln über der Oka.

Tolja wird irgend etwas sanft Spöttisches über die Qualität der Musik äußern, wird so tun, als würde er nur ungern hingehen: von der Warte seiner gebildeten zwanzig und soundsoviel Jahre herab. Mich wird die Musik an die Kindheit und an Mutter erinnern, ich werde traurig sein. Mit der Vorstellung, das alles sei bereits gewesen, gehe ich bergab und am Hügelkamm entlang, über den sandigen und steinigen Weg, vorbei an der Kapelle, vorbei an der Quelle, aus der wir, als wir noch klein waren, auf dem Heimweg von Dobrotworskijs immer Wasser tranken, wo wir mit Mutter die Steine mit den brennenden Kristallsternen auflasen . . .

Jewgenija Nikolajewna erfüllte unsere alte Datscha, unser Waldnest, mit der Gemütlichkeit des alternden Jungferntums, mit irgendeiner ganz besonderen Reinlichkeit, mit der Sorge um herzhafte, ländliche Kost. Pasteten von besonderer Form und aus besonderem Teig wurden gebacken, Kwaß aus Brot und aus Beeren wurde gegoren, in den Vasen und Schalen wechselten die Blumen des Feldes und Gartens liebevoll einander ab. Manchmal stand sie auf dem unteren Balkon mit dem Blick auf Pappeln, Faulbeersträucher, Birken und der Oka und atmete mit ihrer bereits alten Brust die Seligkeit des Sommermorgens und den Gartenduft freudig ein. In solchen Minuten schämte ich mich fast, so schwierig und reich an Widersprüchen zu sein: an der Seite ihrer schlichten Reinlichkeit; so glücklich an der Seite ihres langjährigen Unglücks. Aber dieses Rühren an die fremde Seele war flüchtig: wie die Berührung eines Falters mit der am Stengel welkenden Blume. Schon lief ich, vorbei an Ljoras früherem Zimmer, hinauf zu uns nach oben, wo Marinas Zimmerchen, rechterhand, jetzt leerstand. Ich betrat mein Zimmer auf der linken Seite. Das Klappbett aus Segeltuch, das Tischchen, an dem ich mein Tagebuch führe und die Briefe an Marina und Galja schreibe. Der Schemel in der Ecke, die Waschschüssel aus Steingut. Im offenen Fenster die Kronen der Bäume am Gartenzaun entlang, dann die Linden der Wächterwiese. Die ist jetzt verwaist, die Familie Monachow (Mischa! Ljonka!) ist nach Sserpuchow gezogen. Die Alten im Altenheim haben einen neuen Wächter . . . Wie soll ich mich mit dem Fehlen der Monachowkinder abfinden!

Ich gehe, um mich umzuziehen. Noch in keinem Sommer hatte ich so viele Kleider wie heuer. Jewgenija Nikolajewna hat Kleider von Marina, die ihr zu klein geworden sind, für mich umgenäht.

Der Hof ist mit Kletten bewachsen. Wie vor zehn Jahren wäscht das Dienstmädchen auf der Bank neben der Scheune die Wäsche. Damals hieß sie Arischa . . . Und Mutter ist nicht da. Sie ist nirgends – und das ist nicht zu begreifen. Darüber hilft keine Freundschaft hinweg: nicht Tolja, nicht Ellis und nicht die ,,Drachenfrau." Damit muß man leben. Ich wollte es nicht verstehen, damals in diesem Hof, vor drei Jahren: daß Mutter bald nicht mehr sein wird. Ich kam so oft *nicht* in ihr Krankenzimmer gerannt. Auch nicht auf einen Sprung . . . Jetzt würde ich gar nicht erst wieder aus ihrem Zimmer gehen, würde mir alles merken! Ich erinnere mich an Mutters Gesicht nicht mehr genau: nicht an jeden einzelnen Zug darin! Die Stimme: die klingt noch . . .

Neben dem Gittertor wachsen Holunderbüsche, ihre Beeren sind dunkelrot.

,,Assjalein, trinken Sie doch einen Schluck Johannisbeersaft!" ruft Jewgenija Nikolajewna.

Ich wende mich um. Sie steht in der Haustür: klein, im grauen Morgenrock. Der Saft ist kalt, er kommt aus dem Keller. Dort liegt noch Schnee. Ich laufe ihr nach, ins Haus.

Ich bin mit Tolja den weiten Wiesenweg in jene Ferne gegangen, wo die hohen Kiefern und die lilablauen Blumen mit den langen Stengeln wachsen. Auch in diesem Sommer zeichnen sich auf der Erde versengte Kreise ab: Das waren die Köhler. Auch ich habe mit Marina und den Jungen voriges Jahr an dieser Stelle Lagerfeuer entzündet. Der Pfad biegt um den Wald, wir betreten das Tal von Patschjowo: Tolja und ich. Welche Stille ringsum! Wie im Wasser . . . Als wären wir auf dem Grund eines Flusses. Das *ganze* Tal erweckt den Eindruck eines Flußgrundes.

Wir betraten einen Pfad am rechten Rand des Tales. Die von Sonne durchwirkten Nußbaumzweige machten ihn grün.

Plötzlich war Zärtlichkeit zwischen uns beiden und Einfachheit. (So empfindet man, wenn man weiß, daß bald die Trennung kommt.) Tolja ging links: groß und erwachsen. Über sein fremdes, jetzt plötzlich vertrautes Gesicht huschten runde Sonnenflecken. In der grünen Finsternis der Zweige waren sie silbern. Der Pfad machte einen Knick, führte über einen Graben. Den Graben querte ein gestürzter Baum. Ich blieb stehen. Ich sagte, lachend und ernst:,,Gehen Sie auf dem Baumstamm auf die andere Seite!" (Im Ton des Befehls – und der Bitte.)

Ich erwartete ein Lächeln, eine witzige Bemerkung, ein listiges Streitgespräch. Alles – nur nicht dies: Wortlos setzte er sich in Bewegung, mit der ganzen Schwere seines großen Körpers. Erst ging er schnell, dann verlangsamte er den Schritt. Diese Vorsicht war Absicht: Sie sollte das Gelingen unterstreichen. Mit Leichtigkeit und Konzentration brachte er den langen, knorrigen, dünnen Baumstamm hinter sich. Freudig sprang er herunter und warf, zum Zeichen der Ankunft, die Arme in die Luft. Mit einer knappen Verbeugung. Wer von uns zweien war in diesem Augenblick glücklicher? Er stand jetzt in der Sonne, ich noch im Grün der Zweige. Wie gut, daß er mein Gesicht nicht genau sah!

Seit Mutters Tod sind schon bald drei Jahre vergangen! . . . Bald fahren wir mit Vater auf den Waganjkowskij-Friedhof. Dann geht es nach Kurkino, auf das Gut der Sacharjins. Sie haben uns eingeladen. Lieber würde ich in Tarussa bleiben.

Der Wind bewegt die Holunderzweige über der schwarzen Platte aus Granit. Violette und gelbe Stiefmütterchen blühen davor. Wir stehen da, Vater und ich. Letztes Jahr war Marina mit uns. Wir schweigen, Vater und ich. Vaters Gesicht ist gesenkt, er blickt auf den schwarzen Stein, ist in Gedanken versunken.

Weshalb spüre ich Mutter gerade hier *nicht*? Im Haus in der Dreiteich-Gasse, auf der ,,großen Straße", auf dem Pfad, der zu den ,,Baumstümpfen" führt: Überall spüre ich sie. Hier, am Grab, bleiben Kopf und Herz leer. Nur Mitgefühl für Vater ist in meinem Herzen, und Scham über meine Gefühllosigkeit.

,,Gehen wir, Assja . . .", sagt Vater. Ich blicke mich noch einmal um, sehe Mutters geliebte Stiefmütterchen. Unsere Füße setzen sich in Bewegung, wir entfernen uns.

8. KAPITEL

Herbst. Die Feuersbrunst. Die letzten Tage
des Sommers 1909 mit Marina, die aus Paris
zurückgekehrt ist

Der Herbst 1909 war aus reinem Gold gewirkt. Der Äther war
vor Himmelsbläue lilafarben. Die Augen jubelten: Die Natur
hatte ihre hohe Zeit. Wenn ich den Mädchen und Buben entgegen auf das „Hügelchen" ging, das heißt: rannte, wenn ich aus
dem Gold unseres Birken-Pappel-Wäldchens hinaustrat, empfand ich eine Art Rausch. Jedermann in Tarussa kannte Manja
J-zowa und Mischa D-ssow. Seit langer Zeit schon gingen sie
Hand in Hand durch die Stadt, und alle bewunderten dieses
Paar. Manja ist schlank und hat kastanienbraune Locken, die ein
Haarband zusammenhält, Mischa ist blond, ebenfalls ziemlich
schlank und schüchtern. Sie passen so gut zusammen! Und
plötzlich . . . Als Mischa zum Studium wegfuhr, suchte Manja
die Gesellschaft eines schnurrbärtigen Rittmeisters. Wir Mädchen waren empört. Während eines öffentlichen Lustwandelns,
das im Gehölz hinter dem Haus von Dobrotworskijs veranstaltet
wurde, folgten wir dem schandbaren Paar auf dem Fuß: Wir
wollten Manjas Schamgefühl wecken. Unterwegs riefen wir laut
den Namen des von ihr Verlassenen (ich schrie am lautesten).
Vielleicht ging unsere Einmischung sogar noch weiter, denn dem
Rittmeister platzte plötzlich der Kragen, er drehte sich um und
rief uns eine Drohung zu. Wir bekamen rote Köpfe und verlang-
samten unseren Schritt, gaben aber nicht auf. Wir gingen weiter
hinter dem verräterischen Paar her: als Manjas Gewissen, hielten
aber eine Distanz ein, die ihren Kavalier daran hindern sollte, das
angekündigte Strafgericht über uns hereinbrechen zu lassen.
War vielleicht der von uns gekränkte Rittmeister der Initiator des
Gerüchts, ich hätte mit den Buben aus der Nachbarschaft beim
Zündeln auf der Wiese einen Heuschober in Brand gesteckt? Das
Gerücht war bösartig und gefährlich und schwer zu widerlegen.

Meine Rechtfertigung lieferte der Heuschober – der gar nicht ab-
gebrannt war. Gab es hier einen Zusammenhang mit einem wirk-
lichen Vorfall? An einem dunklen Abend entzündeten Dubez,
Garjka, Ljonka und ich weit weg auf einer Wiese ein Lagerfeuer.
Das Feuer war schon fast heruntergebrannt, da sprang einer der
Burschen auf und blickte um sich. Auch wir anderen standen
auf . . . Über dem Wald Richtung Tarussa, erhellte sich der
Himmel und blitzte auf.
,,Es brennt!", rief jemand. Wie auf Befehl begannen wir, die
noch glimmenden Kohlen unseres Lagerfeuers auszutreten.
Nachdem wir noch Erde draufgeschüttet und uns davon über-
zeugt hatten, daß das Lagerfeuer erstickt war, rannten wir los.
Als der Weg nach einer längeren Strecke eine Biegung machte
und wir auf eine Wiese hinausliefen, sahen wir die Flammen über
unserem Datschahügel emporlodern.
,,Die Datscha brennt!", ächzte jemand von uns. Mit verdrei-
fachter Kraft rannten wir weiter. Wir liefen wie um unser Leben.
Im Laufen erteilte ich, leiderfüllt und fast außer Atem, meine
Anweisungen: ,,Falls der Weg nach oben, in mein Zimmer, noch
nicht abgeschnitten ist, dann ergreift nur die Tischschublade.
Da sind meine Tagebücher, Marinas Briefe und ihre neuen Gedichte drin." (Mein Atem stockte.) ,,Oder werft am besten den
ganzen Tisch durchs Fenster nach draußen!"
,,In den Garten! Vater und Andrej sind nicht da, sie sind in Moskau . . ." Wie rannten wir! Wie *konnten* wir so rennen?!
Ich glaube, auch ich wäre vor dem Feuer nicht zurückge-
schreckt. Immerhin ging es um unsere geliebte Datscha!
,,Uff . . . Halt!" rief plötzlich einer von uns und blieb schwer
atmend stehen, ,,die Datscha brennt gar nicht, es brennt weiter
hinten, in Tarussa! . . ."
Mir fiel ein Stein vom Herzen. Wir rannten und gingen Schritt,
während die Feuersbrunst zurückwich. Es brannte eine Scheune
jenseits der Stadt. Wir erreichten den Ort erst nach Mitternacht.
Der nahegelegene Wald war fast taghell erleuchtet. Die Feuerwehr mühte sich redlich ab, aber das Feuer brannte zünftig und
der nächste Brunnen war weit weg. Unsere Jungen stürzten sich
ins Getümmel, um mitzuhelfen. Brennende Holzscheite flogen
durch die Luft, Funken sprühten. Die Äste der dem Feuer am
nächsten stehenden Bäume knisterten und rollten sich ein wie bei

strengem Frost. Ich stand nochlange da, mit den Mädchen, und
schaute zu. Ganz Tarussa war hier. Die Scheune brannte nieder.
Geheimnis der Erinnerung! Sie schnellt hoch wie die Sprungfeder einer Dose, auf die man drückt. Plötzlich weiß ich, wie das
alles war. Genau an diesem Tag traf in Tarussa der Gouverneur
von Kaluga ein: Fürst Gortschakow (oder Golizyn?). Der Fürst
war justament über jene Landstraße von Istomino her gekommen, wo es jetzt brannte. Die Tarussaer Obrigkeit hatte zum
Empfang des hohen Gastes an der Stadteinfahrt in die Kalugaer
Straße einen Triumphbogen errichtet, der mit frischem Laub
und Blumen geschmückt war. Zum Festprogramm gehörte ein
großes Festmahl und, unter anderem, auch eine feierliche In-
spektion der Feuerwehr. Als die Aufregungen des festlichen Tages bereits vorbei waren, als der Schlaf die wackeren Feuer-
wehrmänner umfing, mußte diese gottverdammte Scheune in
Brand gesetzt worden sein: wer weiß, durch welchen Zufall . . .
Die zu allem Überfluß auch noch meilenweit vom nächsten
Brunnen entfernt stand! Die unglückseligen Feuerwehrleute
wurden von jedermann bedauert. Man diskutierte die Schuldfra-
ge. Erst im Morgengrauen gingen wir erschöpft nach Hause.
In Tjos Haus nahmen die Tage ihren Lauf wie eh und je: gemessen, anheimelnd und schweizerisch. Zur immer gleichen Stunde
kochte der Kaffee auf dem vor Sauberkeit blitzenden Petroleumkocher auf, die gleichen Düfte nach ,,Großvaters" Gebäck und
Tantes Kölnischwasser durchzogen das Haus. Wie in alten Zeiten ließ die verglaste Terrassentür das Aroma des Gartens ins
Haus hinein. Die Äpfel und Pflaumen waren genauso vorzüglich, Tjos Gesten genauso melodramatisch wie früher.
Die Ernte ist eingebracht. Überall duftet es nach Stroh. Die
Morgen und Abende sind kühl. Bald geht es nach Moskau! Unsere Datscha wird geheizt, aber die Öfen rauchen, deshalb
,,wärme" ich mich lieber bei Dobrotworskijs. Ich laufe hinauf in
Ssanjas Zimmer, er ist bereits fortgefahren, in der Ecke liegen
riesengroße, gelbe Pflaumen, sie sehen wie angemalte Eier aus.
Die Liege, die Bücher, der Sack voller getrockneter Äpfel, die
Nüsse. Die Tür knarrt, ein hochgewachsener, gütiger Mann mit
blauen Augen tritt ein. Sein Haar ist grau, beim Reden spricht er
das ,,o" deutlich aus. Es ist Onkel Wanja. Er war zu einem
Krankenbesuch auf dem Lande, bei Regen, im Havelock. Jelena

Alexandrowna ruft zum Essen. Auf dem Tisch stehen Fladen, Pasteten, Konfitüre, Fruchtgelee, frischer Honig. Auf den Honig hat es eine Wespe abgesehen. Ich rufe Jewgenija Nikolajewna. Sie unterhält sich mit Jelena Alexandrowna über das Kloster in Dugny und bittet sie, an die Äbtissin zu schreiben, die sie persönlich kennt. Vielleicht wird man Jelena Nikolajewna ohne Geld ins Kloster aufnehmen.

Zum Sommerschluß kehrte Marina gerade noch rechtzeitig aus Paris nach Tarussa zurück. Sie traf mich im Kreis meiner kleinen Freundinnen. Zu den beiden kleinen Lidas waren noch die zwei Schwestern Schurotschka und Olja Michailow gekommen. Marina las uns ihre Pariser Gedichte vor, sie erzählte von Paris, vom Louvre, von Sarah Bernhardt. Marina richtete ihr Augenmerk sogleich auf Schurotschka, die ihrerseits den Blick nicht von ihr abwendete.

Unsere Bekanntschaft mit Schurotschka Michailowa wuchs sich sofort zu einer Freundschaft aus. In dieser zehnjährigen, talentierten Zigeunerin, die so gut singt und tanzt und später bei Polenows auftritt, steckt ein Stück Seele von Anja drin – sagt Marina. Auf alles hinhorchend, was mit Kunst zu tun hatte, hörte Schurotschka Marina aufmerksam und begeistert zu.

An den Abenden kamen die Jungens – nach ihrem Arbeitstag. Der Abend gehörte ihnen, und sie verbrachten ihn regelmäßig mit uns. Marina, die Mädchen und ich wanderten mit ihnen entlang der Oka bis an den Eingang ins Tal von Patschjowo, bis zu den Kiefern. Dort, an dem uns wohlvertrauten Ort, entzündeten wir unser Lagerfeuer. Der Mond hing als rotbraune Kugel tief über der Erde, wurde beim Aufsteigen gelb. Marina erzählte von Frankreich. Eh' wir es uns versehen hatten, stand eine blaue Kugel hoch am Himmel. Wir löschten das Feuer und traten den Heimweg an.

Unmittelbar vor unserer Abreise betrat ich einmal, aus irgendeinem Anlaß, Marinas Zimmer. Sie war nicht da. Auf dem Tisch lag ein aufgeschlagenes Heft. Ich konnte der Versuchung nicht widerstehen. Auf der letzten vollgeschriebenen Seite las ich:

Ich möchte alles: als Zigeuner
mit Liedgesang auf Raub ausziehen,
zum Orgelklang für alle leiden,

als Amazone mutig kämpfen.
Im schwarzen Turm die Sterne deuten,
die Kinder durch den Schatten führen . . .
So wird das Gestern zur Legende,
so wird ein jeder Tag zu Wahnsinn!

Weiter kam nichts mehr. Ich lief hinaus, um Marina zu suchen.
. . . Der Morgen der Abreise war goldener und blauer als alle anderen Morgen zuvor.
Ein wunderbarer Himmel von florentinischer Bläue strahlte über dem windbewegten Gold der Zweige. Sie ähnelten Grotten und Wellen, aber sie wollten sich von den Baumstämmen losreißen.
Wenn der Wind nachließ, erstarrten sie zu Stilleben in so unwahrscheinlichen Farben, daß sich die Augen nicht daran sattsehen konnten. Eine Minute später war auch diese Verzückung vorüber. Jetzt flossen die Abschiedstränen und wurden beschämt und verlegen von unseren Lippen weggeleckt. Die Pferdeglocken schepperten, Jewgenija Nikolajewna zählte die Gepäckstücke nach . . . (Wenn wir gewußt hätten, daß wir erst nach langen Jahren hierher zurückkehren würden!)

NEUNTER TEIL

Moskau. Sächsische Schweiz

1. KAPITEL

Andrej und Marina. Unsere Abende

Die alternde Jewgenija Nikolajewna rüstete sich unterdessen für ihre Reise. Aus Kaluga war eine positive Antwort eingetroffen, der Traum ihres Lebens wurde endlich wahr. Unsere Haushälterin segnete den Tag und die Stunde, da sie ihre Geschichte Jelena Alexandrowna Dobrotworskaja anvertraut hatte, und packte erregt ihre bescheidenen Habseligkeiten. Ihre hageren, dunklen Wangen waren leicht gerötet. Ein letztes Mal glitten die kleinen, alten Hände über die Tasten des Flügels in unserem verzauberten Saal. Die Akkorde des *Gebets einer Jungfrau* entzündeten langsam die Stille des Hauses, der Dämmerstunde, der Abschiedsstimmung.

Wir begleiteten Jewgenija Nikolajewna bis ans Tor: wie einst Warwara Alexejewna. Unser Haus war jetzt wieder ein Niemandshaus, unser Haus gehörte jetzt uns!

Wie im vorigen Jahr riß uns das Klingelzeichen von Ellis jäh aus unserem Tageslauf. Wenn Vater nicht da war, blieben wir unten im Saal, im Salon oder im Arbeitszimmer. Wir wanderten plaudernd durch die unteren Räume und merkten nicht einmal, daß wir wanderten. Erst das Geräusch der vom Hof her zuschließenden Fensterläden brachte uns zur Besinnung. Der mit zwei Fenstern auf den Hof hinausgehende Saal begann zu erblinden, dann fiel die Hofpforte ins Schloß, dann wurden auch die Läden auf der Straßenseite geschlossen, der Saal versank in Dunkelheit. Sogleich zeichneten sich die dunklen Abgründe der Spiegel ab, die das Licht des niedrigen Eßzimmerfensters reflektierten. Der Saal öffnete sich tief in das schwarze Silber des Spiegels hinein.

Die hohen, weißen, zweiteiligen Türen in den Salon und von dort weiter ins Arbeitszimmer standen offen, polternd schloß der Hausmeister jetzt auch die Fensterläden im Salon. Noch blinkte vorn das Arbeitszimmer, gleich würde es drankommen. Und wirklich: Ein Fenster nach dem anderen schloß rumpelnd seine Lider. Die ganze Fassade des Hauses und Daches versank in der Finsternis, was bisher Haus war, wurde jetzt zum Schiff. Der Salon war nur mehr Korridor zwischen Saal und Arbeitszimmer, er ging seiner Tiefe verlustig, nur jener Teil des Salons blieb präsent, durch den wir gerade gingen. Hinter uns im Arbeitszimmer versank alles in Dunkelheit: der Zeus auf dem Bücherschrank, Vaters Schreibtisch, der Rahmen mit der Fassade des künftigen Museums, die Bücherregale und in den Winkeln und an den Fenstern des Salons: die Köpfe des Apollo und der Diana.

Diese Abende, die sich über viele Stunden hinzogen, fielen aus dem Alltag heraus. Wäre das Leben des Hauses rings um uns herum nicht weitergegangen, wäre Bruder Andrej nicht aus dem Zwischenstock herabgestiegen, um auf die Uhr zu schauen, hätte er nicht auf den Dienstbotenklingelknopf gedrückt, um das Abendessen anzumahnen, wäre daraufhin das Dienstmädchen nicht mit übergeworfenem Schultertuch herbeigeeilt, hätte sie den dampfenden Samowar nicht ins Zimmer getragen, die Lampen nicht entzündet, nicht zum Essen gerufen – wären wir vermutlich niemals darauf gekommen, daß bei uns ein „Gast" zu Besuch weilt, daß man den Gast bewirten muß, daß Essenszeit ist.

Wir schenkten Ellis Tee ein, schoben ihm die Konfitüre zu. Plötzlich blickten wir zwei Schwestern uns an und erinnerten uns im gleichen Augenblick an jene, die nun schon seit über drei Jahren nicht mehr unter uns weilte.

Vater kam, die beiden Kerzen im Arbeitszimmer wurden angezündet. Das Haus mit dem halbdunklen Saal und Salon verwandelte sich in die Vorhalle eines Tempels der Wissenschaft.

In Bruder Andrejs Gemächern war es gewöhnlich ruhig, sofern er nicht Mandoline spielte und seinen Hund nicht ausschimpfte (sein jetziger Hund hieß Hera und war eine weißgraue Setterhündin).

Nach wie vor hatte Andrej kaum Besuch. Er war bereits Student (zu Vaters Leidwesen: Jurist). Marina und ich bewunderten ihn, denn in seiner blaugrünen Studentenuniform mit den goldenen Knöpfen sah er zum Anbeißen aus: groß, schlank, mit schmalem

Gesicht und kastanienbraunem, strähnigen Haar. Ein wenig ähnelte er einem jungen General des Jahres 1812. Das weibliche (er glich seiner Mutter) und das männliche Element waren harmonisch in ihm vereinigt. Das Abrupte und Spöttische und das Verlegene hielten sich die Waage, seine Scheu besiegte er durch eine Art Kommandoton. Auch eine gewisse Grobheit ging ihm nicht völlig ab. Jedoch der rasche, mißbilligende, dunkelgoldene, unrussische, fast italienische Seitenblick war schön. In seinen wie in Ljoras Adern floß übrigens, von der mütterlichen Seite her, rumänisches Blut.

Zwischen Ellis und Andrej kam keinerlei Beziehung zustande. Andrej erlaubte sich jedoch nie irgendwelche Ausfälle gegen unsere Bekannten, mit Winogradow traf er sich offenbar sogar ganz gern. Gelbe Blätter wirbelten durch den Hof, der Wind pfiff. Wir lauschten den Worten von Ellis.

„Alles kam, wie es kommen mußte", sprach er und seine leicht zugekniffenen Augen blickten uns direkt ins Herz, „die ganze Familie setzte sich in den Zug, mitsamt den Kinderfrauen, Ammen, Mantelsäcken und Reisekörben, und der Zug verließ die Stadt, in der sie bisher gelebt hatten . . . Und keiner bemerkte, daß sie in den falschen Zug gestiegen waren!" (In böser Begeisterung schraubte Ellis den Kopf in die Höhe.) „Und statt nach Pensa, wohin sie eigentlich wollten, kamen sich nach Wjatka! Und alles in ihrem Leben ließ sich verkehrtherum an." Wir hörten die vertrauten Greisenschritte draußen auf dem Gang, die Tür unseres ehemaligen Kinderzimmers wurde aufgemacht, auf der Schwelle stand Vater mit einer brennenden Kerze im Kerzenhalter. Wir stiegen treppab, betraten das Eßzimmer. Der Samowar verströmte triumphierend seinen Dampf, unter seinem Deckel lagen, wie einst in der Kindheit, perlenkettenförmig die gargekochten Eier. Ins Licht hineinblinzelnd gingen wir ans Nachtmahlen, aber das Essen schmeckte uns nicht recht und das Herz wurde uns schwer, wenn wir sahen, wie schnell und fast gierig Ellis den Speisen zusprach. Wir schämten uns, ihn nicht schon früher am Tag sattgefüttert zu haben, er hatte schließlich kein Zuhause!

2. KAPITEL

Marina und Sarah Bernhardt. Der Heraklit-Übersetzer Nielender. Begegnung mit Andrej Belyj. Marinas Brief. Die ägyptische Kollektion von Golenistschew-Kutusow. Marina und Vater

Ich bekam Privatunterricht. Französische Literatur brachte mir eine betagte Französin bei. Mich faszinierte mehr die russische Literatur: Aus den Französisch-Stunden erinnere ich mich nur an Corneilles *Cid*, die Stücke von Molièr, meine höfliche Unaufmerksamkeit und ewige Langeweile. Galja sah ich jetzt nicht mehr so häufig, aber unsere Freundschaft hielt an.

Marina langweilte sich ihrerseits in ihrem neuen Gymnasium (es war das Brjuchonenko-Gymnasium an der Kisslowka). Es war die Rede davon, daß ich, nach der Prüfung im Frühling, nächstes Jahr vielleicht ebenfalls jene Schule besuchen würde. Dann könnten wir uns in den Pausen wenigstens miteinander unterhalten. Unsere Vertrautheit erreichte damals einen Höhepunkt.

In der freien Zeit, die Lektüre und Gedichteschreiben ihr ließen, ging Marina, meiner völligen Aufgeschlossenheit nunmehr sicher, zu mir und trug mir ihre letzten Verse vor. Gemeinsam wiederholten wir sie: unisono. Wir hatten verblüffend ähnliche Stimmen und rezitierten im gleichen Tonfall.

Marina verschlang Goethe und Jean Paul, Deutsch war ihre zweite Sprache, beinahe Muttersprache. Als dritte Sprache mochte das Französische gelten. Abgesehen von den diversen Geschichtswerken über die Napoleonischen Kriege gab es Victor Hugos Oden an Napoleon. Marina konnte sie fast alle auswendig und trug sie immer wieder begeistert vor. Bald sollte die berühmte Schauspielerin Sarah Bernhardt, *La grande Sarah*, nach Moskau kommen. Noch zu Mutters Zeiten hatten wir von ihr und ihrer nicht minder berühmten Rivalin Eleonora Duse gehört. Marina wußte über die beiden natürlich alles, was in Büchern zu finden war.

Im Sommer 1909 hatte Marina die Bernhardt auf der Bühne in Paris gesehen. Nach einer Aufführung des *Aiglon* oder der *Kameliendame* wartete Marina am Theatereingang auf die Schauspielerin und überreichte ihr drei Fotos zum Signieren. Die Bernhardt war ihr neues Idol. Auf zwei dieser Bilder schrieb die Bernhardt: *Souvenir de Sarah Bernhardt,* auf das dritte Foto, auf dem sie unvorteilhaft aussah, auf dem ihre hellblonden Haare unter dem Pelzkäppchen ergraut wirkten, schrieb sie weit ausholend über ihr Gesicht hinweg: „*Ce n'est pas moi!!!*" (mit drei Ausrufungszeichen).

Immer häufiger setzte sich Marina an den Flügel, spielte nach dem Gedächtnis, was sie von früher Jugend an in Erinnerung hatte, oder nach Noten. Ich stellte mich neben ihr auf, stützte mich mit den Händen gegen den Ofen und lauschte. Ab und zu wechselten wir ein Wort. Und dann brach der Abend herein . . . Dann kehrte Marina in ihr dunkelrotes Zimmer mit den kleinen, goldenen Sternen auf der Tapete zurück und ich ging in mein Zimmer, um Tagebuch zu führen. Das Tagebuch war meine feste Stütze und mein treuester Freund. Hier begann mit zwölf meine schriftstellerische Arbeit.

Bereits vor einem Jahr waren wir bei Winogradows einem Freund von Tolja begegnet, den er, genau wie „Serjosha Ssolowjow" oft erwähnt hatte. Es war der junge Philologe Wladimir Ottonowitsch Nielender, ein Schüler unseres Vaters. In den dunklen, schweren Augen Ssolowjows, in seiner Berühmtheit, endlich darin, daß er uns nicht beachtete, steckte etwas, das uns abstieß und verlegen machte. Nielender (wir sagten Nejlender) war betont freundlich und nervös bewegt. Seine Gesten wechselten rasch, kamen unerwartet, das Gesicht war bleich, die Brauen bildeten über den gelben Augen einen Winkel. Nielenders Lächeln war tief und hielt lange an, es begann bei ihm, wo bei anderen Leuten das Lachen einsetzt. Er besaß eine seltsam charmante Manier eines kaum wahrnehmbaren Spöttelns, das nichts ausließ, auch nicht die eigene Person. Aber wir sahen ihn nur ein- oder zweimal und nur kurz. Wir wußten kaum etwas voneinander. Tolja bemerkte einmal beiläufig, Nielender sei früher zur See gefahren. Das paßte nicht zu seinem Äußeren, erschien geheimnisvoll. Auch im Gespräch mit Ellis fiel Nielenders Name, beide lebten im gleichen möblierten Etablissement am Smolenskij-Markt (auch Andrej Belyj wohnte dort). Außerdem wurde noch Boris Ssadowskij erwähnt, allerdings meist ironisch. Dieser Dichter, ehemals ein gutbetuchter Student , lebte ebenfalls in jenem Haus. Während eines Spaziergangs schauten wir bei Ellis vorbei, gingen erst einen leeren Korridor entlang, saßen dann im ungemütlichen Zimmer von Ellis, während er Gedichte vortrug. Wir rührten mit goldenem Löffelchen den Tee im Glas um und wollten uns schon auf den Heimweg machen, als plötzlich Andrej Belyj ins Zimmer trat. Seine unvorstellbar hellen, auffallenden Augen, von denen man nicht genau wußte, ob sie einen eindringlich anschauen oder vorbeiblicken, verweilten ganz kurz auf uns. Unser Familienname erklang, die Hände wurden gedrückt – schon waren wir fort. Das war die Zeit (ging es nur uns oder geht es jedem so?), als alles bedeutungsvoll erschien. Jeder Blick, jede Begegnung. Das Lächeln eines Menschen oder seine Stimme: Alles wuchs sich zum Symbol aus.

Gibt es eine phantastischere, unruhigere Zeit als die Jugend? Überall lockt die Versuchung, überall droht die Trennung. Immer und stets sind die Lippen verschlossen (das ist die Qual des Stolzes). Oder es kommen die falschen Worte über die Lippen. Den ganzen Tag, die ganze Jugend lang Versteckworte, Verschleierungsworte, Gespensterworte. Erst später stellen sich jene Worte ein, mit denen die Dinge benannt werden.

Marinas Gedichte wurden damals schon gedruckt. Hier ist ein Brief Marinas an Ellis, der die Zeitläufe überdauert hat:

Moskau, den 2. Dezember 1910.

Lieber Ellis,
Gestern waren Sie plötzlich verschwunden – weshalb? Im Mussaget war es sehr schön. Ich habe sogar davon geträumt. Ich habe eine Bitte an Sie: Verändern Sie bitte in meinen beiden Gedichten für den Almanach folgende Stellen:

1) DER KNABE MIT DER ROSE

falsch:	*richtig:*
drückte fest	fiel ihm hin
Doch zu seinen Lippen	Und zu seinen Lippen . . .

2) AUF DEM BOULEVARD
falsch: *richtig:*
das verschlafene Händchen   *die* verschlafenen Händchen . . .

Wie sehr bin ich der Menschen und Gespräche entwöhnt! Bei der
geringsten Meinungsverschiedenheit im Gespräch würde ich am
liebsten gehen, so übel ist mir dann gleich zumute! Im Mussaget
gibt es viele nette, sympathische Leute. Ich bin froh, daß ich
manchmal dort bin, aber . . . Wird sich am Sonntag irgend etwas
bei Kraft abspielen? Wenn ja: um welche Uhrzeit und was genau? Ich grüße Sie.

M. Z.

Und was ist mit meinem Sonett?
(Auf dem Briefumschlag ist ein Stempel, der einen Bären oder
Wolf darstellt.)

Immer häufiger hörten wir durch Vater von Golenistschew-Ku-
tusows Kollektion ägyptischer Originale. Der von seinen Erben
um seinen Reichtum gebrachte alte Mann war genötigt, sie zu
verkaufen. Amerika bot 500000. Der Besitzer zögerte und
suchte nach einer Möglichkeit, die Sammlung in Rußland zu lassen. Die russische Regierung schätzte sie auf 350000. Der alte
Mann war bereit, auf 150000 zu verzichten: wenn nur sein
„Kind" in der Heimat bliebe.
Die Sammlung wurde zur Aufbewahrung in die Eremitage gebracht. Jetzt ging es darum, wer sie bekommen sollte: irgendeine
Institution in Petersburg oder Vaters neues Museum in Moskau.
Vater war sehr erregt, er fürchtete eine Absage, denn die Reser-
vesäle, die solche Kostbarkeiten hätten aufnehmen können, waren noch nicht fertiggestellt und auch die Zahl der Museumsdie-
ner war noch völlig unzureichend. Er bemühte sich, diese Wi-
drigkeiten abzustellen und die Arbeiten zu beschleunigen.
Marinas Begeisterung für Napoleon hatte nicht nachgelassen.
Immer noch war ihr Zimmer mit Porträts vollgehängt: hie König von Rom, dort Herzog von Reichstadt. Jetzt reichten die
Wände nicht mehr aus, denn Marina hatte in Paris alles gekauft,
was ihr zwischen die Finger kam. Selbst im Ikonenrahmen über
dem Schreibtisch steckte ein Napoleonbild. Es blieb lange un-

307

bemerkt. Aber eines Tages entdeckte Vater die Profanierung. Er ergrimmte, seine Stimme schwoll an. Er verlangte die Entfernung des Napoleonbildes aus dem Ikonenrahmen. Aber Marinas Wahnwitz übertraf seine Erwartungen: Statt einer verbalen Antwort griff sie nach einem schweren Kerzenhalter, der auf dem Tisch stand.

Das war eine Geste der Verzweiflung. Die Selbstverteidigung eines Tieres, das beißend um seine Höhle kämpft, die man ihm nehmen will. Eine solche Höhle war für Marina ihr Napoleonkult und alle ihre anderen Kulte: Nadja Ilowajskaja, Anna Iwanowa Isatschik, Leutnant Schmidt. In der Verehrung für diese Menschen erlangte Marinas Seele, die infolge ihres maßlosen Stolzes weder Anerkennung noch den Ansatz zur Tat fand, ihre letzte Zuflucht. Sie entspannte sich dafür in der Zaubergabe des Rhytmus. Vaters Zornesschrei mobilisierte sofort alle Abwehrkräfte in ihr. In diesem Haus hatte sie sich das kleinste Zimmer gesichert, aber das wollte sie ganz für sich haben. Sie konnte nicht zulassen, daß man ihre Welt *hier* in Frage stellte, nicht einmal Vater durfte das. Und Vater begriff zwar nicht Marina, wohl aber das Maß ihres Nichtverstehens. Von Mitleid ergriffen, in zwiefacher Bitternis, ging er davon und schloß die Tür hinter sich.

Mit siebzehn begann Marina zu rauchen. Zunächst im geheimen. Aus Rücksicht auf Vater rauchte sie nicht in seiner Gegenwart. Vor Ljora, die wir selten sahen, verbarg sie es nicht, insgesamt jedoch stand sie ihr nicht mehr so nahe. Ljora hatte das Haus verlassen, um nicht den Haushalt auf dem Hals zu haben. Sie arbeitete an einer Sonntagsschule, unternahm mit ihren Schülern Exkursionen. Sie lebte ihr eigenes, der Volkserziehung gewidmetes Leben. Zu uns war sie weiterhin warmherzig, wenn wir uns sahen, aber die Distanz war deutlich zu spüren. Sie kam immer nur kurz und nie ohne Anlaß. Und doch war sie immer noch zärtlich.

Unverbrüchlich leben in meinem und Marinas Herzen unsere Musikdosen (die seine hat Andrej längst an uns abgetreten), ihre goldenen und silbernen Klänge, der unverwüstliche *Toreador*, die *Ecossaise*, die *Blaue Donau*. Hier setzten wir uns nicht zur Wehr und unser Auge blieb nicht trocken. Aus diesen Weisen wehte uns unsere Kindheit an und eine der unseren so gar nicht gleichende, andere Jugend . . . Und rings um uns herum, neben den revolutionären Parolen, die Ljora auf Papiermessern und Holzschachteln eigebrannt hatte, lebte eine diesen Parolen völlig konträre Begeisterung der Jugend für Bücher wie: *Geschichte eines Lebens* von Werbizkaja, *Ssanin* von Arzybaschew (darüber, daß zwischen Mann und Frau „alles erlaubt sei"), *Der Zorn des Dionysos* von Nagrodskaja (zum gleichen Thema). Diese Begeisterung war uns fremd.

3. KAPITEL

Ein Lichtblick in Vaters Querele mit Minister Schwarz. Die Schlittschuhläufer auf den Patriarchenteichen. Das „Wintermärchen". Begegnung mit einem unerwarteten Gast

Im Dezember 1909 verfügte der Senat, der Rapport von Minister Schwarz gäbe keinen Anlaß dazu, I. Zwetajew als Direktor des Rumjanzewskij-Museums abzulösen.

Minister Schwarz merkte, daß die Dinge eine für ihn ungünstige Wendung nahmen. Gerüchte wollten wissen, er habe daraufhin nichts Eiligeres zu tun gehabt, als ins Ausland zu reisen. Vaters Ehre schien wiederhergestellt.

Wie freuten wir uns in jenen Tagen! . . . Aber der alte Netschajew Malzew, der sich in der höheren Bürokratie auskannte, telegraphierte an Papa (als ihm alle gratulierten):

„Der Sieg ist kein Sieg, sondern eine Mahnung zur Vorsicht."

An einem dieser Tage empfing uns am Mittagstisch Vaters freudige, wieder junggewordene Stimme: „Nun, Kinder", sagte er, „ich kann euch eine gute Nachricht mitteilen! In Sachen Golenistschew-Kollektion wurde zu unseren Gunsten entschieden! Die Sammlung soll an unser Museum übergeben werden."

„Wir gratulieren dir, Papa!", sagte Marina, ein wenig verlegen. Wir küßten unseren Vater. Er zauste mich am Haar.

„Jetzt füllt sich unser Museum auch mit Originalen", sagte er gutgelaunt. Dann stand er auf, um in sein Arbeitszimmer zu gehen. Als Begleitmusik zu seinen Schritten hörten wir zwei, drei wohlvertraute Takte aus irgendeiner Arie, die Vater sich noch zu Warwara Dmitrijewnas Zeiten eingeprägt hatte.

Befreit von der Wolke, die monatelang über ihm gegangen hatte, atmete unser Haus auf. Neunzehnter Dezember! Das war gewöhnlich eine Zeit strenger Fröste. Die Sonne stand am Himmel ohne Strahlen, wie ein rosiger Mond, der Himmel war hellrot und dunstig. Die Wimpern waren verklebt. Bevor wir auf die

Straße gingen, banden wir um unsere Pelzmützen weiche Woll-
tücher. Unsere Lederhandschuhe waren mit Pelz gefüttert, die
dunklen Filzstiefel traten katzenweich auf den Schnee auf. Der
Schnee glitzerte und knarzte wie Kartoffelmehl. Wir gingen
rasch.

Unsere Spaziergänge waren kurz (denn wir froren selbst noch in
unseren Pelzmänteln), aber zielstrebig und von Fröhlichkeit erfüllt. Wir gingen in die Papiergeschäfte, in die Buchläden und zu
Ssewastjanow, um auf Kredit Konfekt einzukaufen.

Auf der Eisbahn donnert die Militärkapelle in der Orchestermu-
schel auch in diesem Jahre wieder ihre Weisen in die Winterluft.
Von den in die goldenen Trompeten blasenden Mündern steigt
Dampf auf, Dampf strömt auch über die vorbeiflitzenden
Schlittschuhläufer hinweg. Sie laufen tief gebeugt, berühren mit
der Hand beinahe das Eis. Ihre Beine im schwarzen Trikot fliegen dahin wie Schwalbenflügel, der Körper gleitet fast schwerelos über das Eis. Es fliegt der eingewinkelte Rumpf und der Kopf
im gestrickten Käppchen, der norwegische Stahl blinkt in rascher Folge mal am linken, mal am rechten Fuß auf. Die fast
überirdische Grazie des sich gleitend vom Eis abstoßenden Fu-
ßes ist eine wahre Augenweide für jene, die im inneren Kreis da-
herjagen. Die Läufer umschließen uns wie ein Ring. Sie üben für
ein Wettlaufen: kaum mehr sichtbar in ihrer sieghaften Schnelligkeit. Wir kennen ihre Namen: Judajew, Kamshalow. Doch
alle anderen Namen überstrahlt der Name Noshnikow. Er ist
der Größte!

Der Frost kitzelt uns an der Nase, an den Fingerspitzen und an
den Ohren: trotz Haar und Mütze.

Doch ich nehme nicht einmal die Dienste der Wärmestube in
Anspruch, obwohl ich mich stundenlang auf der Eisbahn aufhal-
te; ich komme um vier und bleibe bis zum Schluß. Alle anderen
Mädchen ruhen sich zwischendurch aus – ich niemals! Das
Schlittschuhlaufen ist mir Erholung genug. Jedoch in mein stolzes Glück über den Sieg über das Eis brechen die Anfangstakte
eines Walzers ein, das Gold der Trompeten fliegt in die Luft empor, mein Ungestüm paßt sich dem gleitenden Walzertakt an.
In der blausilbernen Stille (der Himmel ist voller Schneeflocken)
sind alle von der Musik bisher niedergehaltenen Stimmen, Ge-
sprächsfetzen, Bubenrufe, ist das Quietschen und Rascheln der

Schlittschuhe wieder zum Leben erwacht. Wie? Ist das etwa schon das Ende? Wirklich: Eben erklingt der Abschlußmarsch! Erleichtert und in sichtlicher Eile blasen die Münder und Lungen der Soldaten in die freudig aufdröhnenden Blasinstrumente. Gleich dürfen die Musikanten ausspannen! Wie komisch: die Flügel von den Füßen zu entfernen, ein Stück kleiner zu werden, auf leisen Sohlen, wie jedermann, über den Schnee zu gehen, flach aufzutreten: durch die Kosichinskij-Gasse und andere stille Gassen, vorbei an gemütlichen Petroleumlaternen. Die Schlittschuhe scheppern am Riemen. Die Pforte fällt ins Schloß, ich gehe über den Küchensteg. Der klagende Laut der Hintertür. Ich schüttle den Schnee von den Füßen, gehe durch den Saal in die Diele. Irgendwas behindert mich im Halbdunkel. Von irgendwo streckt sich mir eine Hand in einem Männerärmel entgegen, ich sehe den weißen Streifen der Manschette . . . Die Hand versperrt mir den Weg (irgendwie geziert) und grüßt zugleich. Irgendwer ist neben mir. Marina! Ich gewahre ein lachendes Gesicht. Ist das Nielender? Ich trete einen Schritt zurück. Schon schüttelt er meine Hand. Ich sehe die beiden nicht, sie sind im Schatten.

„Sag, wer ich bin . . .!"

Er möchte in den Schatten eintauchen, seine Bewegung deutet es an. Ich bin nahe daran, mich zu erzürnen, Vatersnamen sind nicht meine Stärke, Marina weiß das genau. Aber ich gehe das Wagnis an, als würde ich noch immer auf Schlittschuhen dahinfliegen: „Wladimir Ottonowitsch!"

Als Antwort bekomme ich so etwas wie ein Bravo zu hören, und schon kann ich Marina nicht mehr böse sein. Denn sie läßt mich nicht wieder fort, sie sagt etwas zu mir, auf das ich eingehen muß, sie zieht mich in ihr Gespräch hinein (fürchtet sie, allein mit ihm zu sein?). Schon kreisen wir wie mit Ellis zu dritt durch den Saal, öffnen den Kreis, wechseln in den Salon hinüber. Warum ist mit ihm alles so leicht und so einfach wie mit niemandem sonst?

Noch ist nichts gesagt, von nichts erzählt, nach nichts gefragt. Nichts ist zu erfahren – alles ist begriffen. Wir drei sind schon in eins gewachsen: wie in der Kindheit!

Wie lange streunen wir durch den Saal? Er ist nicht mehr dunkel, wir haben uns an seine Dunkelheit gewöhnt. Schon können wir die Gesichter unterscheiden und die Bewegungen beobachten. Aber alles versinkt im Klang seiner Stimme.

Wir wissen schon mancherlei über ihn, obwohl er uns kaum etwas über sich erzählt hat. Er hatte eine Ehefrau, sie hieß Ssofja. Das war nach der Marineschule. Sie ist nicht bei ihm. Früher waren sie glücklich. „Ach, das war schrecklich . . .", sagt er und bemerkt nicht, daß diese beiden Aussagen einander ausschließen. Aber wir begreifen, daß es so und nicht anders war . . .

Irgend jemand hat im Eßzimmer die Hängelampe unserer Kindheit entzündet, sie beleuchtet die Madonna Raffaels mit dem Kind und Johannes den Täufer im runden Rahmen. Das Licht der Lampe bildet auf dem Parkett des Saales ein ganz, ganz langes Dreieck. Manchmal, wenn wir im Gehen wenden, treten wir in dieses Dreieck ein. Wir tauchen für einen Augenblick darin ein, irgend etwas an unserer Kleidung flammt auf, eine Hand, ein Stück Gesicht . . . Ich weiß nicht mehr, ob wir Tee tranken, ob wir den Schlag der Uhr über dem Flügel hörten. Wir sitzen auf unserem roten Kindersofa in meinem Zimmer (dem einstigen Kinderzimmer). Nielender hat dieses Zimmer das „magische Kabinett" genannt. Ein paar Mal wollte er weggehen, dann fiel ihm etwas ein und er blieb. Aber es zog ihn mächtig fort. *Lew wartet . . . Die Antwort auf den Brief . . .* Das waren seine Worte. Wir widersprachen, blickten ihn bloß an. Er blieb. Jetzt sind wir in der Freundschaft schon eine ganze Stufe weiter fortgeschritten als unten im Saal. Ununterbrochen erzählt Nielender von dem, was er durchlebt hat. Schon liegt die Marineschule hinter ihm, er hat mit der Vergangenheit gebrochen, hat noch einmal ganz von vorne angefangen. Er hat sich in die Griechen versenkt, ganz tief . . . Wir wissen jetzt, daß unser Besucher dreiundzwanzig Jahre alt ist, das ist gar nicht so weit weg von unserem Alter! Aber er wirkt viel älter . . . Das weiche Licht der Petroleumlampe beleuchtet sein scharf gezeichnetes Gesicht, seine Augen sind hellbraun bis gelb, das dunkle Haar tritt an den Schläfen weit zurück, wodurch sich die Stirn noch weiter vergrößert. Er hat dünne und lange Finger, seine Bewegungen sind weit ausholend und jäh. Er ist hier zu Hause: in unserem Kinderzimmer. Von hier brach er einst auf und aus: in die Marineschule. Jetzt ist er endlich heimgekehrt. Ja, er ist ein Bruder! Aber welche Angst, daß er fortgehen könnte!

313

Die Lampe beginnt zu verlöschen. Sie brannte fast die ganze Nacht hindurch! Ein neues, seltsames, sehr blasses Licht füllt das Zimmer.

„Es dämmert . . .", sagt jemand von uns dreien – und drei Herzen erschrecken.

„Lew, Lew . . .", faßt sich Nielender an den Kopf. „Er wartet auf mich! Die Antwort auf den Brief, Marina! Was werde ich ihm sagen?" Aus einigen Satzfetzen von ihm und Marina schließe ich, daß Ellis ihn in irgendeiner Angelegenheit zu uns entsandt hat, daß er vielleicht bis jetzt auf ihn wartet . . . Er will aufstehen, von Schuldgefühl ergriffen. Aber wir, mit unserem Lächeln, sind stärker: „Jetzt ist es gleich! Er schläft längst!" Und unisono: „Gehen Sie nicht fort . . ."

Als wir nach seinem Weggehen zu Bett gingen, träumte mir folgender Traum: Ich sah die Alpen unserer Kindheit, irgendwo bei Chamonix und Argentière. Und dann sah ich trockenen Ginster: lilarosarot. Auf Französisch heißt Ginster *bruyère*. Am Fuße der Berge flochten wir aus Ginster einst Körbchen, füllten sie mit Blumen, benetzten die Blumen mit Wasser und schickten sie Mutter nach Nervi. Ich wachte glücklich aus diesem Traum auf.

„Ich träumte von *bruyère*", sagte ich zu Marina, die in meinem Zimmer auf dem Sofa geschlafen hatte.

„Was hast du geträumt?", rief Marina in unsagbarer Verblüffung und war sofort wach. „Ich träumte gerade von einer ganzen Wiese voller *bruyère*! Es war ganz rosa . . . Hast du wirklich denselben Traum gehabt?"

In ihrer Stimme schwang ein wenig Mißtrauen mit. Ich fiel über sie her:

„Immerhin habe ich den Traum *als erste* erzählt!"

Mein Traum war nachgewiesen.

An jenem Tag kauften wir ein dunkelblaues Lederalbum mit Goldschnitt und nannten es *Das abendliche Album*. In dieses Buch schrieben wir alles hinein, was wir von jenem Abend erinnerten: seine Worte, unsere Worte und unsere späteren Gespräche darüber. Dieses Album dedizierten wir Nielender. Später trugen wir noch Marinas neues Gedicht *Die Schwestern* nach.

. . . Marina erzählte mir, warum Wladimir Ottonowitsch immerzu die Worte *Lew wartet* wiederholte (Lew war Ellis). Ellis hatte ihn mit einem Brief zu Marina geschickt. In diesem Brief bat er um Marinas Hand. Die Aussicht, plötzlich *Gattin* zu werden, machte Marina überaus verlegen. Die Gattin unseres „Zauberers"!

Ich weiß nicht, ob Marina seinen Brief brieflich beantwortete. Jedenfalls schickte sie ihm ein Antwortgedicht: *Der Irrtum.*

Am 30. Dezember verließen wir zur verabredeten Stunde dick vermummt unser Haus, nahmen eine Droschke und fuhren zu Nielender. Der Gedanke, daß wir als „junge Mädchen" zu einem „jungen Mann" fuhren, kam uns überhaupt nicht in den Sinn. Nielender war für uns kein „junger Mann", das war nicht unser Wortschatz, allenfalls der unserer Schulfreundinnen. Der Stand der hohen Freundschaft mit Nielender ließ solche Begriffe nicht zu.

An jenem Abend sollte uns Freund Nielender bei sich zu Hause erwarten. Mit leichten Schritten, ohne die Stufen zu spüren, rennen wir die Treppe hinauf. Gehen den Gang entlang. Finden die Tür. Klopfen an. Keine Antwort. Wir schauen uns an, klopfen noch einmal. Kein Laut. Die Tür ist verschlossen. Er ist nicht da! Etwa eine Minute lang stehen wir stumm da. Dann macht Marina eine scharfe Kehrtwendung. Noch schneller, als wir gekommen sind, gehen wir wieder fort: den Gang entlang und treppab. Wieder nehmen wir eine Droschke – schon sind wir wieder daheim. Wir sagten die ganze Zeit über, glaube ich, kein Wort. Wir ziehen die Mäntel aus, hängen sie an den Kleiderständer. Wärmen unsere Hände. Marina setzt sich an den Flügel und beginnt zu spielen. Ich stehe an meinem Platz am Ofen und lausche. Die hintere Haustür läßt ihren klagenden Ton vernehmen. Jemand hat das Haus betreten. Marina bricht ab. Jenseits der Saaltür, in der hinteren Diele, die dunkle Pelzmütze in der Hand, das scharf schattierte Gesicht von Qual gezeichnet, steht: Nielender! „Verzeihen Sie mir doch bitte!" Mit untröstlicher, schuldbewußter Stimme . . . Mit flehendem Blick und einer Haarsträhne in der Stirn . . . Was sollten wir tun?

„Zu mir?" (halb fragend) „Ach, das war entsetzlich, als ich kam und erfuhr . . . Dort ist heißer Tee aufgestellt, Sie sind unterwegs wohl ganz durchgefroren? Fahren wir!"

Und schon fährt uns ein Droschkenkutscher („bittschön, bittschön . . .") zu dritt in den Don zurück. Ich sitze bei Marina auf dem Schoß, halte mich am Schlittenrand fest, verfolge den rasch davonfliegenden Schnee, die brennenden Straßenlaternen, den von der Droschkenmähre aufsteigenden Dampf. Schon biegen wir in den Arbat ein. Die kleine Lampe auf dem Tisch beleuchtet das Zimmer nur schwach. Wieder, wie an jenem ersten Abend bei uns, sitzen wir auf dem Sofa, sehen einander nur undeutlich. Nielender sitzt in der Mitte, links sitzt Marina, rechts sitze ich. Wir möchten gern, daß er sich näher über unseren Traum von der Kindheit äußert. Warum träumten wir ausgerechnet von den Alpen und vom Ginster? Und dazu noch beide gleichzeitig? Marina ist schon drauf und dran, ein darauf anspielendes Gedicht aufzusagen. Aber Nielender bricht aus unserem Thema aus. Was möchte er uns sagen? Er versucht, irgend etwas über Ellis zu erzählen: es gelingt nicht recht, aber wir verstehen: er quält sich, weil er mit Ellis' Brief zu uns ging und bis zum nächsten Morgen fortblieb, während „Lew, mein Freund Lew, wartete . . .“

Doch uns kann es egal sein, daß er gewartet hat. Wer schreibt schon solche Briefe?

„Ja, unsere Begegnung ist ein Wunder“, sagte er, „und auch so ein Verhältnis zwischen Schwestern ist ein Wunder, und unsere Freundschaft hat nichts Verwerfliches . . .“

Was er weiter sagt, klingt nebulös. Während jedoch Marinas Gesicht Nichtverstehen verrät, begreife ich plötzlich, so scheint es mir wenigstens, worauf er hinauswill, was auszusprechen er nicht wagt. Er möchte jenen Platz einnehmen, von dem Marina Ellis entfernt hat? Er ist, wie Ellis, bereit, Marina einen Heiratsantrag zu machen? Und schämt sich, ihre Illusion von Freundschaft zu zerstören?

„Ich verstehe . . .“, sage ich, aber vom Weiterreden bin ich dispensiert, den jetzt sagt Marina:

„Und ich verstehe nicht . . .“ Sie spricht gemessen, Wort für Wort, wie von oben nach unten: „Ich habe mir das alles ganz anders vorgestellt, ganz anders . . . Wir fühlten uns so wohl zusammen. Unsere wunderbare Freundschaft . . .“

„Nein, Marina“, sage ich. „Ihr müßt miteinander reden, du mußt dir anhören, was Wladimir Ottonowitsch dir sagt. Ich werde fortgehen. Sprecht ohne mich. Vielleicht denkst du hinterher anders darüber . . .“

Arme Marina! Und er, der Arme! Um wieviel besser war doch

jene zauberhafte Freundschaft als die Sackgasse, in die er uns geführt hat! Ich lasse mich begleiten: bis zu unserem Haus.
,,Assja, ich bin bald wieder da", sagt Marina, ,,wir gehen ein
wenig in der Gasse auf und ab, dann bin ich wieder da!"

4. KAPITEL

Betrachtungen. Marinas Bewertung des „Wintermärchens". Ihre Verse

Gegen Ende des Abends, an dem sie mit Nielender um unser Haus herumwanderte, kam Marina durchgefroren, verwirrt und traurig nach Hause. Sie sagte kein Wort. Ich sah, daß ihr Herz schwer war. Daß sie mit einem Entschluß rang. Sie war mir dankbar, daß ich keine Fragen stellte. In unserem gegenseitigen Schweigen war soviel unausgesprochene Zärtlichkeit, daß wir vielleicht nie, weder vorher noch nachher, einander so nahe waren wie damals.
Mehr als ein Tag verging, bevor Marina das Schweigen brach. „Es ist aus!", sagte sie im Ton der Verzweiflung und fügte hinzu: „An jenem Abend, als wir durch die Gassen streiften, haben wir Abschied voneinander genommen. Wir werden uns nicht mehr sehen . . ." Ich fragte nicht – ich begriff. Jetzt nahm unser Leben wieder den früheren zweisamen Lauf. Wir rezitierten unisono die Gedichte, die Marina in rascher Folge schrieb. Wieder streiften wir, beieinander eingehakt, durch die vertrauten Straßen und Gassen, die Schwermut, die wir schon früher empfanden, hatte jetzt einen Namen gefunden.
Eine der Anreden Marinas an unseren unerwarteten Gast, unseren märchenhaften Bruder, den wir mit solcher Erregung in jenem mit nichts zu vergleichenden Winterabend in unserem Haus empfingen, lautete so:

Unsere Begegnung war ein Gespräch im Halbdunkel
des halb Erwachsenen mit den halben Kindern.
Die Flocken hinter dem Fenster, das Singen des Sturmes . . .
Wir wollten nicht aus dem Kinderzimmer fortgehen,
wollten statt des Märchens keinen Fieberwahn:
Versteh das, wenn du kannst . . .

318

Marina schrieb auch Gedichte an Mutter, wir sagten sie zusammen auf.

Eine der Hauptqualen in Marinas Leben war der bittere Unmut über ihr Äußeres. Ihr Gesicht erschien ihr zu sehr gerundet, die Gesichtsfarbe zu rosig. Und obwohl sie nicht dick war, war sie doch voll, und ihre Statur war in jenen Jahren noch ein wenig unförmig. Sie haßte ihren Körper, genau wie ihren Teint. Das klare Empfinden der Nichtentsprechung von Seele und Leib war Marinas Tragödie in jenen Jahren. Mit immer trostloseren Augen betrachtete sie sich im Spiegel, immer nur kurz: Länger hielt sie es nicht aus. Stumm blickte sie die Menschen um sie herum an: den schönen Andrej, mich, die sie bewunderte, irgendeine Zufallsperson . . .

Mit besonderer Freude lasen wir damals das Tagebuch der Maria Bachkirzewa, die uns so innig verwandt war, die so früh und so tragisch starb. Alles an ihr berückte: der früh erwachte, scharfe Verstand, die Traurigkeit, die Selbstanalyse, die Einsamkeit im Kreise der Nächsten. Nur eine ihrer Eigenschaften fand in uns keine Resonanz: ihre Ruhmsucht, der Ehrgeiz, etwas zu werden. Die Beschreibung ihrer Kleider, das Bestreben, in der großen Welt zu glänzen.

In letzter Zeit war die Direktorswohnung im Neuen Museum im Gespräch. Sie hatte viele Zimmer. Vater wollte Nein sagen; der Abschied von unserem Haus wäre ihm genauso schwergefallen wie Marina und mir. Aber eines Abends, als ihr freudiger zumute war, sagte sie zu mir:

,,Weißt du, Assja, falls wir doch umziehen sollten, werden wir den Wachleuten die Schlüssel stehlen und nachts, wenn alle schlafen, im Mondlicht im alten Hellas kreisen . . .''

5. KAPITEL

Die zweite Revision. Ein neues Unglück. Im Winter in Tarussa

Vaters Anfechtungen wollten kein Ende nehmen. Zu Beginn des Jahres 1910, wenn ich nicht irre, veranlaßte Minister Schwarz eine neue Revision im Museum. Sie ging auf die Denunziation zweier Angestellter zurück, die wegen Faulheit herabgestuft worden waren. Vater schreibt darüber in einem Brief an R. I. Klein.

Im März 1910 erließ der Senat einen Ukas, in dem die Quertreibereien des Ministers ein zweites Mal zurückgewiesen wurden. Wieder wurde unser Haus, unser Schiff, von einer warmen Strömung emporgetragen. Jedoch Schwarz ließ nicht locker. Er schickte dem Senat einen dritten Rapport. Ende Mai gingen die Zeitungen verschiedener Richtungen in unterschiedlicher Weise auf diese Vorkommnisse ein.

Just in diese Zeit fiel eine unbegreifliche Geschichte, die in Moskau die Runde machte und einen Skandal auslöste. Ellis, der Habitué unseres Hauses, hatte im Lesesaal des Rumjanzewskij-Museums aus mehreren Büchern Seiten herausgeschnitten. Wir waren höchst erstaunt. Daraufhin würde Lew Lwowitsch, der Freund, der unserem Vater in so unfaßlicher Weise diese neue Unannehmlichkeit bereitet hatte, nicht mehr unser Haus betreten. Ellis drohte das Gericht. Weshalb hatte er das getan? Die Bücher waren überhaupt nicht wertvoll und nicht alt, er hätte sie jederzeit anderwärts beschaffen können! Trotz unserer Betrübnis zögerten Marina und ich, den Stab über Ellis zu brechen. Es erschien uns ausgeschlossen, daß er vorsätzlich, insgeheim und bösartig gehandelt haben sollte.

Später äußerte sich Andrej Belyj dazu: Er verwarf ganz und gar die Version vom Mißbrauch und Vorsatz. Ellis hatte nicht die Absicht, sich in einer öffentlichen Bibliothek anarchistisch zu gebärden. Belyj vermutete, Ellis habe zum Arbeiten im Lesesaal auch einige eigene Bücher mitgenommen und sie dann, beim Ausschneiden der für einen Aufsatz benötigten Textstellen, mit den bibliothekseigenen Büchern verwechselt. Diese Erklärung erscheint durchaus glaubhaft, wenn man bedenkt, in welcher Hektik sich das Leben von Ellis abspielte. Sie wird noch dadurch bestätigt, daß Ellis auch aus einem Buch von Belyj eine Seite herausschnitt, der doch im *Don* Zimmer an Zimmer mit ihm wohnte!

Ohne sich um unsere Schwermut auch nur im mindesten zu kümmern, stellte sich in Moskau der Frühling ein.

Andrej wollte nach Tarussa fahren.

„Fährst du mit?", fragte er mich, mürrisch und fröhlich zugleich. „Dann mach dich reisefertig! Laß dir von Vater Reisegeld geben. Ich fahre übermorgen!" Fort war er.

„Marina, fahren wir?", fragte ich unschlüssig, als ich Marinas kleines Zimmerchen über der Treppe betrat.

„Nein", erwiderte Marina. „Ich habe schon Eintrittskarten für alle Aufführungen von Sarah Bernhardt gekauft. In fünf Tagen wird der *Aiglon* gegeben! Vielleicht komme ich später, vielleicht aber . . ." Sie verstummte und sagte dann abgehackt: „Ich fahre nicht. Ich bringe euch an den Zug."

Ich entfernte mich. Was war von Marinas Worten zu halten? Sie klangen eigenartig.

Marina kam tatsächlich auf den Bahnhof. Sie wirkte irgendwie gerührt, hielt sich aber zurück. Im letzten Augenblick steckte sie uns eine Tüte mit Orangen zu . . .

„Komm nach Tarussa!", rief ich.

Das dritte Klingelzeichen . . . Marina sah dem Zug lange nach.

Die Oka lag wie ein riesengroßer gefrorener Fisch da, zwischen ihren Ufern erstarrt, mit dem Schwanz auf Alekssin, mit dem Kopf auf Polenowo und Sserpuchow zu. Wenn es taute glitzerte ihr Schuppenkleid in der Vorfrühlingssonne mit Myriaden blendender Diamanten. Dieser Glanz, die ersten Wolken und der Blauton der Schneelandschaft taten den Augen weh. Über die Hügel, über die Brücke, zwischen den Uferweiden, über die bergauf und bergab fliegenden Gäßchen ergoß sich das Klingeln und Scheppern der Pferdeglocken.

Die Oka liegt unter uns, jetzt geht es rechter Hand, am Dom

vorbei auf Tantes Haus zu. Hinter den Fenstern bewegen sich die Gardinen, als Antwort auf unser Klingeln. Schritte kommen auf die Tür zu – schon stehen wir in der warmen Diele. Tante schlingt ihre dicklichen, kurzen, rüschenbesetzten Arme um mich. Als sie Andrej sieht, der sich unbemerkt davonmachen will: ,,Mon Dieu! Comme tu as grandi, Androuscha! Mais tu es devenu un homme! . . .'' Andrej ist verlegen; Tjo küßt ihn und glotzt ihn mit Wohlgefallen an: ,,Mais entre donc chez la tante! Tu auras le temps d'aller chez tes Dobrotvorsky . . .'' Andrej küßt Tjo und erwidert, es sei spät, man warte auf ihn. Er rennt die Stiege hinab, wir sehen durchs Fenster, wie er in den Schlitten springt, der davonrast. Tante ergreift nun von mir vollends Besitz. Die Hitze, die Gemütlichkeit, die vielen Zimmerchen, das traumhafte Essen, das Ausfragen, die deklamatorischen Gesten, die Erzählungen . . .
Draußen ist es winterlich düster, es schneit. Wir wechseln in Tantes Schlafzimmer über. Auf dem Nachttisch leuchtet, wie in der Kindheit, die Streichholzschachtel, in der Ecke brennt das Ewige Licht. Großvaters dunkle Gestalt mit der Zigarre in der Hand blickt auf uns herab: wie vor zehn Jahren. Später zieht Tante Großvaters Schrankuhr auf, es erklingt ein Walzer von Strauß. Ich habe überhaupt keine Lust, an der Riviera oder sonstwo zu sterben, ich möchte kreisen, immer nur kreisen, durch die Schwermut der Musik *meine* Schwermut besiegen . . .
Schade, daß Marina nicht hier ist!
Butterwochen–Treiben in Tarussa. Draußen ist ein wunderbarer Frühlingstag. Über die hügeligen, verschneiten Gassen, in blinkendem Frost und Tauwetter, jagen mit wiehernden Rossen und klingenden Schellen die Schlitten dahin. In den Schlitten, die einander überholen, sitzen lachende junge Menschen. O! Ich und die Michailow-Mädchen sind nicht vergessen! Serjosha Uspenskij fährt mit einem Zweispänner vor dem Haus vor, wo wir uns versammelt haben. Stolz darauf, daß wir gleich losrasen werden wie die Erwachsenen, lassen wir uns in den Schlitten fallen: Olja und Schurotschka, noch irgendein kleines Mädchen, irgendein Junge und ich. Serjoshas Gesicht strahlt, aber er gibt sich Mühe, wie ein Erwachsener dreinzublicken. Seit dem Sommer ist er sehr gewachsen, die grauen Augen unter den dichten Brauen sind verlegen und zugleich verwegen. Er läßt den Pferden ihren Lauf,

wir jagen kühn die Straße entlang, schreien an den Schlaglöchern auf, schwenken auf die Brücke und auf die weißen Gespenster der riesengroßen Weiden über dem Fluß zu. Die Schellen lassen ihr silbriges Scheppern ertönen, Moskau und die gestrige Schwermut sind nur noch ein Traum!

Jedoch an der Wegbiegung erschrecken die Pferde vor irgend etwas, Serjosha wird ihrer nicht mehr Herr. Bevor wir begriffen haben, was geschehen ist, gehen die Pferde durch. Sie rasten dahin, ohne sich um die Straße zu kümmern, der Schlitten wurde wild hin- und hergeworfen, die Leute riefen uns erschreckt nach, Serjosha hielt die Zügel, so gut er konnte. Wir Mädchen waren uns der Gefahr bewußt, wir saßen stumm da, ineinander verkrallt, fürchtend, durch einen Schrei unsere Angst zu mehren. Aber Serjosha meisterte die Gefahr. Mit fast übermenschlicher Anstrengung lenkte er die Pferde auf die bergauf verlaufende Straße, schwer atmend hielten sie schließlich vor irgendeinem Tor. Leute rannten auf uns zu. Vor Herzklopfen taub, sprangen wir aus dem Schlitten.

Marina kam nicht zu uns nach Tarussa, und ich war sehr besorgt um sie. Daß sie damals, als Andrej und ich nach Tarussa fuhren, auf den Bahnhof gekommen war, war seltsam und ungewohnt. Auch ihr Benehmen war anders als gewöhnlich: sanfter und schweigsamer. Marina unterdrückte etwas in sich. Ich bekam einen Hinweis darauf, daß die *Aiglon*-Aufführung mit Sarah Bernhardt mit irgendeinem Plan von Marina verknüpft war.

Wie freute ich mich da, als unerwartet und ohne Klingelzeichen, durch den Hintereingang, durch jenes warme Durchgangszimmer, wo es nach Petroleumkocher, Kaffee und Gebäck duftete, die dickvermummte Marina ins Zimmer trat!

„Munetschka!", rief Tante aus und streckte Marina ihre Arme entgegen, während sich das Dienstmädchen daran machte, Marina aus ihrer hochwinterlichen Vermummung zu wickeln, ihr das Tuch und die Pelzmütze vom Kopf zu nehmen. Da stieß Tante einen gellenden Schrei aus, kam ins Schwanken, verdrehte die Augen, ächzte und stöhnte und zeigte mit der Hand auf ihre Taille. Wir vermuteten, daß ihr schlecht sei und stürzten auf sie zu. Marina und das Dienstmädchen machten sich, ziemlich ungeschickt, an ihr zu schaffen. Aber ich begriff erst in dem Augenblick, was nun eigentlich los war, als Tjo die Worte: *Les che-*

veux! nicht ohne neuerliches Stöhnen aus sich herauspreßte. Ich hatte vergessen, Tante zu erzählen, daß Marina auf den Rat einer Freundin hin eine gewisse Flüssigkeit mit einem phantasievollen Namen zur Förderung des Haarwuchses verwandt hatte. Das Ergebnis war, daß sich ihre Haare im Handumdrehen gelb zu verfärben begannen. Die Flüssigkeit entpuppte sich als Wasserstoffsuperoxyd, die Haare waren bald von grell gelber Farbe! Von unten wuchs normal blondes Haar nach, auch das mußte eingerieben werden . . . Als Tante ihre Munetschka so entstellt sah, war sie im tiefsten Herzen getroffen. Ob sie wohl dachte, Munetschka habe ,,einen gefährlichen Pfad eingeschlagen"? Aber diesmal übertraf Tjos Pathetik den üblichen Rahmen. Sie ächzte noch einmal auf, wurde still und schloß die Augen . . . Einen Augenblick lang dachten wir entsetzt, Tante läge im Sterben! Wir standen da, uns blieb die Spucke weg. Das Dienstmädchen weinte: ,,Haben Sie vielleicht Salmiakgeist im Haus?", flüsterte Marina ihr zu. Tjo öffnete ein klein wenig die Augen, sagte: ,,La tante est morte", schloß die Augen wieder. Dann übersetzte sie den Satz in gebrochenes Russisch, damit auch das Dienstmädchen Bescheid wisse: ,,Deine Herrin sein gestorben, wegen großes Leid hier, hier!"(sie berührte mit dem Finger eine Stelle unterhalb des Halses, man sah dort aber nur Rüschen). Und vielleicht vom Wunsch getrieben, ein wenig Ordnung in die Temporalstrukturen hineinzubringen (denn das Dienstmädchen hatte verräterisch gegluckst), verbesserte sich Tjo, bereits wieder heiter gestimmt: ,,Nicht gestorben – werden sterben! Oh comme c'est affreux ce que tu as fait, pauvre enfant!" Vom Klang der eigenen Stimme und von ihrer Sensibilität gerührt, ließ Tjo auf den Grimm das wärmste Mitgefühl folgen. Jetzt gab es Tränen der Freude und Kaffee mit Sahne, Gebäck und Konfitüre und Strafandrohungen gegen Munetschkas Freundin . . . Und dann kamen die *Geschichten aus dem Wiener Wald* und viele, viele Erinnerungen und die große Gemütlichkeit . . . Und Marinas mir beiläufig zugemunkeltes ,,Die Sache ging schief . . ." Mehr hätte sie gewiß nicht gesagt, und ich fragte gar nicht erst. Ich war glücklich, daß sie da war! Erst vierunddreißig Jahre später, als Marina nicht mehr unter den Lebenden weilte, erfuhr ich aus einem Abschiedsbrief an mich aus dem Jahre 1909 Genaueres über jene Tage. In unserer Jugend hat sie nur soviel angedeutet, daß der Revolver Ladehemmungen gehabt habe. Im Theater, während der Aufführung des *Aiglon* von Rostand, den Sarah Bernhardt spielte.

In jenen Wochen und Monaten hub der dritte Teil von Marinas kommendem ersten Versband an (nach *Liebe: Nichts als Schatten*).

Die Wohnungsfrage wurde endlich entschieden. Das Angebot einer Direktorswohnung im Neuen Museum beantwortete Vater mit den Worten: aus dem Haus, in dem seine Kinder geboren wurden und er selber sein ganzes Leben verbracht habe, werde er nicht ausziehen. Er schlug vor, die Wohnung im Museum unter die beiden Kustoden Nasarewskij und Kiprijanow aufzuteilen.

6. KAPITEL

Eine Begegnung. Der Maler Levy und Maria Baschkirzewa

Alles Untergehende zog Marina noch stärker an als mich. Ich war in meinem Wesen sanfter, schloß mich leichter an Menschen an. Marina lebte damals nur mit Büchern.

Das Schicksal der Brüder Goncourt, das Schicksal Heines in seiner *Matratzengruft,* das Schicksal des tauben Beethoven, das Schicksal Puschkins und Lermontows. Das Schicksal der früh verstorbenen Malerin Maria Baschkirzewa. Jeder untergehende Bücherheld und jeder plötzlich Sterbende, von dem sie erfuhr, waren Marinas Zeit- und Weggenossen. Ich brachte ein wenig Sanftmut in ihr Leben. Ohne mich wäre Marina manches noch bitterer angekommen.

Der Frühling brach an. Die Eisbahn taute auf.

An einem solchen blauen Frühabend, umweht vom ersten Frühlingswind, gingen Marina und ich Arm in Arm den Arbat entlang. Plötzlich kam uns – in einem unerforschbar kurzen Augenblick – mit jäh verdoppelter Schnelligkeit Nielender entgegen! Kaum war das vertraute tiefe und bittere Lächeln aufgeblinkt, kaum war der lange Arm mit dem Hut zum Gruß emporgehoben – und schon waren wir wieder weit von ihm entfernt. Jeder enteilte in sein *Voran,* wir beiden in Richtung Smolenskij-Markt, er in Richtung unseres Hauses, woher wir gekommen waren. Marina eilte vorwärts, bleich und mit verrückten Brauen. Über diese Begegnung schrieb sie ein Gedicht.

Es war davon die Rede, daß wir ins Ausland fahren sollten. Vater hatte in Deutschland zu tun: in Angelegenheiten des Museums. Er wollte uns mitnehmen, damit wir die Sprache nicht vergäßen. Über seine deutschen Bekannten schrieb er an eine Familie in Dresden, wo er uns in einem Pensionat unterbringen wollte. Er selber sollte die Städte aufsuchen, von wo die von erstklassigen deutschen Meistern angefertigten Abgüsse nach Moskau abgehen würden. Zunächst gefiel uns der Gedanke an eine Auslandsreise nach fünf Jahren Rußland. Aber als wir in unserem Hof und in allen Höfen vieler Moskauer Gassen den russischen Frühling einsogen, da krampfte sich uns das Herz zusammen. Jetzt wären wir viel lieber nach Tarussa gefahren! Ausgerechnet in diesem Jahr 1910 würde es für uns kein Tarussa geben: keine Birken, keinen Holunder, keine Oka, keine Wiesen, keinen „alten Garten", nicht die Wälder hinter der „großen Straße" und nicht die Schlucht mit den Haselnußsträuchern . . . Wir werden Tante und Tantes Garten nicht besuchen . . . Und wer weiß, wie jene deutsche Familie sein würde? . . . Andrej sagt, es sei eine Pastorenfamilie (er lacht): „Der Herr Pastor wird euch protestantische Predigten halten, und die Frau Pastorin wird euch im Haushalt unterweisen! Das gibt einen schönen Sommer! Und ich werde derweil in Tarussa lustwandeln und auf die Jagd gehen und Boot fahren und bei Dobrotworskijs Beeren und Äpfel essen!"

Wir widersprechen zwar, aber im Grunde müssen wir Andrej beipflichten.

Marinas Schuljahr war zu Ende, auch meine Prüfungen waren abgelegt, die Abreise warf ihre Schatten voraus.

In jenem Frühling machten wir die Bekanntschaft des Malers Levy, der in Paris mit Maria Baschkirzewa gesprochen hatte. Wie erregte uns das! Wir fragten ihn nach Strich und Faden aus und lauschten seinen Erzählungen. Heute erinnere ich mich (abgesehen von einer wahrscheinlich ironischen Erwähnung ihres mißglückten Briefwechsels mit Guy de Maupassant) nur mehr an folgendes: „Maria Baschkirzewa litt zweifellos an Klanghalluzinationen. Ich entsinne mich des folgenden Vorfalls: Wir saßen und unterhielten uns. Plötzlich verlor Maria den Gesprächsfaden und horchte. Sie bestand darauf, daß die Türglocke geklingelt habe. Wir hatten Mühe, sie vom Gegenteil zu überzeugen. So etwas passierte wiederholt. Sie schlief auf einem sehr schmalen eisernen Bettgestell in ihrem Atelier. Sie konnte Griechisch, las Platon im Original. Sie war sehr schön."

Levy, ein bereits älterer, eher fülliger als schlanker, blonder und spitzbärtiger Mann wurde uns fast teuer, denn er reflektierte den Glanz der von ihm gesehenen Baschkirzewa. Uns war, als hätten wir sie mit unserer eigenen Hand berührt. Zu Hause fanden wir nicht gleich in unser Leben zurück.

Sagte ich schon, daß Marina in Briefwechsel mit Marias Mutter trat, daß die Mutter ihr einige Fotos der Tochter schickte? Durch sie erfuhr Marina, daß Maria viele Tagebücher hinterlassen hatte, die aber erst zehn Jahre nach dem Tod der Mutter veröffentlicht werden sollten. Seit jenem Briefwechsel ist mehr als ein halbes Jahrhundert vergangen, aber von diesen Tagebüchern hat man niemals etwas gehört. Sollten sie im Feuer des Krieges vernichtet worden sein? Das wäre unendlich schade . . .

7. KAPITEL

Der Sommer des Jahres 1910. Dresden.
Die Sixtinische Madonna. Die Pastorenfamilie.
Der Sieg des Ministers Schwarz

Dresden: dichte Baumkronen, die helle Elbe zwischen steinernen Ufern, der Sonnenglast und, wie immer unterwegs in fremden Städten, die große Müdigkeit. Die Geschäfte reizten uns
nicht, wir kauften das Notwendige rasch ein und labten uns dann
am kühlen Schatten der Bäume auf dem Weg zu den grauen Mu-
seumsgebäuden. In Museen fühlten wir uns fast zu Hause. Jedes
Museum befand sich ein klein wenig in Vaters Besitz.
Ich erinnere mich vor allem an jenes kleine Zimmer abseits der
Säle: hoch und still wie ein Brunnen. In diesem Zimmer wird nur
geflüstert, man geht auf Zehenspitzen. Vater, Marina und ich
stehen da und schauen: Über Wolken geht, wie über die Erde,
ein junges Mädchen auf uns zu. Sie ist von nicht wiederzugeben-
der Schlichtheit und Unschuld. Ihre Haare berührt der Wind,
die braunen Augen blicken uns an, die Lippen atmen. Auf den
Armen trägt sie ein ihr ganz unähnliches, großstirniges, stämmi-
ges Kind. Sein kindliches und zugleich unkindliches Gesicht ist
von unbeschreiblicher Tiefe und Innigkeit erfüllt. Die Sixtinische Madonna!
Weißer Hirsch. Ein hügeliger Ort bei Dresden. In diesem Städtchen ist so viel Grün, daß man nur lauter Gärten an den Hängen
sieht. Darin ertrinken die Dächer der Villen aller nur möglichen
Stile, darin schlängelt sich die Drahtseilbahn. Das Haus von Pastor Bachmann, wo wir wohnen werden, liegt oben auf dem
Berg, in Lochwitz. Eine schmale Straße führt bergab, an dieser
Straße steht das Bachmannsche Haus.
Das Haus ist aus dunklem Holz gebaut. Es läuft oben spitz zu,
um den ersten Stock geht ein breiter Balkon herum. Es ähnelt einem Schweizer Chalet oder einem Schwarzwaldhaus, vor sieben
und sechs Jahren haben wir in solchen Häusern mit Mutter ge-

wohnt. Vor dem Haus ist ein sehr kleiner Garten. Man zeigt uns unsere beiden Zimmer. Das eine, ein Durchgangszimmer, ist klein und geht mit dem einzigen Fenster auf das bergauf steigende Grün der Villengärten hinaus. Dahinter kommt ein größeres Zimmer mit zwei Fenstern. Vorzüglich! Wir teilen auf, ohne Streit. Das große Zimmer wird Marina bewohnen, das kleine Durchgangszimmer fällt mir zu. Ans Fenster werde ich einen Tisch stellen. Dort werde ich Tagebuch führen. Marina stellt ihren Schreibtisch in der Tiefe des anderen Zimmers auf. Nach dem Mittagessen werden wir in die Stadt gehen, anschließend ins Schwimmbad. Es ist unsäglich heiß.

Frau Bachmann, eine hochgewachsene, stets beschäftigte, ernste, aber sanfte Frau, versuchte es so einzurichten, daß wir es bei ihr gemütlich hätten. Wir kamen gut mit ihr aus, besser sogar als mit ihren halbwüchsigen Kindern Sophie und Gerhardt. Das waren große Kinder. Fröhliche, schüchterne, unschuldige Kinder – wir selbst waren in unserer Kindheit nicht so. Sie waren sehr hochgewachsen: richtige Riesenbabys. Die dunkeläugige Sophie trug zwei Zöpfe, ging gebeugt und genierte sich immer. Der um ein Jahr ältere Gerhardt, noch größer als seine Schwester, hatte helles Haar und helle Augen, war auf Kinderart mürrisch und sehr scheu. Beide standen voll und ganz unter der Fuchtel der Mutter. Im Umgang mit uns waren sie unkompliziert, freundlich und natürlich. Sie waren Logiergäste gewöhnt, wir waren nicht die ersten fremden Kinder in ihrem Haus.

Jedoch die bemerkenswerteste Person in der Pastorenfamilie war der Pastor selber.

Pastor Bachmann predigte nicht. Nachlässig gekleidet, was bei den Deutschen so selten vorkommt, genau so nachlässig gekämmt (er hatte einen rotblonden Bart), wanderte er durchs Haus, ohne irgend jemanden zu beachten. Er tat nur eines: Er spielte Klavier. Er war Komponist, er schrieb Symphonien. Die Klänge, die freigiebig und laut seinen Händen entströmten, hatten nichts symphonisches an sich, doch vermischten sich in ihnen die verschiedensten Melodien. Die Frau Pastorin vermied es anfangs, von der Tätigkeit ihres Mannes zu sprechen. Später entnahmen wir einigen Andeutungen, daß man den Herrn Pastor für krank halte und daß er schwer unter dem Unverständnis der Menschen für seine musikalischen Werke leide. ,,Er ist ein sehr

guter Mensch", fügte sie hinzu, „nur ein wenig nervös . . ."
Dabei seufzte sie leise auf. Wir verstanden, daß es in ihrem Leben
eine Tragödie gab. Fortan waren wir noch freundlicher zu ihr.
Dem Pastor gingen wir ein wenig aus dem Weg, da wir nicht
wußten, wie man mit ihm reden mußte. Aber seine Krankheit
erweckte Achtung und Mitgefühl. Wir bewunderten ihn sogar
ein wenig wegen seines Außenseitertums in dieser Welt der Ge-
setzlichkeit, Ordnung und Langeweile. Irgend etwas Vertrautes
wehte uns da an . . .
Wir waren nicht die einzigen Kostgänger der Bachmanns. Außer
uns wohnten bei ihnen noch zwei halbwüchsige Burschen: der
fünfzehnjährige Christian und der siebzehnjährige Helmut. Der
erste war rechtschaffen uninteressant – desto eigenwilliger war
Helmut (auch sein Name paßte gut zu ihm). Er war der einzige
Sohn eines reichen und strengen Vaters und genau wie wir ohne
Mutter aufgewachsen.
Helmut lag uns sehr, wir freundeten uns rasch an. Er war klug,
wohlerzogen, hatte viel gelesen. Er war schlank und nicht sehr
groß. In allem, was er tat, spürte man Willensstärke.
Vaters Wunsch ging in Erfüllung: Von Tag zu Tag wurde unser
umgangsdeutscher Wortschatz, der seit Mutters Zeiten, genau
wie der französische, stark geschrumpft war, immer größer. An
den Tischgesprächen beteiligte sich auch Christian, ein echter
junger Deutscher vom kleinbürgerlichen Typ.
Während Marina und ich friedlich im Hause der Bachmanns lebten, brachte der *Moskauer Anzeiger* die Mitteilung, in Anbetracht der Entbindung von I. W. Zwetajew von seinen Pflichten
als Direktor des Rumjanzewskij-Museums habe das Ministe-
rium für Volksbildung geeignete Maßnahmen getroffen bezüglich der Übergabe des Fundus und der laufenden Geschäfte an
Kustos soundso.
Wie mag Vater zumute gewesen sein, als ihm das Rumjanzews-
kij-Museum, zu dessen Nutz und Frommen er so viele Jahre redlich gearbeitet hatte, in so ungerechter Weise durch einen einzigen Federstrich weggenommen wurde! Im Kampf des unehrli-
chen Ministers mit dem ehrlichen Professor hatte der Mächtigere
gesiegt.
Marina und ich erfuhren das alles erst später: als wir Vater wie-
dersahen.

8. KAPITEL

Die Märchenerzählerin

Ein Stück weiter oben auf unserem grünen Berg lebte der Bildhauer Brodauf, ein Bekannter von Bachmanns. Manchmal kam
er zu uns oder wir besuchten ihn mit Frau Pastor in seinem Haus.
Sein grauer Kopf war noch jung, die dunklen Augen blickten
durchdringend, die Schultern waren stämmig. Wenn er ins
Zimmer trat, spürte man beim ersten Wort, daß er ein ungewöhnlicher Mensch war, gebildet, klug, beredsam, vielseitig.
Bachmanns und Brodauf waren alte Freunde. Uns zwei, besonders Marina, blickte er mit Wohlgefallen an, er erkundigte sich
nach Marinas Verstalent und bedauerte, kein Russisch zu können. Seine Besuche verschönten das gemessene Leben des Pasto-
renhauses.
Eines Tages erhielten wir eine Einladung zu einem literarisch-
musikalischen Abend bei Familie Sch-r. Die Frau Pastorin und
wir beide gingen miteinander hin. Wir kamen in eine reiche Villa,
im Vergleich zu der unser Haus wie eine Hütte wirkte. Jedoch in
den geräumigen, hellen Zimmern mit den leuchtenden Parkett-
böden war es öde und steif. Die Möbel standen an den Wänden
entlang. Der Hausherr, ein älterer Herr mit Glatze und Kneifer,
empfing uns freundlich. Viele Gäste waren versammelt, die
mondäne Atmosphäre langweilte uns sofort, wir bedauerten
schon, hergekommen zu sein, statt, zwischen grünen Gärten
hindurch, in das Haus von Herrn Brodauf. Doch eine halbe
Stunde später schlug unsere Stimmung um. Eine alte Frau von
zauberischem Aussehen betrat das Haus: eine Märchenerzählerin.
Es war ein sehr „distinguierter" und sehr gewöhnlicher Abend.
Damen sangen der Reihe nach, mit geöffnetem Mund, die Hände
mit der Notenröhre gegen die Brust gepreßt. Edelsteine funkel-

ten, Rosen verströmten ihren Wohlgeruch. Ein Geiger machte sich anheischig, Paganini nachzueifern. Die Klänge des Flügels ließen Mutter in unserer Erinnerung auferstehen. Am besten war das Cello, das mit tiefer, langsamer Stimme von irgendeinem Abschied sang. In der Pause gab es Tee in ungewöhnlich schönen Tassen (sächsisches Porzellan?), auf einer Platte lagen belegte Brötchen. Konfitüre wurde gleich in zwei kleinen Schalen gereicht, wobei man die Gäste darauf aufmerksam machte, daß es sich um zwei verschiedene Sorten handele. Es gab noch zwei vergoldete Teller mit Gebäck. Die ungemeine Reichlichkeit der Bewirtung wurde im Gespräch allenthalben gelobt. Ich warf Marina, meine Zunge am Tee verbrühend, aus den Augenwinkeln einen Blick zu. Als nach einigen prätentiös und sentimental vorgelesenen Gedichten die Märchenerzählerin an der Reihe war, lebten wir auf. Alle wendeten sich der alten Frau zu, die nicht gar so alt, aber sehr dürr war. Das schwarze Feuer der Augen unter den dichten Brauen, die feingeschnittene Nase, die eingefallenen Wangen. Sie trug ein schwarzes Kleid, das altertümlich und alt war. Man rückte ihren Sessel zurecht, das Publikum bildete einen Kreis um sie. Mit leiser, ein wenig dumpfer Stimme begann sie zu erzählen. Die Stimme wuchs, wurde fester, der Blick streifte über uns hinweg. Die Fabel, die begonnen hatte, wie alle naiven Märchen anfangen, verwickelte und verschlang sich, das Benehmen der Märchenpersonen erhielt eine Wendung ins Unheilschwangere. Ich und natürlich Marina hätten gern erfahren, ob diese Frau das Erzählte selbst erfunden hatte. War es *ihr* Märchen? Oder ein fremdes? Beides erschien unglaubhaft.
Wie litten wir, als nach dem plötzlichen Ende höflicher Applaus ertönte! Eifersüchtig blickten wir die alte Zauberin an, die sich mit einem Tuch über das Gesicht wischte, betrachteten ihre hagere, gelbe Hand, die die Tasse mit dem kalt gewordenen Tee an den Mund führte. Die alte Frau nickte der Nachbarin zu, lächelte, ruhte sich vor dem Beginn des nächsten Märchens aus. (Ausruhen! Das war uns Jungen unbegreiflich. Wie konnte man sich nur von *so etwas* ausruhen? Dies Märchen war doch *selbst* Entspannung!) Schon wieder ein Rätsel . . . Reichtum und Armut, Alter und Jugend, Schönheit und Häßlichkeit: Genau davon war in mannigfacher Verquickung in den Märchen die Rede. Und gerade das begriff doch niemand in diesem Salon außer uns! Hier

hob die Eifersucht an. Wir spürten, daß die Märchenerzählerin zu uns gehörte, für uns hatte sie gesprochen, das war uns klar . . . Dabei wußte sie gar nichts von uns – und würde auch nichts erfahren. Sie würde aufstehen und fortgehen, die Gastgeber würden sie an die Tür begleiten. Vielleicht würden sie sie bezahlen – für das Märchen. Sie lebt doch wohl davon? Und sie hätte uns liebgewinnen, vielleicht verstehen können! Und wir hätten sie geliebt . . . Ein Märchen folgte dem anderen. Wie glänzten die alten Augen auf dem jung gewordenen, wunderbaren Gesicht! Endlich verstummte sie, ermattet. Man dankte ihr, während sie sich, noch immer leuchtend, bereits von uns entfernte. Gleich würde ihr körperliches Altsein anbrechen, das während des Erzählens ausgesetzt hatte.

Der graue Kopf, die altmodische, aber nachlässige Frisur. Die hageren Schultern und Hände, das alte schwarze Kleid, unlängst noch, während sie sprach, fast eine Königsrobe . . . Und ihr Weggehen, die Müdigkeit der Gliedmaßen, der Stimme, das Versinken in den Schlaf . . . Wie könnte man dich vergessen, Märchenerzählerin?

9. KAPITEL

Unsere Abreise. Zu Fuß durch die Sächsische Schweiz. Magdeburg. Wittenberg

Helmuts Abreise nahte heran, sein Vater sollte ihn abholen. Helmut hatte sich den unbekannten Klang von Marinas russischen Versen oft angehört, er hatte in den Klang hineingelauscht und den Rhythmus erfaßt. Ihm war klargeworden, daß ihn das Leben mit einem richtigen Dichter zusammengeführt hatte. In den Gesprächen mit Marina spürte er ihre Eigenwilligkeit und ihr Talent. Es tat ihm leid, daß dieser Umgang bald ein Ende nehmen würde.

Die Kutsche war bereits vorgefahren. Wir alle, auch Sophie und Gerhardt, standen draußen auf der Straße. Wie jedesmal bei der Abreise eines Logiergastes entsinnt sich Sophie jener, die früher bei ihnen gewohnt haben: Heute fallen ihr die Schwedenkinder Karlous und Dagmar ein. In einem oder in fünf Jahren wird sie sich genauso an uns erinnern, denn bis dahin sind auch wir für sie zu einem Traum geworden: „Marina, die ältere, und die jüngere: eigentlich hieß sie Anastassja, aber man nannte sie Assja: die Russenkinder." Auch unsere Abreise rückte näher. Wir warteten auf Vater. Die Tage vor dem Packen waren heiß. Alles möchte man mit verdoppelter Kraft tun, für nichts reicht die Zeit mehr aus. Man möchte Brief und Tagebuch zu Ende schreiben, jenes Buch fertiglesen, sich im Schwimmbad sattbaden und sattschwimmen! Immerhin reicht es noch zu einem Waldspaziergang mit Frau Bachmann, und die Freundschaft mit Sophie wird fester (selbst Gerhardt scheint seine Scheu vor uns zu verlieren). Der Herr Pastor unterhielt sich gestern mit Marina über Musik. (In letzter Zeit sitzt er fast nur noch am Flügel, die Symphonie nimmt greifbare Formen an . . .)

Von Vater kam ein Brief, der sein Kommen ankündigte.

Und da kommt schon der Bildhauer Brodauf, um sich von uns zu verabschieden . . .

Denn auch mit Familie Brodauf hatten wir uns gegen Ende des Sommers enger angefreundet. Das kleine Haus auf dem Steilhang mit dem dichten Garten mutete uns schon fast heimatlich an.

Nach der Ankunft in Dresden unternahmen wir zu dritt, Vater, Marina und ich, eine Fußwanderung durch die Sächsische Schweiz. Das Auge findet nicht Zeit zum Schauen, die Brust nicht Zeit zum Atmen. Die Berge sind so steil wie in Tirol. Die Schärfe der Schatten, das grüne Gold der von der Sonne beleuchteten Wiesen, das Glitzern der Wasserfälle, die sich in der Tiefe der Wälder verlierenden Pfade. Die Bergbäche. Wie erschöpft ich bin! Die beiden anderen schreiten noch munter aus. Aber vorn ist ein Dorf, dort werden wir rasten. Die Hirten verständigen sich durch Rufe, die wie Gesang klingen.

Wie kam es, daß ich nach Magdeburg und Wittenberg allein mit Vater fuhr? Warum fuhr Marina nicht mit? Vielleicht hatte Andrej (in Moskau begann schon das neue Schuljahr) sie bereits abgeholt?

Ich war noch nicht völlig erwachsen und begriff nicht wirklich, was die ,,Entbindung von den dienstlichen Pfichten", diese ungeheuerliche, ungerechte Maßnahme, für Vater bedeutete. Ich freute mich, daß er eines Teils seiner Arbeitsbürde ledig geworden war.

,,Jetzt wirst du nicht immer so müde sein, Papa! Und bald wird dein Museum eröffnet!"

Magdeburg – von oben. Am Morgen sind die Schatten in den gerade erst vom Schlaf erwachten Straßen lang. Ziegeldächer, fast rosarot. Das Grün der Baumkronen, zwischen schrägen Schatten und rotbraunen Lichtflecken. Mansardenfenster – und Tauben. Ich sehe das von oben, aus dem Fenster eines kleinen, gemütlichen Gasthofs, in dem wir mit Vater eben erst abgestiegen sind.

Es ist frisch und über alle Maßen sonnig. Mit neugieriger Seele lebe ich mich hier ein: in der unbekannten Stadt, in einem Zauberreich von Licht und Schatten, zwischen Gärten, Fenstern, Stimmen, die ich bisher nicht gekannt habe . . .

Magdeburg. Eine *Wirtsstube:* fast wie im Schwarzwald, wie auf den Bildern der alten Niederländer. Die dicken Butzenscheiben der geöffneten Fenster. Auf dem Tisch auf buntem Tischtuch:

336

unser Frühstück, ein sonnenbeschienenes Stilleben. Hohe, alte, geschnitzte Stühle. Am Nachbartisch: Bierkrüge, die hundert Jahre alt sind.

Magdeburg – von unten. Gestaffelte Dächer wie in alten Märchenbüchern. Das hohe Rathaus, die spitzen Domtürme. Plätze mit Brunnen. Spielende Kinder in engen, sonnigen Höfen. Schwärme von Tauben am Himmel. Menschen wie aus Märchen von Grimm und Hoffmann. Schönheit in Einfalt. Und die Säle des Museums . . .

Wittenberg! Als wäre ich hier geboren, würde schon lange hier leben: So vertraut sind, von Freiburg her, die engen Gassen, diese Torbögen und der Knauf des Domturms. O ja, das ist die Kindheit, das ist Lausanne . . .

Wir stehen vor dem offenen Portal der Schloßkirche. Auf den bronzenen Torflügeln lesen wir Luthers Thesen. In Wittenberg ist er beinahe Zar, alles dreht sich um ihn.

. . . Jetzt, da ich schon beinahe ein Jahrzehnt älter bin als Vater damals, stöbere ich in seinem Archiv und kann mich der tiefen Bewunderung nicht enthalten. Mit welcher Standfestigkeit ertrug er seine ,,Entbindung von den dienstlichen Pflichten''! Er meisterte das Gefühl der Trauer und Empörung und unterbrach nicht einen Augenblick lang seine Arbeit an der Konzeption des Neuen Museums. Der Schicksalsschlag ließ ihn nicht am Nutzen seiner Arbeit zweifeln und machte ihn nicht verbittert. Der Sache ergeben, sich selber vergessend, wirkte er weiter, Tag um Tag, wie eine Biene, die den Honig einsam sammelt. Seine letzten Kräfte gehörten seinem Werk.

Um die Mitte des Sommers, nach Erhalt des empörend ungerechten Entlassungsschreibens, unterzog er sich der beleidigenden Prozedur der Übergabe der laufenden Geschäfte und des Inventars des Rumjanzewskij-Museums an seine Stellvertreter (einer dieser letzteren war der Denunziant). Im Juli unternahm er eine wissenschaftliche Studienreise ins Ausland zwecks Vervollständigung der Exponate des Neuen Museums. Unermüdlich und begeistert arbeitete er in den Museen von Berlin und Dresden, zog sich dann in ein entlegenes Dorf in der Sächsischen Schweiz zurück und arbeitete dort an seinem Rechtfertigungsschreiben, in dem er die verleumderische Revision widerlegte. Er fand auch die Kraft, uns am Weißen Hirschen abzuholen und auf eine mehrtägige Fußwanderung über die bergigen Straßen der Sächsischen Schweiz mitzunehmen, damit auch wir an der Natur dieser malerischen Gegend unsere Freude hätten. Mich nahm er dann noch in zwei Städte mit, wohin ihn die Reise in Sachen Museum führte: nach Magdeburg und Wittenberg.

In diesem Herbst wurde Marina achtzehn, ich wurde sechzehn.

ZEHNTER TEIL

Jugend. Moskau.
Krim. Moskau

1. KAPITEL

Heimkehr. Gemeinsamer Schulbesuch mit
Marina im Gymnasium von Frau Brjuchonenko.
Lehrer und Freundinnen

Die blauen Kaftane der Kutscher, das Donnern der Räder auf
dem Kopfsteinpflaster, das Wiedersehen mit jenem, dann mit jenem Haus, das Nichtversiegen der alljährlichen Freude, wieder
nach Moskau hineinzufahren! Ein letztes Einbiegen der Droschke: Wir sind in der Dreiteich-Gasse. In das Leuchten der Augen
schwimmt das braungestrichene Haus Nummer Acht hinein:
hölzern und wohlvertraut. Unser Haus mit der Silberpappel, die
sich als runder, aschfarbener Laubregen, zeltartig gewölbt, über
die halbe Gasse ergießt.
Und im späten Fenster: das Rascheln der Blätter des schlaflosen
Heftes, das Rascheln der Reime, die sich nachts über dem Tisch
der achtzehnjährigen Marina, unter dem Napoleonbild bele-
ben . . .
Das alte Haus empfing uns wie stets mit dem gleichen Geruch
nach Staub, Mottenkugeln und sommerlicher Abgeschlossen-
heit, mit dem Knarren der hinteren Haustür (ihren klagenden
Laut würde ich noch im Jenseits wiedererkennen), mit dem
Klopfen der Fensterläden, das die Zimmer nach langem
Schlummer zu neuem Leben weckte, mit dem Poltern der ins
Haus hineingetragenen Gepäckstücke, mit Klingelzeichen und
Stimmen, endlich mit dem singenden Murmeln des Samowars,
der weiterhin die Messingplatte des Samowartischchens beherrscht.
Die gerade erst beendete Reise macht das Gespräch lebhafter und
inniger als sonst, die menschlichen Beziehungen sind noch nicht
wieder eingefahren, sie haben noch den Anflug des zigeunerhaf-
ten, sind noch von der Wehmut der Abschiede, der Freude der
Begegnungen, noch von der Weite der Wege geprägt. Morgen
wird alles wieder seinen gewohnten Platz gefunden haben, die

vergessenen Neigungen werden sich wieder einstellen. In den oberen Räumen wird das silberne Raunen der Mandoline wieder in seine Rechte treten und das Stammeln der um einen Reim ringenden, sich gegen den Rhythmus sperrenden Verszeile, und über ein gewisses Tagebuch wird wieder die Feder eilen.

Vater geht nach dem Abendessen in sein Arbeitszimmer und singt dazu die von Kindheit an vertraute und dennoch so undeutliche, nur ihm selbst gehorchende, bruchstückhafte Melodie. Niemand von uns könnte sie nachsummen, aber wir alle erkennen sie wieder . . . Es ist die unbewußte Wiederholung einer vor Jahrzehnten verstummten Vokaletüde seiner ersten Frau: ein Klangschnörkel, der gleich wieder in der Stille erstirbt. Heftiges Mitleid mit Vater erfaßt uns, ein scheues Mitleiden, das sich nicht ausdrücken läßt.

Marina besuchte das Gymnasium von Frau Brjuchonenko in der kleinen Bronnana, im Herbst trat auch ich dort ein. Gleich vom ersten Tag an trafen wir uns in den Pausen und schlenderten zu zweit umher. Daß zwei Schwestern, eine ältere und eine jüngere, ihre Klassen vernachlässigten und Tag um Tag miteinander verbrachten: Das hatte es noch nicht gegeben. Beide waren wir bebrillt und blond, Marina mit an den Schläfen hochgekämmten Haaren, nach Art der Erwachsenen, stämmig, höher als mittelgroß, ich kleiner und dünner, mit schulterlangem, welligem Haar, beide aber Rößlein der gleichen Rasse, mit dem gleichen Lächeln, den gleichen Augen, der gleichen Stimme. Durch diese Ähnlichkeit und durch den Starrsinn des Zusammenhaltens lenkten wir die Aufmerksamkeit des Gymnasiums auf uns.

Die Direktorin Maria Gustavowna Brjuchonenko, eine große, beleibte, gutmütige, nicht mehr junge Dame, bildete einen schroffen Gegensatz zu ihrem jüngeren Gatten, dem rothaarigen und rotbärtigen (der Bart war ziemlich schmal) Alexander Nikolajewitsch. Er war von fröhlichem Gemüt und ein begeisterter Verfechter seiner naturwissenschaftlichen Fächer. Ihm konnte nicht entgehen, daß mich diese Fächer absolut kaltließen, doch er nahm das von der heiteren Seite. Eines Tages, als er bemerkte, daß ich mich während seiner Stunde in ein ganz offensichtlich nicht in sein Fach fallendes Buch versenkt hatte, wandte sich Alexander Nikolajewitsch nach mir um und sprach: ,,Natürlich werden Fräulein Zwetajewa (wir wurden wirklich so angeredet!)

meine Worte prosaisch erscheinen, besonders da sie von den Sternen handeln, ich erlaube mir aber trotzdem zu sagen, daß die Sterne beim Fallen genauso über die Luft streichen wie ein Zündholz über die Zündholzschachtel!"

In der russischen Sprache unterwies uns Jurij Alexejewitsch Wesselowskij, ein Sohn „jenes berühmten Wesselowskij". Er besaß die Gabe der Beredsamkeit, verfehlte aber ein wenig den unserem Alter gegenüber angemessenen Ton, war mit uns fast noch Kindern etwas zu ehrerbietig und zu umständlich.

Als dritte Lehrperson blieb der Mathematiker in meinem Gedächtnis haften: Wladimir Wassiljewitsch Golubew. Jung, bartlos, schnurrbartlos, sehr lang, sehr dünn, in einen schmalen Gehrock gezwängt. Er war sehr bleich, die dunklen Augen unter der Brille hätte man schön nennen können, hätte nicht, so erschien es uns, die Bosheit in ihnen gesessen. Er war erbarmungslos und strotzte vor Ironie. Und war überaus höflich. Die einen konnten gerade noch dem Höhenflug seiner brillanten Logik folgen, die anderen und bescheideneren ließen sich auf diesen gefährlichen Weg gar nicht erst ein. In die qualvolle Stille der Klasse fiel der Klang seiner Stimme. Sie war von Wehmut und Müdigkeit durchdrungen, denn er war einsam unter uns.

Jene Teilnahmslosigkeit, mit der ich nach mehreren Jahren Privatunterricht in diese höhere Klasse eines Gymnasiums eintrat, hinderte mich daran, mir die Gesichter der Mehrzahl meiner neuen Schulfreundinnen deutlich einzuprägen, während meine Mitschülerinnen aus dem Gymnasium von Frau Potozkaja auch heute noch in meinem Gedächtnis leben. Aber ich erinnere mich noch an Nina Murso und Tanja Turgenewa. Nina, bar jeder Pose, offen und humorbegabt, besaß nur die Fröhlichkeit und Klarheit der Jugend – nicht ihre Verworrenheit. Mir gefiel das sehr. Das Böse hatte keine Anziehungskraft auf sie. Jede überflüssige Komplizierung des Lebens war ihr fremd. Stets war sie hilfsbereit, und sie erwies die Hilfe schlicht und charmant. Nina baute eine Brücke der Annäherung zwischen mir und meinem Bruder Andrej. Mit ihrem Eintritt begann in unserem Haus eine neue Ära. Indem Andrej die Bekanntschaft meiner Freundinnen machte, blickte er auch mich als ein schon fast erwachsenes Mädchen an. Nina war schön, sie war reizend. Das längliche Oval ihres ziemlich dunklen Gesichts, die dunklen Augen mit den schweren Lidern, die Bögen der schwarzen Brauen, der gerade Scheitel in den dunklen Haaren muteten orientalisch an. Die wie aus einer Illustration zu einem östlichen Märchenband herausgetretene Nina mit ihrer leichten Verlegenheit im fremden Haus gefiel Andrej, so scheint es mir, über die Maßen. Als sie sich an den Flügel setzte, als sie zu singen begann und der Klang ihrer metallisch reinen Stimme den Saal und das Haus füllte, da ging Andrej nicht fort – er lauschte und lobte und war verlegen. *Es steht ein wunderbares Schloß* sang Nina bei ihrem ersten Besuch (sie wurde später Sängerin).

In meiner Klasse war die jüngste der drei Turgenew-Schwestern (während Marina sich für die mittlere der Schwestern namens Assja interessierte, der sie in einem literarischen Zirkel begegnet war). Sie hieß Tanja. Das war ein sechzehnjähriges Mädchen mit porzellanfeinem Gesicht, das von reichem, goldblondem Haar eingerahmt war. Tanja lachte oft. Ich bewunderte sie, aber in mein Herz fand sie keinen Eingang. Sie hatte etwas Pastorales, in ihr weste, was mir seit Mutters Tod völlig abging: das Glück. Wir begegneten uns bloß obenhin, ein Gespräch kam nicht zustande, ich hatte den Eindruck, daß ich ihr mißfiel, daß sie die innerste Glut meines Lebens mit sorgloser Geste wegschöbe. Was Marina betraf: Wenn jemand in ihr Herz aufgenommen wurde, umgab sie ihn mit dem Gewölk seiner ihm von ihr unterstellten Tugenden und erlaubte niemandem, an diesen jetzt ihr gehörenden Menschen, ja nicht einmal an die Wolken ihrer Verehrung für ihn zu rühren. Das war *Amour bleu!* Wie viele Menschen hat sie in ihrer Jugend dergestalt umwölkt!

Nichts als Schatten nannte sie ein Kapitel ihres ersten Gedichtbandes. Schatten umgaben sie von Kindheit an. Durch Schatten hindurch traten zwei Weggefährten auf uns zu, die das Schicksal in unser Haus geführt hatte: Ellis und Nielender. Dann wurden auch sie zu Schatten. Von Schatten begleitet wanderte sie an den Abenden durch den Saal. Als Marina Assja Turgenewa begegnete, wollte sie sich von diesem Bild nicht mehr trennen. Assja war wirklich höchst attraktiv.

Eines Abends, von der Eisbahn heimgekehrt, erfaßte ich, noch bevor ich Stimmen hörte oder die Luft schnupperte (wie an jenem Abend, als ich zum erstenmal Nielender bei uns sah), daß jemand Fremdes in unser Haus gekommen war. Es duftete nach unbekannten Zigaretten (an Marinas Marke hatte ich mich gewöhnt). Ich trat in den Saal und sah einen winzigen Lichtpunkt. Er flammte auf und verlosch: wie ein goldener Leuchtkäfer. Wellen von Zigarettenrauch kamen auf mich zu. Ich vernahm ein – sehr knappes – Gespräch. In Marinas Erinnerungen ist es beschrieben.

Aus dem Halbdunkel des Saales, im schrägen Lichtstrahl, der aus dem Eßzimmer fiel, streckte sich mir eine kühle, schlanke, leichte Hand entgegen und drückte gleichgültig die meine. Und ich sah, an der Schwelle jenes Lichtstrahls, die Blässe des Gesichts, den Kranz der Locken und helle, blaue Augen. Wie ihre Schwester schien sie aus einem englischen Stich getreten, aber reifer, schärfer umrissen, kühler, herrischer. Doch welche Faszination! Ich spürte sie gleich, nicht mit meinem Wesen, sondern mit dem, was man Geschmack nennt. Ich ging, entzog mich, ich wollte nicht stören. Ich wußte, wieviel Marina jeder Augenblick mit diesem kühlen Gast bedeutete. (Wie viele Kräfte hatte sie aufgeboten, damit diese Vision in unser Haus kam!)

Mit geheimem Wissen wußte ich, daß in den Beziehungen zwischen Marina und Assja Turgenewa Marina die leidende, Assja die unterschätzende Person war. Sie gab sich hochmütig, ließ sich anhimmeln. Marinas Rolle war mir nicht angenehm.

. . . Das Neue Museum nahm jetzt bereits sämtliche Kräfte von Vater in Anspruch. Doch dieser Dienst wurde ohne Entgelt geleistet. Nach der Entlassung von seinem Hauptposten stand Vater, der nun schon fast ein alter Mann war, keine Pension zu . . . So mußte sich Vater sein Geld mit Universitäts–Vorlesungen verdienen. ,,Ich bin finanziell am Ende", schrieb Vater an irgendwen. Es folgte ein langer Rapport über die Angelegenheiten des Neuen Museums, unseres ,,riesengroßen jüngeren Bruders", wie wir es nannten. Von Tag zu Tag alterte Vater mehr. Doch die Arbeit für das Museum nahm noch zu.

Im Herbst, nach unserer Heimkehr aus dem Ausland, sprach Lydia Alexandrowna eines Tages mit Marina und mir über Vater. Es war ein ernstes Gespräch. Lydia Alexandrowna hatte sich schon länger Sorgen um Vaters Vereinsamung gemacht, dazu kam jetzt noch die gesundheitliche Belastung durch die Hetzkampagne des Ministers Schwarz. Wenn wir einmal das Elternhaus verlassen würden, wäre Vater mutterseelenallein. Vater und

Andrej standen sich nicht sehr nahe, überdies würde vielleicht auch Andrej heiraten. Ljora lebte längst nicht mehr in unserem Haus. Was kam auf Vater zu? Auch das Museum war noch nicht eröffnet, und unser kranker Vater trieb Raubbau an seinen Kräften. Nach Lydia Alexandrownas Meinung, der wir beipflichten mußten, brauchte Vater einen Menschen, nicht jemanden, der für Geld angestellt war (also keine Haushälterin), der sich seiner annehmen und ihm die nötige Pflege angedeihen lassen würde. Einen solchen Menschen hatte sie ausfindig gemacht: ihre Pensionatsfreundin Lydia Dmitrijewna F–aja, eine ältere, gutsituierte Dame (letzteres war wichtig, damit ihr niemand eigensüchtige Motive würde nachsagen können).

„Es ist euere Pflicht, mir in dieser Angelegenheit zu helfen", sagte die „Drachenfrau". „Wenn ihr sie einmal näher kennt, werdet ihr sie liebgewinnen. Sie liebt euch schon, sie hat euch einmal bei mir gesehen. Ihr kommt es dabei nur auf eines an: auf die Position."

Die Bekanntschaft wurde arrangiert. Wir gewöhnten uns rasch an sie, empfanden sogar Anhänglichkeit, besuchten sie oft. Sie legte im Umgang mit uns eine aufrichtige Art an den Tag. Ihr fröhlicher Sinn schloß die Möglichkeit aus, daß sie unsere Freiheit einschränken könnte. Daraufhin kam ein Gespräch zwischen Lydia Alexandrowna und Vater zustande. Da sie seine Bescheidenheit und seinen Stich ins Spartanische erkannte, legte sie Nachdruck darauf, daß diese Ehe unseretwegen geschlossen werden müsse. Ich denke, sie sagte ungefähr folgendes:

„Das ist ihre Pflicht Ihren Töchtern gegenüber. Sie sind sechzehn und achtzehn, sie brauchen einen Rückhalt und Rat, das ist so in diesem Alter . . . Im Hause wird ein Mensch sein, der den Haushalt führt, der es versteht, Gäste zu empfangen und nach der Ordnung zu schauen. Ihre Töchter werden vielleicht in der großen Welt verkehren müssen. Mit Lydia Dmitrijewna wird das möglich sein."

Seufzend gab Vater seine Zustimmung. Die Termine für die unvermeidlichen weltlichen und kirchlichen Formalitäten waren bereits festgelegt. Da übermittelte Vater Lydia Dmitrijewna eine Einladung zu Onkel Mitja. Wir begriffen, was das bedeutete. Bei dieser Visite stellten wir uns wie zwei „Pagen" neben der „Dame" auf, denn wir spürten, wie erregt und feindselig Onkel

Mitja und seine Frau in ihrem Mißtrauen waren. Äußerlich verlief der Abend in makelloser Liebenswürdigkeit. Lydia Dmitrijewna glänzte in ihren Brillanten und Pelzen. Die „Brautschau" kränkte sie, dennoch empfand sie Dankbarkeit für unsere Freundschaft. Nach diesem Abend sah sich Vater einer noch heftigeren Offensive seitens seiner Verwandtschaft ausgesetzt. Mischten auch Ilowajskijs mit? Über Dobrotworskijs wage ich nichts zu sagen, da ich mich noch deutlich erinnere, wie sie Vaters Unbehaustheit beklagten. Auch ich wurde zu Onkel Mitja zitiert (an Marina wagte man sich nicht heran, mich hielt man meines Alters wegen für leichter erstürmbar). Ich sprach mein Verhalten vorher mit Marina ab und hielt dem Sturmangriff stand. Ich erwiderte, daß Vater jemanden brauche, der für ihn sorge. Wir seien dazu nicht imstande. Überdies sei Lydia Dmitrijewna ein vorzüglicher Mensch. Man behandelte mich als dummes, kleines Mädchen, das den Reizen einer Abenteurerin erlegen sei. Wir witterten Unglück und schlossen uns noch enger an Lydia Dmitrijewna an, die in ihrem Reichtum so arm war . . . Die Offensive der Verwandten gipfelte in einem Sieg, Vater sah sich genötigt, Lydia Dmitrijewna eine abschlägige Antwort, gleichzeitig mit einer Entschuldigung, zukommen zu lassen. Er berief sich auf sein Alter, auf seine Krankheiten, auf seine Überbeschäftigung und bat sie, ihm die Peinlichkeit der entstandenen Situation zu verzeihen. Lydia Dmitrijewna trug es mit Würde, aber wir konnten sie nur mit Schmerz anschauen. Wir wichen nicht von ihrer Seite. Und Vater mußte weiterhin die Sorge eines erwachsenen, ihm nahestehenden Menschen entbehren.

2. KAPITEL

Marinas junger Ruhm. Unser Auftreten in der
Öffentlichkeit. Valerij Brjussow. Marinas Teilnahme
am Allrussischen Dichterwettbewerb.
Tolstojs Begräbnis

In jenen Monaten festigten sich Marinas erste literarische Bekanntschaften. Um diese Zeit hörte ich aus ihrem Munde zum erstenmal den Namen Max (Vatersname: Maximilian Alexandrowitsch) Woloschin. Marina besuchte literarische Zusammenkünfte und ließ ihren ersten Versband *Abendliches Album* in Druck gehen. Sie gab ihn der Mamontow-Druckerei – nicht dem Mussaget- oder dem Skorpion-Verlag.

Die Gedichte wurden auf ihre eigenen Kosten gedruckt, wahrscheinlich weil sie nicht kontrolliert werden wollte. Der Titel des Bandes verstand sich als Erinnerung an jenes kleine, blaue Lederalbum, das wir um die Jahreswende Wladimir Ottonowitsch Nielender geschenkt hatten. Der Band setzte sich aus drei Teilen zusammen: *Kindheit – Liebe – Nichts als Schatten.* Er sollte auf dickem, rauhem, leicht cremefarbenem Papier erscheinen, in dunkelgrünem Einband, mittlerem, breitem Format und mit blaßgoldenen Titelbuchstaben.

Von den Leuten, mit denen Marina in literarischen Kreisen verkehrte, habe ich die Namen Adamowitsch, Maschkowzew und Chodassewitsch behalten. Die Verlage Mussaget und Skorpion, die Zeitschrift *Die Waage* wurden unablässig erwähnt. Allmählich sprach sich Marinas Name unter den Schriftstellern und Poeten herum. Als man sie einmal zu einer Lesung im Zirkel für Literatur und Kunst im Hause Wostrjakow an der Kleinen Dmitrowka einlud, forderte sie mich zum Mitfahren auf.

,,Wir werden die Verse gemeinsam rezitieren, du kennst sie doch alle auswendig.‘‘

,,Geht das denn?‘‘

,,Ist mir egal! Wir verstehen es doch, unisono vorzutragen . . .‘‘

In einem großen Zimmer hinter der Bühne hatten sich sämtliche Dichter versammelt, die ihre Gedichte vortragen sollten. Valerij Jakowlewitsch Brjussow führte den Vorsitz. Hager, im schwarzen Gehrock, mit einer schwarzen Bürste über der Stirn und einem ebenso schwarzen Bart, regierte er mit dem stechenden Blick seiner dunklen Augen und der abgehackten, fast bellenden Sprechweise die Versammlung wie ein mittelalterlicher Magier. Als er mich an Marinas Seite sah, bleckte er seine weißen Zähne. „Hier sind mehr Dichter am Tisch versammelt, als ursprünglich geplant war", sagte er und milderte mit einer raschen, jovialen Geste die Kühnheit seiner Worte.

Marina erwiderte: „Ich lese zusammen mit meiner Schwester!" Unter den hier versammelten Dichtern war auch Majakowskij. Er war ungefähr in unserem Alter. Man sagte, das hier sei mehr oder weniger sein erster öffentlicher Auftritt. Kurzsichtig wie ich war, schaute ich ihn mir nicht näher an. Er war damals siebzehn. Was er an jenem Abend vortrug, weiß ich nicht mehr. Mich machte die Aussicht, gleich vor den riesengroßen Saal zu treten, ziemlich unruhig.

Als wir auf die Bühne hinaustraten, ging eine uns begrüßende Erregung durchs Publikum. Jedoch das „hohe" Niveau dieser literarischen Versammlung verbot den Applaus.

Mit zwei völlig gleichen Stimmen, die bei jeder Senkung und Hebung zu einer einzigen verschmolzen, begannen wir, Marina mit damals noch langen Haaren, in einer schlichten, die Stirn freigebenden Frisur, ich kleiner und dünner als Marina, mit schulterlangem Haar, Marinas Gedichte vorzutragen. Wir vertrauten uns der Modulationsfähigkeit unserer Stimmen an und mieden das uns so verhaßte, „bedeutungsvolle" Pathos der Schauspieler. Wir sprachen deutlich und einfach, rhythmisch. Wir rezitierten mehrere Gedichte, darunter *Mit fünfzehn* und *Dezembermärchen*. Hier einige Zeilen aus dem letzten Gedicht:

Es war ein Schloß: rosarot wie die Wintermorgenröte,
groß wie die Welt, alt wie der Wind.
Wir waren Töchter fast eines Zaren,
fast Zarentöchter . . .
. . .Des schnellen Hirsches Blut tranken wir aus dem Horn,
die Herzen betrachteten wir durch die Lupe . . .

Und jener, der glauben konnte, daß es die Liebe gibt,
erschien uns dumm.
Eines Abends kam aus der Dunkelheit
ein trauriger Prinz im grauen Kleid.
Er sprach ohne Glauben: Ach! wir aber
lauschten ihm voller Glauben . . .
. . . Wir sind zu jung, um den zu vergessen,
der den Zauber in uns verweht hat,
aber um wieder so zärtlich zu lieben:
Dazu sind wir zu alt.

Einen Augenblick war Stille nach unserem letzten Wort. Dann
brach der Beifall über den Saal herein: wie ein Frühlingsgewitter!
Der in diesem Haus verbotene Beifall!
Wir standen verlegen auf der Bühne (verbeugten uns ungeschickt?), dankten, gingen nach hinten, während der Beifall hinter uns herbrandete . . . Ich weiß nicht mehr, ob er uns noch
einmal zurückrief. Später fiel das Wort *Triumph*.
Das war der erste Abend von Marinas beginnendem Ruhm.
Brjussow äußerte sich in der Presse ziemlich abfällig über Marina. Seine belehrende Kritik an dem *Abendlichen Album* beantwortete Marina in Versen:

Lächle in mein Fenster hinein
oder zähl mich den Narren zu.
Du wirst mich doch nicht verändern!
,,Scharfe Gefühle'' und ,,notwendige Gedanken''
hat mir Gott nun einmal nicht gegeben.
Singen muß man, daß alles dunkel sei,
daß über der Welt die Träume hängen . . .
So will es heute der Brauch,
solche Gefühle und solche Gedanken
hat mir Gott nun einmal nicht gegeben!

Ich möchte nun von einem Ereignis berichten, das sich im
Herbst des Jahres 1910 abspielte: vom Tode Tolstojs, und von
unserer Flucht, mit vielen anderen jungen Leuten, aus dem Haus
zu seinem Begräbnis.
Wieviel wurde in der ganzen Welt über jene Tage geschrieben!

Irgendwie ähnelten sie den Tagen in Jalta während der Jahre
1905-1906, als wir gierig auf Nachrichten über den Moskauer
Aufstand und von zu Hause warteten. Die Kunde lief im Herbst
1910 durch Rußland und über den ganzen Erdball.
Tolstoj hatte sein Haus in Jassnaja Poljana mit einem Bündel verlassen und war verschwunden.
Dann kam, Tage später, die zweite, noch schlimmere Nachricht:
Leo Tolstoj ist krank geworden, er liegt im Stationshaus eines
kleinen ländlichen Bahnhofs darnieder . . . Die Zeitungen bringen Meldungen über den Gesundheitszustand, die Welt ist aufgewühlt, alles spricht nur noch über Tolstoj. Auf der Straße fragen unbekannte Leute einander: Was gibt es Neues? Hat man
etwas gehört? Die Menschen sind beunruhigt, es wird manches
gemunkelt. Tolstojs Frau Ssofja Andrejewna wird einhellig ver-
urteilt . . . Und dann kommt die letzte Kunde: Tolstoj ist tot!
Sofort ist ganz Moskau auf den Beinen, alle wollen zur Beerdigung fahren. Die Trambahnen sind überfüllt (ist der Trambahn-
verkehr nicht überhaupt unterbrochen?). Die Menschenmenge
wogt durch die Straßen, die Studenten sammeln sich zu Demon-
strationen. Man ruft: ,,Nieder mit der Todesstrafe!" (Das war
eine der Forderungen Tolstojs an die Regierung, sie wird zur Lo-
sung des Tages). Die Straßen sind verstopft. Man flüstert: Die
Behörden wollen Kosaken einsetzen. Vater verbietet uns, irgendwohin zu fahren oder zu gehen, es könne zu Unruhen, zu
Schießereien kommen.
Wir wechseln rasch einen Blick, den Vater nicht bemerkt. Wir
haben begriffen: Wir werden ihn nicht umstimmen. (Er uns aber
auch nicht.) Ljora, die als Unterhändlerin in Frage gekommen
wäre, ist nicht da. Folglich müssen wir *ungesehen* aus dem Hause
gehen. Vater tut uns leid: Er wird sich unseretwegen sorgen.
Aber wie stellen wir es an, daß unser Entschwinden unbemerkt
bleibt? Wir warten, bis Vater in sein Arbeitszimmer geht. Daraufhin stürzen wir in die Diele, ziehen blitzschnell unsere Pelzmäntel an (es war November, es nieselte), setzen unsere Hütchen
auf. Ich wollte über meine leichten Schuhe noch wärmende
Gummischuhe anziehen – da hörten wir im Arbeitszimmer ein
Geräusch. Wir rannten zum Hinterausgang, traten ins Freie,
horchten. Nichts. Wir liefen weiter, aufs Tor zu: nicht über den
Steg, sondern über die Erde, damit es keinen Lärm gab. Marina

hatte Stiefel an, sollte ich vielleicht riskieren, wegen fehlender Gummischuhe Tolstojs Beerdigung zu versäumen? Wir eilten bereits durch unsere Gasse.

Eine Stunde vorher waren wir zu Prostakows gegangen (das waren die Mieter, die jetzt in „Ljoras" Seitenbau lebten) und hatten sie, à Konto der Miete, um dreißig Rubel angepumpt. Mit dieser Geldsumme in der Tasche rasten wir die Dreiteich-Gasse entlang. Der Frost kniff mich in die Beine, jedoch die Aufregung und die Ungewißheit, ob wir einen Zug erwischen würden, lenkten uns ab und verliehen uns Flügel. Es ging schon auf den Abend zu. Als wir den Bahnhofsplatz erreichten, konnte man sich kaum mehr einen Weg durch die Menge bahnen. Alle Leute schrien. Dazwischen sah man die Uniformmäntel der Polizisten. Sie drängten das Volk vom Bahnhof weg. Wie durch ein Wunder konnten wir uns durchdrängen. Auf dem Bahnsteig stand der *letzte* Zug in Richtung Koslowa Sasseka bei Tula. Auf dieser Bahnstation, die einige Kilometer von Jassnaja Poljana entfernt liegt, erwartete man den Sarg mit dem Leichnam Tolstojs. Wir rannten von Schalter zu Schalter, aber es war hoffnungslos, überall hingen Trauben von Menschen. Plötzlich erblickte Marina ein bekanntes Gesicht, ein Mädchen ihres Alters drängte sich zu ihr durch. Dem Mädchen auf dem Fuß folgte ein bleicher Gymnasiast mit ratloser Miene.

„Bei uns reicht das Geld nicht aus!", riefen sie uns verzweifelt zu. „Nach Sasseka kommt man nur noch erster Klasse. Die zweite Klasse ist total ausverkauft. Jetzt kostet eine Fahrkarte zwölf Rubel – und wir haben nur zwanzig!"

„Wir haben dreißig!", sagte Marina freudig erregt. „Wenn wir zusammenlegen, reicht das Geld!"

„Hurra!" rief der bleiche Gymnasiast.

Nach dem Erwerb der Fahrkarten blieben noch zwei Rubel übrig.

Wie wir zu viert die Rückfahrt bewerkstelligen, wie wir uns unterwegs verköstigen sollten: Das alles war jetzt unwichtig!

„Vorwärts, Junge! Nimm ein ganzes Abteil! Damit wir zusammenbleiben!" Diese Worte konnte der Gymnasiast allerdings nicht mehr hören, er war schon davongerast.

„Sascha Kabanow ist ein dufter Typ!", sagte das Mädchen. "Jetzt ist die Sache gelaufen! Das war ein Glück, daß wir euch trafen. Sonst hätten wir hübsch brav in Moskau bleiben müssen. Dabei ist das Ganze doch ein Weltereignis! Ein richtiger Schlag für uns! Als Russe muß man schon dabei sein . . . Das ist einfach Pflicht! Und ihr habt gedurft? Klasse!"

,,Gedurft! Daß ich nicht lache!", sagte Marina. ,,Weißt du, wir haben . . .

Eine halbe Stunde später, nach einem neuerlichen Kraftakt mit dem Ellbogen, saßen wir im Zug. Zum erstenmal fuhren wir alle auf den roten Plüschsitzen der ersten Klasse, aber das bemerkten wir kaum, vor lauter Aufregung, daß es geklappt hatte! Daß wir fahren! Daß wir zum ersten – und zum letztenmal Leo Tolstoj sehen werden! Den Helden! Den die Behörden fertigmachten, den die Kirche exkommunizierte! Und zu Hause in Jassnaja Poljana sitzt die Ehefrau, diese Ssofja Andrejewna, die dem Genie das Leben vergällt hat! Der Zug raste durch die schwarze Nacht, die Waggons rumpelten. Als Sascha Kabanow erfuhr, daß Marina ein Dichter ist, daß sie sogar schon ihren ersten Gedichtband veröffentlicht hat, war er außer sich vor Begeisterung. Er schaute Marina mit schwärmerischem Blick an, in dem indessen nicht der Schatten einer Verliebtheit war. Damals gab es viele solcher Jünglinge. Ihr Leben bestand aus nichts als Bewunderung, Tatendrang und Selbsthingabe.

Bahnstation Koslowa Sasseka. Nacht. Brennende Lagerfeuer. Meine Füße sind eiskalt. Marina blickt mich mitfühlend an: Sie trägt passendes Schuhwerk, während ich mit meinen dünnen Schuhchen wie auf Eis trete. Ich arbeite mich zu den Feuern hindurch, immer in Sorge, meine Leute zu verlieren. Die Studenten bilden Ketten, sie versuchen, etwas Ordnung in die chaotisch wogende Menge zu bringen. Sie stimmen revolutionäre Lieder an. Die Nacht ist sehr frisch. Man wartet auf den Zug mit dem Leichnam von Lew Nikolajewitsch. Dieser Name ist in aller Munde. Niemand sagt jetzt ,,Tolstoj". In einem solchen Augenblick würde das rüde klingen. Der Name und Vatersname des Verstorbenen dagegen klingt warmherzig und ehrerbietig. Als würde er noch unter uns weilen. So sind wir ihm näher. Es ist bitter kalt! Kurz vor der Morgendämmerung wird es noch kälter. Die Erwartung zehrt mich aus. Vergeblich klopfe ich mit einem Fuß gegen den anderen – beide Füße bleiben kalt. Die Müdigkeit schleicht sich heran. Die Nacht ohne Schlaf und in Aufregung, mit einem Stück Brot zwar, aber ohne einen Schluck zu trinken, macht sich jetzt bemerkbar. Mir ist, als würde ich es keine Stunde länger aushalten. Sich hinlegen und . . . Aber jetzt geht ein Zittern und Flüstern durch die Menge, die Stimmen vermelden einander, daß der Zug naht! Die Ketten erbeben, die Studenten versuchen mit letzter Kraft, die Menge zurückzuhalten, von weitem hört man das Geräusch des herannahenden Zuges. Schwer keuchend hält der Zug mit seinen Lichtern im grauenden Morgen am Bahnsteig von Sasseka. Die Männer entblößen ihre Köpfe.

Aus der Menge löst sich eine beleibte, schwarzgekleidete alte Frau, macht einen Schritt nach vorn, läßt etwas fallen, bückt sich und spricht mit bebender Stimme: ,,*Sein* Stöckchen . . .'' Wir stehen ganz vorn, sehen das, und Verachtung würgt uns. ,,Was für ein billiges Spiel . . .!'' Darüber besteht für uns kein Zweifel. Wenn man mir damals gesagt hätte, daß ich Jahrzehnte später nachts über dem Tagebuch dieser Frau weinen und mich über die Grausamkeit Lew Nikolajewitschs, auf dessen sterbliche Überreste wir hier mit einem an Abgötterei grenzenden Gefühl warten, wundern werde . . . Langsam, Schritt für Schritt und Stunde um Stunde, gingen wir über die ländlichen Wege mit den gefrorenen Wagenspuren hinter dem Sarg her, betraten den Park (meine Fußsohlen in den Schuhen waren nur mehr Eisklümpchen), bewegten uns noch langsamer durch die entlaubten Alleen auf das Gutshaus zu. Dann wurde der Sarg ins Haus hineingetragen. Jemand kam heraus und verkündete, zunächst würden die Verwandten von dem Verstorbenen Abschied nehmen, dann werde man die Bauern vorlassen. Alle übrigen kämen später an die Reihe. Es gab einen Augenblick, in dem ich drauf und dran war, loszuheulen, vor lauter Fußschmerz und Entkräftung. Marina war entschlossen, ins Haus zu gehen, unseren Familiennamen zu nennen und um Geld für die Rückfahrt zu bitten. Sascha Kabanow und seine Begleiterin hatten wir in der Menge längst verloren. Aber wir konnten unmöglich gehen, bevor wir Tolstoj die letzte Ehre erwiesen hatten. So trotzten wir der Müdigkeit und Kälte und warteten in der Menschenschlange, bis wir an der Reihe waren. Schließlich betraten wir das niedrige, quadratische Zimmer. An der linken Wand stand auf einem Tisch der Sarg, darin lag in einem schwarzen Hemd ein sehr gelber, sehr bekannter, wenn auch abgemagerter, weißbärtiger Lew Nikolajewitsch. Viele bekreuzigten sich, als sie an ihm vorbeigingen. Ikonen hingen im Zimmer nicht. Bekreuzigten sie sich vor ihm? In diesem Zimmer hatte er *Krieg und Frieden* geschrieben. Der Brodelnde war zur Ruhe gekommen, der niemals Schweigende war verstummt. Am seltsamsten war dies: Er, der von allen Porträts (von Kramskoj, Repin und anderen) herab immer hochaufgerichtet und durchdringend geblickt hatte, blickte nicht mehr. Oder blickte er in sich hinein? Die Lider waren gesenkt. Er lag ausgestreckt da.

Wir gingen vorbei und hinaus. Ich hatte ihn gesehen, ich beschloß, die Beerdigung nicht abzuwarten. Ich konnte kaum noch gehen, die Schmerzen waren fast unerträglich. Wir trafen irgendwelche Bekannten, pumpten sie um drei Rubel an. Mit zusammengebissenen Zähnen, durch das aufplatzende Eis der Pfützen watend, erreichten wir den Bahnhof. Mit Schüttelfrost saßen wir in einem Wagen dritter Klasse, schlummerten ein, wachten wieder auf. Hungrig und vollends entkräftet kehrten wir heim. Vater war nicht da. Als er nach Hause kam, erfuhr er, daß wir zu Hause seien und schliefen.

3. KAPITEL

Marinas Zimmer. Max Woloschin

In jenem Herbst des Jahres 1910 verließ Marina ihr oberes Zimmer mit den goldenen Sternen auf der dunkelroten Tapete und zog nach unten, in das ehemalige Mädchenzimmer, das später als Vorratskammer gedient hatte. Direkt an der Tür dieses Zimmers stand in der halbdunklen Diele jenes Tischchen, auf dem früher in einer weißen, blaugeäderten Kasserolle auf einem Petroleumkocher die Milch für uns aufgekocht wurde (und sie brannte an und bat mit ihrem feinen, bis ins Innerste vertrauten Brandgeruch, sie von der Flamme zu nehmen). Zwischen Marinas Tür und der Treppe, über dem halbdunklen, engen Flur, regierte jenes klagende Knarren der aufgerissenen und zugeschlagenen Doppeltür des Hintereingangs, das den Postboten oder mit dem Haus besonders gut vertraute Besucher ankündigte.

Hier lebte jetzt Marina im quadratischen Zimmer mit der niedrigen Decke. Damals setzte bei uns eine Passion für Zimmergewächse ein. Ich erinnere mich an einen Lieblingsstrauch Marinas mit brüchigem, hellgrünem Stamm und rosagrünen, durchscheinenden, spitzen Blättern mit silbrigen Flecken. Später erfuhr ich, daß es ein Herzblattgewächs aus der Familie der Begonien war.

Und es gab noch ein Wesen, das in jenem Zimmer mit Marina lebte, abgesehen vom geliebtesten Kater, dem letzten der Katerdynastie. Jenes Wesen besaß eine überaus sanfte Stimme: dank einer Röhre, die nicht aus Blech, sondern aus Holz war. Aus dieser dunkelbraunen Röhre strömten Klänge von Glinka und Serenaden von Schubert und viele andere Melodien, die an Mutter und an die Kindheit und an Großvaters Phonographen erinnerten.

Marinas sangeskundiges Ding trug den seltsamen, neuartigen

Namen *Pathephon*. Mit seinem Nachfahren gleichen Namens, dem gängigen, cleveren, mittels einer Kurbel aufgezogenen Köfferchen voller Foxtrotts, Charlestons und Twists, hatte es nur eine sehr entfernte Ähnlichkeit. Das Ding sang mit Äolsstimme, sang leise: Als würde ein Zauberbogen über die Saiten eines Cellos gleiten. Wenn Marinas Tür geschlossen war, drang die Stimme wie aus weiter Ferne an mein Ohr. Melodie und Worte schienen aus der Tiefe der Zeiten, aus der für immer vergangenen Vergangenheit zu kommen. Nicht die lebendige Liebe barg sich in diesen Klängen, sondern Erinnerung an Liebe.

Daß Marina mir nicht sagte, wen sie erwartete, während ich erriet, daß es Max Woloschin war, den sie wiederholt erwähnt hatte, beweist, daß sein Kommen ihr viel bedeutete.

Zunächst tönen ihre Stimmen von unten aus dem Saal herauf. Ab und zu verstummen sie (sind die beiden in den Salon gegangen?). Dann höre ich treppauf Schritte, jetzt dringt das Bienengesumm ihres Gesprächs aus Marinas früherem Zimmer zu mir. Das Gespräch ist kurz. Sie betreten den schmalen Gang über der Treppe . . . wollen zu mir!

,,Hier lebt meine Schwester Assja. Assja, bist du zu Hause? Das ist Maximilian Alexandrowitsch Woloschin."

Marina trägt ein dunkles Kleid, ihr Haar hat sie unter einem schwarzen Seidenkäppchen mit schwarzem Volant versteckt.

Marinas versehentlich gefärbtes Haar war erst gelb, dann mohrrübenrot, dann grün. Schließlich ließ sich Marina das Haar schneiden. Jemand gab ihr den Rat, das Haar zehnmal zu schneiden – dann würde es sich zu Locken drehen. Marina setzte sich eine schwarze Seidenhaube auf, die ihr überhaupt nicht stand. (Dieses Häubchen fand Eingang in ein Gedicht, das ihr Woloschin nach ihrer Bekanntschaft und nach Erscheinen ihres ersten Versbandes zueignete.)

Noch niemals hatte ich einen derartigen Menschen gesehen. Ich betrachtete ihn genau. Er war nicht groß, sondern gewaltig, wenn auch von mittlerem Wuchs. Ein nichtmenschlicher Kopf saß auf stämmigen, sehr breiten Schultern. Vater Zeus von Papas Schrank! Ein Berg von Locken: der Bart. Wie heiße Lava, die aus dem Krater des Kopfes fließt. Das Haar ist kastanienbraun, mit einem Stich ins Rotbraune. Die Hand ist keine Männerhand, aber groß und warm, sie umfängt meine Hand. Die Augen saugen heiter und prüfend meinen Blick ein. Der Blick dringt bis in die Seele vor und streckt sich dort aus. Gemütlich wie ein sich einkringelnder Kater. Max entläßt befriedigt meine Hand in die Freiheit, jedoch der Blick hält an. Gleichmäßig und unbeschwert kreist darin das Zimmer, ich werde in eine mir bislang unbekannte Freundlichkeit, Billigung, Beruhigung und Einsicht davongetragen. Ein Zauberer! (Der gute Zauberer aus Marinas Versen?)

Alles sieht, alles weiß dein gütiger Augapfel,
die Herzen sind dir so klar wie die Gräser . . .

Ein honigsüßes Lächeln – ist man versucht zu sagen. Aber die Qual lächelt mit.
,,Können wir in den Saal hinuntergehen? Ich habe Asthma, hier oben fällt mir das Atmen schwer . . .''
Er dreht sich um (es dreht sich um), wir steigen zu dritt treppab. Marina setzt sich an den Flügel. Auch das geschieht fast somnambul. Sie blättert die Noten um. Sie seufzt. ,,Früher habe ich einmal gespielt. Mutter wollte, daß aus mir ein Musiker wird . . . Es war einmal!''
Max seufzt erleichtert, tief in seine nichtmenschlichen Lungen hinein und spricht zärtlich, feierlich, schlicht:
,,Dafür sind Sie jetzt Dichter . . . Hier kann man gut atmen!''
Max geht auf mich zu (ich stehe an meinem Stammplatz neben dem Ofen, berühre mit den Händen die warmen Kacheln), blickt mir stumm in die Pupillen, fast unanständig nahe und lang. Das breiteste und sanfteste aller Lächeln erleuchtet Zeusens riesenhaftes Antlitz. Dann entfernt er sich mit katzenhafter Behendigkeit. Nein, mit der Leichtigkeit eines Luftballons! Der Walzer von Tschaikowskij füllt den Saal, steigt empor: mit dem Ballon, mit Max, mit uns . . .Der Teetisch ruft . . .
Marina benutzt einen günstigen Augenblick, um mir zuzuflüstern: ,,Du wagst es doch nicht, ihm über das Haar zu streichen . . .!'' Dabei blickt sie mich herausfordernd und hochmütig an. Sie ist sich nicht ganz sicher, ob ich es nicht vielleicht doch wage. (Als ich später Marinas Erinnerungen an Max las, verstand ich, daß sie es vorher selber ausprobiert hatte. Sie wollte mich auf die Probe stellen.)

358

„Und ob ich es wage!", flüsterte ich zurück. Mit pochendem Herzen. Aber wie? Das wußte ich nicht. Ich begann mich zu quälen. Ich hatte Angst. Er sitzt da und unterhält sich mit Marina über die Comtesse de Noailles. Da kann ich doch nicht einfach auf ihn zugehen, die Hand ausstrecken, mit der Hand über seinen Kopf streichen! Wer weiß, was er dann sagt? Vielleicht hält er mich einfach für dumm. Aber versprochen ist versprochen . . .! Mit ersterbendem Herzen mache ich einen Schritt nach vorn. Ich höre meine (mir ganz unbekannte) Stimme: „Maximilian Alexandrowitsch! Darf ich Ihnen über den Kopf streichen?"

Noch bevor ich meine Hand ausstrecken kann, befindet sich sein (nach Bullenart und Katzenart) gesenkter Kopf schon bereitwillig neben meiner Hand. Als hätte er bloß darauf gewartet. (Als würde er sich bereits wundern, daß ich nicht streichle!)

Meine Finger stecken in den kastanienbraunen Locken, die dicht und federnd wie Moos sind. Ich sehe zwei Gesicher. Sein zugleich empfangendes und schenkendes Gesicht. Von einem riesengroßen Lächeln erfüllt. Und Marinas billigendes, aufmunterndes, lobendes Gesicht. Ich weiß nicht, welches Gesicht sie selber zu sehen bekamen.

Dann trägt Max Gedichte vor: mit tiefer, langsamer Stimme. Er liest das Gedicht *Akropolis*.

„Schade, daß Vater nicht zuhört!", denke ich, „es ist sein Griechenland . . ."

Max rezitierte noch Gedichte über Spanien und Kastagnetten, über Paris, wo er lange gelebt hatte, über seine Krim, wo er jetzt lebt, über Ägypten.

Wir bitten um noch mehr Gedichte. Er trägt ein Gedicht nach dem anderen über sein geliebtes Koktebel vor.

„Jener Teil der Krim, wo ich zusammen mit meiner Mutter lebe", sagt Max, „ist vulkanischen Ursprungs. Unsere Krim ist anders als die südliche Krim. Sie ist rauh und unbewaldet. Hügel, Wege und das Meer. Ich war noch ganz jung, als Mutter das Grundstück erwarb, damals war noch niemand dort. Wenn ich längere Zeit von dort weg bin, sehne ich mich nach Koktebel. Wenn Sie einmal kommen, werden auch Sie jenen Landstrich liebgewinnen. Wird Assja auch kommen? Kommen Sie doch bitte, Sie werden es nicht bereuen . . ." „Wir kommen unbedingt!", erwiderten wir wie mit einer Stimme. „Marina", sagte Max, „ich werde Sie mit Adelaida Kasimirowna Gerzyk bekanntmachen. Auch sie hat in diesem Jahr einen Gedichtband veröffentlicht. Sie müssen sie unbedingt kennenlernen . . . Sie brauchen einander sehr. Sie ist viel älter als Sie. Sie hat ein tragisches Schicksal. Sprechen Sie lauter mit ihr, sie ist taub. Soll ich Ihnen Gedichte von ihr vortragen?"

„Bitte, tun Sie das . . ." Max tat wie geheißen, Marina lobte die Gedichte. Er blieb an jenem Abend sehr lange bei uns.

Kurz nach diesem ersten Besuch erhielt Marina von Max ein ihr gewidmetes Gedicht. Später erzählte sie mir von ihrer Freundschaft mit ihm.

„Welch ein ungewöhnlicher Mensch, wenn du nur wüßtest, Assja! Er ist wirklich ganz anders als die anderen. Er behandelt dich ganz anders, er will nichts für sich, es ist klar, daß er ein Freund fürs Leben ist. Er versteht alles, er ist mit Gott und der Welt befreundet, nichts erscheint ihm befremdlich, alles an mir geht ihm ein: fast ohne Erklärung! Er bestreitet nichts, er doziert nicht, er freut sich ganz einfach über den Menschen. Wie erholsam ist das! Und er liebt Frankreich genauso heiß wie ich . . .! Sein Koktebel liebt er über alles in der Welt, obwohl er viel in der Welt herumgekommen ist. Er ist auch Maler. Wir werden hinfahren."

„Glaubst du denn, daß Papa uns läßt?"

„Logisch! Max kennen doch alle, Vater kann leicht Erkundigungen einziehen. Außerdem ist seine Mutter dort. Und überhaupt ist er anders als die anderen. Siehst du das denn nicht?"

„Natürlich sehe ich das. Fährst du?"

„Ich fahre. Aber vorher möchte ich mir die Puschkinschen Stätten auf der Krim ansehen. Ich möchte nach Gursuf. Andrej sagte mir gestern, daß es mit Tarussa zu Ende ist. Leider! Stell dir diese Gemeinheit vor: Die Datscha wurde versteigert! Der Semstwo-Chef Petrow machte sich über die Auktion lustig, sagte, er würde nicht hingehen, und riet auch Andrej davon ab. Tags darauf ging er hin und kaufte die Datscha. Dabei haben wir so viele Jahre darin gelebt und wollten sie der Stadt so oft abkaufen!"

„Ich fahre niemals wieder nach Tarussa. Und du?"

Und das Leben schenkte uns Koktebel – im gleichen Jahr, als es uns Tarussa nahm.

4. KAPITEL

Marinas Freunde. Die Zeit. Bücher

Sascha Kabanow, mit dem wir zu Tolstojs Begräbnis gefahren waren, begann uns zu besuchen. Dieser maßlos exaltierte Jüngling fühlte sich selig in der Nähe von Marinas Versen und deren Schöpfer, verwunderte sich über nichts, glaubte alles aufs Wort, fand alles phantastisch. In unser Haus brachte er jugendliches Vibrieren und Glücklichsein, das uns zwar ein wenig naiv vorkam, unsere traurigen und ironischen Häupter indessen irgendwie rührte.

Doch bald trat in mein und Marinas Leben noch ein weiterer Mensch ein, und zwar für lange: Adelaida Kasimirowna Gerzyk. Sie war eine überaus berückende Frau mittleren Alters: häßlich und taub. „Ein Dichter reinsten Wassers", sagte jemand über sie. Es war eine der größten und innigsten Freundschaften Marinas. Sie begegneten einander wie verwandte Seelen, ihre Lieblingsbücher führten sie zusammen: *Gösta Berling* von Selma Lagerlöf sowie die Bücher der Bettina Brentano. Auch die Marina von Max geschenkte Marceline Desbordes-Valmore und die Comtesse de Noailles, Marinas Liebling unter den zeitgenössischen Franzosen, wurden von beiden Frauen gleichermaßen geliebt. Marina und Adelaida Kasimirowna lasen einander ihre Gedichte vor, besser gesagt: Letztere las Marinas Gedichte im Manuskript oder im Versband, denn sie war ja taub. Sie war mit dem Verleger Dmitrij Jewgenejwitsch Shukowskij verheiratet, einem Menschen von ganz anderer Art als sie. Infolge ihrer Taubheit und ihrer ungewöhnlichen Feinfühligkeit empfand sie sich als weltfremd und hilflos. Aber sie besaß Willenskraft und Güte und darüberhinaus einen besonderen Wagemut. Sie lebte standhaft und schlicht: bereit, jeder Unbill des Lebens die Stirn zu bieten.

Ihre Taubheit hatte sie wie mit einer Mauer umgeben. Über ihr Gesicht geisterte ein fragendes Halblächeln, das ihrem runden, hageren Gesicht mit den matten Augen, der etwas unförmigen Nase, den blonden, leicht gewellten Haaren, aber auch ihrem ganzen bescheidenen Wesen etwas Klagendes verlieh. Sie bemühte sich indessen, ihre Traurigkeit zu verbergen. Sie besaß einen feinen Humor und liebte es, wenn gelacht wurde.

Als Marina Adelaida Kasimirowna Gerzyk in mein Zimmer, unser einstiges Kinderzimmer, führte, blieb sie beim ersten Anblick unserer Zwischenstock-Existenz an der Schwelle der Tür mit der grünen Kugel an der gläsernen Klinke stehen und betrachtete alles mit verwundertem und fröhlichem Blick.

Auf unsere Bitte, eigene Gedichte vorzutragen, erwiderte sie nichts, lächelte nur (wir dachten schon, sie hätte es nicht gehört). Plötzlich begann sie, ,,in Versen zu reden", und das wirkte bei ihr natürlicher als die normale Redeweise.

,,Wie erstaunlich!", sagte Marina, als unser Gast wieder verstummt war. ,,In einem dieser Gedichte haben Sie sich so vollkommen ausgedrückt, daß mir jetzt ist, als würde ich Sie schon lange kennen." Die Besucherin erwiderte: ,,Mir geht es ebenso" und äußerte den Wunsch, Gedichte von Marina zu hören. Man kann Gedichte doch nicht schreien, dachte ich. Marina trat nahe an Adelaida Kasimirowna heran und begann zu rezitieren. Obwohl sie sehr laut sprach, drückte sich auf dem Gesicht der Zuhörerin Verständnislosigkeit aus.

,,So, jetzt werden wir zu zweit rezitiern! Ich und Assja!" Und wir fuhren zweistimmig im Gedichtvortrag fort.

,,Welch erstaunliche Vortragsweise", sagte unser Gast. ,,Nur . . . ich habe schlecht verstanden, was darin . . ."

Die nicht sehr großen, sehr hellen Augen von Adelaida Kasimirowna blickten ungemein freundlich und offen, in diesem alles überschauenden und in sich aufnehmenden Blick lebte eine jungmädchenhafte, sogar kindliche Neugier.

,,Ganz er-staun-lich ist es bei euch!", sagte sie. ,,Ein schönes, altes Zimmer!", fügte sie mit Wohlgefallen hinzu. Dann machte sie ein paar Schritte auf die Ecke hinter Mutters Kommode zu, wo ein geblümter Fetzen Baumwollstoff blaute. Den hob sie mit ihren leichten Fingern entzückt auf und sprach: ,,Und dieser alte Atlasfetzen! Wie gut steht er zu eurem Zimmer . . ."

In diesem Augenblick war sie wunderbar! Durch ihren Blick und die Berührung ihrer Finger wurde der billige Stoff wirklich in Seide verwandelt.

Mit diesem ersten Besuch in unserem Haus begann eine lange und innige Freundschaft mit beiden Schwestern.

Die Eröffnung von Vaters Museum rückte näher. Vater hatte immer mehr zu tun. Seit der Verfolgung durch Minister Schwarz, der er so standhaft getrotzt hatte, alterte er zusehends. Er trug jetzt keinen Bart mehr, sein glattrasiertes Kinn sah fremd aus, das Gesicht wirkte älter. Der Schnurrbart verfärbte sich ins Weiße. Die hohe, in eine Glatze übergehende Stirn bedeckte sich mit Runzeln. Das nächtliche Ausharren am Schreibtisch, die sich immer mehr anhäufende und komplizierende Arbeit, endlich die Wunden, die die Hetze der Moskauer Zeitungen Vater geschlagen hatten, machten sich bemerkbar.

Manchmal, wenn wir ihn anblickten, krampfte sich uns das Herz in großer Sorge zusammen. Wird unser gealterter Vater die ihm noch bevorstehende Arbeit bewältigen? Wird er die Eröffnung seines Museums erleben? Wir gestanden diese Gedanken einander nicht gern ein, aber sie quälten uns ständig. Zwanzig Jahre einer fast übermenschlichen, ungezählten, unentgoltenen Arbeit, über die vielen Vorlesungen und Sitzungen hinaus, durften nicht ohne Krönung bleiben. Vater *mußte* die Eröffnung des Museums erleben . . .

Wie in früheren Zeiten kam Marina zu mir ins Zimmer herein, stellte sich an das Klappfenster, sog die Frostluft ein. ,,Ich esse doch so wenig, mache alles mit Essig an, und trotzdem werde ich nicht dünner! Ich sollte vielleicht einmal krank werden, vielleicht gelingt es dann . . . Im vorigen Winter hielt ich meine Füße immerzu in eine Schüssel mit Schnee – es hat alles nichts genutzt!" Oder: ,,Verfluchte Schwermut! Hast du sie auch? Komm, gehen wir in den Cinématographen!" Wir gingen. Manchmal gerieten wir in ein romantisches Melodram mit verwickelter Handlung und mit Asta Nielsen in der Hauptrolle. Es ist unmöglich, sie zu vergessen. Und die zauberhafte Eigenart jener Stummfilmjahre, das verwunschene Schweigen der Leinwand, das Hinüberschreiten in die Welt der von knappen erläuternden Zeilen begleiteten Schatten, und dazu das ständige Erratenmüssen dessen, was vorgeht.

Manchmal erwischten wir eine Komödie von Max Linder. Das Lachen berauschte. Die Straßen der großen Stadt versetzten uns ins Ausland und in die Kindheit. Wir kehrten heim, von uns selbst abgelenkt, der Traurigkeit enthoben. Für eine Stunde hatten wir uns von den bohrenden Gedanken und Gefühlen befreit.

An einem Wintertag händigte mir ein Bote einen Strauß Narzissen aus, die seit Lausanne meine Lieblingsblumen waren. Vater war gerade zu Hause. Zum erstenmal vielleicht wurde ihm bewußt, daß ich herangewachsen war. Er musterte mich, ein junges Mädchen, unter Brauen und Brille hervor, mit einem strengen Blick:

,,Wer schickt dir im Winter lebende Blumen?" wollte er wissen.

,,Ein Student. Er stammt aus dem Kaukasus. Wir haben uns auf einem Schulball kennengelernt." (Das Wort ,,Student" war eine Schutzformel, ich wollte damit andeuten, daß es ein Erwachsener und kein kleiner Junge sei . . .)

Doch für Vaters Ohren bedeutete das Wort etwas anderes. ,,Ein Student!" sagte er. ,,Hast du einmal darüber nachgedacht, was Blumen im Winter für den Geldbeutel eines Studenten bedeuten? Worauf ein Student alles verzichten muß, damit er dir diesen Strauß kaufen und schicken kann? Denk mal darüber nach! In unserer Familie hat man sich solche Sachen nicht erlaubt . . ."

,,Aber ich habe ihn doch nicht darum gebeten, Papa . . .", erwiderte ich hilflos und beschämt.

,,Nicht gebeten, sagst du. Natürlich bittet man nicht um so etwas – man weist es ab. Deine Mutter war in Kleidung und Schmuck sehr bescheiden. Ich zog als Student, wenn ich draußen vor der Stadt wanderte, meine Stiefel aus, um sie zu schonen. Wir leben vom Grasfutter: Was wir verdienen, das verbrauchen wir auch. Weise bitte künftig solche Sachen ab. Und verbiete sie anderen."

Vater ging in sein Zimmer. Mir entgegen kam Andrej.

,,Hast du eine Predigt bekommen, Mütterchen? *Wir leben vom Grasfutter*. So heißt das doch?" Lachend rannte er die Treppe hinauf und ließ gleich darauf seine Mandoline ertönen. Andrej hatte Vaters Worte nicht gehört. Er hatte sie erraten, denn Vater gebrauchte sie oft.

5. KAPITEL

Begegnung auf dem Eis

Die Musik schmetterte, der Schnee wehte, der blaue Himmel des Abends kreiste gleichmäßig und langsam über uns: Es war, als würde der Kopf kreisen.

Ich lief Schlittschuh mit meinen Eisbahn-Freunden Valja Karlowa, Georges Smirnow und den Sabalujewmädchen, als dicht neben uns ein Paar Norweger in voller Fahrt aufzischte, um sofort scharf zu bremsen. Lachend und laut atmend stellte sich ein Mann in einer Weste und einer dunkelgelben Pelzmütze zwischen uns auf. Die Mütze saß ein wenig schief, unter ihr hervor funkelten blaue Augen in fröhlichem Spott. Der Schlittschuhfahrer verneigte sich vor einer der beiden Sabalujewschwestern. Sie faßten sich überkreuz an den Händen, rasten los und entschwanden.

„Wer ist das?" fragte ich. Ich spürte deutlich, daß nicht die kleine Sabalujewa mit ihm dahinjagen müßte – sondern ich. Etwas den Blick Blendendes, Niegesehenes, Berückendes war in diesem hergeflogenen und wieder weggeflogenen Menschen. Alles erstarb. Wichtig war jetzt nur noch seine Rückkehr. Sie ließ nicht auf sich warten. Schon stand er wieder vor uns und ließ die Hand der Sabalujewa frei. Ohne den Wunsch, länger zu verweilen, zerschnitt er mit den Schlittschuhkufen das Eis, lachte und parodierte irgend jemanden. In seinem sprühenden Esprit war soviel spöttisches Auffordern, ihm an irgendeinen Ort jenseits der Eisbahn und dieser Gesellschaft zu folgen, sein schlanker, leichter Körper (voller angeborener Grazie), das hagere Gesicht, die feingeschnittene Nase mit dem Höcker und den scharf ausgeprägten Nasenflügeln: Alles war *erstmalig* vollkommen! Berauschend! Niemandem ähnlich! Es schenkte sich her und nahm sich wieder weg.

„Ihr seid nicht miteinander bekannt?" fragte die kleine, geschickte Walja in ihrem koketten Mützchen, unter dem hervor ihre dunkelgrauen, kühnen Augen ihm und mir einen Blick zuwarfen.

„Assja Zwetajewa!", sagte ich und streckte meine Hand aus.

„Boris T'r'uchatschow!", sprach er genauso rasch wie ich, und in dem zweimal wiederholten Rollen seines Vornamens und Familiennamens erklang eine stählerne Note. Sein Gesicht hatte etwas Vogelartiges: diese Kühle des Ausdrucks, diese Schärfe der Züge.

Die Musikanten beginnen indessen ein neues Stück, der Rhythmus der Melodie teilt sich unseren Schlittschuhen mit. Boris stellt fest, daß ich auf Norwegern fahre (als einzige Frau auf der Eisbahn!).

Fiel mir auch gleich etwas anderes Ungewöhnliches an Boris, an Boris Ssergejewitsch auf? Während alle anderen winterlich gekleidet waren, sogar die Schlittschuhläufer in den wollenen Sweatern, hatte er eine leichte Weste an. Wie rasten wir dahin! Während meiner ganzen Zeit auf der Eisbahn war ich noch mit keinem so schnell gelaufen. Dieser Rausch war mir bislang unbekannt gewesen.

Berauscht von dieser seltsamen Partnerschaft, leicht atmend in unserem nichtendenwollenden Flug, sage ich Boris Ssergejewitsch, noch keiner von meinen Bekannten habe es bisher fertiggebracht, so lange in einer Tour Schlittschuh zu laufen wie ich – ohne sich zwischendurch hinzusetzen.

Er nimmt die Herausforderung an. Er wird sich nicht hinsetzen! Ich sage ironisch: „*Alle* haben um Gnade gebeten. Auch Sie werden um Gnade bitten! Sie werden sehen!"

Er glaubt es nicht. So rasen wir dahin, zur Musik, und ohne sie, ich sehe von der Seite sein Gesicht, es lacht und brennt, ich sehe die dunkle Bläue der Augen, das zobelfarbene Mützchen. Ich bin wunschlos glücklich!

Plötzlich zeichnet eine leichte, sich selbst verspottende Grimasse sein Gesicht. Er verlangsamt den Lauf und drückt unsere gekreuzten Hände: „Ich bitte um Gnade!"

Wie wir lachen! Wir fahren langsam auf eine Bank zu. Setzen uns hin. Schauen einander an. Über uns glänzt die winterliche Bläue des Himmels.

Jedoch durch das ganze Lachen hindurch spüre ich den *Intellekt* neben mir, die *Person*. Wenn mir der Kopf immer noch rund geht, so tut er das jetzt nicht mehr wegen der Himmelsbläue mit den Schneeflocken. Wer ist er: dieser hinreißende Mensch? Bis ins Knochenmark ironisch und (ich spüre das!) bis in die Herzenstiefe lyrisch! Sich der Bewußtmachung und Beschreibung entziehend; sich daraus entwindend: wie der Aal aus der Hand! Der sich in den Überwurf des Wortspiels so kunstvoll und beiläufig hüllt, als wäre er nicht siebenundzwanzig (wie er angibt), sondern vierzig, nein: einhundertundvierzig Jahre alt. Als hätte er auf Erden schon so manche Ära erlebt.

Schon lange rasen wir wieder dahin, halten uns an den gekreuzten Händen fest, wie bei Reigentänzen, verschmolzen in einen einzigen, unerbittlich präzisen Schwung unserer beflügelten Füße. Das war es also, weshalb ich vor einem Jahr auf die Norweger umstieg! Ich wußte ja nicht, allein über den von Kindheit an vertrauten Patriarchenteich fliegend, daß ich *zu zweit* so fliegen werde, männlichen Händen anheimgegeben, die unsere gigantischen, im Fluge gedoppelten Schritte so geschickt und sicher lenken. Sie neigen sich leicht nach links und neigen mich mit und richten uns beide wieder zu der angefrorenen Schlankheit auf, die im Dickicht der Hirsch, auf dem Meer das Segel beherrscht.

„Assja, gleich kommt der letzte Marsch! Gehen wir?" ruft mir, zum Ausgang fliegend, Nina Murso zu. Ihr Gesicht ist ganz rot. Wie entzückend sieht sie jetzt aus!

Am nächsten Tag, nach der Schule (ich ging, ich weiß nicht warum, allein nach Hause), dachte ich an Boris Ssergejewitsch und vermerkte, daß mir der Name gefiel: wegen der Namensgleichheit mit dem Helden der *Gorbatows* von Wssewolod Ssolowjow, der so lange in Indien lebte und sich dort der Magie ergab . . . In Gedanken versunken bog ich um die Ecke der Kisslowskij-Gasse und schickte mich an, über die Straße zu gehen, als plötzlich hinter der Ecke hervor, mit leicht federndem Schritt und ohne mich zu bemerken ein schlanker Mann in einer trotz Frost offen getragenen Weste und einer dunkelgelben Zobelmütze daherkam. Das Fell war dunkler als das Haar, das im Licht des Tages golden glänzte und à la Franz Liszt frisiert war. Irgend etwas von Kiribejewitsch (das ist jener junge Recke in

Lermontows *Kaufmann Kalaschnikow!*) blitzte im Blick der blauen, zunächst erstaunten, dann sogleich lachenden Augen auf.

Marina bereitete ihre Reise nach Gursuf vor und verhandelte mit irgend jemandem über eine Unterkunft. Wenn meine Prüfungen zu Ende sind, wird sie bereits in Koktebel sein: bei Maximilian Alexandrowitsch Woloschin. Auch ich will dorthin. Das wird meine erste selbständige Reise sein.

Die Prüfungen rückten heran. Ich lernte nicht, ich war mir ganz sicher, daß ich nichts zu fürchten hätte. Die ganzen letzten Abende vor der Prüfung verbrachte ich in Gegenwart von B. S. T. bei uns zu Hause.

Meine letzten Wochen in Moskau. Marina war längst in Gursuf. Sie schrieb von den herrlichen Puschkinschen Stätten, vom Reiz der Einsamkeit, von zauberhaften Spaziergängen in der Sonne (sie liebte die Sonnenbräune) und im Mondlicht, vom Glück, am Meer zu sein.

6. KAPITEL

Nach Koktebel

Ich erinnere mich des heißen, blausilbernen Morgens, des Steins im Herzen ob der Trennung von B. S. T. und daran, wie die doppelspännige Droschke mit dem Sonnendach zur unbekannten Stadt hinausfuhr. Das quecksilberblanke, blaue Meer, das Rauschen der Spitzpappeln, das Gezwitscher der Vögel in den Zweigen! Es tönte und strömte dahin und plätscherte und war fast lauter noch als das Meer. Die Steinquader der Datschas hinter den Gärten der Scheherazade glitzerten einen Augenblick lang, als der Wind die Äste wegwehte, silbrig und nachtschwarz mit den Fensterscheiben auf.

Schon zog sich unter der geschmolzenen Lilabläue Maxens Kimmerische Steppe dahin: hügelig, unbekannt, sonnenversengt (sagte er nicht: vulkanisch?). Dann tauchten Berge auf, meinen kurzsichtigen Augen vorerst nur verschwommen; über einem der Berge sah ich Punkte. Sie bewegten sich. Später erfuhr ich, daß in Koktebel Adler horsten.

Die Hügel wechseln, zergehend und wieder emporsteigend, aschgelb einander ab. Die Straße macht eine Biegung, und plötzlich zeichnet sich hinter dem abschüssigen Hügel, wo eben noch die Ferne unter der gelben Asche war, ein unvergeßliches, bis heute unvergessenes Panorama ab. Drei Berge, vom Festland rechter Hand als steiles Kap zum Meer abfallend. Sie steigen auf in gotischen Spitzen, dann wölbt sich im Halbrund ein mit grünem Wald bewachsener Berg, dann wieder Felsen, kronenförmig zum Kamm hochgetürmt, der mit dem Profil eines Riesen steil ins Meer stürzt. Eines Riesen? Mit dem Profil des Zeus! Oder nein: mit dem Profil von Max! Herrje, das ist doch Maxens Kopf!

Die Peitsche fliegt empor, die Pferde traben aufs Meer zu, und uns entgegen fliegt jetzt die Bläue des Meeres, sie überwindet die Hindernisse der ab und zu auftauchenden, nicht sehr hohen Gärten, wo die offenen Fenster der Häuser in der Sonne glitzern. Die Straße (es ist nicht mehr die Chaussee) zittert und holpert unter den Wagenrädern, Zäune blinken auf. Linker Hand, weit in der Ferne, sehe ich den Rand einer Bucht: eine Reihe von aschgelben, vulkanischen Hügeln.

Das sieht überhaupt nicht nach Krim aus! Jalta, Tschukurlar, Ssimejis, Alupka, Massandra, wo ich 1905/1906 mit Marina lebte, sind ganz anders. Irgendeine gütige Hand hat, ohne daß ich es bemerkt hätte, von meiner Seele die auf ihr lastende Bürde genommen, wieder regt sich meine jugendliche Neugier und Gier. Der rote Schatten des Sonnendachs vermischt sich mit einem zarten Geruch: wie der Jasmin in Tarussa (ein gelber Strauch!). Ich bin glücklich, nur dies. Der Wagen biegt um den Zaun, der Kuscher ruft: ,,Das ist Woloschins Datscha! Wir sind da!"

Max war mit einem stürmischen, lärmenden Satz auf mich zugestürzt – jetzt stand er da und lächelte so tief, wie Menschen sonst nicht lächeln. Er neigte stumm den Kopf zur Seite, blickte und freute sich. Alles verstand er, unbegreiflich und unwiderstehlich trat er in die Seele ein. Eine kluge Frau sagte mir einmal, Max sei ihr immer wie Neptun vorgekommen. Genauso war es. Zeus oder Neptun: jedenfalls etwas Naturhaftes, Riesengroßes, Nichtmenschliches. Das für alles die Arme öffnete! . . . Das ohne Maß innig war. Das dem Menschen das Glück schenkte! . . .

Braungebrannt, wie vor zwei Jahren Vater nach der Heimkehr aus Kairo, stand Max vor mir. Wer ihn in Moskau gekannt hatte, hätte ihn nicht wiedererkannt. Max trug ein Leinenhemd, das ihm fast bis an die Knie reichte. Ein Stück bis unter das Knie reichten die kurzen Hosen: wie die kleinen Jungen im Ausland sie tragen. Die mächtigen nackten Füße steckten in Sandalen. Auf seinem sich zur Begrüßung verneigenden Kopf prangten Zeus's Locken, von der Sonne gebleicht. Das breiteste Lächeln des Dirwohlgesonnenseins, der Anteilnahme, der Erwartung, des Aufdicheingehens.

Kaum hatten wir einander eingeschluckt – da sah ich Marina! Aber war sie das denn? Das war ja ein Junge! Seit Moskau waren ihr Locken gewachsen und hatten sich gerin-

gelt. (Das Wunder nach der zehnfachen Rasur war eingetreten!)
Die Haut schien die eines Kaffern zu sein. Gesicht, Hals, Arme,
Beine waren nackt. Auch Marina trug Sandalen. Aber was sind
Sandalen! Sie trug richtige weite Pumphosen! Marina ist jetzt
jünger als ich. Ich stehe in meinem Reisekleid vor ihr, Alexandra
Olimpijewna hat es gerichtet, mit meinem breitkrempigen
Strohhut. Wir betrachten einander. Wir lachen.
„Wie war die Fahrt? Und bei uns hier . . . nun, du wirst se-
hen . . .! Bei Max ist eine Spanierin zu Gast: Conchita. Sie
spricht kein Wort Russisch! Was schaust du so? Die Pumpho-
sen? Hier tragen alle Pumphosen. Es ist so bequem! . . . Wenn
man auf die Berge steigt. Hier gibt es nämlich tolle Berge. Und
auf den Bergen wohnen Adler." (Plötzlich:) „Wie geht es Boris
Ssergejewitsch? Kommt er nicht? Hol ihn doch her! Er ist fort?
Ruf ihn hierher!" (Sich leicht verfinsternd, mit einem Blick zu
Max herüber:) „Assja, hast du Igor Ssewerjanin gesehen?
Nein?" (Froh:) „Du wirst ihn zu sehen bekommen! Gehen wir!
Max, ich zeige Assja das Zimmer, von dem die Urahnin gesprochen hat!"
Marina sagte: „Manches wird dir hier zunächst seltsam erscheinen, später gewöhnst du dich daran. Aber einiges mußt du schon
vorher wissen: Conchita ist in Max verliebt und macht ihm Eifer-
suchtsszenen. Das macht ihn sehr verlegen, aber er kränkt sie
nie. Die beiden haben natürlich nichts miteinander! Außerdem
hält sich Igor Ssewerjanin hier auf. Freust du dich?"
Marina trug meinen Koffer und schaute mir im Gehen ins Gesicht.
Ich gab eine unbestimmte Antwort. Niemals hatte ich Marina so
erlebt. Ihre Erregung erschien mir künstlich.
„Natürlich ist er dumm", fuhr sie fort, „aber er hat Talent. Außerdem ist er schön. Dann ist hier noch die Dichterin Maria Paper. Weißt du: die mit den Gedichten über Mutterschaft und
Schwangerschaft. Statt eines Spazierstockes nimmt sie ein
Schwert auf ihre Bergwanderungen mit. Das ist natürlich eine
Pose, aber bitte lach sie nicht aus. Sie ist sehr empfindlich."
„Und wer ist die *Urahnin*, die sich wegen des Zimmers geäußert
hat?" „Das ist die Mutter von Max. Eine wunderbare Frau! Völ-
lig unverwechselbar. Seit ihrer Jugend trägt sie Männerkleider.
Sieht fast wie ein Märchenkönig aus."

„Und alle nennen sie *Urahnin*?"

„Alle. Sie hat sich als erste an diesem traumhaften Ort niedergelassen. Damals lebte noch niemand hier."

Im Wirbel der Namen schritt ich über die Gartenkiesel unter der süßen Hitze des Mittags, zwischen duftenden, kleinen Bäumen mit gelben, geschuppten Blumen, zwischen den Zweigen junger Ölbäume. Junge Spitzpappeln, ähnlich geformt wie die Zypressen in Nervi, bogen sich im Wind.

„Marina, wonach riecht es so wunderbar?" – „Nach Priemkraut". Wir kamen an die steinerne Balkontreppe. „Hier ist dein Zimmer. Und hier der Schlüssel. Ich wohne nebenan."

Wir standen an der Ecke des Hauses vor einer wuchtigen steinernen Terrasse ohne Geländer. Zwei Türen gingen auf sie hinaus. Die eine, auf die Marina zeigte, befand sich neben der dicht mit wildem Weinlaub bewachsenen Hausecke. Die andere Tür führte in einen Raum, aus dem ein Fenster auf die Terrasse hinausging.

Wir stellten den Koffer in meinem Zimmer ab, das klein und nicht sehr tief war und gekalkte Wände hatte. Bett, Tisch, Nachttisch, zwei Stühle, ein Kleiderständer, ein Waschtisch: alles ländlich wie in Tarussa. Heimelt es mich an oder ist es mir fremd? Ich schnuppere. Es heimelt an. Es ist die vertraute Einfachheit der Kindheit.

„Und ein Meer ist hier! Wirst du baden? Wenn du erst mal drin bist, willst du gar nicht mehr heraus. Traumhaft!" (Und jäh hervorbrechend:) „Ich war schon lange nicht mehr so glücklich . . . Vielleicht sogar noch nie . . ."

Marinas Zimmer war schmal und lang und hatte ein Fenster, das von Weinlaub überwachsen war. Am Fenster standen ein kleiner Tisch und das Bett.

„Gut hast du es hier . . . Schreibst du Gedichte?"

„Nur ein einziges habe ich geschrieben . . . Oder höchstens zwei. Es schreibt sich nicht so recht! Wirst du in die Berge wandern? Ich war mit Max auf dem Karadagh . . . Gefährlich ist das schon, aber Max kennt sämtliche Pfade." (Bittend:) „Mach dir doch eine Pumphose!"

„Laß mich damit in Frieden! Ich mag keine Pumphosen. Dir stehen sie auch nicht. Aber was ist das hier? Wie das leuchtet!"

„Ein tatarischer Schleier, aus Gold gewirkt . . . Solches Zeug

wirst du dir auch noch anschaffen, die Urahnin näht daraus Kaftane . . . Die Hände kannst du hier waschen! Gehen wir?"
Wir hatten den mit Weinlaub bewachsenen Balkon noch nicht erreicht, als ein Lachen an unser Ohr drang – aber was für ein Lachen! Wie Gold, das über Gold rollt! Es war der vollkommene Triumph des Klanges. War die reinste Melodie.
„Die Spanierin lacht!", sagte Marina. „Das geht den ganzen Tag so . . ." Leichtfüßig und wie längst gewohnt bogen wir um das Grün und traten in den Schatten ein, der von kleinen Sonnenflecken gesprenkelt war. Inmitten des Schattens, doch von der Sonne überflutet, als würde dieser Sonnenplatz eben ihr gebühren, über allen anderen erhoben, wie das Kind des Meeres auf dem Delphin inmitten der Wellen, saß eine ungemein schöne Frau. Der Kopf mit den schwarzen Zöpfen, die aprikosenfarbene Bräune des Gesichts, die riesengroßen, dunklen Augen, das Blitzen der Zähne: Alles war so hinreißend, daß man die prächtige Kleidung der Frau überhaupt nicht wahrnahm. Nur der Fächer in ihrer Hand flammte falterhaft auf und verlosch: der schwarze Fächer in der bernsteingelben Hand.
„Na, was ist? Ist die Spanierin nicht dufte?", sagte Marina ganz laut und weidete sich verschmitzt an meinem Entzücken. Und als ich sie zum Leisersprechen aufforderte: „Die versteht doch kein Wort! . . ."Wieder erschallte das Lachen und der Fächer erbebte.
„Wenn sie nicht gerade eifersüchtig ist, dann lacht sie den ganzen lieben langen Tag . . ." Und an alle gerichtet: „Das ist meine Schwester Assja! . . ."Händeschütteln, großes Gedränge. Wir schieben uns zwischen den Bänken und dem langen, schmalen Holztisch ohne Tischtuch durch. In der Mitte thront, in einem mit tatarischen Mustern bestickten Leinenkaftan, Marinas Märchenkönig.
„Uhrahnin, das ist meine Schwester Assja . . .!!"
Der König maß mich mit einem großartigen Blick und warf den Kopf hochmütig empor:
„Sie sieht Ihnen überhaupt nicht ähnlich! Was haben Sie da erzählt . . . Assja? Das ist gut. Geben Sie Ihren Teller her, Assja. Alle anderen haben schon was bekommen."
Mit dem Märchenlöffel erwischte der Märchenkönig eine große Portion Nudeln auf der riesengroßen Schüssel, goß zerlassene

Butter mit Zwiebeln darüber und gab sie an mich weiter. Der Teller ging von Hand zu Hand, bis er mich endlich erreicht hatte. Ich saß in Conchitas Nähe und starrte sie immerzu an. Stimmen hörte man während der Mahlzeit nicht, alle aßen beflissen und froh. Die Urahnin verteilte den Nachschlag. Max kam mit einiger Verspätung. Die Urahnin schalt ihn und drohte ihm den Entzug des Essens an. Max spielte die Ratlosigkeit und Betroffenheit vorzüglich! Sein gesenktes, reumütiges Haupt drückte solche Demut aus, daß ihm sein Teller schließlich doch noch genehmigt wurde, allerdings ohne Nachschlag. Er aß gierig und pedantisch wie ein Kater. Nach den Nudeln gab es Kaffee in Gläsern und Kringel mit Butter. Damit war das Mittagessen beendet. Die Urahnin stand auf und ging, mit den dunkelroten Stiefeln aus Saffianleder aufleuchtend, hinaus. Sie trug ebenfalls eine Pumphose. Von Wuchs war sie sehr klein. Ich war gerade dabei, meinen Kaffee auszutrinken, als mir Marina über die Schulter hinweg zuflüsterte:

,,Schau mal. Dort rechts . . . Das ist Igor Ssewerjanin! Er saß am anderen Tischende, deswegen hast du ihn nicht bemerkt. Achte darauf, wie maniriert er sich bewegt . . .‟

Mit der Kopfbewegung eines Hirsches eine Weinrebe wegschiebend, trat ein hochgewachsener, überaus schlanker, ziemlich dunkelhäutiger Jüngling auf den Weg. Die feine Hand mit den langen Fingern entfernte aus der Stirn vorsätzlich langsam eine Haarsträhne. Er schritt gemessen einher, mit abgewandten Augen, ein breiter Gürtel umfing elegant die schmalen Hüften. Bevor er uns erreicht hatte (wir standen am Geländer), blieb er stehen und beugte sich langsam zu einer Blüte hinunter. Infolge meiner Kurzsichtigkeit entging mir die Blume, die er für diese Geste ausgewählt hatte.

Ssewerjanin bog seinen Rücken langsam wieder gerade und ging weiter seines Pfades. Wir blickten ihm nach.

,,Hast du Maria Paper gesehen? Du hast sie nicht gesehen?! Da steht sie doch! Siehst du denn das Schwert nicht? Sie hält es sogar noch extra hin! Und die Tunika!‟

In einer am Gartenausgang stehenden Menschengruppe zeigte Marina auf eine ziemlich große Frau, die sich auf eine Art Bühnenschwert stützte. Sie hatte ein breites, bräunliches Gesicht, sehr große, schöne, grünliche Augen mit dichten Wimpern, eine

breite Nase, dunkles, gerade gescheiteltes Haar, das sie in zwei
Zöpfen trug. Als sie unseren Blick auffing, fuhr sie mit dem
Schwert durch die Luft, setzte sich in Bewegung und rief ir-
gendwem zu: „Ich ziehe ins Gebirge . . ." Sie trug eine grüne
Tunika.

Nach dem Essen direkt ins Meer! Eine Stunde lang im Wasser
sitzen. Wieder und immer wieder ins Wasser, bis den Körper
eine Gänsehaut bedeckt, bis in den Meereswellen nicht ein den
physikalischen Gesetzen aus dem längst vergessenen Physik-
buch untertaner Teil zurückbleibt, sondern das Gewicht des
rasch abmagernden Körpers. (So daß dir nach ein, zwei Wochen
der Kopf rundgeht und du wie im Halbschlaf wandelst und keine
Mutter, keine Tante da ist, die dir Einhalt gebieten könnte. Nur
den Himmel gibt es und das Wasser und die Berge. So waren sie:
die Tage unserer Jugend . . .)

Wen behielt ich noch im Gedächtnis: von den Leuten am Tisch?
Einen kleinen, unscheinbaren Menschen, den alle Mischa nann-
ten. Staunend erfuhr ich, er sei ein Vetter von Max. An seiner
Seite lebte der springende und bellende Foxterrier Tobik, der das
Springen und Bellen auch während des Essens nicht einstellte.
Mischa hinkte ein wenig. Auch sein Hund hinkte . . .

Aus der Schar der übrigen ragte die Familie Feinberg heraus, ge-
naugenommen: die ältere Schwester Bella, ein erwachsenes,
blondes Mädchen mit großen, blauen Augen. Ich erinnere mich
auch ihres halbwüchsigen, hageren Bruders Ljonja, der ein
Käppchen trug und mit weicher, sanfter Stimme sprach. Er
folgte Max überall auf dem Fuß, die beiden unterhielten sich
über Malerei. Von diesem Jungen hieß es, er sei künstlerisch
überaus begabt, seine Zeichnungen seien sehr gut. Sein Bruder
Ssenja, sagte irgendwer, sei Pianist und Komponist. Bella behandelte Conchita mit Aufmerksamkeit.

Abgesehen vom Baden im Meer verbrachten alle diesen Tag gemeinsam: teils auf der Terrasse, wo gegessen wurde, teils auf den
verschiedenen Balkonen, die man über Außentreppen erreichte,
teils in Maxens Atelier. Ich wurde Zeuge einer stummen Eifer-
suchtsszene zwischen Conchita und Max. Sie bestand nur aus
Zornes-Mimik. Ich weiß nicht, wer in diesem Augenblick hin-
reißender war: die Spanierin, die unter ihren fast vereinigten
Brauen hervor ganze Bündel von Blitzen in seine Richtung

schleuderte, die den schwarzen, veilchenblau gemusterten Fächer ergriff und emporwarf, mit den goldbraunen Armen fuchtelte und laute, unverständliche Laute ausstieß – oder Max, der mit gesenkten Augen etwas entfernt stand und ab und zu den Versuch machte, ihr auf Russisch oder Französisch etwas zu erklären (Spanisch konnte er nicht).

„Versetzt dich mal in seine Lage!", flüsterte mir Marina zu. „Er ist doch überhaupt nicht in sie verliebt. Er bewundert einfach ihre Schönheit, wie das alle tun. In sein Haus ist sie zufällig geraten, irgendwer von den Freunden der Urahnin hat sie mitgebracht. Und jetzt macht sie ihm das Leben zur Hölle. Er ist in einer aussichtslosen Lage, denn sie denkt, er sei in sie verliebt. Bisher haben sich alle in sie verliebt, sie ist daran gewöhnt . . ."

„Und was sie ihm sagt: Versteht das jemand?"

„Niemand versteht es . . . Wir sind verloren!" (Mir ins Ohr:) „Maria Paper bewegt sich auf uns zu. Sie wird ihre Gedichte vortragen. Ich flehe dich an: Wenn sie dich fragt, darfst du auf keinen Fall dein Mißfallen äußern. Sie würde es dir nie verzeihen!"

Die Warnung kam gerade noch rechtzeitig. Die Paper trat ein, ließ ihren gnädigen Blick über uns schweifen, stütze sich auf ihr Holzschwert auf und begann, ihre Wahnsinnsverse vorzutragen. Alle lauschten mit gesenkten Augen. Auf Conchita wirkte dies Geheul beruhigend. Sie verschränkte die Hände auf den Knien und hörte dem für sie Unverständlichen mit Interesse zu.

Den ganzen Abend über saß ich neben Conchita. Wir beide lachten viel, obwohl wir nicht ein einziges Wort aneinander richteten. Der klang ihres wunderbaren Lachens strömte wie ein Gebirgsbach in die schwarze Bläue des sternenbesäten Abends, in das Plätschern des Meeres, in den Seewind, der den jasminsüßen Duft des Priemkrauts zu uns hertrug.

Zum Leidwesen Marias äußerte niemand die Bitte, noch weitere Gedichte von ihr zu hören. Ich flüsterte Marina zu, die Arme täte mir leid, sie möge doch ruhig lesen, aber Marina winkte ab. Statt dessen trugen wir unisono Marinas Verse vor. Igor Ssewerjanin spazierte an uns vorbei und beroch der Reihe nach sämtliche Rosen, die am Wege standen. Wir betrachteten das Profil der Urahnin mit der Höckernase, das hellblaue Auge, ihr verwegenes und zugleich erhabenes Wesen. Beim Anhören ihres „r" fühlte ich mich an B. S. T. erinnert.

„Nun, wie ist es?", fragte mich Marina, als wir uns an ihrer Tür trennten. „Gefällt dir Koktebel?"

„Das Meer rauscht so . . . Wie können die Leute nur schlafen? Als ob es dicht neben uns wäre."

„Es ist dicht neben uns, Maxens Haus steht direkt am Ufer. Dieses Haus, das der Urahnin gehört, steht etwas weiter weg. Du wirst einschlafen! Und von Chonchita träumen! Ssewerjanin ist schön, aber dumm, nicht wahr?"

„Er ist dumm", pflichtete ich ihr bei.

„Aber Max ist doch großartig!"

„Ja, und auch die Urahnin . . . Und sie haben solch ein tolles Verhältnis zueinander! Als wir im Atelier saßen, kam die Urahnin herein und war plötzlich wütend auf Max, als sei er ein kleiner Junge. Was tat er? Er antwortete ihr so, wie ein Erwachsener einem Kind antwortet. Er erklärte ihr alles ganz geduldig. Allerdings war sie trotzdem wütend."

„Das kommt daher, daß sie so ganz verschieden sind. Dennoch mögen sie einander sehr gern. Die Urahnin hat ihn nämlich allein erzogen, von ihrem Mann hat sie sich früh getrennt. Angeblich hat Tolstoj ihren Mann als Stiwa Oblonskij porträtiert. Die Urahnin verließ ihn und arbeitete als Telegrafistin, Tag für Tag, Jahr um Jahr. Sie war arm. Die beiden Häuser bringen kaum etwas ein, weil alle Freunde so gut wie umsonst hier wohnen dürfen. Seit Max verdient, geht es ihnen besser. Das Grundstück war billig, hier war ja früher Wüste. Maxens Haus wurde über Jahre gebaut, Stück für Stück. Daher die seltsame Architektur."

„Im Grunde ist die Urahnin ein scheuer Mensch . . .", mußte ich plötzlich denken, „trotz ihres männlichen Gehabes und obwohl sie sich ganz gut als Bürgerschreck eignen würde . . ."

Dann kam der Schlaf, zum Rauschen des Meeres: wie in Nervi. Als ich aufwachte, brach ein wunderbarer Sommermorgen an. Die Berge warfen blaue Schatten. Es roch nach Priemkraut. Das Meer lag da wie ein riesengroßer, friedlicher See, völlig blau an den Seiten, völlig silbern unter der Sonnensäule. Die Ferne war ins Silber eingeschmolzen. Tataren zogen mit Fruchtkörben ihres Weges, andere Tataren verkauften Gesichtsschleier.

Aus Marinas Zimmer war kein Geräusch zu hören, woraus ich schloß, daß ich mich für's Frühstück verspätet hatte. Über knirschenden Kies ging ich durch den Garten.

Auf dem Geländer der Terrasse, wo wir gestern zu Mittag und zu Abend gegessen hatten, saßen – wie eigenartig – Marina und Ssewerjanin dicht beieinander und unterhielten sich. Offenbar hatten sie sich inzwischen angefreundet. Sie waren so ins Gespräch vertieft, daß sie mich nicht bemerkten. Aber beim Geräusch meiner Schritte drehte sich Marina um.

„Sserjosha!" fragte sie Igor Ssewerjanin. „Wandern wir mit Max ins Gebirge? Fühlen Sie sich heute besser?"

Das Gehör trog mich nicht. Mit meinem ganzen Wesen spürte ich jählings, daß ich mich nicht umwenden dürfe. Erhobenen Hauptes schritt ich zur Terrasse. Die Frühstücksrunde am Tisch war noch nicht aufgehoben. Bei meinem Erscheinen sagte Conchita laut zu Maria Paper: „Vera, reich Assja die Butter. Und die Kringel. Ist noch Kaffee da? Soll man ihn aufwärmen?"

Ich hatte mich nicht verhört. Conchita sprach das reinste Russisch der Welt. Maria Paper hörte auf den Namen Vera. Also hatten sie mich gestern . . .!? Alles ist klar. Ob sie erwarten, daß ich sie mit Fragen überschütte? Da können sie lange warten!

Ohne auch nur mit der Wimper zu zucken, nahm ich dankend meinen Kaffee entgegen. Jetzt war die Reihe an ihnen, mich anzuglotzen. Sie haben mir einen ganzen Tag lang etwas vorgespielt und warten jetzt auf mein Erwachen. Aber ich werde so tun, als sei überhaupt nichts gewesen! Vera? Sserjosha? Vorzüglich! Bei der ersten sich bietenden Gelegenheit werde ich sie so anreden. Ich verfolgte das Gespräch, um Conchitas richtigen Namen zu erfahren, aber niemand sprach sie an. Sie saß da und lächelte. Ihr Lächeln war genauso wunderbar wie ihr Lachen, und ich verspürte bei ihrem Anblick nicht den geringsten Grimm. Sie war unverändert wunderschön, ihre goldenen Augen (ich saß ganz nahe dran und konnte die Farbe erkennen) leuchteten.

Ich weiß nicht mehr genau, wie ich erfuhr, daß Conchita, Paper und Ssewerjanin Geschwister waren. Ich weiß auch nicht mehr, wann mir Marina sagte, was Sserjosha Efron ihr bedeutete und sie ihm.

Wir standen – Marina und ich – unter dem Zelt der südlichen Sterne, das Priemkraut duftete, die Ölzweige zitterten, und Marinas Worte schlugen, wie die Wellen gegen das schwarze Ufer, gegen mein ohne sie einsames Herz.

„Sserjosha ist wunderbar . . . Du wirst es begreifen. Abends sind wir bei mir. Wir werden zu dritt sein. Seine Schwestern haben ihn mit knapper Not gesundgepflegt, nach dem Selbstmord der Mutter und des Bruders. Der Bruder hieß Kotik und war vierzehn . . . Sie vergötterten die Mutter. Sie hat es nicht ertragen können. Sserjosha und Kotik wuchsen zusammen auf, so wie wir zwei. Mit zwei Jahren Altersunterschied. Sserjosha hat Tuberkulose. Wir fahren vielleicht bald fort, er verträgt die Hitze nicht . . ."

„Wir?" Mein „wir" mit Marina ist also vorbei! Und ich? . . . Wird es auch zwischen mir und B. S. T. ein „wir" geben?

Das Maleratelier

Maxens Atelier. Fünf sehr hohe, halbrunde, schmale Fenster, die um den fünfeckigen Turm herumgehen. In diesen Fenstern: das Meer. Donnernde, schäumende Brandung, Stunden der blauen Meeresstille, rosagoldene Abende, Nächte, die die bestirnte Himmelshalbkugel am bemondeten oder mondlosen Horizont abschneiden, dann wieder purpurrot in den Wellen liegende Morgenröte, wieder Meeresstille, wieder Brandung, die sich an der sanften Gleichmäßigkeit der Bucht bricht, und dann plötzlich eine Stunde ohne Laut und Körperlichkeit, ohne Horizontfarbe, mit dem an der Schwelle des Paradieses verschwundenen Meer . . .

„Max, darf man zu dir hinauf?" (Max wird von allen geduzt.) Den Kopf über das Geländer der kleinen Treppe gebeugt, die an der Wand emporführt auf einen hölzernen Podest mit Tisch und Sofa und einer schmalen Galerie vor den Bücherregalen, erwidert Max, daß ich hinaufsteigen darf, er arbeite jetzt nicht, er suche ein Buch, dabei würde ich ihn nicht stören.

Wie schön ist es hier! Wie viele Bücher! Bündel von getrockneten Pflanzen, rotbraune und graue, lilablaue Disteln. Wie gemütlich ist es unter der Zimmerdecke: Unten steht die Staffelei mit dem begonnenen Bild – und an der Wand entlang Aquarelle.

„Du warst noch nicht hier?" Max öffnet die Tür in das hintere, obere Zimmer, ich folge wie ein Kater und mustere die Einrichtung. Das hier ist fast ein Geheimzimmer . . . Die Größe, die Stille . . . Alte verschlissene, prächtige tatarische Teppiche, eine rotbraune Leinwand. Bücher, Masken von Homer und Puschkin. Die unter den gesenkten Lidern hervordrängende Ruhe gebietet den Wänden und dem Boden ringsherum, still zu sein. Max geht federnd aufs Fenster zu, seine Hand schiebt den Laden zur Seite. Der schräge Streifen eines plötzlich einfallenden Sonnenstrahls verwandelt mit einem Schlag diese Büchereinsiedelei. Der gelbe Vorhang leuchtet bernsteingolden auf, der Raum gewinnt Tiefe. Im Fenster ist das Meer. Es schenkt dem Zimmer seine Gegenwart.

Von unten dringt ein Ruf an unser Ohr. Man ruft zum Essen. Ich laufe treppab und stehe, während Max nachkommt, vor einem riesengroßen Gipskopf, der in die Mauer eingelassen ist. Zwei weiße Abgründe stürzen in mich hinein: die Augen von Tai-Ach, der Beherrscherin Ägyptens.

Damals, mit meinen sechzehn Jahren, ahnte ich nicht, daß alles das, was ich sah, dreißig Jahre später unter den Fußböden des Hauses verschwinden wird, in dem Marina und ich im Sommer 1911 lebten, daß alle diese Bücher, Bilder und Masken, selbst die aus der Mauer herausgerissene Tai-Ach, im Herbst 1941, während des Großen Vaterländischen Krieges, unter die Erde geschafft, daß atemlos und vor Eile stolpernd eine mutige russische Frau, Maxens spätere Frau Maria, zwei schwangere Frauen und zwei kleine Jungens diese Arbeit verrichten werden, daß dieser Schatz, dieses kleine Atlantis, neunzehn Monate lang stumm unter der Erde ausharren wird. Daß dem Haus des Riesen von Karadagh, das auf eine Strohgarbe zukriechende Feuer drohen wird, daß die Hand einer Frau dieses Feuer furchtlos aufhalten wird. Daß die in den Tagen des Sieges aus dem Untergrund befreite Tai-Ach (der Gips, der unter der von sorgender Hand um ihn gewickelten Bandage zu lächeln aufgehört hatte) wieder austrocknen, wieder auflächeln, seinen Platz an der Wand wieder einnehmen wird. Und die Beherrscherin Ägyptens wird den vom Unheil Verschonten wieder zulächeln . . .

Sserjosha. Die Tragödie seiner Familie

Es war Abend, wir saßen zu dritt in Marinas Zimmer auf dem Teppich im Tatarensitz und tranken aus kleinen Tassen türkischen Mokka; ohne Satz (mit Satz ist es tatarischer Kaffee). Das hatten wir gelernt, als wir zu dritt das tatarische Dorfkaffeehaus von Koktebel besucht hatten.

Wenn ich so hätte denken können, hätte ich gesagt: Zwischen Marina und mich ist Sserjosha getreten. Aber so konnte ich nicht sprechen. Marina liebte Sserjosha, er liebte sie, und Marina war glücklich. Die Erregung ihres Glücks teilte sich mir als Freude für sie mit: für sie, die seit der Kindheit niemals glücklich gewesen war, immer einsam, immer von Schwermut erfüllt.

Sserjosha hat sich auf dem Teppich ausgestreckt, seine schlanke, leicht gebräunte Hand (weil er krank ist, wird er nicht richtig braun!) entfernt eine dunkle Haarsträhne aus der Stirn. Er lächelt sein tiefes, uns einsaugendes Lächeln, das fröhlich ist wie alles, was er tut. Er hat ein schmales Gesicht, die dunklen Brauen streben auseinander, unter den Brauen sind riesengroße, in ihrer Schönheit völlig unerhörte Augen. Sie sind grünlich grau und strahlen jetzt vor Güte und Glück: vor Glück, so geliebt, so geschätzt, in so angenehmer Gesellschaft zu sein! Seine Freude reicht auch für mich aus, er hat auch mich in sich aufgenommen, er ist unser, und wir beide gehören ihm. Wie wunderbar ist es, daß er mir Bruder ohne den geringsten Tadel ist. Wenn er von seiner Familie zu erzählen beginnt, von der Mutter, vom Bruder, mit dem er aufwuchs wie ich mit Marina, von einem anderen Bruder, der noch früher starb, dann versinke ich in seine Kindheit.

An jenem Abend erzählte Sserjosha auf Bitten Marinas die Geschichte seiner Familie.

Die Mutter Sserjoshas (sie haben noch eine ältere Schwester Njuta in Petersburg und in Paris den Bruder Petja) entstammte dem altadligen Geschlecht der Durnowo. Mit siebzehn Jahren verließ sie das Elternhaus, um sich der Revolution zu weihen. Sie war begabt, gebildet und schön. Sie brach mit der Familie aus ideellen Erwägungen. Sie begegnete einem wunderbaren Menschen, einem Revolutionär. Sie hatten viele Kinder, der jüngste war Kotik, mit dem Sserjosha aufwuchs. Ungefähr ein Jahr vor der Begegnung mit Marina geschah ein furchtbares Unglück. Kotik und die Mutter fanden den Tod: am gleichen Tag.

Wir begleiteten Sserjosha bis an seine Zimmertür und standen noch eine Weile unter den südlichen Sternen, wie vor fünf Jahren in Jalta: in jenem Frühling, der Mutters letzter Frühling war. Das kalte Zittern des Sternenhimmels teilte sich uns als Schüttelfrost mit. Das Priemkraut duftete süßer denn je.

„Nun?", fragte mich Marina. „Was sagst du zu Sserjosha?" Die Frage war für mich eine Prüfung und Versuchung. Wer ist besser: Boris Ssergejewitsch oder er? (Das sieht Marina ähnlich! Ich hätte so nicht gefragt!)

Mich unter der Frage duckend wie unter dem Zittern der Sterne, entgegnete ich: „Sie sind so verschieden . . ." Und mit künstlicher Kühle in der Stimme: „Jeder ist auf seine Weise etwas Besonderes . . ." Dann aber, um die unter meiner Antwort erschauernde Marina wieder aufzuwärmen: „Sserjosha ist einfach wunderbar! Wahrscheinlich ist bald Morgen? Bei keinem brennt mehr Licht, nur wir . . ."

Eine kurze Nacht! Und schon breitet sich der Morgen aus: im heißen Silber, im Beben der Ölbäume und junger Pappeln. Die Drillingsberge haben in das Lilablau ihre so verschiedenen Umrisse eingeschrieben: die Kanten des Ssjuriju-Kajja, der ebenmäßige grüne Schwung des Heiligen Berges, die schroffen Locken des Karadagh.

Die Tataren kommen. Mir sagten sie vorgestern und gestern und heute, ich hätte eine „leichte Hand". Also werde ich ihnen etwas abkaufen – sie handeln so schön. Lachend wähle ich Schleier mit Gold und Silber aus grüner und himbeerroter Wolle aus: die Phantasiefülle der Muster kennt keine Grenzen. Ich arbeite jetzt, wie Marina, an einem Wandteppich. Er leuchtet, man kann die Augen nicht von ihm abwenden. Andere Tataren kommen, ihre

Körbe quellen über von Kirschen und Aprikosen. Wir essen das Obst kiloweise. Die Tataren kommen aus dem Dorf, das an der Straße Feodossija-Otusy-Ssudak liegt, sie treten mit ihren bunten, weichen Stiefeln auf die warme Erde auf, auf ihren Armen hüpfen knarrend die schweren Körbe mit den Früchten. Auf ihren schwarzen Köpfen tragen sie Fez oder Käppchen, ihre Gesichter sind wie brauner Saffian. Später am Tag gehen wir zur Straße hinüber, wo der Briefkasten hängt. Schon wieder kein Brief von B. S. T.!

Wir gehen ins Dorfkaffeehaus, trinken Kaffee und Zitronensaft, kaufen Kringel ein. Stundenlang liegen wir am Strand oder suchen ihn nach Halbedelsteinen ab. Marina besitzt schon ein ganzes Kästchen voll! Sserjosha liefert seine Ausbeute an sie ab. Marinas Glück macht mich glücklich!

. . . Die Karneolbucht! So etwas gibt es nur in Kinderträumen oder in Dorés Illustrationen zu Dante. Höhlen, Steilhänge, senkrechte, fast unbegehbare Pfade. Über dem Meer hängende Felsen, die nur Max passieren wird, der Magier dieser Orte.

Sie stehen da, dunkel und goldhell in den Schatten und Sonnenflecken, rotbraun und wuchtig wie Granit. Inmitten der gegen sie anbrandenden Wellen sind sie still wie die Ewigkeit, gegen die die Zeit brandet: jegliche irdische, menschliche Zeit, gleichgültig gegen das Donnern der Wellen des Schwarzen Kimmerischen Meeres, gegen die Boote der Menschen, die ihnen entgegenrudern, mit Mühe und Not, vom Wasser bespritzt, an Land springen und mühsam die gewaltigen Steine emporsteigen. Des Himmels satt, der auf unseren Köpfen lastet, legen wir uns auf kleinere Steine und wühlen gierig in den Schätzen der Karneolbucht. Wir zeigen einander die Beute, schreien bei jedem schwachroten, blutroten, fast himbeerroten Stein mit Opalglanz auf. Die Urahnin und Max besitzen einen großen Vorrat, die besten schenken sie den Freunden.

Dann nimmt uns das Boot auf, wie die Schachtel die Steine, das Ruder stößt sich vom Felsen ab, wir stechen in See. Das Meer empfängt unser Boot behutsam und liebevoll.

Hinter uns zerschmilzt das Goldene Tor, das diese Bucht beschützt. Im Meer plätschert ein Delphin mit seinem steilen, bleiernen Rücken. Eine Meduse versinkt, wie eine große, durchsichtige Blume, im tiefen Blau.

9. KAPITEL

Feodossija. Pjotr Nikolajewitsch Lampsi.
Staryj Krim

Wir fahren nach Feodossija. Die alte Stadt, der Hafen, der so alt
ist wie Kertsch. Im Hafen ankern ausländische Schiffe, über die
Straßen gehen Gruppen mohammedanischer Pilger, die nach
Mekka unterwegs sind. Sie tragen bunte Seidenkittel, Turbane
und vielfarbige, weiche Stiefel. Wenn sie einen Laden betreten,
wo bunte Stoffe nach ihrem Geschmack feilgeboten werden,
wenn sie, in ihrer Sprache redend, mit den dunklen Bärten zitternd, das Gewünschte auswählen, dann glaubt man sich in ein
Märchen von Hauff oder nach Konstantinopel versetzt . . . Von
all dem erzählten Sserjosha und Vera unterwegs, aber als wir
dann die Straßen von Feodossija erblickten, die Italienische
Straße mit den Arkaden, in denen sich die kleinen Lädchen mit
den orientalischen Waren, dem Schmuck und den Süßigkeiten
versteckten, als der sich über die Ladentheke wie ein Fluß ergießende Atlas aufblinkte und ihn ein Sonnenstrahl querte, um sich
als luftiger, goldener Schleier unter den Arkadenbogen zu er-
strecken, und als zwei Moslems mit einem schlecht verpackten
Stück Seide unter dem Bogen hinausgingen und das Blau mit den
darin schwimmenden Rosen uns in die Augen spritzte, da waren
die nachtschwarzen Bärte aus Scheherazades Erzählungen und
der Seewind aus Stambul herangeweht! Da begriffen Marina und
ich, daß Feodossija eine Zauberstadt ist, da schlossen wir sie für
immer in unser Herz!
„Assja, weißt du noch?", sagte Marina. „Als wir mit Mutter in
der Kutsche aus Jalta wegfuhren und dann das Bajdarskij-Tor
kam und direkt am Horizont eine Stadt auftauchte: kaum sicht-
bare Pünktchen? Erinnerst du dich? Da gab es einen Streit: Feodossija oder Balaklawa!"
„Natürlich erinnere ich mich . . ."

Die Lilabläue des Himmels, die Genueser Ruinen, das Kap mit dem Wellenbrecher, der Leuchtturm: Alles das liegt jetzt rechter Hand und unterhalb jenseits der kleinen Fenster der Wohnung von Pjotr Nikolajewitsch Lampsi, einem Bekannten von Max, wo wir uns ausruhen. Schmalgerahmte Stiche, Regale mit altem Porzellan, Medaillons, Miniaturen. Das schwarze Wachstuchsofa hat uns alle aufgenommen. Der Hausherr, seines Zeichens Friedensrichter, in schwarzer Hose und weißem Kittel mit goldenen Knöpfen, mit rotem Fez und einer riesengroßen Tigerkatze auf der Schulter, rührt an die Saiten der Gitarre und singt mit süßer, komischer, scheuer Stimme:

> Juunge Zaait, schöööne Zaait,
> fliegst als Pfaiil vorbaiiii . . .

Das staubige Gold des Gitarrenklanges wirft uns (Marina und mir – ohne Sserjosha!) Nervi, den Sturm auf dem Meer, die Gitarre in Mutters Händen zu.
Jedoch Marinas Blick in Sserjoshas Augen hinein ist fast drohend vor Zärtlichkeit, vor Unmöglichkeit, ohne ihn zu leben.
Und Boris Ssergejewitsch ist nicht da . . .
„Assja, woran denkst du jetzt?"
„Ich denke daran, daß . . ."
„Ich verstehe: Du denkst ans Wegfahren. Fort aus dieser Hitze! Auch wir fahren bald weg. Aber du wirst Boris Ssergejewitsch abwarten. Er kommt her, du wirst ihn sehen. Wohin würdest du gern fahren?"
„Darüber habe ich noch gar nicht nachgedacht. . ."
„Sserjosha hat in Finnland gelebt. Jetzt darf er dort nicht mehr leben, dort ist es zu feucht. Aber es ist wunderbar dort! Nebel, Hügel, Felsen, Kiefern, Häuser wie im Schwarzwald. Boris Ssergejewitsch ist doch gesund? Dann fahrt hin. Sserjosha wird dir alles erzählen . . ." Vera drängte zum Aufbruch, wir verabschiedeten uns und eilten nach Koktebel zurück.
In Koktebel war von Boris Ssergejewitsch kein Brief eingetroffen. Max malte seine Landschaft: die lilablauen, rotbraunen, rauchgrauen Hügel belebten sich bereits unter seinem Pinsel. In einigen Tagen werden wir in einem Pferdekarren nach Staryj Krim fahren, wo Max Freunde hat.

Jenseits der Steppe von Islam-Terech gibt es keinen Horizont. Er ist als gerundete Vision in der von der Erde in Schwaden emporsteigenden Hitze zertaut und hat die Ferne getilgt. Auf seinen Spuren strömt etwas, wofür es keine Bezeichnung gibt: wie die heiße Luft über einem verlöschenden Lagerfeuer.

,,Was für ein Dorf liegt dort?", fragte einer von uns Max und zeigte auf einige mit Schichten von Grün vermengte Häuschen in der Ferne. ,,Vielleicht das Tatarendorf Ortaj?"

,,Dort ist überhaupt kein Dorf", erwiderte Max und wandte uns sein lächelndes, braungebranntes Zeusgesicht zu, ,,das ist eine optische Täuschung . . ."

,,Wir fuhren also auf dem Meer", erzählte jemand, ,,plötzlich war ein Schiff oben in der Luft und wir starrten dorthin, um festzustellen, ob es eine Täuschung sei. Ich habe gute Augen und sah, daß bei jenem Schiff der Schornstein nach unten zeigte. Es gibt solche umgedrehten Fata Morganas . . ."

Als wir auf Staryj Krim zufuhren, dunkelte es bereits. Wir verschwanden beinahe in der nächtlichen warmen Finsternis. Tobik schlief neben seinem schnarchenden Herrchen Mischa. Dann sahen wir die Lichter von Staryj Krim. Schon öffneten sich die Türen zum Empfang der späten Gäste.

,,Herzlichwillkommen, treten Sie doch bitte ein!", rief eine tiefe Frauenstimme. ,,Um die Wahrheit zu sagen, Max Alexandrowitsch, haben wir unsere Gäste bereits zu Bett gebracht und sind mit Nikolaj Iwanowitsch selber schlafen gegangen, aber trotzdem herzlich willkommen! Wir freuen uns über die teuren Gäste, treten Sie doch bitte ein!"

Im Haus gingen die Lichter an, die Gestalten der Aufstehenden warfen uns Eintretenden lange Schatten entgegen. Eine halbe Stunde später kochte der Samowar auf dem Tisch, wurden die aufgetischten Speisen gierig verzehrt. Nach einer vollen Stunde, mitten in der Nacht, hatte der musikalische Abend im Hause seinen Höhepunkt erreicht. *Der Flügel war geöffnet, die Saiten erbebten,* die kleine unscheinbare Hausherrin sang uns alte Romanzen vor. Die unvergleichliche, in diesem abgelegenen Winkel noch nicht verwelkte, tiefe Stimme von einmaligem Timbre und seltener Kraft, in der Wucht und Sanftheit verschmolzen waren, füllte das Haus, das immer tiefer und tiefer in der Musik versank, bis aus dem Abgrund der Nacht der Tag emporstieg und uns Schlafunlustige wieder in seinen Bann schlug. Die kleine Sängerin mit der unwiederholbaren Stimme, Olimpiada Nikitischna Sserbinowa, sang indessen von den *wahnsinnigen Nächten,* und alle, die wir hier anwesten, lauschten ihr so andächtig, wie es ein ganzes Operntheater nicht besser gekonnt hätte.

Ich erinnere mich noch an das Blühen des jungen Tages und an unsere Vorbereitungen, denn wir wollten in der Morgenkühle aufbrechen. Ich sehe den Garten und uns auf dem Gras im Tau und irgendwen am dreibeinigen Fotoapparat und dann das aufblitzende Magnesiumlicht. Und wieder fahren wir und wieder geht es vorwärts . . .

Der Pferdekarren rüttelt uns, Sserjosha ist todmüde in den Strahlen der aufgehenden Sonne eingeschlafen. Marina schläft nicht. Sie schaut auf den schlafenden Sserjosha und die ganze Leidenschaftlichkeit der Bewunderung und Treue, die ganze Ergebenheit, die ganze Traurigkeit der Welt sind auf ihrem während der Nacht leicht abgemagerten Gesicht eingeprägt.

10. KAPITEL

Die Ankunft von Boris. Unsere Abreise

Von der Post heimgekehrt, blickte mich Marina geheimnisvoll
und verschmitzt an. Dann reichte sie mir einen Brief:
,,Von Boris Ssergejewitsch. Da hast du ihn!"
Ich halte den blauen, ziemlich kleinen Briefumschlag in Händen,
es ist ein billiger, zufälliger Umschlag, aber für mich ist er wert-
voller als alle Bücher und Briefe der Welt. Ich nehme den Brief
und gehe mit ihm in die Steppe. Nicht ans Meer: das rauscht zu
sehr, dort ist die Weite, die ich jetzt nicht brauchen kann. Ich
gehe in die Steppe, wo die Zikaden noch nicht zirpen (denn noch
ist nicht Abend), wo es still und hügelig ist, wo das Steppengras
wächst. Dort öffne ich den Briefumschlag.
Diese runde, knorrige, unwiederholbare Schrift! Er schrieb, daß
er bald kommen würde.
Ich erinnere mich meiner Erschütterung und Kränkung, als aus
dem Eisenbahnwaggon ein überhaupt nicht wiederzuerkennen-
der, überdies schlecht gekleideter Mann stieg. (Ich hatte doch so
von seiner Eleganz geschwärmt: als Zugabe zu seiner angebore-
nen Grazie!) Er trug eine schwarze Brille, und die goldene Üppigkeit der Haare war dahin – er hatte sie abgeschnitten! Aber die
Stimme war geblieben, sein ,,r" und sein Lachen, und wie er sich
verlegen und fröhlich durch den unbekannten Bahnhof und die
unbekannte Stadt führen ließ und überhaupt nicht auf Bahnhof
und Stadt schaute – sondern auf mich.
Spät am Abend erreichten wir das Haus von Max. Die Hügel waren dunkel, die Zikaden zirpten.
,,Boris Ssergejewitsch, sehen Sie das Meer zum erstenmal?"
,,Ja, ich habe es bisher noch nie gesehen . . ."
Das Meer rauschte. Auch noch dieses Glück! Ihm das Meer zu
zeigen. . . . Zusammen am Meer zu stehen! Ich hatte noch nicht

Zeit gefunden, das zu Ende zu denken und zu fühlen, da sprang Boris Ssergejewitsch (der Wagen hielt gerade erst am Gartentor) mit einem behenden Sprung auf die Erde und verschwand in der Dunkelheit. Ich rief ihn. Rief ihn wieder. Er blieb verschwunden . . . Ich war erstaunt und enttäuscht. Ich ging vorwärts: dorthin, wo er verschwunden war. Er stand am Meer, mit auf der Brust gekreuzten Armen, und rezitierte mit erschütterter und dennoch eisiger Stimme, inspiriert und abgeklärt zugleich, mich und alles auf der Welt vergessend:

Ich habe das Meer gesehen und mit gierigem Auge gemessen, und vor seinem Angesicht die Macht meines Geistes begriffen . . .

Die Stimme zitterte feierlich, Poleshajews Worte flossen langsam dahin, als würde der Sprechende sie aus sich heraus gebären . . . In seiner Verschmolzenheit mit dem Meer war etwas Besessenes, er war *dort:* ganz und gar und ohne jeden Rest. Von beiden wehte mich Kälte an.

Ich stand allein da, bereits verlassen, in dieser unserer ersten Nacht.

Wir gingen auf das Haus zu, aber irgendwie geschah es, daß wir nicht eintraten, sondern um das Haus herum zu kreisen begannen, langsam und zerstreut, in immer größeren Kreisen, bis eines nach dem anderen die Lichter des Hauses verloschen und der Himmel mit den zunächst hell leuchtenden, dann irgendwohin entweichenden Sternen sich auf veränderte Art über uns wölbte. Irgendwo schlug ein Hund an und verstummte wieder. Wir lebten – und die Meeresbrandung.

Es tagte. Das Meer lag riesengroß und ganz ruhig da. Wir hatten nicht bemerkt, wie es aufgehört hatte zu rauschen. Ein bleiernes Blau war ins Meer eingelassen. Und daneben war das leuchtende Fehlen von Farbe: Perlmutt. Dort wo die Ferne gewesen war, dort gab es sie nicht mehr, Himmel und Meer waren ineinander geschmolzen. Die aufsteigende Sonne schwamm oder schwebte, genau konnte man das nicht feststellen, und unter der Sonne und um sie herum war ein leichtes, blasses, rosiges Gold. Und unsere beiden Schatten.

Jetzt standen wir beide am Meer. Zusammen.

Wir reisen ab. Wir sind in Feodossija. Wir wissen nicht, wo Marina und Ssergej jetzt sind. In der Stadt haben wir sie nicht getroffen, aber sie müssen hier sein, sie fahren in die baschkirische Steppe, nach Ufa, zur Pferdemilchkur.

Der Tag war heiß gewesen, der Himmel lilabläulich, unser Schritt auf der Straße klang laut, wir nahmen von den Bergen, vom Meer, von Max, von der Urahnin, von Conchita Abschied. Heute nimmt uns Feodossija gefangen, samt seinen Spitzpappeln. In den Pappeln leben so viele Vögel, daß man denken könnte: Die Bäume haben mehr Vögel als Blätter.

Wir sitzen auf dem schwarzen Ledersofa im Hause von Pjotr Nikolajewitsch. Der Hausherr entschuldigt sich wie damals, daß er einen Fez trägt (,,mich friert am Kopf, trotz Sommer, das ist die reine Wahrheit, hahaha! . . .''). Er nimmt die Gitarre und rührt an die Saiten. Diesmal ist ihr Klang dumpf und tief: als würden ein paar Sänger mit geschlossenem Munde singen.

Wir warten auf Marina und Sserjosha. Sie müssen kommen! Ihr Gepäck ist schon auf dem Bahnhof. Ihr Zug geht früher ab als unser Zug, wir werden sie zur Bahn bringen! Wie seltsam das doch ist im Grunde, geradezu unwahrscheinlich, daß wir vom gleichen Bahnhof abfahren – und dazu am gleichen Tag!

Jetzt wird das Unwahrscheinliche wahr!

Der Abschied von Marina! Noch immer glaube ich nicht daran. Das ist etwas, das nicht in den Kopf will und im Herzen keinen Platz hat. Gleich wird das Herz brechen! Es lebt nur deshalb weiter, weil dieses Leid nicht darin eintritt, es bleibt draußen und zerschmilzt, und auch der Verstand glaubt nicht daran. Außerdem steht Boris Ssergejewitsch neben mir. Er stellt sich an den Platz, den Marina freigemacht hat. Er wird meine Aufmerksamkeit in Anspruch nehmen. Aber auch wenn der Zug fort ist, wird Marina noch mit mir sein.

In diesem Augenblick klingelt es an der Tür.

Lachend betreten Marina und Sserjosha das Zimmer, Boris Ssergejewitsch steht auf und geht ihnen entgegen.

Wir stehen zu viert auf dem Bahnsteig. Es ist Abend. Die Sonne ist noch nicht ganz untergegangen, über der Stadt stehen Wolken. Wir gehen hin und zurück und hin und zurück, entweder zu viert oder, wenn uns das Gedränge auf dem Bahnsteig trennt, über Kreuz zu zweit. Sserjosha und Boris haben einander endlich kennengelernt. Gleich werden sie sich verabschieden und in verschiedene Richtungen davonfahren, und auch wir werden uns trennen und auseinanderfahren.

Auf eine Frage von Sserjosha hin sagt Boris lachend, sie seien gleich alt. Ich spitze erstaunt die Ohren: was soll dieses Lachen bedeuten? Sserjosha ist ein Jahr älter als ich. Und Boris bloß anderthalb? Und damals auf der Eisbahn habe ich ihm geglaubt, daß er siebenundzwanzig sei! Aber das ist gleich, das ist vollkommen egal. Die Wolken werden immer steiler, der Sonnenuntergang unter ihnen wird immer goldener, der Seewind nimmt an Stärke zu!

„Wir machen für ein paar Tage in Moskau halt, in der Dreiteich-Gasse. Vater und Andrej sind beide fort . . ."

„Im Brief stand, daß die Ärzte Vater nach Bad Nauheim schikken wegen seines Herzens."

„Aber er will nicht, er verschiebt es bis zum nächsten Frühling . . ." „Wenn doch bloß das Museum eröffnet würde . . . Und wie machst du es mit dem Geld? An Vater wirst du zunächst nicht schreiben? Wird Max was schicken? . . . Das erste Klingelzeichen? Nein, noch nicht, ich habe mich verhört!"

Wir machen wieder kehrt und bleiben stehen. Wir beide blicken die beiden an. Der hochgewachsene Sserjosha in seinem Sommermantel, mit dem weichen Strohhut über dem schmalen Gesicht . . . Die ebenmäßig geschwungenen, schwarzen Brauen. Das Leuchten der riesengroßen Augen. Etwas kleiner die dennoch mehr als mittelgroße, schlanke Figur von Boris. Immer noch das gleiche Wams, über dem jetzt abgenommenen Käppi das helle Gold des Haares. Auf meine Bitte hin hat er die schwarze Brille abgelegt, die mich drei Tage lang gemartert hat. Marina, Sserjosha und ich betrachten seine Augen: Sie sind groß und blau. Die Hagerkeit der Wangen. Die feine Nase, die ausgeprägten Nasenflügel. In seinem Gesicht steht die Distanz zu allem und jedem! Aber dafür lacht er so wunderbar . . .

Die Wolken am Himmel sind ganz schwarz geworden.

„Assja! Wollen wir ein Gedicht aufsagen? Den beiden zum Abschied." Sie treten beide näher an uns heran und wir rezitieren unisono. Wir beeilen uns, wir übertönen mit den Versen das erste Klingelzeichen . . . Der Sonnenuntergang ist inzwischen vom Himmel verschwunden.

Auf den Gesichtern von Sserjosha und Boris zeichnet sich jetzt ein Ausdruck von Verwunderung ab. Sind das denn nicht zwei Stimmen? Und dennoch ist es *eine* Stimme und *ein* Tonfall: von rechts wie von links. Es ist eine sich irgendwie verästelnde Stimme . . . und wer hat denn gesagt, daß diese zwei, Marina und Assja, einander unähnlich seien? Verschieden sind sie, gewiß, dennoch ist es das gleiche Gesicht, das die Zuhörer von beiden Gesichtern anblickt! (Es blickt sie etwas verlegen an, während dieser Urlesung im Augenblick des Abschieds, nach einem ganzen Leben mit diesen Versen!)

Das zweite Klingelzeichen.

Wir gehen auf dem Bahnsteig hin und her und warten beklommen auf die Abfahrt. Das Gedränge um uns her macht uns erregt, doch wir bemerken es nicht. Wir beginnen einen Satz und brechen ihn ab, wir bezwingen unsere Unruhe, wir blicken die beiden an – und schauen einander ins Gesicht.

Und es tötnt unisono: Assja! Marina! weißt du noch?

Wir drücken einander die Hände. Küssen tun wir uns nie.

,,Grüß mir die Dreiteich-Gasse!‘‘

Sie sitzen bereits im Zug, jetzt tönt das dritte Klingelzeichen! Wie entsetzlich laut ist es doch auf dem Bahnhof!

Der Zug fährt bereits, und auch wir setzen uns in Bewegung, er beschleunigt sein Tempo, und wir tun das Gleiche, und um nicht zurückzubleiben, beginnen wir zu laufen. Alles nicht mehr Ausgesprochene wird zu Lauf, er wird immer leichter, löst sich vom Bahnsteig, schon ist der Lauf nicht mehr Lauf, sondern Flug. Wir reißen uns voneinander los! Sie fliegen davon! Die Ferne, in die auch wir rasen, nimmt sie uns fort, und schon sind die Gesichter nicht mehr zu sehen.

Eine Stunde später verließen auch wir Feodossija, ohne daß uns jemand an den Zug brachte. Wir entschwanden zu zweit in jene andere Ferne.

In diesem Herbst wurde Marina neunzehn, ich wurde siebzehn Jahre alt.

11. KAPITEL

Die Eröffnung des Museums

Weniger als ein Jahr später, am 31. Mai 1912, wurde das Museum der Schönen Künste eröffnet. Meine Schwester Marina hat eine ihrer Art gemäße groteske Beschreibung jenes Festaktes gegeben. Ich werde beschreiben, woran ich mich erinnern kann. Über Vater möchte ich nichts sagen – das geht über meine Kraft. Er hatte den Schlaganfall nach Mutters Tod überwunden und die letzten Jahre mit angespannter, kaum zu bewältigender Arbeit für beide Museen (das Rumjanzewskij–Museum und das Neue) verbracht, hatte an der Universität sowie an den Hochschulkursen für Frauen Vorlesungen über Kunstgeschichte gehalten. Er hatte mehrere Verschlechterungen seines Herzleidens überstanden und die Hetzkampagne von seiten des Volksbildungsministers Schwarz. Nun war Vater fünfundsechzig Jahre alt und hielt sich nur durch seine geistige Kraft, durch den hartnäckigen Dienst an seinem Werk, durch die freudige Erregung der nahenden Verwirklichung seines fast übergroßen Plans, durch den Glauben an die hohe Bestimmung des Museums für die Bildung der kommenden Generation in Rußland aufrecht.

Obwohl unser Vater unmäßig erschöpft war, ging er jetzt nur mehr tief in der Nacht zu Bett. Wir sahen, daß er gerade in letzter Zeit stark gealtert war und begriffen, daß er sehr wohl einen Zusammenbruch erleben könnte, bevor die Eröffnung des Museums stattgefunden hatte.

Doch das Maiblau füllte am großen Tag die Glasfenster an der Decke des weißen Marmorgebäudes, das an der Stelle des einstigen Lastfuhrhofes an der Wolchonka errichtet worden war. Ist es die Hitze oder sind es die vielen Leute, die die Erwartung zu einer Prüfung machen?

Ich erinnere mich weder an Minister Witte noch an den hochge-

stellten uralten Greis in der goldbestickten Uniform noch an Ilowajskijs, die alle in Marinas Erinnerungen vorkommen. Aber ich möchte zwei Männer erwähnen: den Architekten Roman Iwanowitsch Klein und einen weiteren Mitstreiter Vaters, den Mäzen, der viele Jahre lang den Großteil der Mittel für den Bau des Museums beisteuerte: Jurij Stepanowitsch Netschajew–Malzew. In Vaters Apotheose, die Marina mit einer Flut von Sonnenwärme erhellt hat, gebührt diesen beiden ein besonderer Ehrenplatz. Immer und immer wieder kommen neue Kutschen angefahren. Nachdem die Geladenen die farbige Marmortreppe emporgestiegen und sich auf die an die Säulenhalle anschließenden Galerien verteilt haben, bringt der Zeremonienmeister endlich Ordnung in die Scharen. Er spaltet sie in zwei Hälften auf: eine weibliche und eine männliche. Wir werden zu beiden Seiten der nahenden Suite der „allerhöchsten Herrschaften" placiert. Es ist schwül. Die Menschen stehen dicht gedrängt. Wo ist Vater? Und mit welchem Licht ist der grüne und rosa Marmor der Treppe und das feierliche Weiß des Saales übergossen! Die Glasdecken lassen in die Kühle des Museums den Glanz des Frühlings herein. Das wäre berauschend, würden uns nicht bald die Kräfte ausgehen . . . Wie lange dauert doch das Warten!
Wie im Traum erinnere ich mich der durch die Reihen der Stehenden laufenden Erregung, der Anspannung der Augen, des Herzklopfens. Die Figur des Zeremonienmeisters fliegt vorbei – die Zarenfamilie hat das Museum betreten.
Ich sehe Vaters ein wenig gedrungene, vertraute Gestalt im schwarzen Professorenrock neben der kaiserlichen Uniform, Vaters gesenkter, runder, grauer Kopf überragt den Kopf des Zaren. Der Marmor, das Licht, der Glanz unter den durch die Glasdecken dringenden Sonnenfluten. Die bunten Säulen der Treppe, die schneeweißen Säulen im Saal des Ruhmes . . .
Ich erinnere mich meiner Müdigkeit, der Hitze dieses Maitages, des langen Stehens inmitten der Damen. Es war kaum weniger anstrengend als die langsame Vorwärtsbewegung in der Menge im Park von Jassnaja Poljana, im Herbst 1910. Damals litten wir unter der Kälte, jetzt macht uns die Hitze zu schaffen. Kurzsichtig blinzelnd suchten wir inmitten der mit allerlei Orden und Sternen besäten Würdenträger, inmitten der Vertreter des vor-

nehmen und gebildeten Moskaus (oder Rußlands) mit den Augen nach vertrauten Gesichtern. Das alles, denke ich, wurde von der großen Sorge um Vater überdeckt, der jetzt innerlich aufgewühlt, Seite an Seite mit den Herren dieser Welt, an diesem seinem langerwarteten, unwiederholbaren Tag einherschreitet. Und ein stiller Triumph der Freude weste in unseren eigenwilligen, widerborstigen, Vater so gar nicht nachgeratenen Herzen: Nicht die Mächtigen sind es, die jetzt Vater etwas schenken – er ist es, der alle hier Anwesenden und ganz Rußland mit diesem seinem Museum beschenkt!

Wie wenig Freude hatten doch *wir* ihm bereitet . . . Und wie große Freude bereitete ihm *dieser* Sohn: der alle Schätze der Geschichte in seinen Marmor aufgenommen hatte. Unser heute bekränzter Bruder! Unser großer jüngerer Bruder – wie wir das entstehende Museum genannt hatten.

Während Vater mit den ,,allerhöchsten Gästen" durch die Säle des Museums ging, wie stets in den Gegenstand des Gesprächs versenkt, alles erläuternd, suchten wir, zwischen schneeweißen ,,hochgestellten" Damen stehend, mit unseren kurzsichtigen Augen nach unseren jungen Ehemännern, die heute die ersten Gehröcke ihres Lebens trugen, sowie nach Bruder Andrej in seiner blaugrünen Studentenuniform mit Degen, der ihn einem jungen General des Jahres 1812 ähnlich machte . . .

Nicht erinnere ich mich des bei Marina erwähnten Tabletts, das wir Vater überreichten mit einem für seine Apotheose geflochtenen Lorbeerkranz. Aber ich erinnere mich an unser Haus in der Dreiteich-Gasse, von Sonne übergossen in den Stunden nach Beendigung des Festaktes, und an das Festessen, zu dem die Verwandten und die besten Freunde geladen waren. Ich erinnere mich an Marinas Geschenk für Vater: die zum Eröffnungstag in Arbeit gegebene Goldmedaille mit einer Silhouette des Museums und dem Datum ,,31. Mai 1912" auf der Rückseite. Und mein Geschenk für Vater: einen riesengroßen Rosenstrauss. (So einen hat er noch nie bekommen, dachte ich, als ich ihm den Strauß überreichte . . .) Und die Worte, die Vater damals gesagt hat (ich las sie in seiner Biographie, die meine Schwester Ljora – Valerie Iwanowna Zwetajewa – unlängst geschrieben hat). Seiner beiden Lebensgefährtinnen gedenkend, die der Tod so früh von seiner Seite riß, sagte er: ,,Das Familienleben ist mir nicht gelun-

gen, aber dafür ist mir der Dienst am Vaterland gelungen . . ."
Und ich freue mich, daß es ein Foto gibt. Es zeigt unseren Vater
und Netschajew-Malzew nach dem Festakt auf den Stufen der
Außentreppe des Museums. ,,Der Geist des Museums und der
Leib des Museums" – so hat man sie genannt. Sie stehen auf den
Stufen des von ihnen vollendeten Werkes. Sie starben fast gleich-
zeitig: im Herbst 1913.